D1667743

Peter Weingart, Martin Carrier, Wolfgang Krohn
Nachrichten aus der Wissensgesellschaft

Peter Weingart, Martin Carrier,
Wolfgang Krohn

Nachrichten aus der Wissensgesellschaft

Analysen zur Veränderung der Wissenschaft

**VELBRÜCK
WISSENSCHAFT**

Erste Auflage 2007
© Velbrück Wissenschaft, Weilerswist 2007
www.velbrueck-wissenschaft.de
Druck: Hubert & Co, Göttingen
Printed in Germany
ISBN 978-3-938808-25-2

Bibliografische Information Der Deutschen Nationalbibliothek
Die Deutsche Nationalbibliothek verzeichnet diese Publikation in der
Deutschen Nationalbibliografie; detaillierte bibliografische Daten
sind im Internet über http://dnb.ddb.de abrufbar.

Eine digitale Ausgabe dieses Titels in Form einer text- und
seitenidentischen PDF-Datei ist im Verlag Humanities Online
(www.humanities-online.de) erhältlich.

Inhalt

Vorwort 9

I Historische Entwicklungen der Wissensordnung
und ihre gegenwärtigen Probleme
(Martin Carrier, Wolfgang Krohn und Peter Weingart)

I.1 Die Wissensordnung in der Wissensgesellschaft 11
I.2 Die Verknüpfung von Wissenschaft, Technik
und Gesellschaft in der Wissenschaftlichen Revolution 14
I.3 Der ›Baconsche Kontrakt‹:
Kaskadenmodell und Eigenrecht der Forschung 16
I.4 Die Elemente der Wissensordnung im 17. Jahrhundert 21
I.5 Erkenntnisfortschritt und praktischer Nutzen:
Eine Geschichte von Erfolg und Überforderung 24
I.6 Die Risiken des wissenschaftlichen Fortschritts 28
I.7 Die Wissensordnung der Gegenwart 31

II Wissensordnung

II.1 Eine neue Rolle des Wissens *(Peter Weingart)* 35
II.2 Institutionelle Verschiebungen der Wissensproduktion –
Zum Wandel der Struktur wissenschaftlicher Disziplinen
(Peter Weingart und Holger Schwechheimer) 41
  II.2.1 Der Disziplinenbegriff in der wissenschafts-
soziologischen Literatur 42
  II.2.2 Disziplinen als selbstreferentielle Kommunikations-
gemeinschaften 46
  II.2.3 Disziplinen als Ausbildungsorganisationen –
Fakultäten 48
  II.2.4 Die Außenbeziehungen von Disziplinen –
Arbeitsmarkt und Fachgesellschaften 48
  II.2.5 Die Wahrnehmung der Disziplinen von ›außen‹ –
Förderorganisationen 50
  II.2.6 Transdisziplinarität – ein neues Ordnungsprinzip
des Wissens? 52
  II.2.7 Wandel der Disziplinen? 54
II.3 Unternehmensforschung – zum Verhältnis öffentlicher
und privater Wissensproduktion
(Matthias Adam und Torsten Wilholt) 55

II.3.1 Angewandte und grundlegende Forschung
in der Industrie 56
II.3.2 Das enger werdende Verhältnis zwischen
akademischer Forschung und Industrie 62
II.3.3 Normenkonflikte: Geheimhaltung, Recht am
geistigen Eigentum und die akademische Offenheit .. 66
II.4 Forschung im Dienst des Staats
(Peter Weingart und Günter Küppers) 72
II.4.1 Forschung als Reflex der Expansion
staatlicher Aufgaben 72
II.4.2 Funktionen der staatlichen Forschung 77
II.4.3 Aufsicht und Kontrolle 78
II.4.4 Förderung und Vorsorge 79
II.4.5 Besonderheiten der staatlichen im Vergleich
zur akademischen Forschung 81
II.5 Wissenschaft für die Politik *(Ralf Herbold)* 83
II.5.1 Demokratie, Rationalität und politische Entscheidung 84
II.5.2 Politikberatung auf Bundesebene 85
II.5.3 Funktionen der Wissenschaft für die Politik 87
II.5.4 Anwendungsprobleme wissenschaftlichen Wissens ... 90
II.5.5 Expertendissens 90

III Neue Formen der Wissensproduktion

III.1 Erkenntnisgewinn und Nutzenmehrung:
eine verwickelte Beziehung *(Martin Carrier)* 93
III.1.1 Wissenschaft unter Verwertungsdruck 93
III.1.2 Angewandte Forschung: zwischen der Leitung durch
Theorie und der Überforderung durch Praxis 97
III.1.3 Angewandte Forschung und provisorische
Erkenntnisstrategien 101
III.1.4 Angewandte Wissenschaft und Verlässlichkeit
der Forschungsergebnisse 108
III.1.5 Fragestellung 109
III.2 Computersimulationen – Wissen über eine imitierte
Wirklichkeit *(Johannes Lenhard und Günter Küppers)* 111
III.2.1 Computersimulationen – generative Mechanismen
zur Erzeugung komplexer Dynamiken 112
III.2.2 Simulationen – Erkundung komplexer Systeme 118
III.2.3 Die Integration von Modellen – Wissenschaft
im Kontext ihrer Anwendung 127
III.2.4 Integration ohne »Felsengrund«: Ein Indikator für
die anwendungsdominierte Wissenschaft 136

III.3 Realexperimente *(Ralf Herbold und Wolfgang Krohn)* 139
   III.3.1 Die Produktion neuen Wissens im Labor
       und in der Gesellschaft 142
   III.3.2 Müll und Abfall als Gegenstand
       der Wissensproduktion 149
III.4 Modelle als Bausteine angewandter Wissenschaft
   (Martin Carrier und Michael Stöltzner) 164
   III.4.1 Theorienstrukturen im Anwendungsbereich 164
   III.4.2 Ein Überblick über die neuere Modelldebatte 166
   III.4.3 Lokale Modellierung und partielle Repräsentation
       in der angewandten Forschung 171
   III.4.4 Ein Repräsentationsmodell in der Fusionsforschung 174
   III.4.5 Modellnetzwerke in der angewandten Forschung .. 177
III.5 Dimensionen der Veränderung der Disziplinenlandschaft
   (Holger Schwechheimer und Peter Weingart) 182
   III.5.1 Entwicklungsmuster wissenschaftlicher
       Fachgesellschaften 184
   III.5.2 Institutioneller ›Konservatismus‹ –
       Die Fächersystematik der DFG 1975-2000 197
   III.5.3 Kommunikationsstrukturen in interdisziplinären For-
       schungsfeldern: Fallanalyse Nanowissenschaften ... 203
   III.5.4 Das Ende der Disziplinen? 218
III.6 Praktischer Nutzen und theoretische Durchdringung
   (Martin Carrier) 220
   III.6.1 Erkenntnis und Kontrolle in der
       angewandten Forschung 220
   III.6.2 Die Strukturierung von Daten durch Theorien 221
   III.6.3 Theoretische Durchdringung und Nachhaltigkeit
       des praktischen Eingriffs 222
   III.6.4 Anwendungsinnovativität 224
   III.6.5 Schlussfolgerung 226

IV Forschung im gesellschaftlichen Kontext

IV.1 Wissenschaft als Gegenstand politischer, wirtschaftlicher
   und ethischer Konflikte *(Peter Weingart)* 229
IV.2 Unparteilichkeit und wirtschaftliche Interessen 234
   IV.2.1 Ethische Normen der Wissenschaften 234
   IV.2.2 Nutzungsinteressen und Unparteilichkeit
       von Forschung 237
   IV.2.3 Ausschaltung wirtschaftlicher Interessen
       oder Interessenpluralismus? 240
   IV.2.4 Voraussetzungen einer pluralistischen Kontrolle
       wirtschaftlicher Interessen 244

IV.3 Nationale Ethikkommissionen: Funktionen und
    Wirkungsweisen *(Kirsten Endres und Gero Kellermann)* ... 247
    IV.3.1 Ethikkommissionen – Ziele und Funktionen
        eines neuen Institutionentyps 248
    IV.3.2 Inter- und Transdisziplinarität als Grundlagen
        der ethischen Beratung 252
    IV.3.3 Die Rolle der Ethikkommissionen
        in der Wissensgesellschaft 256
    IV.3.4 Die Sonderstellung der Ethikkommissionen 262
IV.4 Realexperiment und Gesellschaft
    (Ralf Herbold und Wolfgang Krohn) 266
    IV.4.1 Das Sozialexperiment 268
    IV.4.2 *Ex post*-Experimente 272
    IV.4.3 Testverfahren 276
    IV.4.4 Explorative Versuche 280
    IV.4.5 Experimentiergesellschaft 290

V Eine neue Wissensordnung?

V.1 Experten und Expertise
    (Peter Weingart, Martin Carrier und Wolfgang Krohn) 293
    V.1.1 Zentralität und Spezialisierung des Wissens,
        Ausdifferenzierung von Expertise 293
    V.1.2 Experten und ihr Wissen: Expertise 295
    V.1.3 »Robustheit« des Expertenrats: Verlässlichkeit
        der Expertise und Legitimität der Experten 299
V.2 Demokratisierung der Wissenschaft
    (Peter Weingart und Martin Carrier) 305
    V.2.1 Der Diskurs zur Demokratisierung der Wissenschaft . 305
    V.2.2 Dimensionen der Demokratisierung der Wissenschaft I:
        Forschungsagenda und Technologien 308
    V.2.3 Dimensionen der Demokratisierung der Wissenschaft II:
        Beurteilungsverfahren in der Wissenschaft 311
V.3 Die Entstehung einer Wissenspolitik *(Peter Weingart)* 315
    V.3.1 Konstitutive Bedingungen der Wissenspolitik 315
    V.3.2 Dimensionen der Wissensregulierung 319
    V.3.3 Ausblick auf das Verhältnis von Wissen und
        Demokratie in der Wissensgesellschaft 321

Literatur 323
Namenregister 346
Sachregister 352

Vorwort

Alle Welt spricht plötzlich von der Wissensgesellschaft. Google verzeichnet ca. 3.3 Millionen Einträge (Mai 2006), vor ein paar Jahren waren es kaum fünfzig. Eine derartige Konjunktur des Begriffs muss etwas bedeuten. Die Wissensgesellschaft, so die allgemeine These, trete an die Stelle der Industriegesellschaft, als sei Wissen nicht schon immer grundlegend für jede gesellschaftliche Ordnung gewesen. Gemeint ist aber etwas Spezifischeres: Wissenschaftliches und technisches Wissen erhalten in dieser neuen Gesellschaftsform eine größere Bedeutung als jemals zuvor. Wenn immer sich ein Problem stellt – ist Fasten ungesund? Macht zuviel Fernsehen dumm? Vererbt sich schlechter Charakter? – verlassen wir uns bei dessen Lösung nicht mehr auf das Alltagswissen. Vielmehr werden Experten zu Rate gezogen, und wenn diese auch nichts wissen, wird ein Forschungsprojekt aufgelegt. Mehr noch: Eine Vielzahl von Problemen, mit denen sich die Menschen in modernen Gesellschaften beschäftigen – die Veränderung des Klimas, der Abbau der Ozonschicht, die Strahlenbelastung durch Mobiltelefone und Hochspannungsleitungen, die Übertragbarkeit der Vogelgrippe auf den Menschen – sind erst durch die Wissenschaft aufgedeckt worden. Ohne feinste Messmethoden oder die Rechenleistungen von Supercomputern, ohne wissenschaftliche Forschung und den Einsatz von Technik würden diese Probleme gar nicht als solche wahrgenommen werden.

Die Wissensgesellschaft ist durch zweierlei charakterisiert. Erstens wird das Alltagswissen, auf das sich die Menschen verlassen haben, zunehmend durch wissenschaftliches Wissen ersetzt. Dies geschieht in der Erwartung, mit seiner Hilfe ließe sich größere Sicherheit erlangen. Zweitens generiert die Wissenschaft fortlaufend neue Probleme, für die das Alltagswissen keine Antworten haben kann, weil sie in der Alltagserfahrung gar nicht vorkommen. Risiken neuen Wissens – lassen sich Nanoteilchen kontrollieren? – und neuer Techniken – ist Genfood gesundheitsschädlich? – die es in dieser Form zuvor nicht gab, werden ihrerseits zum Ausgangspunkt neuer Erwartungen an die Wissenschaft, das Wissen zur Vermeidung und Bewältigung der Risiken zu liefern. Eine wichtige Begleiterscheinung dieser Dynamik ist: die Forschung wird zur Aufklärung immer komplexerer Phänomene getrieben und aus diesem Grund immer unsicherer in ihren Aussagen. So sind die Modelle zur Wettervorhersage zwar immer genauer geworden, gleichzeitig ist aber das Wissen um die Unsicherheiten der Wetterprognosen gestiegen. Für lange Zeit blieb dieser paradoxe Zirkel undurchschaut.

Der vorliegende Band ist der Untersuchung dieser Probleme gewidmet und geht dabei in mehrfacher Hinsicht neue Wege. Erstens rückt er die Frage nach der Veränderung der Wissensordnung in den

VORWORT

Mittelpunkt, weil es bei der Diagnose der Wissensgesellschaft letztlich um die Bedingungen der Wissensproduktionen und die Formen des produzierten Wissens geht. Zweitens verbindet er allgemeinere theoretische Betrachtungen wichtiger Aspekte der Wissensgesellschaft mit konkreten empirischen Analysen, um vielfältige Behauptungen über den Charakter der neuen Wissensordnung zu überprüfen. Drittens führt er wissenschaftssoziologische und -philosophische Perspektiven zusammen. Die interdisziplinäre Kooperation und das breite Spektrum der Analysen ist durch eine besondere Form der Förderung ermöglicht und nahegelegt worden. Der Band ist das Ergebnis einer Forschergruppe, die unter dem Titel »Wissenschaft im Umbruch – Auf dem Weg in die Wissensgesellschaft« am Institut für Wissenschafts- und Technikforschung der Universität Bielefeld eingerichtet ist und von der Volkswagenstiftung im Rahmen des Programms »Schlüsselthemen der Gesisteswissenschaften3« gefördert wurde. Die Forschergruppe setzte sich zusammen aus den Mitgliedern des IWT, dem Wissenschaftsphilosophen Martin Carrier, dem Techniksoziologen Wolfgang Krohn, dem Physiker Günter Küppers und dem Wissenschaftssoziologen Peter Weingart, sowie dem Philosophen Paul Hoyningen-Huene von der Universität Hannover. Die Mitarbeiter waren die Philosophen Kirsten Endres, Jörg Kellermann und Michael Stöltzner, der Mathematiker Johannes Lenhard, und die Soziologen Ralf Herbold und Holger Schwechheimer. Eines der Anliegen der Forschergruppe war, die Ergebnisse der Untersuchung einer breiteren interessierten Öffentlichkeit zu vermitteln, mit der die Wissenschaft in der Wissensgesellschaft den Dialog pflegen muss. Deshalb wurde eine allgemein verständliche Darstellung angestrebt, was auch angesichts der interdisziplinären Breite des angestrebten Leserkreises geboten ist. Zur besseren Orientierung sind den einzelnen Kapiteln kurze Zusammenfassungen vorangestellt, die einen schnellen und selektiven Zugriff erlauben. Schließlich sind alle Beiträge nur im Inhaltsverzeichnis ihren Autoren namentlich zugeordnet, was nicht etwa den Wert ihrer Autorenschaft schmälern, sondern der Integration der Textteile zu einer kohärenten Monographie dienen soll. Die Erarbeitung der Resultate ist eine Gesamtleistung der Forschergruppe; die editorische Zusammenfügung der Textsegmente zu einem einheitlichen Band hat der erstgenannte Herausgeber mit Hilfe seiner Kollegen besorgt.

Wir danken der Volkswagenstiftung für ihre Unterstützung, besonders Dr. Vera Szöllösi-Brenig für die Betreuung des Projekts, sowie Lilo Jegerlehner für die Erstellung des druckreifen Manuskripts. Ralf Herbold ist kurz vor dem Abschluss seines Beitrags überraschend und viel zu früh verstorben. Seinem Andenken widmen wir dieses Buch.

Peter Weingart, Martin Carrier, Wolfgang Krohn
Bielefeld, Mai 2006

I Historische Entwicklungen der Wissensordnung und ihre gegenwärtigen Probleme

Die gegenwärtige neue Wissensordnung, deren Merkmale gerade erst erkennbar werden, muss im Vergleich zu ihren historischen Vorläufern verstanden werden. Drei Phasen des Verhältnisses zwischen der Gesellschaft und der Wissenschaft lassen sich unterscheiden: 1) Die neue Wissenschaft des 17. Jahrhunderts trat mit Versprechungen ihres Nutzens auf, die sie nicht einlösen konnte. 2) Erst im späten 19. Jahrhundert kommt es zu der versprochenen Verbindung der Wissenschaft und der technischen Entwicklung. 3) Im Verlauf des 20. Jahrhunderts gerät die Wissenschaft durch die extreme Ausweitung ihres Erklärungsanspruchs und der Anwendungskontexte erneut in eine Situation der Überforderung. Die Erfolge haben Erwartungen erzeugt, die wiederum nicht erfüllt werden können. Durch das Operieren an den Grenzen des wissenschaftlich zuverlässig Fassbaren nehmen Erfahrungen unsicheren Wissens zu.

Die gerade entstehende Wissensordnung ist durch eine hohe praktische Relevanz der Wissenschaft, aber ebenso durch eine damit einhergehende wachsende gesellschaftliche Einflussnahme auf die Wissenschaft charakterisiert. Die vormalige Selbststeuerung der Wissenschaft wird durch vermehrte Fremdsteuerung ersetzt. Die praktisch relevante oder angewandte Wissenschaft wird zum dominanten Forschungsmodus. Provisorische Erkenntnisstrategien wie exploratives Experimentieren oder die Beschränkung auf kontextualisierte Kausalbeziehungen gewinnen an Bedeutung. Sie belasten die Gesellschaft mit Risiken, die früher auf die Institutionen der Forschung (das abgeschlossene Labor!) beschränkt waren.

I.1 Die Wissensordnung in der Wissensgesellschaft

In der Diskussion über den Wandel der Industriegesellschaft und die Wechselbeziehungen von Wissenschaft und Gesellschaft ist der Begriff der Wissensgesellschaft zu einem Leitkonzept geworden (Bell 1973; Stehr 1994; BMBF 1996, 1998). Mit diesem Begriff wird die große Bedeutung des Wissens für weite Bereiche der Gesellschaft zum Ausdruck gebracht. In der Wissensgesellschaft wird das wissenschaftliche Wissen zum gesellschaftlichen Gestaltungsprinzip und zur Grundlage des gesellschaftlichen Fortschritts. Wissenschaft und Technik durch-

HISTORISCHE ENTWICKLUNG DER WISSENSORDNUNG

ziehen alle Lebensbereiche. Eine Vielzahl von Alltagsproblemen und Politikfeldern unterliegt einem Prozess der Verwissenschaftlichung. Zum Beispiel bildet demografisches und statistisches Wissen die Grundlage für Strategien zur Sicherung der Alterssicherungssysteme. Ebenso spielt die Technologieentwicklung, angefangen bei Mobiltelefonen über MP3-Player bis zum digitalen Fernsehen eine prägende Rolle für die Lebensgestaltung. Wissenschaft und Technik bestimmen maßgeblich die gesellschaftlichen Strukturen und die Alltagswelt.

Mit dem Begriff der Wissensgesellschaft sind jedoch gegensätzliche Konnotationen verbunden. Die optimistische Variante der Informationsgesellschaft ist unter anderem von informationstechnologischen Visionen geprägt; sie suggeriert Modernisierung, Umbruch der vorangegangenen Industriegesellschaft und eine von Lernen, Bildung und Forschung geprägte Wirtschaftsordnung (Nora und Minc 1979). Die Informationsgesellschaft ist mit dem Versprechen verknüpft, wissenschaftliches Wissen zur Verwirklichung einer sozial gerechteren, wirtschaftlich effektiveren, politisch rationaleren und ökologisch umsichtigeren Gesellschaft einzusetzen. Zwar zwingt der rasante Wandel des Wissens den Menschen zu fortwährender Anpassung an sich ändernde Qualifikationsanforderungen, zu lebenslangem Lernen und ganz allgemein zu Offenheit und Flexibilität. Aber bei Annahme dieser Herausforderung wird dem Menschen ein stärker gestaltender Zugriff auf sein Leben und seine Zukunft eröffnet. Als Leitkonzept enthält der Begriff der Informationsgesellschaft das Versprechen einer Epochenschwelle, bei deren Überschreiten der Mensch dem Ideal der Selbstverwirklichung näher rückt.

In seiner pessimistischen Variante konkretisiert sich die Konzeption der Wissensgesellschaft in einer Reihe von Topoi, die um den Begriff der Risikogesellschaft kreisen: Risiko, Unsicherheit, Nicht-Wissen, Autoritätsverfall der Experten (Beck 1986; Beck et al. 1994). Diese Begriffe signalisieren die Natur zerstörende Unangemessenheit von Wissenschaft und Technik, ihr Versagen gegenüber der Aufgabe, die divergierenden Ziele von individueller Wohlfahrt, sozialer Gerechtigkeit und nachhaltigem Umgang mit den natürlichen Ressourcen zu versöhnen, sowie generell ihre Anmaßung einer unbegründeten und nicht legitimierten Autorität.

Es sind diese Spannungen und Zwiespältigkeiten, die das Verhältnis von Wissenschaft und Gesellschaft in der Wissensgesellschaft kennzeichnen. Einerseits repräsentiert der Begriff der Wissensgesellschaft die traditionell mit der Wissenschaft verknüpften Hoffnungen auf eine Verbesserung der menschlichen Lebensumstände. Andererseits sind mit ihm Entfremdungsängste verbunden, denen zufolge der Mensch zum Opfer seiner eigenen Schöpfungen Wissenschaft und Technik wird. Der alte Topos, dass der Mensch den Produkten seines Wissens nicht gewachsen ist und zu deren Sklaven wird, gewinnt in der Wissensgesellschaft an neuerlicher Aufmerksamkeit (wie etwa die feuilletonistische Diskussion über die Zukunft der Nanotechnologie und -robotik zeigt). Entsprechend bildet der Begriff der Wissensgesellschaft gleichsam einen Hohlspiegel zur Fokussierung von Zukunftshoffnungen und Risikoerwartungen. Er wird dadurch zu einem Schlüsselbegriff der sozialphilosophischen und politischen Diskussion der Gegenwart.

Die Vermehrung wissenschaftlicher Erkenntnis treibt die Modernisierung der Gesellschaft voran, bringt aber zugleich Unsicherheit und Ungewissheit mit sich. Diese Ambivalenz stellt eine Herausforderung für das Selbstverständnis der institutionalisierten Wissenschaft und für ihre Rolle in der Gesellschaft dar. Die Skepsis gegenüber den Modernisierungsperspektiven der Wissensgesellschaft oder gar ihre Ablehnung hat in den letzten Jahrzehnten zu einer tiefgreifenden Polarisierung der westlichen Gesellschaften geführt und ist zu einer ernsten Belastung der politischen Systeme der führenden Industrienationen geworden. Zugleich hat sich die Gefährdung des gesellschaftlichen Konsenses als Motor einer weitreichenden Reflexion der Kriterien gesellschaftlicher Entwicklung und damit des sozialen Wandels erwiesen. Die bisher vorgelegten theoretischen Konzepte und empirischen Befunde dieses Spannungsverhältnisses und des Wandels der Wissenschaft sind allerdings kontrovers und unzureichend (Funtowicz und Ravetz 1993; Gibbons et al. 1994).

Im Zentrum der vorliegenden Untersuchung steht die Veränderung der *Wissensordnung* in der Wissensgesellschaft. Mit der Wissensordnung ist die Gesamtheit der epistemischen und institutionellen Charakteristika des Systems der Wissensproduktion sowie deren Einordnung in die Gesellschaft, d. h. insbesondere Politik, Wirtschaft, Medien und Recht gemeint. Der Begriff der Wissensordnung umfasst ausdrücklich mehr als nur die Wissenschaft, die jedoch ihren Kern bildet, weil die Grenzen zwischen Wissenschaft und anderen Wissensformen sich im Verlauf der Geschichte immer wieder verschoben haben. Es geht im folgenden um die Transformation dieser Wissensordnung, also um den Wandel des Zusammenhangs zwischen epistemischen und institutionellen Charakteristika und ihre Einbettung in den weiteren politischen und ökonomischen Kontext sowie um die damit verknüpften gesellschaftlichen Wandlungsprozesse.

I.2 Die Verknüpfung von Wissenschaft, Technik und Gesellschaft in der Wissenschaftlichen Revolution

Die Ambivalenz von Chancen und Risiken, die in der Wahrnehmung der Gegenwart mit der Wissenschaft verknüpft wird, begleitet die Wissenschaftsentwicklung tatsächlich seit der wissenschaftlichen Revolution des 17. Jahrhunderts – wenn auch mit wechselnder Intensität. In der Wissenschaftlichen Revolution bildet sich die Verbindung von Erkenntnis, Nutzen und Fortschritt heraus, die seitdem Selbstverständnis und Außenwahrnehmung der Wissenschaft geprägt hat.

Der Beginn des 17. Jahrhunderts ist durch eine Reihe von epistemischen und institutionellen Innovationen charakterisiert, die zum Teil bis in die Gegenwart hinein fortwirken. Darunter fallen erstens die Verbindung von wissenschaftlicher Erkenntnis und praktischer Nützlichkeit und zweitens das explizite Anstreben von Neuerungen und entsprechend das Bewusstsein des technischen und gesellschaftlichen Fortschritts.

Das Motiv der praktischen Nützlichkeit des Wissens entsteht in der Renaissance aus zwei Quellen. Im Humanismus wurde ein bereits im 14. Jahrhundert vom Florentiner Kanzler Colluccio Salutati begonnener Diskurs über den Vorrang des nützlichen Lebens (*vita activa*) vor dem des nutzenentlasteten Gelehrten (*vita contemplativa*) geführt. Hierdurch wurde die antike Kultivierung der Muße als Selbstzweck des Wissens gebrochen. Der Nutzen, den die Humanisten im Auge hatten, erstreckte sich weniger auf Technik als darauf, für Städte, Fürsten und Päpste Legitimation zu sichern, durch Lobreden den Ruhm ihrer Taten und die Ehre ihrer Persönlichkeit zu mehren, um sie im Gegenzug auf die mäzenatische Förderung der humanistischen Wissenskultur zu verpflichten. Lange hat die Geisteswissenschaft der Neuzeit an dieser Form des humanistischen Erbes getragen. Die andere Quelle der Vorstellung nützlichen Wissens ist das von Zunftbindungen befreite handwerkliche Künstlertum und Ingenieurswesen der Renaissance, in dem sich seit dem 15. Jahrhundert der Stolz auf neue Erfindungen und Techniken ausbreitete. In den Skizzenbüchern von Leonardo da Vinci ist zum ersten Mal dokumentiert, wie die nutzenorientierten Erfindungen des Ingenieurs mit der Neugier des Forschers zusammentrafen. Andere, historisch nicht weniger wichtige Bereiche dieses Zusammentreffens sind die Alchemie und Magie. Überall im 16. Jahrhundert entstehen legitime, illegitime (oder »okkulte«) Formen des Wissens, getrieben von Hoffnungen auf großartige Erfolge im Einsatz für Reichtum und Macht.

Aber erst in der Wissenschaftlichen Revolution des 17. Jahrhunderts führt dieses Motiv der Nützlichkeit des Wissens zu einem neuen Verständnis des Verhältnisses von Wissenschaft und Technik. Im mittelalterlichen Aristotelismus wurden Technik und Naturerkenntnis als strikt voneinander getrennte Disziplinen aufgefasst. Diese zielt auf das Verständnis des ungestörten Ablaufs der Naturprozesse, jene auf deren Veränderung zum Nutzen des Menschen. Technik verfälscht den Gang der Natur. Von Natur aus strebt Wasser bergab, aber Pumpen befördern es bergauf. Der technische Eingriff beinhaltet in aller Regel ein Handeln gegen die Natur. Die Überwindung dieser Trennung geht wesentlich auf Galileo Galilei (1564-1642), Francis Bacon (1561-1626) und René Descartes (1596-1650) zurück. Die Vorstellung ist jetzt, dass ein naturwidriges Erzeugen von Wirkungen ohnedies ausgeschlossen ist. Technik stützt sich stattdessen auf Naturprinzipien; Technik gründet sich auf Naturwissenschaft.

Diese neuartige Vorstellung der Technik als angewandter Wissenschaft nimmt bei Bacon die Form an, dass Technik in jedem Fall innerhalb des von den Naturgesetzen gesteckten Rahmens verbleibt. Technik muss sich den Naturgesetzen beugen. »Die Natur nämlich läßt sich nur durch Gehorsam bändigen« (Bacon 1620: I § 3; vgl. ebd. I § 129, II § 4). Im gleichen Sinne argumentiert Descartes, dass die Mechanik, also die Technik, von der Physik abhängig ist.

> »Denn es gibt in der Mechanik keine Gesetze, die nicht auch in der Physik gälten, so daß alle Dinge, die künstlich sind, auch natürlich sind. Daher ist es der aus diesen und jenen Rädern zusammengesetzten Uhr ebenso natürlich, die Stunden anzuzeigen, als es dem aus diesem oder jenem Samen aufgewachsenen Baum natürlich ist, diese Früchte zu tragen« (Descartes 1644: IV § 203, Übers. mit AT IX, 322f.).

Die Protagonisten der Wissenschaftlichen Revolution verpflichten die neue Wissenschaft auf die Gewinnung nützlicher, also technisch verwertbarer Kenntnisse. Das Studium der Naturkräfte soll es ermöglichen, diese dem Wohl der Menschen dienstbar zu machen, also

> »zu Kenntnissen zu kommen, die von großem Nutzen für das Leben sind, und statt jener spekulativen Philosophie, die in den Schulen gelehrt wird, eine praktische zu finden, die uns die Kraft und Wirkungsweise des Feuers, des Wassers, der Luft, der Sterne, der Himmelsmaterie und aller anderen Körper, die uns umgeben, ebenso genau kennen lehrt, wie wir die verschiedenen Techniken unserer Handwerker kennen, so daß wir sie auf ebendieselbe Weise zu allen Zwecken, für die sie geeignet sind, verwenden und uns so zu Herren und Eigentümern der Natur machen könnten« (Descartes 1637: 101).

Solche heute geläufigen Ansichten waren seinerzeit revolutionär. Die Kenntnis der Naturprozesse sollte den Eingriff in diese Prozesse erlauben und folglich die Konstruktion zweckdienlicher Geräte ermöglichen.

Wegen dieser Verflechtung von Technik und Wissenschaft ist auch die Kunst der Erfindung nicht von der Suche nach Wahrheit zu trennen. Niemand darf hoffen, die Natur handhaben zu können, bevor er sie nicht versteht (s. u. I.3).

Damit stand die empirische Wissenschaft bei ihrer Herausbildung in der Wissenschaftlichen Revolution unter der doppelten Verpflichtung auf epistemische und praktische Ziele. Die Wissenschaft sollte zugleich die Erkenntnis der Wirklichkeit befördern und Nutzen für die Praxis erbringen. Der sterilen Gelehrsamkeit der Scholastik war die Brauchbarkeit der neuen Wissenschaft entgegengesetzt. Die Nutzenerwartung war dabei nicht auf Technologie beschränkt, sondern sollte auch soziale Fortschritte wie die Reform des Bildungssystems oder die Verbesserung des Staatswesens ermöglichen.

Das zweite Leitmotiv der Wissenschaftlichen Revolution ist das bewusste Streben nach Innovationen und damit die Verbindung von *Neuartigkeit* und *Nützlichkeit* des Wissens. Die Suche nach Neuem macht Wissenschaft zur *Forschung*, die aber erst ab dem 17. Jahrhundert ausdrücklich angestrebt wird. Zuvor galt es als ein Ausweis von Gelehrsamkeit, für alle offenen Fragen Antworten aus den Wissensbeständen anerkannter Autoritäten zu beziehen. Zwar formulierten auch mittelalterliche Gelehrte neue Gedanken, aber sie trugen sie in Form von Kommentaren zu den Schriften solcher Autoritäten vor. Neues galt nur als Präzisierungen dessen, was die Alten bereits erkannt hatten. Wurde tatsächlich eine Behauptung mit explizitem Neuheitsanspruch vertreten, so folgte nicht selten die Versicherung, es gehe dem Autor allein um Wahrheit, nicht aber um Neuerungssucht, und es sei wohl der mangelnden Belesenheit zuzuschreiben, dass man in den Schriften der Autoritäten nicht fündig geworden sei. Fortschritte im Wissen erzeugten leicht den Verdacht der Geltungssucht.

Dies änderte sich mit der Wissenschaftlichen Revolution. Forschung, also die Produktion von neuem und nützlichem Wissen, wurde zu einem anerkannten Bestandteil der Wissensordnung. Die empirische Wissenschaft zeichnete sich ab dem 17. Jahrhundert durch das Bewusstsein von epistemischem, technischem und gesellschaftlichem Fortschritt aus.

I.3 Der ›Baconsche Kontrakt‹: Kaskadenmodell und Eigenrecht der Forschung

Dieses Selbstverständnis der Neuerer ist bei Bacon besonders ausgeprägt. Er ist unter den Vorkämpfern der neuzeitlichen Wissenschaft in der ersten Hälfte des 17. Jahrhunderts derjenige, der als erster umfassende Vorstellungen von den Beziehungen zwischen der neuen Wissenschaft und der sie tragenden Gesellschaft entwickelt und veröffentlicht hat. Sein Hauptwerk, die *Instauratio Magna*, liegt nur als ein Fragment vor; der kleine, tatsächliche ausgeführte Teil ist das *Novum Organum*, Bacons Einführung in eine neue Methode der Erkenntnisgewinnung. Vier Aspekte verdienen im vorliegenden Zusammenhang Hervorhebung: (1) Bacons Selbstverständnis als Neuerer, (2) seine Formulierung des sog. Kaskadenmodells (oder »linearen Modells«) zum Zusammenhang von Wissenschaft und Technik, (3) seine Betonung des Eigenrechts der Forschung und (4) seine Analyse des Wechselverhältnisses von Wissenschaft und Gesellschaft.

Erstens, das Titelblatt der *Instauratio Magna* zeigt ein Schiff, das die Säulen des Herakles durchquert, also über Gibraltar, das Ende des bekannten Erdkreises, hinaus in eine neue und unerschlossene Welt fährt. Die bisherigen Wissenschaften, so erläutert Bacon, sind wegen der Selbstzufriedenheit der Menschen nicht über diese Schicksalssäulen hinaus gedrungen. Jetzt hingegen sieht Bacon die Zeit der vollständigen Erneuerung der Wissenschaften und Künste und der ganzen Gelehrsamkeit angebrochen; erst in dieser Zeit wird nicht mehr Altes bloß umkreist, sondern Neues hervorgebracht. Entsprechend verlangt Bacon, ohne Rücksicht auf hergebrachte Meinungen ganz von neuem zu beginnen (Bacon 1620: 5, 12ff.). Fälschlich nämlich werden die Denker der Antike für die Alten und Weisen gehalten. Das Greisenalter, an Erfahrung reich, ist stattdessen die eigene Epoche, nicht aber das jüngere Zeitalter der Welt, in dem die Alten lebten. Denn jenes ist zwar mit Rücksicht auf unsere Zeit entfernter, in Bezug auf die Welt aber jünger: *antiquitas saeculi, iuventus mundi* (Bacon 1620: I § 184).

Zweitens, Bacon artikuliert dabei die bereits angedeutete Bestimmung der Technik als angewandter Wissenschaft (s.o. I.2) zum sog. *Kaskadenmodell*. Um nämlich praktischen Nutzen zu erreichen, so Bacon, darf die Wissenschaft diesen nicht direkt anstreben. Der richtige Weg zur Mehrung des Nutzens führt über die Erkenntnis der Ursachen und Naturgesetze; den Frucht bringenden Versuchen müssen die Licht bringenden vorausgehen. Erst die Erforschung der Grundsätze bringt dasjenige tiefer gehende Verständnis hervor, das für die Entwicklung innovativer Technologien unerlässlich ist (Bacon 1620: I § 81, § 99, § 117). Das Kaskadenmodell hat die Vorstellung des Verhältnisses von Wissenschaft und Technik über Jahrhunderte hinweg und zum Teil bis zum heutigen Tag geprägt. Danach erwächst technischer Fortschritt aus den Ergebnissen der Grundlagenforschung.

Drittens, die Folge ist, dass der beste Weg zu technologischen Neuerungen in der Förderung von erkenntnisorientierter Forschung besteht. Insbesondere ist es nicht erfolgversprechend, praktische Innovationen auf direktem Wege anzusteuern. Neuerungen in der Technik können sich nur an Entdeckungen in der erkenntnisorientierten Wissenschaft anschließen. Diese muss daher ihrer eigenen Entwicklungsdynamik fol-

HISTORISCHE ENTWICKLUNG DER WISSENSORDNUNG

gen können, ohne durch den Druck politischer Autoritäten oder durch kurzatmige Nutzungserwartungen von ihrem Weg zur Wahrheit abgelenkt zu werden. Es schadet dem praktischen Erfolg, wenn man sich auf ihn allein konzentriert. Stattdessen sollte die Wissenschaft dem Beispiel des Schöpfergottes folgen, der am ersten Tag nur das Licht schuf, also gleichsam das Eigenrecht der Erkenntnisgewinnung hervorhob, und sich erst danach den materiellen Werken widmete, also gleichsam den Früchten der Erkenntnis (Bacon 1620: 23 ff.).

Viertens beginnt Bacon den Diskurs über die Modernisierung der Gesellschaft durch Wissenschaft und leistet damit einen wichtigen Beitrag zur gesellschaftlichen Entwicklung der Neuzeit. Die *Instauratio Magna* war vom Autor als Fragment geplant, denn die Ausführung dieser »großen Erneuerung« war für Bacon ein umfassendes gesellschaftliches Reformwerk von ungewisser Dauer und ungewissem Ausgang. Daran zu erinnern, dass diese erste Philosophie der neuen Wissenschaft den Ausgangspunkt in ihrem Wert für die Veränderung der Gesellschaft nahm, wäre überflüssig, wenn nicht in der gegenwärtigen Diskussion der Eindruck erweckt würde, als hätte sich die neuzeitliche Wissenschaft bisher überwiegend in ihrer eigenen akademischen Welt, jenem imaginären Elfenbeinturm, entwickelt und sei nun in der gegenwärtigen Wissensgesellschaft so neuen Herausforderungen ausgesetzt, dass wir es mit einem säkularen Phasenwechsel zu tun haben. Dieser Phasenwechsel hat in Wirklichkeit im 17. Jahrhundert stattgefunden. Bereits Bacon führte das Stichwort ein, durch das seitdem historische Diskontinuität bezeichnet wird: die Revolution von Wissenschaft und Gesellschaft.

Bacons Auffassung, dass die zukünftige Gesellschaft sein fragmentarisches Hauptwerk durch den Aufbau wissenschaftlicher Forschungseinrichtungen zu Ende führen solle, war mit einer weit radikaleren verbunden: der Veränderung der Gesellschaft durch diesen Prozess. Bacon skizzierte Überlegungen zu einem »Kontrakt« zwischen Wissenschaft und Gesellschaft, der in der zweiten Hälfte des 17. Jahrhunderts die geistige Grundlage für die politische Zulassung der neuen wissenschaftlichen Gesellschaften und Akademien in den Ländern Europas wurde. Mit diesem »Baconschen Kontrakt« wurde zum ersten Mal in der Geschichte eine *Wissensordnung* geschaffen, die das Eigenrecht der Forschung anerkennt und der Gesellschaft die Chance einräumt, vom Nutzen neuen Wissens zu profitieren. Allerdings mutet er ihr damit auch zu, den sozialen Wandel zu bewältigen, den der Umgang mit diesem Wissen auslöst.

Noch bevor sich Bacon an die literarische Öffentlichkeit wandte, versuchte er vielfach und vergeblich, durch seine Positionen in den höchsten Regierungsämtern Englands politische Entscheidungen oder mäzenatische Patronage zugunsten der neuen Wissenschaft zu mobilisieren. Am Ende blieb der Appell an die Öffentlichkeit, sich durch Beratung über das allgemeine Wohl Hilfsquellen für die Zukunft zu erschließen (Bacon 1620: 13, 31 ff.). Nach Abwägung der Vor- und Nachteile der neuen Experimentalwissenschaft schlug er vor, die Gesellschaft solle der experimentellen Methode eine experimentelle Chance geben. Zwar könnten die Gewinne nicht durch antizipative Argumentation begründet werden, sondern allein durch das Praktizieren der Methode. Aber eine Risikoabwägung spräche dafür, es zu probieren, »wenn wir nicht ganz verzagten Sinnes dastehen wollen« (ebd.) Das also ist die Geburtsstunde der Wissensordnung der Gesellschaft der Neuzeit. Bei allen späteren Wandlungen bleibt der Grundgedanke einer institutionellen Verbindung von wissenschaftlichem Fortschritt und Nutzen der Erkenntnis erhalten. Bacon selbst hat dieser Ordnung in seiner Utopie *Neu-Atlantis* literarischen Ausdruck verliehen. Ihr Kern ist eine staatlich geförderte Forschungsorganisation, die – seiner Methodenlehre entsprechend – auf der breiten Basis experimenteller Forschung die Formulierung neuer Theorien fördert, welche ihrerseits Experimente nahelegen, die tiefer in die Natur eindringen. Daneben stehen Spezialisten, die die Aufgabe haben, aus den Ergebnissen nützliche Technologien zu formen, die in allen Lebensbereichen zu Verbesserungen führen. Eine Versammlung hochrangiger Wissenschaftler wacht darüber, dass zwischen nützlichen und schädlichen Entdeckungen und Erfindungen unterschieden wird. Durch einen Eid sind alle gebunden, die schädlichen zurückzuhalten.

Neu-Atlantis wurde erst nach Bacons Tod veröffentlicht; dann jedoch wurde es das literarische Modell für eine Gesellschaft, die die Förderung der Wissenschaften und die Steigerung menschlicher Wohlfahrt zu einem verkoppelten Projekt macht. Es sollten jedoch noch Jahrzehnte vergehen, bis die neue Wissensordnung institutionelle Form annahm. In den politischen und gesellschaftlichen Zerreißproben, denen sich England ausgesetzt sah, spielte die neue Wissenschaft noch keine Rolle.

Die neue Wissensordnung findet ihren Ausdruck in der Gründung von naturforschenden Gesellschaften oder Akademien. Als Vorläufer gilt die von Marsilio Ficino (1433-1499) bereits 1462 in Florenz auf Geheiß von Cosimo de' Medici gegründete Institution, die als Wiedererrichtung der Platonischen Akademie gelten sollte und deren Ziel in der Aneignung und Pflege der Platonischen Philosophie bestand. Diesem Modell folgend wurde im 16. Jahrhundert in Italien eine größere Zahl von Akademien errichtet, die allerdings zunächst nicht der Erforschung der Natur gewidmet waren. Vielmehr wurden humanistische Ziele verfolgt, also die alten Sprachen studiert, oder es wurde die Geschichte eines Ortes untersucht. Erst die 1603 in Rom gegründete *Accademia dei Lincei*, die Akademie der Lüchse, zu deren Mitgliedern auch Galilei zählte, verpflichtete sich auf die Förderung und Verbesserung der Naturforschung. Der Luchs wurde als Namensgeber gewählt, weil diesem eine außergewöhnliche Scharfsichtigkeit zugeschrieben wurde. Die *Accademia dei Lincei* verschrieb sich entsprechend der skrupulösen Beobachtung der Naturvorgänge, ohne sich durch die Bande der Tradition oder die Lehren der Autoritäten beschränkt zu sehen.

Schnell folgte man in anderen Ländern Europas diesem Vorbild, sodass die römische Akademie der Lüchse das Format für die institutionelle Einbindung der neuen Naturwissenschaften vorgab. Es waren also zunächst weniger die vor allem der Wissensvermittlung dienenden Universitäten, die sich der Erforschung der Natur widmeten, sondern die im 17. Jahrhundert entstehenden gelehrten Gesellschaften. Die älteste, ohne Unterbrechung bis zur Gegenwart existierende Vereinigung dieser Art ist die 1652 in Schweinfurt unter Berufung auf die italienischen Vorbilder gegründete *Academia Naturae Curiosum*, die später so genannte *Leopoldina*. Deren Gründungsgeschichte verdeutlicht exemplarisch die neue Wahrnehmung des Verhältnisses von Wissen und Nutzen. In der Leopoldina schlossen sich nämlich vier Ärzte, die Gesamtheit der akademischen Heilkundigen der Stadt, zu dem Zweck nutzbringender Naturforschung zusammen. Die Ärzteschaft der Zeit litt unter der Konkurrenz der Bader und Barbiere, der Kräuterweiber und Scharlatane, die insgesamt keineswegs mit geringerem Erfolg therapierten und kurierten als die Schulmediziner, aber ihre heilkräftigen Dienste zu einem deutlich geringeren Preis anboten. Den vier Schweinfurter Ärzten ging es darum, die Wirksamkeit ihrer Verordnungen und Rezepturen durch die Untersuchung der zugrunde liegenden Naturzusammenhänge zu verbessern. Ausdrücklich sollte die Natur nicht zur Befriedigung des menschlichen Strebens nach Wissen erforscht werden, sondern um der Gesundheit des Menschen willen. Naturerkenntnis rechtfertigt sich in diesem Kontext also durch ihre Nützlichkeit (Toellner 2002: 17ff.).

Auch die 1662 gegründete *Royal Society of London for Improving Natural Knowledge* widmete sich der Förderung der Naturforschung und verpflichtete sich dabei vor allem auf das Ziel der Gewinnung verlässlichen Wissens. Beobachtungsberichte und Verallgemeinerungen sollten sorgfältig und durch Augenschein geprüft werden, Experimente sollten die Naturerkenntnis weiter befördern. Die Mitglieder der Royal Society verständigten sich darauf, dass die »experimentelle Philosophie« nicht zum parteilichen Bestandteil weltanschaulicher Konflikte werden dürfe, sondern aus diesen herausgehalten werden müsse. Da ihre politischen Haltungen und religiösen Überzeugungen so wenig übereinstimmten wie ihre metaphysisch-naturphilosophischen Positionen, hielten sie die Suche nach einem durchgängigen Konsens für aussichtslos. Vielmehr war die Neutralisierung dieser Differenzen erforderlich. Dies war die Vorbedingung der Sicherung der *Legitimität der Wissenschaft* unter den besonderen Umständen in England Mitte des 17. Jahrhunderts.

Legitimität steckt die Grenzen ab, innerhalb derer die Wissenschaft für sich selbst sprechen kann, was sie tun und was sie nicht tun darf. Diese gesellschaftliche Anerkennung berührt nicht nur den Selbstwert des Wissens, sofern dieser nirgendwo stört, sondern das Wissen hinsichtlich seiner politischen Relevanz, rechtlichen Legalität und seiner Stellung zur Religion. Sie betrifft auch die beanspruchten wirtschaftlichen Ressourcen. Wie bei den anderen Ordnungen ist die Anerkennung der institutionellen Zuständigkeit zugleich eine Ausgrenzung von anderen Wissensformen aus der Wissenschaft (Alltagswissen, persönliche Könnerschaft, religiöse und ethische Überzeugungen, literarische und bildliche Darstellungen). Definitionskonflikte über die Anerkennung von Wissen (Ein- oder Ausgrenzung so genannter Parawissenschaften, Ideologien, Weltanschauungen, empathischer Verfahren in der Psychologie, medizinischer Heilslehren) sind Belege für den Bestand und die Fortentwicklung der Wissensordnung. Für Max Weber steht die Legitimität einer Ordnung dort unter Beweis, wo die Institutionen den Bestand der Ordnung auch im Konfliktfall absichern, also die generalisierte Zuständigkeit nicht punktuell entzogen wird. Diese institutionelle Distanz ist die Bedingungen für die Entstehung einer Selbstordnung, die im Rahmen der Disziplinenstruktur erfolgt und seit dem 17. Jahrhundert immer komplexer und dynamischer geworden ist.

I.4 Die Elemente der Wissensordnung im 17. Jahrhundert

Was sind die zentralen Elemente der neuen Wissensordnung des 17. Jahrhunderts, wie sie (u. a.) von Bacon propagiert worden war, in den Akademien ihren organisatorischen Niederschlag gefunden hatte und durch Kirche und Herrscher als legitim erachtet wurde? Die wesentlichen Elemente der sich ausbildenden Wissensordnung sind:
- neue epistemische Orientierungen,
- die freie Kommunikation und die Publikation des Wissens,
- die weltanschauliche Neutralität der Forschung,
- die Selbst-Rekrutierung der Mitglieder,
- wissenschaftsinterne Prüfverfahren für wissenschaftliche Behauptungen.

Die Wissenschaftliche Revolution ist mit der Einführung von Strategien der Erkenntnisgewinnung verbunden, die in ihrer Gesamtheit einen epistemologischen Umbruch beinhalten und die erkenntnistheoretische Orientierung der Wissenschaft zum Teil bis heute charakterisieren. Dazu zählen etwa der Rückgriff auf die Mathematik für die Analyse der Erfahrungen, die Verpflichtung der Wissenschaft auf die Suche nach Naturgesetzen und die Anerkennung des Experiments als Mittel der Erkenntnis von Naturzusammenhängen. Die Mathematik hatte zuvor nur bei Versuchen einer erfahrungsunabhängigen Wirklichkeitserkenntnis eine Schlüsselrolle gespielt. Die Protagonisten der Wissenschaftlichen Revolution verknüpften hingegen die Aristotelische Verpflichtung auf die Erfahrung mit der Platonischen Wertschätzung der Erkenntniskraft der mathematischen Vernunft. Das Experiment wurde erst durch die genannte Einbindung der Technik in den Naturlauf (s. o. I.2) als ein legitimer Weg zu dessen Erschließung akzeptiert. Nach dieser neuen Auffassung der Technik bilden natürliche Kausalbeziehungen die Grundlage für die Erzeugung von Wirkungen. Der Umkehrschluss zur Erkenntniskraft des Experiments lautet, dass dann die Erzeugung von Wirkungen Aufschluss über natürliche Kausalbeziehungen geben kann.

Das wichtigste institutionelle Element ist das Recht auf die Veröffentlichung der Forschungsergebnisse, das etwa der Royal Society 1662 eingeräumt wurde. Dieses Privileg wog schwer in einer Zeit durchgängiger Zensur durch Staat und Kirche. Das Vorrecht, Wissenschaft öffentlich zu betreiben, war Ausdruck der neuen politischen Überzeugung, dass die durch die genannten Elemente bestimmte Form der Wirklichkeitserkenntnis prinzipiell nützlich für den Fortschritt der Gesellschaft sei (oder wenigstens nicht schädlich für ihren Bestand). Diese Überzeugung stützte sich wesentlich darauf, dass sich Wissenschaft auf die Lösung von Schwierigkeiten durch Beobachtung und Experiment verpflichtet hatte und entsprechend die Beendigung von Kontroversen über Begriffe durch einen Konsens in der Sache anstrebte.

Diese methodologische Festlegung auf empirische Überprüfung drängte umgekehrt auf Distanz zu religiösen, metaphysischen, politischen Ansichten jedweder Art (s. o. I.4). Die Distanz zur Religion betraf in erster Linie die strikte Ausgrenzung von Glaubensbeständen, die der religiösen Lebensführung dienen, aus der Zuständigkeit wissenschaftlicher Überprüfbarkeit, während im Gegenzug quasi-empirische Feststellungen der Bibel nicht als tragende Bestandteile der religiösen Lebensführung angesehen wurden. Die Distanz zur Metaphysik geschah vor allem in Abgrenzung von der Philosophie der Universitäten. Diese hatten sich keineswegs von der Tradition der Autoritäten gelöst und behandelten Wirklichkeitsprobleme oftmals als Begriffsprobleme, die durch Auslegung der Schriften der Autoritäten der Antike geklärt werden können. Die Distanz zur Politik diente nicht nur dazu, keine Risiken bei der Gefährdung der Privilegien vor allem mit Blick auf das Veröffentlichungsprinzip einzugehen, sondern auch dazu, den Diskurs untereinander zu gewährleisten.

Allen neuen wissenschaftlichen Akademien wurde das Privileg der Selbstrekrutierung zugesprochen. Dieses Privileg ist zwar im Organisationswesen der Zünfte, Gilden und Universitäten vorgeprägt, es gewinnt aber bei den Akademien einen gesellschaftlichen Wirkungsradius, der weit über den eingeschränkten Einfluss handwerklicher, kaufmännischer und pädagogischer Einrichtungen hinausreicht. Im Sinne eines institutionellen Kompromisses bedeutet Selbstrekrutierung zugleich auch Selbstdisziplinierung. Im Rahmen der Mitgliedschaft sind Äußerungen im Namen der Wissenschaft nur zugelassen, wenn sie die Grenzen verlässlichen Wissens beachten.

Vielleicht der wichtigste Aspekt der Mitgliedschaft ist die Differenzierung zwischen der Person und seiner Äußerung als Mitglied. Damit wird die Anerkennung des wissenschaftlichen Wahrheitsdiskurses gestiftet. Irrtum und Fehlschlag – wiederum nach der Vorgabe Bacons – sind willkommene Ergebnisse der Forschung, da ihr Neuigkeitswert und ihr Beitrag zur weiteren Forschung hoch sein können. Gründe, Ursachen und Folgen von Irrtum und Fehlschlag dürfen dann jedoch nicht als persönliches Versagen zugerechnet werden, sondern als angemessene Kosten des Erfolgs. Wissenschaftliche Vermutungen und die Vorführung von Versuchen werden weder in ihrer moralischen Beurteilung noch in der Bewertung ihrer Bewährung der Person selbst zugerechnet, sondern dem gemeinsamen Diskurs. Vor dem Hintergrund der Befürchtungen von politischen und religiösen Verfolgungen bis weit ins 16. Jahrhundert hinein und den selbstverständlichen Wohlverhaltensbedingungen der vorhergehenden Wissenskulturen an den Universitäten, in den Mönchsorden und bei Hofe ist diese institutionelle Absicherung der Differenz zwischen Person und Diskurs von großer Bedeutsamkeit.[1]

Die professionelle Ausbildung zählt herkömmlich zu den Vorbedingungen akademischer Tätigkeit. Gerade sie wird jedoch in der Anfangsphase für die Mitgliedschaft in den gelehrten Gesellschaften und wissenschaftlichen Akademien nicht gefordert. Zwar haben die meisten Mitglieder eine universitäre Ausbildung, jedoch – abgesehen von der Mathematik – nicht speziell für die Tätigkeiten, die sie für die neue Naturforschung qualifizieren. Die Eignung wird dagegen durch exemplarische wissenschaftliche Beiträge belegt, wobei Mitglieder das Peer-Review-Verfahren für vorgeschlagene neue Mitglieder übernehmen. Zwar blieben die klassischen, mathematikgestützten Disziplinen in der Hand von Spezialisten, aber die neuen, auf die Erschließung neuer Erfahrungsbereiche durch Beobachtung und Experiment setzenden »Baconischen Wissenschaften« werden anfangs weitgehend von Amateuren getragen. Optik, Elektrizitätslehre oder Wärmelehre blieben bis zum Ende des 18. Jahrhunderts oftmals eine Domäne der Mediziner und Pharmazeuten, der Instrumentenmacher oder der wirtschaftlich unabhängigen Privatgelehrten (Kuhn 1976: 103 f.).

1 Zwar besitzt die hypothetische Argumentationskultur eine lange Tradition, aber diese war nicht mit der Überprüfung der empirischen Evidenz eines neuen Geltungsanspruchs befasst, sondern mit den logischen Verknüpfungen der Argumente.

HISTORISCHE ENTWICKLUNG DER WISSENSORDNUNG

Die Anerkennung der innerwissenschaftlichen Prüfverfahren für die Geltung des Wissens ist nach außen vor allem dort von Bedeutung, wo es um die Unabhängigkeit des Wissens von Wertvorstellungen geht. Diese Trennung ist zu keiner Zeit vorher zu einem institutionellen Verfahren der Abgrenzung von Zuständigkeiten ausgebaut worden. Hiermit wurde ein Prinzip von großer Reichweite in der Wissenschaft etabliert, denn es verpflichtet nicht nur zur Kritik, sondern auch zur Gestaltung der Überprüfbarkeit. Bei Experimenten ist dies noch verhältnismäßig einfach, da sie auf Wiederholbarkeit angelegt sind; bei Feldbeobachtungen ist es dagegen sehr viel schwieriger. Daher entsteht ein Stil des wissenschaftlichen Belegens, der nicht mehr die Autorität des Forschers, sondern möglichst gute und unabhängige Indikatoren ins Spiel bringt. Dieser gegenüber der hergebrachten akademischen Tradition, aber auch der Praxis der höheren Handwerker und Ingenieure stark angestiegene Aufwand an Überprüfung dient der Sicherstellung der Verlässlichkeit von Wissensansprüchen.

I.5 Erkenntnisfortschritt und praktischer Nutzen: Eine Geschichte von Erfolg und Überforderung

Die vorangegangenen Untersuchungen haben deutlich werden lassen, dass Wissenschaft von Anfang an unter der doppelten Verpflichtung auf Erkenntnis und Nutzen operierte. Behauptungen, erst in jüngster Zeit sei ein epistemisch geprägter »Modus 1« durch einen vom Anwendungsstreben dominierten »Modus 2« abgelöst worden, sind daher historisch haltlos. Die neuzeitliche Naturwissenschaft war zu allen Zeiten spannungsreich auf zwei Ziele gerichtet. Den behaupteten Bruch des Modus 2 gibt es nicht. Das besagt aber keineswegs, dass umgekehrt der epistemisch geprägte Modus 1 stets die von Bacon erwarteten praktischen Früchte getragen hätte. Vielmehr stößt man in dieser Hinsicht auf eine wechselvolle Geschichte von Erfolg und Überforderung.

Der Beginn der neuzeitlichen Naturwissenschaft ist durch beispiellose Erfolge bei der Entschlüsselung der Naturordnung charakterisiert. Im 16. und 17. Jahrhundert gelang die Ermittlung der Struktur des Planetensystems und der Grundzüge der Struktur des Kosmos. Im 18. Jahrhundert feierten die klassische Mechanik und die Gravitationstheorie Triumphe. Die vereinheitlichte Beschreibung von Licht, Elektrizität und Magnetismus stellte eine gewaltige theoretische Errungenschaft des 19. Jahrhunderts dar. In der ersten Hälfte des 20. Jahrhunderts drang die Wissenschaft mit der Formulierung von Relativitäts- und Quantentheorien noch tiefer in die Fundamente der Naturprozesse ein, um gegen Ende des 20. Jahrhunderts mit dem Standardmodell der Elementarteilchenphysik eine Schicht der theoretischen Erfassung zu erreichen, die den Fluchtpunkt der überwiegenden Zahl wissenschaftlicher Erklärungen bildet. Wer die Ursachen der Phänomene immer weiter zurückverfolgt, wird am Ende beim Standardmodell der Elementarteilchenphysik anlangen (Weinberg 1992: 19, 32).

Gleichwohl war über einen verhältnismäßig langen Zeitraum hinweg der Ertrag der neuen Wissenschaft für technische Errungenschaften gering. Der Anspruch der Wissenschaftlichen Revolution, durch Erkenntnis der Naturprozesse die Herrschaft des Menschen über die Natur zu begründen oder zu festigen, erwies sich anfangs als nicht einlösbar. Obgleich Christopher Wren mit der damals neuen Newtonschen Mechanik wohlvertraut war, entwarf er die Londoner St. Paul's Cathedral ohne jeden Rückgriff auf diese und stattdessen nach Maßgabe der mittelalterlichen Handwerkerregeln. Der von Leonhard Euler nach den Grundsätzen seiner Dynamik idealer Flüssigkeiten projektierte Springbrunnen von Sanssouci ging niemals in Betrieb. Die Erfindung der Dampfmaschine war das Werk von Versuch und Irrtum; ihre Konstruktion stützte sich auf keinerlei spezifischen Beitrag aus der Wissenschaft.

Insgesamt war die Wissenschaft zunächst mit dem Verlangen nach praktischer Nützlichkeit klar überfordert. Sie vermochte keine Grundlage einer erfolgreichen technischen Praxis bereitzustellen. Die Brücke zwischen theoretischem und technischem Fortschritt wurde eher durch methodologische Gemeinsamkeiten wie die duale Verwendung der experimentellen Methode geschlagen, als durch den Rückgriff auf wissenschaftliche Entdeckungen und Erklärungen. Die erste industrielle Revolution vollzog sich unabhängig vom wissenschaftlichen Verständnis der Zeit (Stokes 1997: 35 f.).

Erst im Verlauf des 19. Jahrhunderts änderte sich diese Sachlage. Nur allmählich bildete sich eine angewandte Wissenschaft aus, die die theoretischen Einsichten erfolgreich für praktische Eingriffe zu nutzen verstand. In dieser Phase der Wissenschaftsentwicklung erwiesen sich die in theoretischen Ansätzen benutzten Idealisierungen als den einschlägigen Phänomenen hinreichend angemessen; die »Normierung der Natur«, ihre Reduktion und Vereinfachung auf Zusammenhänge, die in Laborexperimenten erfasst und kontrolliert werden konnten, war erfolgreich. Die Elektrotechnik begann ihren Siegeszug als Anwendung der Theorie der Elektrodynamik. Zum Beispiel wurden die elektromagnetischen Wellen von der Theorie vorhergesagt. Den Angelpunkt der zweiten industriellen Revolution am Ende des 19. Jahrhunderts bildeten technologische Innovationen im Bereich von Chemie und Elektrotechnik, die auf wissenschaftlichen Fortschritten beruhten (Stokes 1997: 33 f.). In der Folge drang die angewandte Wissenschaft in viele praktische Lebensbereiche vor und prägte die Alltagswelt in wachsendem Maße. Erst jetzt gelang die breite Verknüpfung von wissenschaftlicher Erkenntnis und technologischem Nutzen.

HISTORISCHE ENTWICKLUNG DER WISSENSORDNUNG

Im Verlauf des 20. Jahrhunderts geriet die Wissenschaft durch eine extreme Ausweitung ihres Erklärungsanspruchs und der Anwendungskontexte erneut in eine Situation der Überforderung. Die großen Erfolge der Technik und der Medizin legten es nahe, zu glauben, dass die Wissenschaft den Menschen endlich »zum Herrn und Besitzer der Natur« machen würde – wie es die Visionen der Wissenschaftlichen Revolution im 17. Jahrhundert vorhergesehen hatten. Diese Erfolge erzeugten in weiten Bereichen der Öffentlichkeit eine Allmachtserwartung an die Wissenschaft und in der Wissenschaft selbst ein Allmachtsgefühl. Bis in die zweite Hälfte des 20. Jahrhunderts herrschte ein szientistischer Glaube vor, demzufolge die Wissenschaft als die alleinige Autorität in sämtlichen Sachfragen galt.

Gerade dieser Glaube war die Basis für absolute Sicherheitserwartungen, denen moderne Großtechniken, allen voran die Kerntechnik, nicht genügen konnten. Ungeachtet der unvermeidlichen Enttäuschungen, die sich in den politischen Bewegungen der 1960er und 1970er Jahre artikulierten, blieben die Problemlösungsansprüche an die Wissenschaft bestehen und wurden noch ausgeweitet, insofern die Wissenschaft nunmehr auch noch für die Antizipation der möglichen Folgen neuer Erkenntnisse und Technologien und ihre sozial- und umweltverträgliche Umsetzung verantwortlich gemacht wurde. Risikoanalyse und Technikfolgenabschätzung wurden zu neuen Forschungsbereichen.

Durch diese massive Ausweitung des Anwendungskontexts wurden zunehmend komplexe Phänomene in den Erklärungsbereich der Wissenschaft einbezogen. Komplexität entsteht einerseits aus der großen Zahl von Einflussfaktoren, andererseits aus der verwickelten Art ihrer Wechselwirkungen. So verlangt zum Beispiel die ökologische Optimierung von Verbrennungsprozessen in Kraftwerken die Erfassung hunderter von Teilreaktionen und das Durchschauen ihrer Verflechtungen. Es ist die schiere Zahl der relevanten Parameter, die einem theoretischen Zugriff Grenzen setzt. Hinzu tritt die Komplexität der Parameterverkettungen selbst. Bei Auftreten von Nicht-Linearitäten können kleine Veränderungen in den Ausgangsgrößen erhebliche Verschiebungen in den Resultaten zur Folge haben.

Komplexitäten dieser Art machen es schwierig oder im Einzelfall gar unmöglich, die theoretischen Erkenntnisse über die grundlegende Beschaffenheit der einschlägigen Sachverhalte in einen technischen Zugriff umzusetzen. Die Theorie reicht häufig nicht mehr bis zu den Anwendungen. Technische Entwicklungen ergeben sich nur noch in Grenzen als Anwendungen fundamentaler Naturgesetze. Die gängige Idealisierungs- und Normierungspraxis trägt nicht mehr weit genug; Nutzungs- und Kontrollerwartungen werden enttäuscht.

Symptomatisch ist der Umschlag der Rolle der Wirtschaftswissenschaft in der Politikberatung im Verlauf des vergangenen halben

Jahrhunderts. Galten etwa in den 1960er Jahren die zentralen Wirtschaftsparameter wie Wachstum, Beschäftigung und Geldwert als der wissenschaftsgestützten politischen Steuerung zugänglich, stieß die Volkswirtschaftslehre in den nachfolgenden Jahrzehnten wiederholt an die Gültigkeitsgrenzen ihrer Beschreibungsansätze und Modellannahmen. Deren Vorhersagekraft und Kontrollfähigkeit erwies sich als unzulänglich. Die Komplexität der einschlägigen Sachverhalte hatte die Wirtschaftswissenschaft an ihre Grenzen stoßen lassen. In der Folge begann eine Haltung zu dominieren, in der Wirtschaftsprozesse wieder als naturwüchsige Phänomene aufgefasst wurden, die ihren eigenen, dem Zugriff des Menschen entzogenen Regeln folgen. Aufgabe der Politik ist danach nicht mehr die Steuerung der Wirtschaft, sondern die Anpassung der Gesellschaft an die Anforderungen der globalisierten Wirtschaft.

Die medizinische Forschung bietet ebenfalls viele Beispiele für den Aufbau von Versprechungen und Erwartungen, die nicht eingelöst werden konnten und schnell durch neue ersetzt werden. Das Scheitern des amerikanischen konzertierten Forschungsprogramms zur Krebsbekämpfung aus dem Jahre 1971 ist ein frühes Beispiel. Das Ziel war, nach dem Vorbild des Manhattan-Projekts und des Apolloprogramms mit einer detailliert ausgearbeiteten Abfolge von Forschungsprojekten die Prävention und Therapie von Krebs umfassend in Angriff zu nehmen (Hohlfeld 1979: 192 ff.). Fassbare Erfolge stellten sich nur wenige ein. Auch den in den 1980er Jahren als große medizinische Hoffnungsträger gefeierten monoklonalen Antikörpern blieb bis in allerjüngste Vergangenheit hinein die vorausgesagte Wirksamkeit versagt. Umgekehrt lassen massive Resistenzentwicklungen die Antibiotika, also die einstigen Wunderwaffen der Medizin, zunehmend abstumpfen.

Insgesamt bestimmt heute die Erwartung möglichst schneller und umstandsloser Anwendungen in immer größerem Umfang die Förderung der Wissenschaften. Bei der Einlösung dieser Erwartung operiert die Wissenschaft aber häufig am Rande dessen, was theoretisch und experimentell geleistet werden kann. Die neue Nähe zum Anwendungskontext überfordert die Wissenschaft tendenziell. Die Problemstellungen werden von außen vorgegeben und nicht nach Maßgabe disziplinärer Machbarkeit ausgewählt. Zwar hat die Fähigkeit der Wissenschaft zur Behandlung gerade auch komplexer Sachverhalte immer weiter zugenommen. Vielfach ist sie erst im Verlauf des 20. Jahrhunderts in die Lage versetzt worden, konkrete technologische Herausforderungen auch theoretisch zu behandeln. Da aber die politischen und ökonomischen Anforderungen und Vorgaben ebenfalls stark angewachsen sind, stößt die Wissenschaft an die Grenzen ihrer Problemlösungskapazität.

I.6 Die Risiken des wissenschaftlichen Fortschritts

Eingangs war auf die ambivalente Wahrnehmung des wissenschaftlichen Fortschritts als Chance zur Lebensgestaltung und als Gefahr für menschliches Leben hingewiesen worden (s. o. I.1). Auch Schadenserwartungen haben eine lange Tradition. In der Frühzeit der neuen Wissenschaften setzten sich innovative Geister nicht selten einem nicht unerheblichen Risiko aus. Galilei wurde durch Androhung der Folter zum Widerruf gezwungen, Nicolaus Copernicus (1473-1543) und Isaac Newton (1642-1727) hielten aus Angst, sich dem Spott und Zorn ihrer Zeitgenossen auszusetzen, eine Zeit lang Teile ihrer Erkenntnisse zurück, Descartes wählte aus Furcht vor einem Schicksal wie demjenigen Galileis umständliche Verkleidungen der Wahrheit.[2]

Der Anspruch der Nützlichkeit ihres Tuns für den Fortschritt der Gesellschaft schürte das Misstrauen politischer und kirchlicher Machthaber. Das politische Recht, den Nutzen des Wissens zu definieren, schließt ein, dessen Schädlichkeit zu markieren; Nutzen mit negativem Vorzeichen. So kann die Wissenschaft, wenn sie als Forschung rückhaltlos auf die Erkenntnis des Neuen orientiert ist, gleich von zwei Seiten beschnitten werden. Wenn unter dem Nutzen des Wissens nicht nur Techniken verstanden werden, sondern auch die Auswirkungen des Wissens auf die Erziehung, das Rechtswesen, die Wirtschaftsordnung, die Religion und die Ethik, dann wird offensichtlich, dass die einladende Formel neuer und nützlicher Wissenschaft ebenso eine prekäre Einschränkung darstellt – bis in die Gegenwart hinein. Die Achillesferse der Nützlichkeit ist die Bindung an Interessen und Werte, denn je gegensätzlicher diese in der Gesellschaft verteilt sind, desto schwieriger wird der Aufbau von Forschungsprogrammen, die nützlichen Zielen dienen, ohne dem Verdacht der Schädlichkeit für andere ausgesetzt zu werden.

---

2 Giordano Bruno gilt dagegen wohl zu Unrecht als ein »Märtyrer der Wissenschaft«. Erst in späterer Zeit verbreitete sich der Eindruck, Bruno sei im Jahre 1600 wegen seiner Ansichten zur Unendlichkeit des Weltalls auf den Scheiterhaufen geschickt worden. Danach hat Bruno den geschlossenen Himmel von Antike und Mittelalter durch das offene Universum der Neuzeit ersetzt und für diese befreiende Tat sein Leben geopfert – wie es auch sein aus dem 19. Jahrhundert stammendes Denkmal auf dem römischen Campo dei fiori nahe legt. Zwar sind die Einzelheiten des Inquisitionsprozesses gegen Bruno nicht mehr zu rekonstruieren, aber die vorhandenen Unterlagen lassen den Schluss zu, dass Bruno wegen seines Bestreitens der Dreieinigkeit Gottes verurteilt wurde und damit nicht wegen seiner naturphilosophischen, sondern wegen seiner theologischen Auffassungen sein Leben lassen musste.

UND IHRE GEGENWÄRTIGEN PROBLEME

Die ablehnenden Reaktionen auf wissenschaftliche Neuerer gründeten sich zunächst auf den befürchteten Schaden durch Erschütterung liebgewordener Weltbilder. Der heliozentrische Umbruch und die Aufgabe der Sternenkugel zugunsten eines unbegrenzten Universums, in deren Folge sich die Menschheit auf einem unscheinbaren Planeten im Umlauf um ein durchschnittliches Zentralgestirn am Rande einer unauffälligen Galaxis in einer gewöhnlichen Region des Universums wiederfand, wurde vielfach als Herabwürdigung des Menschengeschlechts wahrgenommen und nur widerstrebend akzeptiert. Sigmund Freud (1856-1939) hat diese kosmologische Entwurzelung als eine der Kränkungen der Menschheit bezeichnet.

»Zwei große Kränkungen ihrer naiven Eigenliebe hat die Menschheit im Laufe der Zeiten von der Wissenschaft erdulden müssen. Die erste, als sie erfuhr, dass unsere Erde nicht der Mittelpunkt des Weltalls ist, sondern ein winziges Teilchen eines in seiner Größe kaum vorstellbaren Weltsystems« (Freud 1917: 294).

Sollte sich zuvor das himmlische Schauspiel um den Menschen – und um des Menschen willen – drehen, so gilt die Erde nun als Staubkorn in den grenzenlosen Weiten des Weltalls.
Neben diese kosmologische Rückstufung tritt bei Freud die Kränkung durch Charles Darwins (1809-1892) Selektionstheorie der biologischen Evolution, die den Menschen nicht mehr als absichtsvoll geschaffenes Wesen, sondern als Ergebnis blinder Variation und differenzieller Reproduktion im Kampf ums Dasein betrachtet. Der Mensch entstammt dem Tierreich und trägt schwer an seinem animalischen Erbe. Als dritte Kränkung fasste Freud seine eigene psychologische Theorie auf, der zufolge der bewusste Verstand, oder das »Ich« nicht Herr des psychischen Geschehens ist. Das Ich ist in vielerlei Hinsicht den archaischen und nicht-rationalen Kräften des Unbewussten unterworfen, von denen es überdies nur kärgliche Kenntnis erlangen kann (Freud 1917: 294 f.).
Alle drei Kränkungen laufen auf eine Dezentrierung des Menschen bzw. der menschlichen Vernunft hinaus, und alle sind bei ihrer Veröffentlichung auf heftige Gegenwehr gestoßen, weil die Wurzeln des menschlichen Selbstverständnisses betroffen waren. Philip Kitcher verweist darauf, dass die Entwicklung der Wissenschaft über die Jahrhunderte hinweg wiederholt den Eindruck hervorrief, die Zunahme der Kenntnisse sei von einer Verminderung der menschlichen Lebensqualität begleitet. Die Wissenschaft nehme dem Menschen den Glauben an Gott und entfremde ihn der Schönheit der Natur. In jüngerer Zeit kommen Klagen des Inhalts hinzu, die Wissenschaft setze sich über den Wert von Frauen und Minderheiten hinweg (Kitcher 2001: 167). Risiken für das menschliche Selbstverständnis entstehen in der Gegenwart vor allem im Bereich der Biotechnologie und der Reproduktionsmedizin. Neben

solche Gefährdungen des menschlichen Selbstbilds oder der Achtung von Menschenrecht und Menschenwürde treten Risiken für das physische Wohlergehen oder gar das Überleben der Menschheit. Diese haben etwa die Auswirkungen des Energieverbrauchs auf die Umwelt oder das Klima zum Gegenstand.

Eingangs ist die Risikogesellschaft als die Nachtseite der Wissensgesellschaft vorgestellt worden (s. o. I.1). Tatsächlich waren Erkenntnisgewinn und wissenschaftlicher Fortschritt niemals von Risiken frei, aber der schlimmstenfalls eintretende Schaden bzw. die maximale Schadenshöhe ist durch die Intensivierung des wissenschaftlichen Zugriffs deutlich gewachsen. Die gewaltigen Auswirkungen der Wissenschaft auf die Lebensbedingungen und auf das Selbstverständnis des Menschen haben das Verhältnis von Wissenschaft und Gesellschaft auf eine neue Ebene gehoben und das Bedürfnis nach steuernden Einflüssen seitens der Gesellschaft gesteigert. Andererseits können Einflussnahmen und Vorgaben von außen die Kreativität der Forschung ersticken. Das häufige Scheitern geplanter Forschung ist Beleg dafür, dass gerade innovative Wissenschaft einen Freiraum benötigt und nur in Grenzen steuerbar ist.

Die Dynamik der neuzeitlichen Wissenschaft kann als Entfaltung der spannungsreichen Kovariation des Strebens nach Erkenntnis um ihrer selbst willen und nach nützlichen Anwendungen aufgefasst werden. Diese Spannung zwischen der Handlungsentlastung in der Grundlagenforschung und der Einbindung in Nutzungserwartungen bestimmt den Entwicklungsgang der Wissenschaft. Der Begriff der Wissensordnung umschreibt institutionelle Mechanismen, die geeignet sind, diese Spannung zu immer neuen Formen produktiver Stabilisierung zu führen. Historisch betrachtet geht es dabei nicht um ein Gleichgewicht im Sinne einer optimalen Lösung von Dauer, sondern um ein ständiges Ungleichgewicht, das das System in Unruhe hält und zum Wandel zwingt. Die gegenwärtige Diskussion über den Wandel von einem vermeintlichen Modus 1 der akademischen Wissenschaft zu einem Modus 2 der sozial kontextualisierten Wissenschaft registriert zu Recht den erneuten Wandel der Wissensordnung, aber mit einer Begrifflichkeit, die wegen ihrer historischen Blindheit keinen Sinn für die Spannungen hat, denen die Wissenschaft seit der Wissenschaftlichen Revolution ausgesetzt ist. Das Verhältnis von Wissenschaft und Gesellschaft bedarf daher einer neuen, vertieften Analyse, zu der in dieser Untersuchung ein Beitrag geleistet werden soll.

I.7 Die Wissensordnung der Gegenwart

Trotz der skizzierten weit ausgreifenden historischen Kontinuitäten findet man Verschiebungen im Leistungsprofil der Wissenschaft, die sich zumindest *prima facie* für die Gegenwart zu einem neuartigen Bild zusammenfügen. Zunächst gewinnt die Wissenschaft als Folge ihrer wachsenden Problemlösekompetenz und Erklärungskraft eine stärkere Praxisrelevanz als jemals in der Vergangenheit. Sie wird als erstes konsultiert, wenn es technische oder gesellschaftliche Probleme zu lösen gilt. Als Folge dieser gewachsenen Praxisrelevanz stellt man einen massiven Einsatz von Forschungsmitteln aus der Privatwirtschaft fest, die zweckgebunden für die Lösung praktischer Probleme eingesetzt werden. Neben die Bindung der Agenda durch Auftragsforschung tritt die Programmsteuerung weiterer Teile der öffentlichen Forschungsförderung. Zwar ist die Verpflichtung auf Nutzen und praktische Anwendung seit jeher Bestandteil der gesellschaftlichen Erwartungen an die Wissenschaft (s. o. I.2), aber die Intensität dieser Verpflichtung hat in den vergangenen Jahrzehnten eine neue Qualität erreicht. Damit stellt sich die Frage, in welcher Weise dieser Anwendungsdruck die überkommene Wissensordnung verändert und eine neue konstituiert.

Das auf Bacon zurückgehende Kaskadenmodell des Zusammenhangs von Grundlagenforschung und angewandter Forschung wird zwar erst im Verlauf des 19. Jahrhunderts für die Forschungspraxis relevant (siehe oben I.5), behält aber bis in die jüngste Vergangenheit seine prägende Kraft. Danach ist Erkenntnisgewinnung die Voraussetzung für eine anhaltend erfolgreiche Technologieentwicklung. Grundlagenforschung geht der angewandten Forschung sowohl sachlich als auch zeitlich voran; jene bildet den Nährboden für diese, sodass die Konzentration auf angewandte Forschung bedeutete, gleichsam das Saatkorn zu verzehren und dadurch die künftige Ernte zu mindern. Dieses Modell war vor allem in der Zeit nach dem Zweiten Weltkrieg maßgeblich. Der sogenannte Bush-Report aus dem Jahre 1945, der ursprünglich auf Initiative von Präsident Roosevelt über den Beitrag der Wissenschaft zur Verbesserung der menschlichen Lebensbedingungen berichten sollte, rückte die Grundlagenforschung ins Zentrum. Wenn die Wissenschaft praktisch fruchtbar werden soll, so die These Vannevar Bushs, muss sie Grundlagenforschung betreiben. Diese liefert das Kapital, von dem zukünftige Technologien zehren. Die Fokussierung auf Anwendungen führt dagegen zur Stagnation und trocknet den Boden aus, auf dem der technologische Fortschritt langfristig gedeiht (Bush 1945; Stokes 1997: 2ff.).

In die gleiche Richtung geht die verbreitete Diagnose der Gründe für das erwähnte Scheitern des amerikanischen *War on Cancer* (s. o. I.5).

HISTORISCHE ENTWICKLUNG DER WISSENSORDNUNG

Dieses Scheitern wird im Rückblick häufig darauf zurückgeführt, dass das für die systematische Entwicklung von Anwendungen erforderliche Grundlagenwissen noch nicht zur Verfügung stand (Hohlfeld 1979: 211f.). Grundlagenwissen kann nicht in vorab festgelegten Schritten gewonnen werden. Fundamentale Einsichten stellen sich eben nicht nach Plan ein. Sie sind unvorhersehbar und lassen sich nicht herbei zwingen.

In gleicher Weise urteilte das amerikanische Plasma Science Committee 1995 über die Forschung zur Entwicklung des Fusionsreaktors, dass die starke Konzentration der Förderung auf kurzfristig realisierbare, konkrete Projekte der Grund für den Verlust technologischer Dynamik sei.

»Weiterer Fortschritt wird letztlich davon abhängen, dass die grundlegenden Fragen in Angriff genommen werden, statt sich bloß auf Forderungen zu konzentrieren, die von den Anwendungen an die Plasmawissenschaft herangetragen werden. Im Gegenteil ist davon auszugehen, dass ein verbessertes Verständnis der Grundlagen der Plasmawissenschaft deren erfolgreiches Heranziehen für die Bedürfnisse der Gesellschaft erheblich vorantreibt« (*Plasma Science Committee* 1995: 8f.).

Grob gesagt wird behauptet, dass die Stagnation bei technologischen Vorhaben wie dem Fusionsreaktor dadurch überwunden werden kann, dass sich die Fusionsforschung aus den Fesseln der Anwendungen löst und zu einem selbständigen, akademisch respektablen Teilgebiet der Physik wird (vergleichbar der Festkörperphysik). Die Fruchtlosigkeit der angewandten Forschung beruht danach auf ihrer Kurzatmigkeit, als deren Folge die Pflege des wissenschaftlichen Potenzials der Technologieentwicklung vernachlässigt worden ist.

Diesen Urteilen liegt die bereits erwähnte Vorstellung zugrunde, dass fruchtbare, kreative Forschungsanstrengungen einen Freiraum der Handlungsentlastung benötigen (s.o. I.6). Neue Entdeckungen lassen sich nicht erzwingen und nur selten voraussagen; aber oft eröffnen solche Entdeckungen überraschende technologische Optionen.

Gegen diesen unbedingten Vorrang der Grundlagenforschung richten sich jedoch andere Urteile und Einschätzungen, die die angewandte Forschung auf einem konzeptionell stärker eigenständigen Weg sehen. Aus solchen Urteilen erwächst gerade die erwähnte These, dass einem Modus 1 der auf zweckfreie Erkenntnis gerichteten Forschung zunehmend ein Modus 2 zur Seite tritt, bei dem praktische Ziele die Forschung leiten (s.o. I.5, I.6). Kennzeichnend ist danach, dass im Modus 2 die Anwendung des Wissens kein von dessen Gewinnung getrennter Schritt ist. Es werden nicht Ergebnisse reiner Forschung für Anwendungen fruchtbar gemacht, vielmehr bringt angewandte Forschung viele der für die Technologieentwicklung erforderlichen Wissenselemente aus sich hervor (Gibbons et al. 1994: 3 f.; 17 ff., 33).

Insgesamt legen diese Beobachtungen eine Reihe von Vermutungen nahe, die zum Gegenstand genauerer Prüfung gemacht werden sollen.

(a) Die Zunahme der praktischen Relevanz der Wissenschaft geht mit einer wachsenden gesellschaftlichen Einflussnahme auf die Wissenschaft einher. Die vormalige Selbststeuerung der Wissenschaft wird durch vermehrte Fremdsteuerung ersetzt.

(b) Die praktisch relevante oder angewandte Wissenschaft wird zum dominanten Forschungsmodus. Dadurch könnte die epistemische Rolle der Wissenschaft in den Hintergrund treten.

(c) Durch das Operieren an den Grenzen des wissenschaftlich zuverlässig Fassbaren tendiert die Wissenschaft zur Verfolgung provisorischer Erkenntnisstrategien wie exploratives Experimentieren oder die Beschränkung auf kontextualisierte Kausalbeziehungen.

(d) Die Suche nach schnellen Problemlösungen in der Politik und die Wahrnehmung von Marktchancen bringen es mit sich, dass die provisorischen Erkenntnisstrategien auch in die Implementationprozesse hineingetragen werden und die Gesellschaft mit Risiken belasten, die früher auf die Institutionen der Forschung (das abgeschlossene Labor!) beschränkt waren.

(e) Der Anwendungsdruck durch die Ökonomie verschiebt die Grenzen zwischen öffentlichem Zugang zu neuem Wissen und privater Verfügung. Dies hat Rückwirkungen auf die freie Kommunikation und das Selbstverständnis der Institutionen des Wissenschaftssystems.

Die dargestellten historischen Kontinuitäten machen dabei deutlich, dass es hier nicht um einen grundsätzlichen oder qualitativen Bruch geht, wohl aber möglicherweise um starke quantitative Verschiebungen, die in ihrer Summe ein andersartiges Bild von Wissenschaft entstehen lassen.

II Wissensordnung

II.1 Eine neue Rolle des Wissens

Einer der frühen Theoretiker der Wissensgesellschaft, Daniel Bell, sah die wichtigsten Merkmale in der Zentralität theoretischen Wissens, in der hervorgehobenen Bedeutung von Wissenschaft und Technologie als Quellen der Innovation. Jüngere Beobachter postulieren, dass die Wissensproduktion ein neuer Produktionssektor, wissenschaftliches Wissen zu einer Legitimationsgrundlage von Herrschaft und zu einem wichtigen Kriterium sozialer Strukturbildung geworden sei. Information und Wissen wurden erst unter den gegenwärtigen technologischen, gesellschaftlichen und kulturellen Parametern direkt zu Produktivkräften.

Systematisches Wissen und die Methoden seiner Erzeugung gewinnen mithin eine zentrale Funktion in modernen Gesellschaften und rechtfertigen es, diese als Wissensgesellschaften zu bezeichnen. Die konkreten Erfahrungen mit der neuen Zentralität des Wissens haben allerdings die optimistischen und rationalistischen Erwartungen nicht bestätigt. Wissenschaftliches Wissen ist weder endgültig noch eindimensional. Zu den vermuteten Veränderungen zählen: dass die Universität als zentrale Institution der Wissensproduktion ihre Monopolstellung verliert; die mit ihr konkurrierenden Organisationen produzieren Wissen, das sich durch Interessen- und Wertebindung, unmittelbaren Praxisbezug und eingeschränkte Geltung auszeichnet; die klassischen Disziplinen verlieren ihre Bedeutung.

Dies sind Veränderungen der Wissensordnung, die es genauer zu prüfen gilt. Wissen bzw. die Fähigkeit, seine Umwelt durch das gezielte Sammeln von konkreter Erfahrung und durch abstrakte Reflexion intellektuell zu begreifen gehört zum homo sapiens seit seiner Evolution und ist die Erklärung für seinen Erfolg im Vergleich zu anderen Lebewesen. Wie macht es dann Sinn, von einer Wissensgesellschaft zu sprechen? Wie lässt sich eine neue Rolle des Wissens in der Gesellschaft identifizieren, die sich von der in zurückliegenden Gesellschaften unterscheidet? Wenn der Begriff der Wissensgesellschaft einen analytischen Wert haben soll, muss er Strukturmerkmale und Mechanismen des Wandels dieser Gesellschaft bezeichnen, die sich von denen z.B. der Agrar- oder der Industriegesellschaft unterscheiden, nicht notwendig prinzipiell aber zumindest graduell. Einer der frühen Theoretiker der Wissensgesellschaft, Daniel Bell, sah die wichtigsten Merkmale in der *Zentralität theoretischen Wissens*, in der hervorgehobenen Bedeutung von Wissenschaft und Technologie als Quellen der Innovation sowie in dem damit verbundenen Umfang der gesellschaftlichen Aufwendungen für Forschung und Ausbildung (Bell 1973: 37, 213f.) (s.o. Kap.I.1).

Jüngere Beobachter gehen noch weiter und postulieren, dass die Wissensproduktion ein neuer Produktionssektor, wissenschaftliches Wissen zu einer Legitimationsgrundlage von Herrschaft in modernen politischen Systemen und zu einem wichtigen Kriterium sozialer Strukturbildung geworden sei (Stehr 1994: 36 f.). Manuel Castells definiert die Informationsgesellschaft als durch die Gesellschaftsstruktur charakterisiert,

»bei der die Quellen der ökonomischen Produktivität, der kulturellen Hegemonie und politisch-militärischen Macht fundamental von der Gewinnung, Speicherung, Verarbeitung und Erzeugung von Information und Wissen abhängen. Obgleich Information und Wissen immer für die ökonomische Akkumulation und politische Macht entscheidend waren, wurden sie erst unter den gegenwärtigen technologischen, gesellschaftlichen und kulturellen Parametern direkt zu Produktivkräften« (Manuel Castells 1996).

Die Begriffe ›Informationsgesellschaft‹, und ›Wissensgesellschaft‹ bilden jeweils affirmative Wahrnehmungen der Rolle der Wissenschaft in der Gesellschaft ab. Diese Sichtweise beruhte auf Beobachtungen fundamentaler gesellschaftlicher Strukturveränderungen, deren Ursache und Gegenstand im *Wissen* bzw. in der *Wissensordnung* gesehen wurde. Das betraf zum einen den Wandel der hoch industrialisierten Länder zu Dienstleistungsgesellschaften. Waren diese Gesellschaften noch bis in die Mitte des 20. Jahrhunderts durch eine Sozialstruktur gekennzeichnet, in der die Industriearbeiterschaft eine dominierende Rolle spielte, so war aufgrund der stetigen Expansion des Dienstleistungssektors schon absehbar, dass dieser die prägende Rolle übernehmen würde. Inzwischen sind in Ländern wie den USA und Deutschland über 70 Prozent der erwerbstätigen Bevölkerung im Dienstleistungsbereich beschäftigt. Viele von diesen erwirtschaften den gesellschaftlichen Wohlstand nicht mehr primär durch die Arbeit ihrer Hände, sondern die ihres Kopfes. Sie sind ›Wissensarbeiter‹.

Dieser soziale Wandel ist durch eine andere grundlegende institutionelle Reform ermöglicht worden: Die Einführung der allgemeinen Schulpflicht (1717 in Preußen, 1852 in Massachusetts) und die seither andauernde Bildungsexpansion, die in den Industrieländern zu einer immer weiteren Ausdehnung des Hochschulbesuchs pro Alterskohorte geführt hat. Inzwischen liegt der Anteil der Hochschulabsolventen in den OECD-Ländern bei 26 Prozent. Da das Einkommen der Inhaber von Universitätsabschlüssen um mehr als die Hälfte über dem der übrigen Erwerbstätigen liegt, schließen Bildungsökonomen daraus den erheblich größeren Beitrag der wissensbasierten Tätigkeiten zur gesamtwirtschaftlichen Wertschöpfung. Dieser Zusammenhang liegt auch der anhaltenden Steigerung der Ausgaben für Schulen und Hochschulen in den OECD-Ländern zugrunde, die inzwischen im Schnitt 12,7 Prozent ihrer Gesamtausgaben in die Bildung investieren (Deutschland 9,7 Prozent; OECD-Bildungsbericht 2004). Die Hochschulen wurden 2001 in Deutschland mit 0,9 Prozent des Bruttoinlandsprodukts (BIP), d. h. 3,7 Prozent der Gesamtausgaben der öffentlichen Haushalte gefördert (BLK-Bildungsfinanzbericht 2002/3, 22). Sie sind der primäre Ort der Wissensproduktion in der Gesellschaft, und entsprechend hoch sind die Ausgaben für sie in den modernen Wissensgesellschaften.

Eine weitere wichtige Veränderung, die mit der Bildungsexpansion im Zusammenhang steht, ist die allgemeine Demokratisierung der hoch industrialisierten Gesellschaften. Es ist davon auszugehen, dass diese Entwicklung ganz wesentlich mit dem steigenden Bildungsniveau in der Gesellschaft und der sich ändernden Sozialstruktur zusammen hängt. Mit steigendem Lebensstandard und höherem Bildungsniveau steigen die Ansprüche an die Mitgestaltung des politischen Lebens und der Wahrnehmung eigener Interessen. Die wechselseitige Bedingtheit von Wohlstand und Bildung hat überall dort, wo der Prozess in Gang gekommen ist, eine Entwicklung zu offenen demokratischen Staatsformen befördert, die durch einen höheren Grad der Partizipation der Bevölkerung an politischen Entscheidungen charakterisiert sind. Hinzu kommen eine freie Presse sowie die Bildung von Nichtregierungsorganisationen (NGOs), die beide den öffentlichen Diskurs zusätzlich mit Themen besetzen. Insgesamt geht es dabei letztlich um die Kommunikation von Informationen zur Aushandlung von Optionen und Entscheidungen im politischen Gestaltungsprozess. In dem Maß, in dem die Zahl der sog. *stakeholder*, also der diversen Interessengruppen und damit die Varianz der Interessen und Handlungsoptionen zunehmen, wird der politische Prozess insgesamt komplexer und Wissen damit wichtiger.

Der kritische Gegenbegriff der ›Risikogesellschaft‹ teilt mit den vorab genannten Begriffen die Annahme der Zentralität wissenschaftlichen Wissens, nur bewertet er sie anders. Offenbar ist der Begriff des (wissenschaftlichen) Wissens, der in den 1960er Jahren noch primär positiv besetzt war, seither in seinen Konnotationen ambivalent geworden (s. o. Kap. I.1). Die Wissensgesellschaft ist gerade *nicht* ausreichend durch die vermehrte Produktion und Anwendung wissenschaftlichen Wissens charakterisiert, wie dies die frühen Theoretiker der Wissensgesellschaft noch gesehen haben. In der Wissensgesellschaft spielen Wissen *und* Nichtwissen eine zentrale Rolle. Es gibt zudem eine ungleiche Verteilung von Wissen, die eben *nicht* durch Kommunikations*technologien* eingeebnet wird, wie es die Vision der Informationsgesellschaft suggeriert. Überdies gibt es Konflikte um den Zugang zu Wissen, weil Wissen die Basis von Macht und Herrschaft, und damit von sozialer Ungleichheit ist.

Das demgegenüber weiter tragende Kriterium der Wissensgesellschaft besteht in der Generalisierung des Handlungstypus wissenschaftlicher

Forschung. Die systematische und kontrollierte Reflexion wird zum verbreiteten Handlungsprinzip in der Gesellschaft. Damit werden – wiederum *im Prinzip* – alle Handlungsorientierungen, Normen und Werte, die vormals fraglos tradiert wurden, der Reflexion zugänglich und auf den Fortgang der Wissensproduktion beziehbar. Dieses Merkmal moderner bzw. postmoderner Gesellschaften ist als *Verwissenschaftlichung* der Gesellschaft oder als *reflexive Modernisierung* bezeichnet worden (Weingart 1983; Beck et al. 1996).

Die ›Wissensgesellschaft‹ definiert sich aus dieser Sicht also dadurch, dass die Institutionalisierung reflexiver Mechanismen in allen funktional spezifischen Teilbereichen stattfindet. In der Wirtschaft wird Wissen über Märkte, Ertragserwartungen, Devisenkursentwicklungen etc. mit den Mitteln und im Stil der Wissenschaft erzeugt. Die Politik stützt sich in ihren stetig ausgeweiteten Vorsorgefunktionen (ungeachtet des neueren Rückzugs des Staates) auf wissenschaftliches Wissen über gesellschaftliche Funktionsbereiche: Bildung, Gesundheit, Bevölkerungsstruktur, Verhalten usw.

Die reflexiven Mechanismen unterscheiden sich von den Mechanismen der Erfahrungssammlung vergangener Gesellschaftsformen sowie auch von der Rationalisierung im Sinne Max Webers als Kennzeichen der Moderne dadurch, dass Erfahrungen nicht mehr passiv ›gemacht‹ und verarbeitet werden, sondern prospektiv durch ›forschendes‹ Verhalten gesucht und in Gestalt systematischer Variationen gewählt und reflektiert werden. Gesellschaftliche Innovationen in allen Funktionsbereichen geraten zunehmend unter den Imperativ des durch ›aktive Erfahrung‹ gesteuerten Lernens: Um strategisch handeln zu können, wird die Zukunft durch hypothetische Entwürfe, Simulationen und Modelle vorweggenommen, die Ursachen für Abweichungen tatsächlicher Ereignisse von erwarteten werden systematisch erforscht, die dabei produzierten Daten werden gespeichert und weiterverarbeitet, d. h. in den Prozess zurückgegeben. Damit verändern sich die Geschwindigkeit und das Volumen der Informationsverarbeitung moderner Wissensgesellschaften um Größenordnungen. Der neue Typus von Gesellschaft wird also daran erkennbar, dass die funktionsspezifischen Operationsweisen der Wissenschaft, eben die Forschung, generalisiert werden.

Systematisches Wissen und die Methoden seiner Erzeugung gewinnen mithin eine zentrale Funktion in modernen Gesellschaften und rechtfertigen es, diese als Wissensgesellschaften zu bezeichnen. Im Unterschied zu den technokratischen bzw. szientistischen Gesellschaftskonzeptionen der 1960er Jahre hat sich jedoch das Wissenschaftsverständnis verändert, und auch die konkreten Erfahrungen mit der neuen Zentralität des Wissens haben die optimistischen und rationalistischen Erwartungen nicht bestätigt. Die inzwischen zum politischen Alltag gehörenden Konflikte unter Experten sind das sichtbarste Anzeichen dafür, dass nicht einmal wissenschaftliches Wissen endgültig und eindimensional ist und jeweils die ›eine beste Lösung‹ liefert. Es unterliegt vielmehr vielfältigen Interpretationsmöglichkeiten, es ist häufig vorläufig und unsicher und folglich selbst unter den Wissenschaftlern umstritten, von den Entscheidungsträgern und der Öffentlichkeit ganz abgesehen.

Der Streit unter Experten signalisiert aber nicht nur die Unsicherheit des Wissens, sondern wiederum auch dessen *Zentralität*. Wissen, in erster Linie systematisches, wissenschaftliches Wissen, wird praktisch in allen Handlungsbereichen zu Rate gezogen, um Entscheidungen abzusichern und zu begründen. Je mehr Wissen über eine Vielzahl von Handlungsfeldern bereit steht, desto riskanter wird es, Entscheidungen ohne Kenntnis und Rekurs auf dieses Wissen zu treffen. Das gilt im individuellen Alltagshandeln ebenso wie in der Politik. Infolgedessen hat die Zahl der Experten, die die Politik beraten und Wissen für sie bereitstellen, ungeachtet der Unsicherheit und der Unzulänglichkeiten des Wissens, in den letzten Jahren dramatisch zugenommen. Aber nicht nur in der Politik, ebenso in der Wirtschaft, im Recht, in den Medien und prinzipiell in allen Alltagsbereichen werden Expertenrollen etabliert und Ratgeber angeboten.

Diese neue, allseitige Relevanz wissenschaftlichen Wissens und die entsprechenden Erwartungen an seine Leistungsfähigkeit und seinen Nutzen haben Auswirkungen auf das ursprüngliche Arrangement der Wissensordnung der Industriegesellschaften. Galt in den Jahren nach dem Zweiten Weltkrieg der auf Vannevar Bush zurückgehende Grundsatz, dass die Produktion praxisrelevanten wissenschaftlichen Wissens ohne vorgängige Fixierung auf praktische Ziele erfolgen solle, weil nur dadurch gewährleistet sei, dass die volle Innovativität des Wissens entwickelt werden könne (s. o. Kap. I.8), so hat inzwischen die Überzeugung die Oberhand gewonnen, dass der Umweg über die Grundlagenforschung und die in ihr stattfindende theoretische Aufklärung zugunsten der direkten Orientierung an den praktischen Aufgaben vermeidbar sei. Die Entdeckung von Naturgesetzen spielt in jedem Fall nur noch eine geringe Rolle. In der Politik hat die Anwendungsorientierung der Forschung erheblich an Bedeutung zugenommen, ablesbar nicht nur am wissenschaftspolitischen Diskurs, sondern z. B. auch am Rückzug von Staat und Industrie aus der Förderung der Grundlagenforschung. Es hat auch vorher angewandte Forschung gegeben (s. o. Kap. I.5, I.7), aber in der Hierarchie der Bewertung galt sie gegenüber der Grundlagenforschung als nachrangig. Diese Bewertung hat sich im vergangenen Vierteljahrhundert verschoben, wenngleich noch nicht klar ist, ob es sich um eine dauerhafte Veränderung der Wissensordnung handelt und welche langfristigen Folgen sie ggf. für die gesellschaftliche Wissensproduktion haben wird.

Aus der Beobachtung dieser Entwicklung ist auf eine Reihe solcher möglichen Folgen geschlossen worden, die, sollten sie wirklich eintreten, tatsächlich dauerhafte und grundlegende Veränderungen der Wissensordnung bedeuten würden. Eine dieser diagnostizierten Veränderungen ist die Vermehrung von Wissenssystemen und von Orten der Wissensproduktion (Gibbons et al. 1994; Nowotny et al. 2001). Damit ist einmal gemeint, dass die Universität als zentrale Institution der Wissensproduktion ihre Monopolstellung verliert. Andersartige Organisationen erzeugen ebenfalls handlungsrelevantes Wissen: kommerzielle Forschungsinstitute außerhalb des akademischen Systems, *think tanks*, parteigebundene Institute und andere mehr. Das von diesen Einrichtungen gewonnene Wissen lässt sich nicht mit wissenschaftlichem Wissen gleichsetzen. Es kann mit ihm kompatibel sein, unterscheidet sich aber in der Regel durch Interessen- und Wertebindung, unmittelbaren Praxisbezug und eingeschränkte Geltung. Diese Differenzen sind sicher in den Sozialwissenschaften ausgeprägter als in den Naturwissenschaften, aber keineswegs auf diese beschränkt. Man kann so weit gehen und hier von unterschiedlichen Wissenssystemen sprechen: neben das System des akademischen Wissens tritt ein System des politisch, regulativ und wirtschaftlich verwendbaren Expertenwissens. Es genügt nicht unbedingt den akademischen Qualitätsstandards, bewährt sich aber in praktischen Kontexten.

Eine weitere Veränderung, die damit im Zusammenhang steht, ist ein Bedeutungsverlust der klassischen Disziplinen in der Steuerung der Wissensproduktion. In der herkömmlichen akademischen Wissensordnung haben die Disziplinen als Organisationen die Funktion, die Fortschreibung des disziplinären Forschungsprogramms, die Auswahl relevanter Probleme und die Bewertung und Belohnung relevanter Forschungsleistungen zu leisten. Es wird diagnostiziert, dass sie diese Funktion in dem Maß verlieren, in dem die Forschung sich zunehmend inter- oder gar transdisziplinär organisiert (Gibbons et al. 1994). An die Stelle der Disziplinen, so die These, treten variable Forschungsnetzwerke mit wechselnden Themen und Kompetenzprofilen.

Bei diesen Thesen handelt es sich teils um die Beobachtung von Oberflächenphänomenen und/oder um die Extrapolation von Entwicklungen, deren Nachhaltigkeit nicht gesichert ist. Sollten sie sich jedoch bestätigen, wären die damit indizierten Veränderungen der Wissensordnung tatsächlich von grundlegender Bedeutung. Die Wissensordnung der Wissensgesellschaft wäre eine sehr viel andere, als die der modernen Industriegesellschaften. Im folgenden werden deshalb drei Bereiche einer genaueren Analyse unterzogen: Zuerst wird versucht, Strukturverschiebungen unter den Disziplinen zu entdecken. Sodann geht es um die Strukturen der angewandten Forschung und schließlich um die der politikbezogenen Wissensproduktion.

II.2 Institutionelle Verschiebungen der Wissensproduktion – Zum Wandel der Struktur wissenschaftlicher Disziplinen

Die Wissenschaft organisiert sich seit dem frühen 19. Jahrhundert in Disziplinen. Noch immer differenziert sie sich weiter in neue Disziplinen und Spezialgebiete. Diese steuern die Forschung, sie organisieren zugleich die gesellschaftliche Verbreitung von Wissen durch Ausbildung, und schließlich verantworten sie die Verwendung des Wissens durch die Sicherung von Zuständigkeiten und Expertise. Diese unterschiedlichen Funktionen von Disziplinen zeigen bei genauerer Betrachtung, dass es keine einheitliche Vorstellung davon gibt, was Disziplinen wirklich sind. Vielmehr ergibt sich ein komplexes, vielschichtiges Bild ganz unterschiedlicher Institutionalisierungsformen von Disziplinen. Die gängige Behauptung, dass Disziplinen ihre Steuerungsfunktion verlieren, ist aus diesem Grund gar nicht belegbar. Die Frage nach der Veränderung von Disziplinen ist deshalb nur sinnvoll, wenn sie auf operationalisierbare Teilfragen, auf eingeschränkte Fälle und Zeiträume, herunter gebrochen wird.

Jede Analyse von Veränderungen der Wissensproduktion muss die Struktur der wissenschaftlichen Disziplinen in den Blick nehmen. Die Disziplinen repräsentieren die Gegenstände (und das heißt die Inhalte) der Forschung. Man könnte auch sagen, dass die Gesellschaft ihre natürliche Umwelt und sich selbst durch die Brille der Disziplinen sieht. Insofern sind die Disziplinen auch ein zentrales Element der Wissensordnung. Zugleich sind Disziplinen auch die sozialen Organisationen, innerhalb derer die Forschungsfragen generiert werden, durch die also die Richtung der akademischen Wissensproduktion bestimmt wird. Sie sind damit zugleich auch der organisatorische Bezugsrahmen für jede Art von außerwissenschaftlicher Steuerung der Wissensproduktion. Diese kann, wenn sie sich wissenschaftliches Wissen (statt magischem oder alltäglichem Wissen) erschließen will, nur an die jeweils gegebene Struktur der Disziplinen und ihrer Untereinheiten, die Spezialgebiete, anschließen. Das heißt, dass Forschung nur im Rahmen von Disziplinen, bezogen auf ihre Gegenstandsbereiche, in ihrer Sprache und durch ihre Methoden stattfinden kann. Fragen, die von außen, von Politik, Wirtschaft und Gesellschaft an die Wissenschaft gestellt werden, müssen von ihr in diese disziplinären Vorgaben übersetzt werden, ehe sie behandelt werden können. Dabei können sich freilich auch Wissenszusammenhänge ausbilden, die ihrerseits Anlass zur Bildung neuer Disziplinen oder Spezialgebiete geben. Die Disziplinen sind also kein statisches Raster (wenngleich durchaus ein stabiles), sie sind vielmehr diejenige Organisationsform der Wissensproduktion, die die Entwicklung der Inhalte des Wissens mit der gesellschaftlichen Verbreitung und Verwendung des Wissens auf verschiedene Weise koppeln. Insofern zwischen der Wissensproduktion und der -verbreitung und -verwendung wechselseitige Beeinflussungen bestehen, können die Disziplinen als »Schnittstelle« bezeichnet werden. Das ist zunächst unabhängig davon, welchen »Umfang« sie haben, ob sie einen breit gefächerten Gegenstandsbereich (z. B. Physik) umfassen, oder nur einen schmalen, hoch spezialisierten (z. B. Hochenergiephysik). Will man Veränderungen der Wissensproduktion nachspüren, die sich in einer Entwicklung zu interdisziplinären oder gar transdisziplinären Strukturen niederschlagen soll, wie es von verschiedenen Beobachtern behauptet und von Seiten der Wissenschaftspolitik normativ gefordert wird, müssen der Begriff der Disziplin und die mit ihm bezeichneten Phänomene genauer umrissen werden.

II.2.1 Der Disziplinenbegriff
in der wissenschaftssoziologischen Literatur

Der Begriff der Disziplin ist in seiner Verwendung in der wissenschaftssoziologischen Literatur sehr vielschichtig. Es finden sich nur wenige explizite Begriffsbestimmungen, ganz im Gegensatz zu dem vielfältigen Gebrauch des Begriffs im Kontext von Forderungen nach Inter- oder Transdisziplinarität.[1]

In den wenigen direkten Thematisierungen des Phänomens »Disziplin« spielt die Beziehung zwischen der sozialen Institutionalisierung von Wissenschaft und der Institutionalisierung ihrer Inhalte eine wichtige Rolle. Im historischen Kontext geht es dabei zunächst um den Zusammenhang zwischen der Entstehung wissenschaftlicher Disziplinen und der Ausdifferenzierung der modernen Wissenschaft als Teilsystem der Gesellschaft (Stichweh 1984, 1994). Die großen Disziplinen (unterschiedliche Gegenstandsbereiche zu verschiedenen Zeitpunkten) haben sich im 19. Jahrhundert ausdifferenziert und etabliert. Gegenüber der bis dahin dominierenden Hierarchie von Wissensgebieten als Strukturprinzip gesellschaftlicher Erkenntnisproduktion entstanden disziplinäre Gemeinschaften (Kommunikationsgemeinschaften), die durch einen gemeinsamen *Gegenstandsbezug*, eine gemeinsame *Problemstellung*

---

1 In den 1970er Jahren hatte die Beschreibung und Analyse der Enstehung wissenschaftlicher Disziplinen aus wissenschaftshistorischer und wissenschaftssoziologischer Perspektive Konjunktur. In einer Reihe von Untersuchungen waren Disziplinen das bevorzugte Studienobjekt zur Untersuchung des Zusammenhangs von kognitivem und sozialem Aspekt von Wissenschaft (Stehr 1975; Lemaine et al. 1976; Crosland 1976; Guntau und Laitko 1987: 14).

INSTITUTIONELLE VERSCHIEBUNGEN DER WISSENSPRODUKTION

und eine eigene *Empirie* gekennzeichnet waren. Damit wurden die Disziplinen zum vorherrschenden Ordnungsschema wissenschaftlichen Wissens und seiner Entwicklung, d. h. zum strukturbildenden Prinzip in der Wissensproduktion.

Zwei Mechanismen bestimmen die Entwicklungsdynamik der Wissenschaft: die Abstraktion (z. B. durch Mathematisierung) und die Ausweitung wissenschaftlicher Erkenntnisweisen auf immer neue Gegenstände (Stichweh 1984: 12, 47 ff.). Diese Mechanismen und die aus dem Wachstum des Wissens entstehende Notwendigkeit der Spezialisierung führen zur fortlaufenden Veränderung der Disziplinenlandschaft.

Die systemtheoretische Analyse dieses historischen Ausdifferenzierungsprozesses verdeutlicht die zentrale Rolle der disziplinären Organisation von Wissenschaft. Betrachtet man die Wissenschaft als Kommunikationssystem, hängen dessen Unabhängigkeit und Geschlossenheit eng zusammen mit den Disziplinen als Einheiten der Primärdifferenzierung. Kommunikationen als Elementarakte des Wissenschaftssystems müssen sich zunächst an der Unterscheidung wahr/unwahr orientieren, aber auch an vorherige Kommunikationen anschließen, sowie Anschlussmöglichkeiten für weitere Kommunikationen bieten. Über diese Grundbedingungen konstituieren sich selbstreferentielle Kommunikationszusammenhänge, die den Kern der autonomen disziplinären Wissensproduktion bilden. Sie stabilisieren sich dann durch Institutionalisierung, so dass die konkreten aneinander anschließenden Kommunikationen entlastet werden. Demnach sind Disziplinen als Formen der sozialen Institutionalisierung kognitiver Prozesse anzusehen: Es handelt sich um einen homogenen Kommunikationszusammenhang, einen akzeptierten, kodifizierten, lehrbaren Korpus wissenschaftlichen Wissens, eine Mehrzahl gegenwärtiger Fragestellungen, eigene Methoden und paradigmatische Problemlösungen, sowie spezifische Karrierestrukturen und Sozialisationsprozesse (Stichweh 1994: 17). Die Herausbildung disziplinärer Kommunikationszusammenhänge war eng mit einem sozialen Institutionalisierungsprozess verknüpft, der an die Universität als organisatorischen Rahmen gebunden war. Die großen, früh etablierten Disziplinen waren durch eine relativ einheitliche Repräsentation in Fakultäten gekennzeichnet, mit vergleichbaren Curricula, gemeinsamen grundlegenden Problemstellungen und jeweils gegenseitig anerkannten Zertifikaten. Damit waren die Bedingungen für einen internen akademischen Arbeitsmarkt und eigene Karrieremuster als Grundlage für eine disziplinäre Identität gegeben.

An diesem Typus der großen klassischen Disziplinen, die noch heute die Struktur der Universitäten prägen, orientiert sich auch Turners Definition wissenschaftlicher Disziplinen. Turner stellt auf die vergleichbaren fachspezifischen Qualifikationen ab, die eine Gemeinschaft konstituieren, die in Einheiten organisiert ist, ausgestattet mit dem

Recht, Qualifikationen zu vergeben. Spezialisierung und auch deren Institutionalisierung sieht er dagegen nicht als hinreichende Bedingung für eine Disziplin, sondern erst die Etablierung eines internen Markts akademischer Berufe für Studenten, der von der Disziplin reguliert wird und deren Identität formt (Turner 2000: 47 ff.). Das Beispiel der Geologie zeigt die Bedeutung der Entstehung eines solchen akademischen Markts. Die erfolgreiche Disziplinbildung als Etablierung eines eigenen Markts für Studenten war ein Mittel zur Abschottung gegen die Einflüsse angrenzender Märkte. Der Fall der Statistik in der Mitte des 19. Jahrhunderts zeigt dagegen, dass trotz zunehmender Bedeutung, interner Differenzierung, internationaler Konferenzen und einer eigenen Sektion in der *British Association for the Advancement of Science* (BAAS) der Versuch, den Status einer Disziplin zu erlangen, fehlschlagen kann. Erst die Anforderung eines etablierten Markts für Studenten formt nach Turner die Identität der Disziplin. Disziplinäres Training dient der Schaffung einer Gemeinschaft mit einer gemeinsamen »Sprache«. Der Erwerb der damit verbundenen Fähigkeiten und der Zertifikate, die diese bescheinigen, macht einen großen Teil des »Tagesgeschäfts« der disziplinären Wissenschaft aus. Die Gestalt von Disziplinen, die Definition von Standards in der Ausbildung, die Curricula disziplinärer Studiengänge sind oft mehr oder weniger von den besonderen Umständen ihrer Entstehung geprägt. Durch historische Festlegungen entstandene Abgrenzungen werden zu realen Disziplinengrenzen. Die Vorteile der funktionierenden Märkte stabilisieren die Disziplinen, auch wenn deren Zuschnitt angesichts eines gewandelten Umfeldes nicht mehr sinnvoll ist (Turner 2000: 52 ff.).

Ein solcher relativ enger Disziplinenbegriff, wirft allerdings die Frage auf, ob und wenn ja, wie die Disziplinen als große, stabile soziale Strukturen der Wissenschaft deren Entwicklungsdynamik auf der Ebene spezialisierter Forschung steuern können. Die fortschreitende Spezialisierung auf der einen Seite sowie das Beharrungsvermögen universitärer Strukturen und die Stabilität funktionierender Arbeitsmärkte auf der anderen Seite lassen die Ebenen der homogenen Kommunikationsgemeinschaften und der großen, an der Universität verankerten Disziplinen auseinander fallen. Während sich die organisatorische Differenzierung der Universitäten noch an den klassischen Disziplinenstrukturen orientiert, ist die kognitiv-kommunikative Autonomisierung von Spezialgebieten zum Teil weit fortgeschritten. Die Beziehungen zwischen zwei Subdisziplinen aus unterschiedlichen Disziplinen können intensiver sein als deren kommunikative Verbindungen innerhalb der jeweiligen Disziplin (Stichweh 1994: 20).

Die Differenzierung als Primärdifferenzierung, wie sie die großen akademischen Disziplinen darstellen, muss demgegenüber jedoch begrenzt bleiben, da sie mit den Einheiten der akademischen Ausbildung zusammenfällt, die eine hinreichende Breite der Ausbildung und der Verwendungsmöglichkeiten auf dem Arbeitsmarkt gewährleisten müssen. Auf den Ebenen darunter, der Differenzierung nach Subdisziplinen, Spezialgebieten und Forschungsfeldern, koppelt sich die wissenschaftliche Entwicklung von den strukturellen Vorgaben der Universität weitgehend ab. Die Forschungsgebiete erlauben eine flexible, eigendynamische Forschung, »aber eben unter dem Schutz von Disziplinen, die garantieren, dass das, was hier geschieht, gesellschaftlich als Wissenschaft anerkannt wird« (Luhmann 1990: 449).

Die präziseste Analyse des Zusammenhanges zwischen kognitiver und sozialer Institutionalisierung liefert Whitley in seiner Arbeit zur Organisation von Wissenschaft (Whitley 1984). Er geht von der Notwendigkeit in der modernen Wissenschaft aus, die Produktion von neuem Wissen unter hoher Aufgabenunsicherheit zu koordinieren. Dies geschieht durch eine besondere Form der Arbeitsorganisation, die eine kollektive Koordination der Ergebnisse über die Zuweisung von Belohnungen ermöglicht. Diese werden durch ein Reputationssystem gesteuert, das auf dem formalen öffentlichen Kommunikationssystem der Wissenschaft basiert. Über das Reputationssystem wird soziale Kontrolle ausgeübt, werden Kompetenzstandards etabliert und Ziele abgestimmt. Es koordiniert und lenkt Forschungsanstrengungen über die Verteilung von Belohnungen gemäß der Bedeutung der Beiträge von Wissenschaftlern im Hinblick auf kollektive intellektuelle Ziele. Die Belohnung in Gestalt der Zuweisung von Reputation bemisst sich an der Wichtigkeit eines Beitrags für die Arbeit der Fachkollegen.

Reputationssysteme entfalten ihre Steuerungswirkung, wenn eine Kongruenz der durch sie stabilisierten intellektuellen Ziele mit den Zielen der Auftraggeber gegeben ist. Sie manifestiert sich in der Orientierung der Personalpolitik und des Belohnungssystems an wissenschaftlicher Reputation bzw. an den Urteilen der Reputationseliten. *Wissenschaftliche Gebiete (scientific fields)* etablieren sich Whitley zufolge als eigene Reputationssysteme wenn das betreffende Gebiet in der Lage ist, den Zugriff auf Ressourcen über Reputation zu steuern, Kompetenz- und Leistungsstandards zu kontrollieren, und eine eigene Sprache herauszubilden, so dass Laien ausgeschlossen werden. Damit bilden wissenschaftliche Gebiete die organisatorische Vermittlung zwischen Außeneinflüssen und den Forschern. Sie sind aber nicht notwendigerweise identisch mit den Disziplinen als Arbeitsmarkt-Einheiten, da die Reichweite einheitlicher Reputationssysteme stark variiert (Whitley 1984, bes. Kap.1-3).

Wiederum aus einer anderen Perspektive entwickelt Lenoir eine Vorstellung von Disziplinen, die auf Foucaults Konzept der Diskursformation beruht und mit Bourdieus Begriff des wissenschaftlichen Feldes operiert, um damit die Dynamik der Formierung von Disziplinen zu beschreiben (Lenoir 1993). Disziplinen entwickeln sich demnach in einem ungesteuerten Prozess aus dem Wettbewerb um das Monopol wissenschaftlicher Autorität im Sinne einer sozial anerkannten Kapazität, legitim in wissenschaftlichen Belangen zu sprechen und zu handeln. Die Organisation und Stabilisierung heterogener lokaler Praktiken durch die Verankerung in einem übergreifenden Kontext einer Ökonomie der Praxis stellt in diesem Wettbewerb einen Vorteil dar, sowohl im politischen Kampf um Ressourcen als auch in den »Verhandlungen« über den kognitiven Gehalt legitimen und autorisierten Wissens. Damit werden disziplinäre Strategien und Programme zum Bindeglied zwischen wissenschaftlichen Kommunikationenen und Handlungen und deren politischem und ökonomischem Kontext. Bourdieu unterscheidet in seiner Theorie des wissenschaftlichen Feldes einen *autonomen* Pol des Feldes, der selbstreferentiell, also durch die intellektuelle Kommunikation organisiert ist, und einen *heteronomen* Pol, der von ökonomischen und politischen Interessen bestimmt wird. In dieser Konstruktion ist ebenfalls der Versuch zu sehen, die wissenschaftlichen Kommunikationsprozesse und die ebenfalls beobachtbaren strategischen Prozesse der materiellen Absicherung von Kommunikationen aufeinander zu beziehen (Bourdieu 1975).

Auch in dieser Perspektive erscheinen die Disziplinen als aktive Vermittlungsinstanzen, über die Wahrheitsdiskurse in einem Wissenschaft, Politik und Ökonomie übergreifenden kulturellen Feld stabilisiert werden. Der vermeintliche Widerspruch zwischen disziplinärer Steuerung und externer Orientierung wird aufgelöst.

Die verschiedenen wissenschaftssoziologischen Perspektiven, die auf ›Disziplinen‹ angelegt werden, heben unterschiedliche Aspekte hervor. Um Aussagen darüber machen zu können, ob sich die Disziplinenstruktur und damit die Wissensordnung der Gesellschaft verändert, werden sie alle zu berücksichtigen sein. Im folgenden sollen sie noch einmal systematisch im Hinblick darauf zusammengefasst werden, welche Beobachtungsebenen besonders relevant erscheinen.

II.2.2 Disziplinen als selbstreferentielle Kommunikationsgemeinschaften

Die für die Wissensproduktion zentrale Funktion der Disziplinen ergibt sich aus ihrer Eigenschaft als selbstreferentielle *Kommunikationsgemeinschaften*. Als solche haben sie eine doppelte Identität: eine *soziale* über die Mitgliedschaft und deren Regeln (Lehre, Prüfungen, Zertifikate), und eine *sachliche* über die Inhalte, auf die sich die Kommunikation bezieht. Selbstreferentiell sind sie von dem Augenblick an, in dem sie sich ›schließen‹ und fortan ihre Grenzen gegenüber anderen

INSTITUTIONELLE VERSCHIEBUNGEN DER WISSENSPRODUKTION

Disziplinen sowie ihre »Autonomie« gegenüber Eingriffen von außen sichern. So wird die Beurteilung der Qualität und Relevanz von Forschung im Hinblick auf die Standards der Disziplin (und nur dieser) auf die Mitglieder der Disziplin beschränkt (*Peer Review*). Über diesen Mechanismus wird innerhalb der Disziplin die Reputation ihrer Mitglieder aufgrund der Bewertung von Leistung zugeordnet und damit die gesamte ›Sozialstruktur‹ der Disziplin konstituiert. Außerdem impliziert die *Peer Review* die Unterscheidung von Experten und Laien, wiederum in Bezug auf das Wissen der Disziplin und markiert die Grenze zwischen ›innen‹ und ›außen‹. An diese knüpfen sich Erwartungen hinsichtlich der Kompetenz, das entsprechende Wissen zur Lösung spezifischer Probleme einzusetzen und ggf. weiter zu entwickeln. Zugleich konstituiert sie damit die Grenze, über die hinweg nicht ohne Umstände kommuniziert werden kann.

Disziplinen sind in dieser Sichtweise also zunächst Gemeinschaften (*communities*), die sich durch die Kommunikation über Forschung konstituieren. Die Grenzen dieser Gemeinschaften ergeben sich durch Anschlüsse von Forschungsfragen, -methoden und -theorien. Wo die Anschlüsse enden und keine gemeinsamen Forschungsinteressen mehr verfolgt, keine gemeinsame Sprache mehr gesprochen wird, endet der Bereich verbindender Kommunikation. Die Kommunikation differenziert sich auch innerhalb der Disziplinen immer weiter zu weit verzweigten spezialisierten Forschungsgebieten.

In Abhängigkeit von der Integrationsfähigkeit neuer Wissenselemente im Hinblick auf den bestehenden Theorie- und Methodenkanon der jeweiligen Disziplin, sowie der aktuellen und erwartbaren Ressourcenverfügbarkeit im disziplinären Kontext verläuft die Wissensentwicklung entweder als *Innendifferenzierung* (Spezialisierung) der bestehenden Disziplinen (evolutionärer Verlauf), oder als *Ausdifferenzierung* einer neuen Disziplin (revolutionärer Verlauf). Im Falle der Innendifferenzierung führt die quantitative Vermehrung des Wissens zunächst nur zur Aufgliederung eines bis dahin homogenen Wissensbereichs. Wenn die Innovationen jedoch grundlegend die gebietsspezifischen Erwartungen verletzen und auf Widerstand stoßen, lässt sich ein neuer Bereich unter den Kontrollstrukturen der Disziplin nicht stabilisieren (s. a. Stichweh 1994: 42 f.).

Unabhängig von diesen endogenen Ursachen für die Differenzierungsprozesse sind jedoch in unterschiedlichen Stadien auch exogene Einflüsse von Bedeutung. Die Ausdifferenzierung einer unabhängigen Disziplin, die Kombination von Disziplinen bzw. ihrer Spezialgebiete erfolgt in diesen Fällen aufgrund von außen vorgegebener Problemstellungen und ihrer Unterstützung durch Ressourcen in Gestalt von Forschungsmitteln und Organisationen.

Der Differenzierungsprozess der Forschungskommunikation, unabhängig von seinen Ursachen, schlägt sich unmittelbar in den *Fachjournalen* nieder. Sie sind, sieht man einmal von Konferenzen ab, der Ort, an dem Forschungsergebnisse publiziert und für alle Mitglieder der Gemeinschaft zugänglich und diskutierbar gemacht werden. Infolge dessen lassen sich Veränderungen in der Forschungslandschaft am ersten in der Neugründung, Neubenennung und Einstellung von Fachzeitschriften ablesen.

II.2.3 Disziplinen als Ausbildungsorganisationen – Fakultäten

Die Reproduktion, d. h. die Sozialisation in die ›Kultur‹ der Disziplin (ihre Sprache und Methoden), erfolgt durch die disziplinäre Ausbildung sowie deren Akkreditierung in Form von Zertifikaten. Der soziale Zusammenhang der disziplinären Gemeinschaft, die ›Identität‹, vermittelt zugleich das Interesse an deren Erhalt und an der Ausweitung ihres Einflusses (Definitionsmacht). In diesem Sinn operieren Disziplinen wie Zünfte.

Die Ausbildung begründet auch die prominenteste Organisationsform der Disziplinen: Ausbildung findet an Universitäten statt, und sie ist in *Fakultäten* organisiert. Die Fakultäten entsprechen traditionellerweise den großen Disziplinen bzw. folgen im Zeitverlauf ihren Differenzierungen. Aufgrund je spezifischer lokaler Bedingungen gibt es zwar viele Unterschiede zwischen den Universitätsstrukturen hinsichtlich der Differenzierung in Fakultäten oder Departments, ihrer Größe und Abgrenzungen. Aber ebenso gibt es viele Ähnlichkeiten zwischen ihnen.

Die Fakultäten als die maßgeblichen organisatorischen Einheiten der *Lehre* sind verantwortlich für die Gestaltung der *Studiengänge* und der *Studienabschlüsse*. Sie repräsentieren einerseits das disziplinär organisierte formalisierte Wissen. Zum anderen reflektieren sie die Anforderungen des Arbeitsmarkts, für die das Wissen qualifizieren soll. Studiengänge und Studienabschlüsse vermitteln zwischen dem disziplinär produzierten Wissen und den gesellschaftlichen Anwendungen dieses Wissens. Sie folgen sowohl den disziplineninternen Wissensentwicklungen als auch den realen oder erwarteten Verwendungen auf dem Arbeitsmarkt, mal mehr in die eine Richtung, mal mehr in die andere.

II.2.4 Die Außenbeziehungen von Disziplinen – Arbeitsmarkt und Fachgesellschaften

Disziplinen haben ungeachtet ihrer Abgeschlossenheit spezifische Beziehungen zu ihrer gesellschaftlichen Umwelt. Insofern sie die Ordnungsschemata wissenschaftlichen Wissens darstellen (die ›Landkarte des

Wissens‹), wirken sie auf die Verbreitung und Anwendung des Wissens in der Gesellschaft. Nur ein geringer Anteil der Ausbildung ist auf den wissenschaftlichen Arbeitsmarkt gerichtet, der sehr viel größere Anteil orientiert sich auf den Arbeitsmarkt für alle diejenigen Berufe, die eine akademische Qualifikation voraussetzen. In der modernen Wissensgesellschaft, in der nahezu die Hälfte der Alterskohorte eine Universitätsausbildung genießt und die Massenuniversität zur Regel geworden ist, steigt dieser Anteil noch weiter an.

Die disziplinären Zertifikate (Diplome) schützen die Inhaber vor unbefugter (und inkompetenter) Konkurrenz und verschaffen ihnen Konkurrenzvorteile am Arbeitsmarkt, sofern die Zertifikate als solche anerkannt sind. In einigen Fällen werden sie durch den Staat garantiert (z.B. Staatsexamen der Lehrer und Juristen, Approbation der Mediziner). Dabei handelt es sich um solche Wissensbereiche, die aus traditionellen oder aktuellen Gründen für staatliche Funktionen als zentral gelten und/oder regulierungsbedürftig sind. Die Erlangung einer solchen Sonderstellung entspricht der Monopolisierung des entsprechenden Ausschnitts am Arbeitsmarkt.[2] Die Sicherung der Anerkennung der disziplinären Zertifikate zur Erlangung von Konkurrenzvorteilen am Arbeitsmarkt, die Ausweitung der Anteile am Arbeitsmarkt durch die Behauptung (oder Demonstration) der Relevanz bzw. Instrumentalität des disziplinären Wissens für bestimmte Tätigkeiten, die Lösung bestimmter Probleme, gehört zu den ›in die Gesellschaft‹ gerichteten Operationen von Disziplinen. Sie konkurrieren auf segmentierten Märkten um Marktanteile, werben für ihre Produkte und versuchen, sich Handelspräferenzen zu beschaffen. In diesem Sinn verhalten sich Disziplinen wie Konzerne.

Disziplinen beeinflussen die Verwendung von Wissen auch direkt, d.h. nicht nur über die Ausbildung. Die disziplinären *Fachgesellschaften* sind Interessenvertretungen für ihre Mitglieder, wenn immer es um die Vermarktung ihres Wissens geht. Beratungen aller Art durch Experten sind inzwischen ein großer Markt. Berufliche Zuständigkeiten aufgrund von behaupteter und/oder zugeschriebener Problemlösungskompetenz werden von Fachgesellschaften erkämpft. Die Ärzte verhindern den Zugang der Psycho- und der Physiotherapeuten zum lukrativen Markt der medizinischen Versorgung. Soziologen haben sich erst ganz allmählich neben den Ökonomen als Experten für »das Soziale« etablieren können, und sie haben noch keineswegs einen klar abgegrenzten »Kompetenzbereich«. Gerade in Deutschland haben zumindest einige

---

2 Das lange Zeit in der staatlichen Verwaltung geltende Juristenmonopol war Ausdruck einer derartigen Stellung: Die staatliche Garantie der Juristenabschlüsse sicherte eine monopolähnliche Beherrschung vieler Positionen in der staatlichen Verwaltung.

Disziplinen eine starke Stellung, insofern sie zum Teil mit staatlichen Aufgaben betraut werden, z. B. die Ingenieurswissenschaften mit der Setzung und Kontrolle von Sicherheitsstandards im Rahmen der staatlichen Gewerbeordnung. In derartigen Situationen haben die Disziplinen quasi ein Definitionsmonopol in allen Angelegenheiten, die ihren Gegenstand betreffen. Dabei kann es zu Konkurrenz mit anderen Disziplinen kommen, wenn diese Wissen anbieten, das ebenfalls relevant und ggf. überlegen erscheint. Die Neurophysiologen z. B. schließen aus bestimmten Experimenten, dass der Mensch keinen freien Willen habe und folglich das Strafrecht, das u. a. auf eben dieser Unterstellung beruht, geändert werden müsse. Mit dieser Forderung stellen sie sich gegen die Moralphilosophie und bestreiten deren Definitionsmacht.[3] Darüber urteilen dann nicht mehr die Disziplinen, sondern die Klienten. Die Infragestellung des ingenieurwissenschaftlichen Risikobegriffs und dessen Ergänzung oder teilweise Ersetzung durch psychologische und sozialwissenschaftliche Risikokonzepte ist ein weiteres Beispiel für einen derartigen Prozess (Krohn und Krücken 1993).

Fachgesellschaften nehmen auch die Interessen der Disziplinen gegenüber der Politik (und der Wissenschaftspolitik) wahr. Dabei kann es einerseits um die finanzielle Unterstützung der disziplinären Wissensproduktion gehen, andererseits um ihre Zulassung zu Beratungskontexten. Beides ist für den Bestand und die Definitionsmacht von Disziplinen von großer Bedeutung.

II.2.5 Die Wahrnehmung der Disziplinen von ›außen‹ – Förderorganisationen

Disziplinen haben zwar im Prinzip das Definitionsmonopol zu den jeweiligen Gegenstandsbereichen, insofern es keine ›höhere‹ Instanz der Wissensgenerierung in modernen Gesellschaften gibt. Dieses disziplinäre Definitionsmonopol kann jedoch durch andere gesellschaftliche Organisationen in Frage gestellt werden. Der Staat oder private Stiftungen machen sich ein eigenes Bild von der Wissenslandschaft, das nicht unbedingt und nicht einmal in der Regel mit dem Bild übereinstimmt, das die Disziplinen von sich selbst haben. Andere Ordnungskategorien als z. B. die der Universitäten signalisieren andere Prioritäten und möglicherweise auch den Willen, die Wissensproduktion auf andere Problemdefinitionen zu lenken als diejenigen, die die Disziplinen aus ihrer spezifisch eingeengten Sicht für angemessen halten. Die Konjunktur der Begriffe ›Inter-‹ und ›Transdisziplinarität‹ in den Förderorga-

---

[3] Die deutsche Diskussion, soweit sie im FAZ-Feuilleton inszeniert wurde, ist enthalten in Geyer (2004).

nisationen erklärt sich durch deren kritische Haltung gegenüber den akademisch selbstbezüglich orientierten Disziplinen und ihr Interesse, einen größeren Einfluss auf die Ziele der Forschung zu erlangen. Förderorganisationen wie die nationalen Forschungsräte (*Research Councils*) oder Nationalstiftungen (DFG, NSF) spiegeln daher in ihren Förderstrukturen und -programmen das Verhältnis von Disziplinenstruktur zu politischen Steuerungsabsichten wider. Das gilt in dem Maß, in dem sie nicht nur passiv auf die Forschungsdesiderate der Wissenschaft reagieren, sondern eigene Programme formulieren, Probleme vorgeben und disziplinäre Zuständigkeiten zuordnen. So hat die Deutsche Forschungsgemeinschaft (DFG) neben ihrem sog. Normalprogramm, mit dem ausschließlich Forschungsanträge der Wissenschaftler gefördert werden, andere Förderinstrumente (z.B. Schwerpunktprogramme, Sonderforschungsbereiche), mit denen die Wissenschaftler aufgefordert sind, sich zu thematischen Forschungsverbünden zusammenzuschließen. Während auch diese weitgehend auf Vorschlägen aus der Wissenschaft beruhen, gehen Stiftungen und Ministerien noch einen Schritt weiter: Sie formulieren von sich aus Forschungsbereiche und statten sie mit Fördermitteln aus, um die sich die Wissenschaftler bewerben können. Auf diese Weise werden sie genötigt, ihre eigenen Themen zu verlassen und sich, um des Geldes willen, auf die einzulassen, die ihnen vorgegeben werden. Der Einfluss der Politik (im weiteren Sinn des Wortes) ist in diesen Fällen evident.

Allerdings erfolgt die Definition derartiger Programme wiederum mit Hilfe von Wissenschaftlern. Die Wahrnehmung der Disziplinen in den politischen Organisationen, die direkt oder indirekt mit wissenschaftspolitischen Problemen befasst sind (z.B. Innovations- und Wirtschaftspolitik, Militärforschung, Landwirtschaftspolitik usw.) folgt in der Regel politischen Prioritäten. Ihre Kategorien der Förderung bzw. der Beratung durch die Wissenschaft spiegeln den Umstand wider, dass die Politik unter bestimmten Bedingungen ein Interesse hat, die Zuständigkeiten für spezifische Probleme nicht den tradierten Ansprüchen der Disziplinen zu überlassen. Disziplinäre Zuständigkeiten sind gleichbedeutend mit der Definition und Abgrenzung von Problemen. Die Verschiebung dieser Abgrenzungen gerät in Konflikt zu dem Definitionsmonopol einer Disziplin. Auch die politische Definition von Problemen muss weitgehend auf den in Disziplinen organisierten Sachverstand (d.h. auf die jeweils geltenden Ordnungsschemata des wissenschaftlichen Wissens) zurückgreifen. Förderprogramme der Stiftungen und Forschungsräte ebenso wie der Ministerien schließen also einerseits an bestehende Disziplinenstrukturen an. Andererseits üben sie, wo dies politisch beabsichtigt ist, einen Einfluss auf die Disziplinenentwicklung aus, indem sie die Legitimationsbedingungen für bestimmte Forschungszweige und damit nachhaltig deren gesellschaftliche Rahmenbedingungen verändern. Der zentrale Mechanismus ist die Zuweisung von Geld. Ein Beispiel (vielleicht das einzige) für die Etablierung eines Forschungsbereichs durch ein politisches Programm ist die Umweltforschung. Sie ist zugleich auch das prominente Beispiel für interdisziplinäre Forschung. Faktisch zerfällt sie jedoch überwiegend in disziplinäre Teilprogramme, sie ist deshalb auch keine ausdifferenzierte Disziplin geworden.

II.2.6 Transdisziplinarität – ein neues Ordnungsprinzip des Wissens?

Seit den frühen 1990er Jahren ist die Wissenschaft – zumindest im Vergleich zu der Zeit seit dem Ende des Zweiten Weltkriegs – unter verstärkten Druck geraten, sich gegenüber Erwartungen gesellschaftlicher Relevanz zu öffnen. Wirtschaftliche und politische Anwendungen der Forschung statt Grundlagenwissen sind gefragt. Diese veränderte Legitimationssituation wird von Analysen begleitet, die teils deskriptiv, teils normativ eine grundlegende Veränderung der Wissensproduktion konstatieren. Im Zentrum dieser Beobachtungen stehen die Universitäten, für die ein Verlust ihrer Monopolstellung in der Wissensproduktion behauptet wird. Damit eng verbunden ist die These, dass die Disziplinen nicht länger der entscheidende Bezugsrahmen für die Orientierung der Forschung oder die Definition von Gegenständen sind. Vielmehr sei die Forschung durch Transdisziplinarität charakterisiert. Die Lösungen von Problemen entstünden in Anwendungskontexten. Sie würden auch nicht mehr über die traditionellen Kanäle (d.h. Fachzeitschriften) kommuniziert. Die Kriterien der Qualitätskontrolle der Forschung würden nicht länger durch die Disziplinen bestimmt und durch die *peer review* allein umgesetzt, sondern in den Anwendungskontexten kämen zusätzliche gesellschaftliche, politische und ökonomische Kriterien zum Tragen (Funtowicz und Ravetz 1993: 90f., 109; Gibbons et al. 1994: 5, 8).

Würden Veränderungen der Disziplinenstruktur, wie sie mit diesen Beobachtungen behauptet werden, tatsächlich stattfinden oder bereits stattgefunden haben, hätte dies weitreichende Folgen für die Organisation des wissenschaftlichen Wissens und damit für die gesellschaftliche Wissensordnung insgesamt. Zum Beispiel stellt sich die Frage, welche Konsequenzen sich für das Vertrauen in die Verlässlichkeit wissenschaftlichen Wissens ergeben würden, wenn die Qualitätskontrolle dieses Wissens unter anderem nach politischen oder wirtschaftlichen Kriterien erfolgen würde. Welche Konsequenzen für das Vertrauen in die Verlässlichkeit des Urteils von Wissenschaftlern in Beratungskontexten hätte es, wenn die Reputation von Wissenschaftlern nicht mehr durch ihre Anerkennung in ihrer *scientific community* bestimmt wäre,

INSTITUTIONELLE VERSCHIEBUNGEN DER WISSENSPRODUKTION

sondern von politisch motivierter und medial vermittelter Wertschätzung? Diese Fragen sind nicht neu. Sie haben die Entwicklung der Wissenschaft mindestens über die letzten zwei Jahrhunderte begleitet, insofern diese unter anderem durch das Bemühen bestimmt waren, die Bedingungen für die Wissenschaft so zu gestalten, dass sie möglichst frei von persönlichen Leidenschaften und Interessen, von den sozialen Merkmalen seiner Urheber und von politischen Zwängen sein sollte, denn eine derart gestaltete Distanz zur Gesellschaft galt und gilt noch immer als zentrale Voraussetzung für die ›Objektivität‹ des Wissens und damit für seine Verlässlichkeit. Diese ›Reinigung‹ des Wissens von sozialen Einflüssen ist jedoch nie vollständig gelungen und kann auch nicht vollständig gelingen, denn die Wissenschaft ist eine gesellschaftliche Institution. Dennoch haben sich die institutionellen Mechanismen stabilisiert, die als Bedingung objektiven Wissens gelten, und sie sind handlungsleitend, obgleich klar ist, dass sie unzulänglich funktionieren.

Die genannten Diagnosen behaupten also eine zumindest partielle Außerkraftsetzung dieser institutionellen Mechanismen. Um zu prüfen, ob die Diagnosen zutreffen, oder ob sie vereinzelte Phänomene voreilig verallgemeinern, ob sie gar nur programmatisch einen neuen Wissenschaftstypus propagieren, schließen wir an die vorangegangene Darstellung der unterschiedlichen Perspektiven auf die Disziplinen an. Da es keinen eindimensionalen Begriff von Disziplin gibt, muss zwischen verschiedenen Ebenen unterschieden werden, auf denen gegebenenfalls grundlegende Veränderungen festgestellt werden können. Nur so kann zwischen den flüchtigen Moden der wissenschaftspolitischen Rhetorik und nachhaltigen Veränderungen auf der Ebene der tatsächlichen Forschungskommunikation, der Fachgesellschaften oder der Universitätsabteilungen [oder »-fachgruppen«] unterschieden werden. Da der Disziplinenbegriff selbst verschiedene Facetten hat, bei denen es sich um Formen der Institutionalisierung mit unterschiedlichen Umweltbezügen handelt, werden erwartungsgemäß unterschiedliche Konstellationen zu beobachten sein. Signifikante Veränderungen in der Disziplinenlandschaft können sowohl durch die interne Wissensentwicklung, Differenzierungen und neuartige Anschlüsse (Interdisziplinarität) zustande kommen. Sie können auch durch Aushandlungen mit anderen gesellschaftlichen Akteuren, Anwendern wie der Wirtschaft oder der Politik, auftreten. Umgekehrt können diese Veränderungen Auswirkungen sowohl auf den »Wissensarbeitsmarkt« einer Gesellschaft haben als auch auf die Formen ihrer Problembearbeitung. Damit werden nicht nur die instrumentelle Definition und Bewältigung von Problemen erfasst, sondern auch die Legitimierungsstrategien, die im politischen Raum verfolgt werden (können).

II.2.7 Wandel der Disziplinen?

Disziplinen sind historisch gewachsene, gesellschaftliche Konstrukte, die sich fortwährend ändern. Es gibt keine essentiellen Abgrenzungen, keinen unverrückbaren Kanon des Wissens einer Disziplin. Sie sind, wenngleich längst in sehr unterschiedlicher Form, noch immer die Organisationen, die die Produktion von Wissen steuern (auch wenn ihnen von außen Konkurrenz erwächst), die zugleich die gesellschaftliche Verbreitung von Wissen durch Ausbildung und Sozialisation der Mitglieder der Kommunikationsgemeinschaft vollziehen und die schließlich die Verwendung des Wissens durch die Sicherung von Zuständigkeiten und Expertise verantworten. Die oben dargestellte Mehrdimensionalität dessen, was sich hinter dem Begriff ›Disziplinen‹ verbirgt, lässt eindeutige Aussagen über den Bedeutungsverlust von Disziplinen als Steuerungsinstanzen der Wissensproduktion unwahrscheinlich erscheinen. Disziplinen sind auf all den erwähnten unterschiedlichen Institutionalisierungsebenen zu beobachten, und wahrscheinlich werden auf allen unterschiedliche Entwicklungen zu beobachten sein. Unter dem Vorbehalt dieser Komplexität des Disziplinenbegriffs sind die übergreifenden Fragen zur Veränderung der Disziplinenstruktur: Welche Veränderungen der Disziplinenlandschaft lassen sich beobachten (Differenzierungen, Kombinationen, Verschiebungen)? Welche Ursachen dieser Veränderungen – zum Beispiel die inhaltliche Entwicklung oder Erwartungen aus Politik oder Wirtschaft – lassen sich identifizieren? Deuten die Veränderungen, soweit solche erkennbar sind, auf die Entstehung einer neuen ›Wissensordnung‹ im Sinne der zuvor gegebenen Beschreibung hin? Diese Fragen können nur beantwortet werden, wenn sie auf operationalisierbare Teilfragen, auf eingeschränkte Fälle und Zeiträume herunter gebrochen werden, und sie können im Kontext dieses Bandes auch nicht alle beantwortet werden. Im empirischen Teil (s. Kap. III.5) werden jedoch einige Veränderungen und Kontinuitäten der Disziplinenentwicklung einer genaueren Betrachtung unterzogen.

II.3 Unternehmensforschung – Zum Verhältnis öffentlicher und privater Wissensproduktion

Unternehmensforschung steht mittlerweile für rund zwei Drittel aller Forschung und Entwicklung. Zugleich schwindet die klare Arbeitsteilung in grundlegende Forschung als öffentliche und angewandte Forschung als privatwirtschaftliche Aufgabe. Grundlegendes Wissen wird zum Teil privatisiert, neue Formen enger Zusammenarbeit zwischen akademischer und industrieller Forschung etablieren sich. Normenkonflikte treten dabei insbesondere bei der Frage der Veröffentlichung von Forschungsergebnissen auf. Industrietypische Formen der Geheimhaltung greifen dabei zunehmend auf große Bereiche der akademischen Forschung über. Gleichzeitig erweisen sich jedoch akademische Modelle der Offenheit in einigen Industriefeldern als erfolgreich.

Ein Aspekt, der häufig mit der Veränderung der Wissensordnung in Verbindung gebracht wird, ist die Ökonomisierung der Wissenschaft. In der allgemeinen Wahrnehmung ebenso wie in der wissenschaftspolitischen Diskussion wird der angeblich zunehmende Einfluss der Wirtschaft auf die Wissensproduktion und insbesondere auf die Universitäten diskutiert und durchaus unterschiedlich bewertet (Wittrock 1985; Slaughter 1993; Etzkowitz und Webster 1998). Der kritische Punkt ist dabei, dass die wachsende Ökonomisierung der Wissenschaft eine stärkere Förderung der angewandten Forschung und eine Vernachlässigung der Grundlagenforschung impliziert. Unklar ist, welche Folgen eine derartige Konzentration auf die angewandte Forschung langfristig haben wird und ob es sich um eine nachhaltige Veränderung der Wissensordnung handelt. Wir betrachten hier deshalb die Forschung in Unternehmen sowie neue Kooperationsformen zwischen Unternehmen und Universitäten und die Folgen für die freie wissenschaftliche Kommunikation.

Es ist gar nicht im Bewusstsein der Öffentlichkeit, dass wissenschaftliche Forschung und technologische Entwicklung zum überwiegenden Teil in den Händen der Wirtschaft liegen. Unternehmen kommen für den größten Teil der Ausgaben auf und führen zugleich auch den größten Teil der Forschung und Entwicklung durch. Das bedeutet allerdings nicht, dass Forschung an Universitäten und anderen öffentlichen Forschungseinrichtungen bloß ein Randphänomen wäre, denn die Unternehmen konzentrieren sich stark auf *angewandte* Forschung und Entwicklung, wohingegen Grundlagenforschung in erster Linie in öffentlichen Einrichtungen betrieben wird. Dieser lange vorherrschenden und noch immer weit verbreiteten Arbeitsteilung entspricht die traditionelle Auffassung, dass grundlegendes Wissen ein öffentliches Gut sein sollte, während technologische Entwicklung weitgehend privatisierbar ist.

Tatsächlich ist das Verhältnis von grundlegendem Wissen und seiner

Anwendung allerdings vielgestaltig und oft zu komplex, um eine derart klare Abgrenzung zu ermöglichen. Im folgenden wird in drei Hinsichten nachgezeichnet, wie die Grenze zwischen öffentlichem und privatem Wissen zunehmend in Bewegung gerät. Erstens wird gezeigt, wie auch in der Industrie selbst grundlegendes Wissen auf eine Weise gewonnen wird, die dessen öffentlichen Charakter in Frage stellt. Zweitens wird dargestellt, wie auch die institutionelle Trennung von akademischer und Industrieforschung durch zahlreiche und enger werdende Verknüpfungen relativiert wird. Drittens werden Normenkonflikte aufgezeigt, die durch die enger werdenden Kooperationen zwischen Universitäten und Unternehmen akut werden.

II.3.1 Angewandte und grundlegende Forschung in der Industrie

Im Lauf der letzten 40 Jahre ist der Anteil der Beiträge von Unternehmen an der gesamten Forschungsfinanzierung fast kontinuierlich gestiegen (allerdings zeigen die Daten für die USA für 2001 und 2002 wieder einen leichten Rückgang an). Nach einer starken Ausweitung der staatlichen Forschungsfinanzierung im Gefolge des Zweiten Weltkriegs kam die öffentliche Hand Mitte der 1960er Jahre z.B. in den USA für zwei Drittel der gesamten Forschungs- und Entwicklungsausgaben auf. Anfang der 1980er Jahre weisen die Statistiken erstmals ein Übergewicht der Ausgaben der Wirtschaft aus. Mit der Steigerung dieses Anteils auf 70 Prozent kehrte sich bis 2001 das ursprüngliche Verhältnis um (National Science Board 2004: Figs. 4-4 und 4-29; Appendix table 4-5). Trotz einiger Unterschiede zwischen den Industriestaaten ist die US-amerikanische Entwicklung im Grundsatz für die Industriestaaten insgesamt repräsentativ. So kam in Deutschland die Wirtschaft für 66 Prozent der Ausgaben des Jahres 2003 auf, während es 1961 erst 48 Prozent waren (BMBF 2004: 601; BMBF 2005: 19). Im Durchschnitt der OECD-Staaten wurden in 2003 rund 62 Prozent der Forschungs- und Entwicklungsausgaben von der Wirtschaft getragen (OECD 2005: Kap. A.3).

Hinter diesem generellen Bedeutungsgewinn stehen jedoch große Verschiebungen *innerhalb* der Unternehmensforschung. Ein globaler Trend ist, dass der Dienstleistungssektor immer forschungsintensiver wird und dessen Anteil an der Unternehmensforschung im Vergleich zu dem des produzierenden Gewerbes steigt. Die Industriestaaten werden von dieser Entwicklung allerdings in sehr unterschiedlichem Umfang erfasst. Während 2002 in den USA knapp 40 Prozent der Unternehmensforschung auf den Dienstleistungsbereich entfielen, waren es 2003 in Deutschland noch unter 10 Prozent (OECD 2005: Kap. A.3).

Auch im produzierenden Gewerbe haben sich die Gewichte seit Mitte der 1990er Jahre deutlich verschoben. Während in Deutschland die besonders forschungsintensive Hochtechnologie (insbesondere Pharmazie, Medizintechnik, Elektronik und Medientechnik sowie Mess-, Steuer- und Regeltechnik) einen im internationalen Vergleich geringen Anteil ausmacht, sind ihre Forschungsaufwendungen dennoch überproportional gewachsen. Dagegen hat die Forschungs- und Entwicklungsaktivität in den Branchen mittlerer Forschungsintensität (etwa Automobile, Chemie, Elektrotechnik, Maschinen), die für über die Hälfte der Unternehmensforschung in Deutschland stehen, mit Ausnahme des Automobilbaus seit Anfang der 1990er Jahre stark gelitten (OECD 2003a: 24f.; BMBF 2004: 476ff.) Gleichzeitig mit der Expansion der Unternehmensforschung insgesamt spielt sich daher ein tiefgreifender Strukturwandel ab.

Die Dynamik der Entwicklung speist sich zum einen aus einem verschärften internationalen Wettbewerb, zum anderen aus dem Umstand, dass immer mehr Branchen stark auf wissenschaftsbasierte Innovationen angewiesen sind und damit eine intensive Forschungs- und Entwicklungstätigkeit erfordern. Zugleich richtet sich die »F&E-Aktivität« jedoch immer mehr auf kurzfristige Verwertungsmöglichkeiten, während mittelfristige Perspektiven vernachlässigt werden. Dies zeigt sich nicht nur daran, dass Aufwendungen für Grundlagenforschung weniger als 5 Prozent der gesamten Ausgaben ausmachen. Die Unternehmen reagieren auch zunehmend zyklisch auf Absatzerwartungen, während noch in den 1980er Jahren die »F&E-Aktivität« auf die mittelfristige Zukunftsvorsorge zielte und auch in konjunkturellen Schwächephasen aufrecht erhalten wurde (BMBF 2004: 475f.).

Öffentliche und private Grundlagenforschung

Die Konzentration der Unternehmen auf angewandte Forschung und Entwicklung stimmt mit der in der Wissenschaftspolitik lange unangefochten vorherrschenden Einschätzung überein, wonach Grundlagenforschung notwendigerweise staatlicher Förderung bedarf. Dem liegt die Auffassung zugrunde, dass ein freier Markt Unternehmen keine ausreichenden Anreize für die Produktion grundlegenden Wissens bietet. Ist dieses Wissen erst einmal hergestellt, kann es von allen ohne weitere Kosten genutzt werden, ohne dass es sich durch Verbrauch oder Abnutzung verknappen würde. Für die Produzenten ist es zudem schwer, exklusive Nutzungsrechte zu etablieren. Da grundlegende Erkenntnisse typischerweise auf den Beiträgen vieler Forscher beruhen, die wirtschaftlichen Erträge sich aber erst auf komplexe Weise durch weitere Forschung und Entwicklung ergeben, ist schon die genaue Zuordnung der Erträge zu wissenschaftlichen Beiträgen schwierig. Zudem sind Patente, das klassische Instrument der Sicherung von Eigentumsansprüchen an Wissen, im Kern auf neue Produkte oder Prozesse beschränkt, nicht aber auf grundlegendes Wissen als solches anwendbar.[4] Die Geheimhaltung von Ergebnissen schließlich, ein Mittel, das in vielen Bereichen für die Sicherung exklusiver Nutzungsrechte noch wichtiger als die Patentierung ist, widerspricht der offenen akademischen Kultur, in der Grundlagenwissen zumeist entsteht. Grundlegende wissenschaftliche Erkenntnisse sind diesem Verständnis nach ein öffentliches Gut, dessen Produktion staatliche Unterstützung erfordert (Arrow 1962; Rosenberg 1990; Arundel 2001).

Auch wenn diese grundsätzlichen Überlegungen noch immer wichtige Merkmale der herkömmlichen Wissensordnung beschreiben, so stellt ein Anteil für Grundlagenforschung von 5 Prozent an der Unternehmensforschung doch schon einen beträchtlichen Beitrag zu deren Gesamtfinanzierung dar. Zum einen kommen Unternehmen für zwei Drittel aller Forschungs- und Entwicklungsausgaben auf, zum anderen fließen auch die staatlichen Mittel nur zum Teil in die Grundlagenforschung (Rosenberg 1990). Deshalb sind in jüngerer Zeit eine Reihe von Einschränkungen in den Vordergrund gerückt worden, durch die der öffentliche Ursprung und Charakter grundlegenden Wissens nicht mehr als unbedingte Notwendigkeit erscheint. Tatsächlich haben Unternehmen eine Reihe von Möglichkeiten, um auch dann von eigener Grundlagenforschung zu profitieren, wenn das gewonnene Wissen frei verfügbar gemacht wird. So kann eine Vorreiterrolle in der Forschung z. B. dazu führen, dass ein Unternehmen Produktinnovationen als erstes anbieten kann. Wer als erster einen Markt besetzt und daher zunächst ohne Konkurrenten agiert, kann aber unter Umständen erhebliche Vorteile nutzen *(first mover advantage)*. Insbesondere wenn die Stückkosten mit steigender Menge stark sinken oder ein Anbieterwechsel für die Kunden mit hohen Kosten verbunden ist, haben Nachzügler einen schweren Stand (Rosenberg 1990).

Dies zeigt sich beispielsweise an der Informations- und Kommunikationstechnologie, bei der es von zentraler Bedeutung sein kann, dass ein Unternehmen durch die Vorreiterrolle den Produktstandard mitbestimmt. Außerdem wird ein Unternehmen unter Umständen erst durch eigene Grundlagenforschung in die Fähigkeit versetzt, von anderen produziertes Wissen zu rezipieren und seine kommerzielle Relevanz zu bewerten. Das Ziel, selbst Grundlagenforschung zu betreiben, ist dann weniger, verwertbare Erkenntnisse zu gewinnen als vielmehr, den Anschluss an die wissenschaftlichen Entwicklungen in den für die eigenen Geschäftsfelder zentralen Bereichen zu halten (Rosenberg 1990).

4 Die Debatte um die Patentierung von Genen stellt einen Versuch dar, diese Grenze aufzuweichen; sie bestätigt gerade, wie problembehaftet die private Aneignung grundlegender Erkenntnisse ist.

UNTERNEHMENSFORSCHUNG

Anders als in den obigen Überlegungen angenommen, kann Wissen keineswegs immer kostenfrei oder mit nur minimalen Transaktionskosten verbreitet werden (Dasgupta und David 1994). Vielmehr kann das Vorhalten der Kompetenz, neue wissenschaftliche Erkenntnisse überhaupt zu verstehen, für Unternehmen erhebliche Kosten verursachen. Zudem haben wissenschaftliche Erkenntnisse nicht immer eine Form, die sie leicht transferierbar macht. Experimentelle Anordnungen sind oft selbst aufwändig entwickelt und auf die spezifischen Forschungsbedürfnisse angepasst. Die Benutzung solcher experimenteller Systeme ist häufig komplex, und die Techniken dazu sind nicht vollständig expliziert. Forscher müssen dann erst genau unterrichtet werden, bevor sie diese Systeme beherrschen können. So sind für die pharmakologische Forschung Testsysteme beispielsweise aus Gewebe oder Zellkulturen unverzichtbar, um die Wirksamkeit von Arzneimittelkandidaten zu testen. Die Entwicklung solcher Testsysteme sowie das Erlernen ihrer verlässlichen Interpretation erfordern jedoch einige Anstrengung. Da die Testsysteme spezifisch auf bestimmte molekulare Ziele (wie Enzyme oder Rezeptoren) zugeschnitten sind, ist der Einstieg in ein Forschungsfeld für Unternehmen daher mit Hürden versehen. Auch wenn vielversprechende Ergebnisse über eine neue Substanz veröffentlicht werden, kann deshalb noch nicht jedes Pharmaunternehmen mit Aussicht auf Erfolg in deren Weiterentwicklung einsteigen. Zuerst muss es selbst die Testsysteme entwickeln und beherrschen, bevor die Ergebnisse nachgeprüft und die Substanz chemisch optimiert werden können.

Schließlich sind Grundlagenforschung und angewandte Forschung nicht selten eng miteinander verknüpft. Grundlegende Forschungslinien können sehr unmittelbar für Anwendungen relevant sein, und umgekehrt können grundlegende Erkenntnisse bei der Entwicklung von Anwendungen gewonnen werden. In solchen Fällen können Unternehmen schon durch die direkten Anwendungsentwicklungen ausreichend entlohnt werden, während das Grundlagenwissen sich als (allgemein verfügbares) Nebenprodukt ergibt.

Entwicklungslinien grundlagenrelevanter Industrieforschung

Tatsächlich hat grundlagenrelevante Forschung in der Industrie eine wechselvolle Geschichte hinter sich. Nach dem Zweiten Weltkrieg schufen zunächst vor allem die großen Unternehmen der Elektro- und Elektronikindustrie zentrale Forschungsabteilungen oder bauten bestehende Abteilungen stark aus, die dann auch physikalische Forschung von grundlegender wissenschaftlicher Bedeutung betrieben. Dahinter stand die weit verbreitete Überzeugung, dass die weitere Entwicklung der Physik unmittelbar etwa die Energiegewinnung, die Datenverarbeitung oder die Telekommunikation revolutionieren kann. Diese Erwartungen waren insbesondere durch die Erfahrungen des Zweiten Weltkriegs begründet, als die Entwicklung des Radars und der Atombombe die rasche und zielgerichtete Umsetzbarkeit grundlegender Erkenntnisse in großangelegten Forschungsanstrengungen demonstriert hatte (Speiser 1990; Hack 1998: 50 ff.).

Das prominenteste Beispiel industrieller Grundlagenforschung sind die Bell-Laboratorien des amerikanischen Telefonkonzerns AT&T. Die physikalische Forschung, die dort in großem Umfang betrieben wurde, hat eine Vielzahl grundlegender Ergebnisse erbracht. Beispielsweise haben die Bell-Forscher William B. Shockley, John Bardeen und Walter H. Brattain 1948 den ersten Transistor auf der Grundlage festkörperphysikalischer Forschungen entwickelt. Zehn Jahre später formulierte unter anderen der bei Bell arbeitende Physiker Arthur L. Schawlow die theoretischen Grundlagen des Lasers. Allerdings wurde die betriebswirtschaftliche Rechtfertigung der solchermaßen breit angelegten industriellen Grundlagenforschung bei Bell schon Anfang der 1970er Jahre in Zweifel gezogen. Nachdem die Rolle der zentralen Bell-Labs nach der erzwungenen Aufspaltung von AT&T in regionale Gesellschaften 1984 zunächst unklar war, wurde die Forschung zu Beginn der 1990er Jahre grundlegend umorganisiert. So war Grundlagenforschung nur noch dann möglich, wenn sie direkt auf die Entwicklung marktfähiger Produkte hinauslief. Demgemäß wurden Projektgruppen zunehmend gemeinsam aus Forschern und Entwicklungsingenieuren gebildet. Vergleichbare Umwälzungen haben auch die Forschungseinrichtungen anderer großer Elektronikunternehmen erfahren. So sind die großen zentralen Labore der Nachkriegszeit mittlerweile vielfach dezentralen Forschungseinheiten gewichen, die direkt einzelnen Geschäftsbereichen zugeordnet sind. Zudem werden Forschungsaufträge in wachsendem Umfang an andere Unternehmen oder öffentliche Forschungseinrichtungen vergeben. In einigen Branchen, etwa der Automobilindustrie, sind insbesondere die Zulieferer oft sehr eng in Entwicklungsprojekte eingebunden (Hack 1998; Santangelo 2000; Weingart 2001; BMBF 2004).

Einen auf den ersten Blick anderen Weg hat die industrielle Pharmaforschung seit den 1980er Jahren genommen. Bis zu dieser Zeit fand die Entwicklung neuer Arzneimittel überwiegend abgeschieden von der akademischen molekularbiologischen Forschung statt. In den 1970er Jahren gelang es aber einigen Unternehmen, prominente neue Medikamente wie das Magenmittel Cimetidin, den Blutdrucksenker Captopril und den Cholesterinsenker Lovastatin unter direkter Inanspruchnahme neuer grundlegender molekularbiologischer Erkenntnisse zu entwickeln. In der Folge reorganisierten viele große Pharmaunternehmen daraufhin ihre Forschung. Die Anbindung an die akademische Wissenschaft wurde nun als zentral für weitere Entwicklungserfolge angesehen. Die Industrieforscher veröffentlichten zunehmend ihre

UNTERNEHMENSFORSCHUNG

Ergebnisse in wissenschaftlichen Zeitschriften. Da die Arbeiten hierfür von anderen Forschern begutachtet wurden, bot dies den Firmen zugleich eine Möglichkeit, die Qualität ihrer Forschungsabteilungen zu kontrollieren. Tatsächlich konnten die Unternehmen mit den stärksten Steigerungen der akademischen Veröffentlichungen auch die besten wirtschaftlichen Erfolge aufweisen (Gambardella 1995; Cockburn et al. 1999). Dies führte zu einer engen Verknüpfung von industrieller und akademischer Forschung.

Obwohl die unmittelbare Verbindung von Grundlagenforschung und Anwendungsentwicklung in der Pharmazie jüngeren Datums ist als in der Elektronik, war die Forschungsorganisation in den 1990er Jahren in beiden Industriebereichen auch parallelen Veränderungen unterworfen. In beiden Bereichen wurde die Zusammenarbeit zwischen großen Unternehmen, mittleren und kleinen Firmen und öffentlichen Forschungseinrichtungen stark ausgeweitet. In der Pharmaindustrie ist die Entstehung solcher Netzwerke insbesondere mit dem Aufstieg der Biotechnologie verbunden. *Biotechnologie-Unternehmen* sind in der Regel aus Universitäten heraus entstanden. Ihre frühen Erfolge beruhten darauf, dass sie insbesondere in der Pharmazie, aber auch in der Agrochemie früher als die traditionellen Pharmaunternehmen neue Entwicklungschancen nutzen, die durch grundlegende Fortschritte in der Gentechnik und der Molekularbiologie entstanden. Die großen Pharmafirmen haben zwar zum Teil mit dem Erwerb von Biotechnologie-Unternehmen oder mit dem Aufbau eigener Forschungsaktivitäten reagiert. Zum überwiegenden Teil aber sind sie Forschungskooperationen eingegangen. Die Zusammenarbeit beruht in diesen Fällen auf gegenseitiger Abhängigkeit. Während die Biotechnologie-Unternehmen neue Forschungsmethoden anbieten und zugleich Kosten und Risiken durch Risikokapital finanzieren können, besitzen nur die großen Pharmaunternehmen die Fähigkeit und das Kapital, Medikamente bis zur klinischen Reife zu entwickeln und zu vermarkten.

Aufgrund der inhärenten Schwierigkeiten, die im Handel mit Wissen liegen, sind die Unternehmensbeziehungen auf besonderes Vertrauen angewiesen und oft langfristig angelegt. Durch diese Form der Zusammenarbeit gewinnen wissenschaftliche Erkenntnisse und vorläufige Entwicklungsergebnisse – etwa die Identifikation molekularer Ziele für eine Arzneimitteltherapie oder die Herstellung biotechnologischer Forschungsinstrumente wie Antikörper – selbst den Charakter einer handelbaren Ware, auf deren Herstellung sich Biotechnologie-Unternehmen spezialisieren (Gambardella 1995: Kap. 3; Buss und Wittke 2001). Somit beruht nicht nur die Finanzierung grundlagenrelevanter pharmazeutischer Forschung auf privaten statt auf öffentlichen Mitteln. Auch die Ergebnisse der Forschung werden marktförmig gehandelt und nicht mehr als Gemeinschaftsgut allen zur Verfügung gestellt.

Die Bildung dezentraler Forschungseinheiten und Forschungsnetzwerke geht mit der Internationalisierung der industriellen Forschung einher. Insbesondere die deutschen und schweizerischen Pharmaunternehmen haben vielfach Forschungseinrichtungen in den USA gegründet oder mit dort ansässigen Institutionen Kooperationen geschlossen (Casper und Matraves 2003). Dies erklärt sich zu einem guten Teil daraus, dass sich die Biotechnologie zuerst in den USA etabliert hat und führende Forschungsuniversitäten Ausgangsbasis für die Bildung von Clustern biotechnologischer Unternehmen und Institute waren. Die Clusterbildung ist geografischer Ausdruck des Maßes, in dem für die Unternehmensforschung die Zusammenarbeit sowohl zwischen Unternehmen als auch mit universitären Forschungsabteilungen an Bedeutung gewonnen hat.

II.3.2 Das enger werdende Verhältnis zwischen akademischer Forschung und Industrie – Gründe der Annäherung

Insgesamt zeichnet sich ein enger werdendes Verhältnis zwischen akademischer Forschung und Industrie ab, das zugleich eine Akademisierung der Industrieforschung und eine Ökonomisierung der akademischen Forschung bedeutet (vgl. Weingart 2001: Kap. 5). Die Ursachen für diese Entwicklung, die etwa seit den 1980er Jahren deutlich spürbar geworden ist, sind vielfältig und liegen sowohl im Wissenschafts- als auch im Wirtschaftssystem. In vielen Industrieländern begann ab den 1970er Jahren die öffentliche Wissenschaftsfinanzierung zurückzugehen, so dass sich Akteure in der akademischen Forschung gezwungen sahen, nach neuen Finanzierungsquellen Ausschau zu halten (Slaughter und Leslie 1997). Das Ende des Kalten Kriegs zu Beginn der 1990er Jahre und der damit verbundene Rückgang der mittelbar und unmittelbar an militärische Belange geknüpften staatlichen Forschungsausgaben hat diesen Effekt noch verstärkt. Allerdings ist zu Recht darauf hingewiesen worden, dass das Bedürfnis nach mehr Geld ein chronischer Zustand akademischer Einrichtungen ist und dass die amerikanischen Privatuniversitäten nicht weniger von der Ökonomisierung betroffen sind als die unmittelbar von öffentlicher Finanzierung abhängigen staatlichen Universitäten (Bok 2003: Kap. 1). Die Sparsamkeit der öffentlichen Hand allein kann also die sprunghafte Kommerzialisierung nicht erklären.

Ein zusätzlicher Faktor war sicher ein zunehmendes Interesse der Unternehmen an der Zusammenarbeit mit der akademischen Wissenschaft. Dieses Interesse erklärt sich seinerseits durch die immer komplexeren neuen technologischen Produkte, deren Entwicklung oft umfangreiche, multidisziplinäre Ansätze erfordert, welche die hauseigenen Forschungskapazitäten der Unternehmen überfordern.

Die Zusammenarbeit soll dabei auch das beständige Interesse der Unternehmen an hochqualifiziertem Personal bedienen helfen (vgl. Smilor et al. 1993). Außerdem legt es die zunehmende Konzentration der unternehmenseigenen Forschung auf kurz- und mittelfristig fokussierte Anwendungsziele für die Unternehmen nahe, über Kooperation an die anwendungsorientierte Grundlagenforschung angebunden zu bleiben, die im eigenen Hause nicht mehr stattfindet.

Ein weiterer ursächlicher Faktor der Entwicklung waren insbesondere in den USA politische Bemühungen seit den späten 1970er Jahren, die Rahmenbedingungen für eine Zusammenarbeit zwischen Universitäten und Unternehmen gezielt zu verbessern, um die Wettbewerbsfähigkeit der US-amerikanischen Wirtschaft zu fördern. Dazu gehörten unter anderem gezielte Fördermittel für Gemeinschaftsprojekte zwischen Universitäten und Privatunternehmen. Die wichtigste Maßnahme war eine Änderung des Patentrechts im Jahr 1980, der sogenannte Bayh-Dole Act. Das Gesetz ermöglicht es Universitäten, sich patent- und urheberrechtlich geistiges Eigentum schützen zu lassen, auch wenn es sich um Forschungsergebnisse handelt, die mit Bundesmitteln finanziert wurden. Über Lizenzgebühren können sie von diesem geistigen Eigentum profitieren; somit besteht ein erhöhter Anreiz zur Zusammenarbeit mit Unternehmen, die über die Mittel und Kompetenzen verfügen, den Erfindungen zu kommerziellem Erfolg zu verhelfen. Tatsächlich folgte auf die Verabschiedung des Bayh-Dole-Gesetzes eine Vervielfachung der Anzahl der jährlichen Patentanmeldungen US-amerikanischer Universitäten (mehr als eine Versiebenfachung von 1981 bis 2001), sowie ein beständiger Anstieg ihrer Lizenzeinnahmen (allein in den drei Jahren von 1991 bis 1994 von 183 Mio. auf 318 Mio $ jährlich) (Mowery et al. 1999; National Science Board 2004: A5-103-A5-106). Allerdings stehen einigen wenigen prominenten und sehr einträglichen Patenten, wie dem gentechnischen Cohen-Boyer-Patent (Stanford University und University of California), dem im Besitz der Iowa State University befindlichen Fax Patent und den Patenten der Michigan State University auf die Krebsmedikamente Cisplatin und Carboplatin, eine Vielzahl ungenutzter oder weniger profitabler Patente gegenüber, so dass sich die Arbeit vieler *licensing offices* amerikanischer Hochschulen nur eben gerade amortisiert (Nelsen 1998).

Der Erfolg dieser politischen Steuerungsmaßnahmen in den USA hat auch andernorts den Wunsch zur Nachahmung entstehen lassen. Nachdem in Deutschland bisher die Hochschullehrer im Arbeitnehmererfindungsgesetz eine Ausnahmestellung genossen hatten, die ihnen normalerweise die gesamten Rechte am geistigen Eigentum zufallen ließ, wurde dieses sogenannte Hochschullehrerprivileg 2002 abgeschafft, um den Hochschulen selbst die Verwertung der in ihrer Forschung entstandenen Erfindungen zu ermöglichen. Dabei sollen sie durch Patent- und Verwertungsagenturen unterstützt werden, die das Bundesforschungsministerium in einer »Verwertungsoffensive« gegründet hat (BMBF 2004: 366). Auch in anderen Staaten (u. a. in Belgien, Dänemark, Japan, Österreich und Russland) wurde seit den späten 1990ern die Gesetzeslage verändert, um Universitäten und öffentlichen Forschungseinrichtungen die Patentierung zu ermöglichen oder zu erleichtern (OECD 2003b: Kap. 1).

Formen der Zusammenarbeit

Ebenso wie die Ursachen sind auch die Formen des Näherrückens von akademischer und industrieller Forschung vielfältig. Eine wichtige Form ist diejenige gemeinsamer Forschungsprojekte privatwirtschaftlicher Forschungslabors mit Universitäten und anderen öffentlichen Einrichtungen. Sie werden vielerorts durch staatliche Förderinitiativen unterstützt. Ein Beispiel für diese Kooperationsform ist die Erforschung des Riesenmagnetowiderstandseffekts (GMR) in den 1990er Jahren. Nachdem er 1988 an öffentlichen Forschungseinrichtungen entdeckt worden war, wurde schnell seine Bedeutung für die Entwicklung einer neuen Generation von Leseköpfen für magnetische Speichermedien gesehen. Die Forschung zum GMR-Effekt, in die daher zahlreiche Unternehmen in großem Stil einstiegen, wurde fast überall in enger Zusammenarbeit mit Universitäten durchgeführt. So arbeiteten (und arbeiten) beispielsweise die Philips Forschungslaboratorien, die zu den aktivsten industriellen Akteuren in der GMR-Forschung zählten, gleich mit mehreren Universitäten zusammen, darunter hauptsächlich mit der TU Eindhoven. Eine zentrale Rolle bei dieser Kooperation spielten festangestellte Philips-Forscher, die an verschiedene Universitäten für mehrjährige Gastaufenthalte als Teilzeitprofessoren abgeordnet, also quasi gestiftet wurden. Die Zusammenarbeit fand im Rahmen von Forschungsprojekten der Europäischen Union statt (Coehoorn 2004).

In einer anderen Form von Kooperation wird die an Universitäten oder anderen öffentlichen akademischen Einrichtungen durchgeführte Forschung von Wirtschaftsunternehmen finanziert. Ein prominentes und extremes Beispiel dieser Art ist die Übereinkunft, welche die Abteilung für Pflanzen- und Mikrobiologie der Universität Berkeley 1998 mit Novartis getroffen hat. Novartis stellte der Abteilung über einen Verlauf von fünf Jahren 25 Millionen Dollar zur Verfügung, gleichbedeutend mit etwa 30-40 Prozent ihrer gesamten Forschungsmittel. Die aus der Forschung hervorgehenden Rechte am geistigen Eigentum gehörten gemäß der Vereinbarung der Universität, doch Novartis erhielt das Recht, als erste über Lizenzen zu verhandeln. Außerdem ließ sich das Unternehmen alle Publikationen vor der Veröffentlichung vorlegen und erhielt zwei Sitze in dem fünfköpfigen Ausschuss, der über die abteilungsinterne Verteilung der Mittel auf Forschungsvorhaben zu urteilen hatte. Die Novartis-Berkeley-Vereinbarung ist im Kontext der Kontroverse um die mit der Ökonomisierung der Wissenschaft einhergehenden Normenkonflikte interessant (s. weiter unten). Ein Einfluss auf die Forschungsagenda der Universität jedenfalls wäre bei Übereinkünften wie dieser selbst dann zu erwarten, wenn Novartis keinen einzigen Sitz im Verteilungsausschuss hätte, wie der ehemalige Harvard-Präsident Derek Bok richtig bemerkt: Die Hoffnung auf Erneuerung der lukrativen Vereinbarung wird ihren Teil zu einer Ausrichtung an den Anwendungsinteressen des Wirtschaftspartners beitragen (Press und Washburn 2000: Bok 2003, Kap. 8).

Insgesamt hat die Finanzierung akademischer Forschung aus privatwirtschaftlichen Quellen zugenommen. In den USA stieg der Anteil der Industrie an akademischer Forschung und Entwicklung von 2,8 Prozent (1972) auf 6,8 Prozent (2001) (National Science Board 2004: A5-3). Die deutschen Hochschulen finanzierten ihre Aktivitäten in Forschung und Entwicklung im Jahr 2002 zu 12,2 Prozent (entspr. 1,1 Mrd. Euro) durch aus der Wirtschaft stammende Mittel, während es nur zehn Jahre zuvor noch 7,6 Prozent (505 Mio. Euro) gewesen waren (BMBF 2004: 199, 603 ff.; zu anderen europäischen Ländern vgl. European Commission 2003: 106).

Neben solcherlei Verknüpfungen zwischen Institutionen äußert sich das enger werdende Verhältnis zwischen Industrie und akademischer Wissenschaft auch auf der Ebene individueller Wissenschaftler. Sie werden einzeln im Rahmen von Beraterverträgen für Privatunternehmen tätig oder bringen ihre Kompetenz durch lukrative Mitgliedschaften in deren wissenschaftlichen Beiräten ein. In der zweiten Hälfte der 1990er Jahre an führenden US-Universitäten durchgeführte Studien legten offen, dass über die Hälfte der Hochschullehrer in den Lebenswissenschaften als Berater für die Industrie tätig gewesen waren (während im selben Zeitraum nur ein Viertel von ihnen finanzielle Unterstützung für ihre Forschung aus der Industrie erhalten hatten; Blumenthal 2003). Gerade bei Startup-Unternehmen wird die wissenschaftliche Beratung oft auch durch Firmenanteile vergütet, so dass eine bleibende Verknüpfung der Interessen geschaffen wird.

Doch auch ohne all diese formalen und materiellen Mittel der Zusammenarbeit gibt es ein bedeutendes Moment der Integration von öffentlicher, akademischer Wissenschaft und Industrieforschung: Beide bilden einen gemeinsamen Arbeitsmarkt, auf dem sie um kreative Talente konkurrieren. Der akademischen Seite fällt dabei eine besondere Rolle zu, weil sie es ist, die leicht ausweisbare Informationen über die Fähigkeiten potentieller Beschäftigter verfügbar macht: einerseits durch formale Zertifikate der Universitätsausbildung, andererseits durch das auf dem begutachteten wissenschaftlichen Veröffentlichungswesen beruhende Credit-System. Der Signalwert von Erfolgen in diesem System ist so groß, dass eine Beschäftigung in der akademischen Forschung, wo üblicherweise bessere Möglichkeiten für die Veröffentlichung von Ergebnissen bestehen, insbesondere zu Beginn einer Karriere als Investition verstanden werden kann, die ausschließlich zu Zwecken der Erlangung des Signalwertes getätigt wird. Es zeigt sich hier, dass die Industrieforschung auf diese Weise von einer gut funktionierenden akademischen Wissenschaft abhängig ist, die ausreichend öffentliche Unterstützung erhält, um für ehrgeizige (Nachwuchs-) Wissenschaftler attraktiv zu sein. Sänke die Attraktivität so weit ab, dass der talentierteste Nachwuchs im allgemeinen nicht mehr an der Universität verbleiben würde, ginge der Signalwert von im akademischen Bereich erworbenen Qualifikationen zurück oder gar verloren. Dieser ist aber für eine erfolgreiche gezielte Rekrutierung geeigneter Forscher auch für die Industrieforschung bislang von größter Wichtigkeit (Dasgupta und David 1994: §7).

II.3.3 Normenkonflikte: Geheimhaltung, Recht am geistigen Eigentum und die akademische Offenheit

Im Prozess der wechselseitigen Annäherung von Wissenschaft und Wirtschaft geraten die Normen der beiden Bereiche miteinander in Konflikt. Insbesondere schafft der Widerspruch zwischen der Profitorientierung der Wirtschaft und dem damit verbundenen Interesse, sich Forschungsergebnisse auf die eine oder andere Weise anzueignen, und dem Ideal der wissenschaftlichen Offenheit immer wieder Spannungen.

Auf besonders extreme Weise geraten die Interessen der Industrie in einigen Fällen mit wissenschaftlichen Normen in Konflikt, bei denen man annehmen darf, dass methodologische Regeln und Standards unparteiischen wissenschaftlichen Urteilens durch das Gewinnstreben kompromittiert wurden. Ein berühmt-berüchtigtes Beispiel ist Richard Davidsons Untersuchung von 107 veröffentlichten vergleichenden Studien rivalisierender Medikamente, bei denen in allen Fällen dasjenige Medikament abschließend als überlegen beurteilt wurde, das vom Sponsor der Studie produziert wurde (Davidson 1986; vgl. auch Lexchin et al. 2003). Von Interessenkonflikten und den durch sie verursachten Verletzungen ethischer und methodologischer Normen wird aber noch an anderer Stelle die Rede sein (s.u. Kap. IV.2). Hier soll es um denjenigen Konflikt zwischen den Normen privater Wirtschaft und öffentlicher Wissenschaft gehen, der auch ohne Verletzung methodologischer Standards bereits akut wird: Die Norm der effizienten Ausnutzung der Resultate von (Forschungs-) Investitionen gerät regelmäßig in Konflikt mit der wissenschaftlichen Norm der allgemeinen

Zugänglichkeit von Forschungsergebnissen. Diese akademische Offenheit spielt im Normengefüge der Wissenschaft eine zentrale Rolle. Ihre klassische Begründung liegt in ihrer instrumentellen Bedeutung für die Effizienz des Gemeinschaftsunternehmens Wissenschaft bei der Verfolgung seines institutionellen Ziels, der Vermehrung gesicherten Wissens (Merton 1968). Zur großen Bedeutung der offenen Verbreitung wissenschaftlichen Wissens trägt sowohl die Tatsache bei, dass die meiste wissenschaftliche Forschung auf anderen Forschungsergebnissen aufbaut oder von ihnen erst angeregt wird, als auch der Umstand, dass die offene Kritik innerhalb der wissenschaftlichen Gemeinschaft für die Validierung wissenschaftlicher Thesen unerlässlich ist (vgl. Munthe und Welin 1996).

Einschränkungen der Offenheit

In den medizinischen und allgemeiner noch in den Lebenswissenschaften, wo das Verhältnis zwischen Wissenschaft und Wirtschaft besonders eng ist, lassen sich bereits klare Einschränkungen der Offenheit bei der Mitteilung von Forschungsergebnissen feststellen. Bei einer Befragung US-amerikanischer Universitätswissenschaftler aus dem Bereich der Lebenswissenschaften, die Mitte der 1990er Jahre bei Universitätskollegen Forschungsergebnisse nachgefragt hatten, gaben 34 Prozent an, dass ihnen mindestens einmal (innerhalb von drei Jahren) ihre Bitte ausgeschlagen worden sei (Blumenthal et al. 1997). Bei einer entsprechenden auf die Genetik beschränkten Untersuchung gegen Ende der 1990er waren es sogar 47 Prozent (Campbell et al. 2002).

Die Einschränkungen betreffen nicht nur den Fluss von Informationen, sondern in den Lebenswissenschaften vor allem auch den Austausch von Biomaterialien (Zelllinien u.a.). Gehörte es bis in die späten 1970er Jahre zur wissenschaftlichen Etikette, diese an alle kompetenten Kollegen auf Nachfrage weiterzureichen, so gab es mit ihrem wachsenden kommerziellen Wert mehr und mehr Behinderungen des Austauschs wie zeitliche Verzögerungen oder von einzelnen Institutionen verlangte bürokratische Übereinkünfte über die Verwendung des Materials, Veröffentlichungen etc. Die Einschränkung des Verkehrs von Forschungsmaterialien führt ebenso wie die Begrenzung des Informationsflusses zu erheblichen Forschungshindernissen und ist deshalb von Seiten vieler Wissenschaftler scharf kritisiert worden (vgl. bereits Kenney 1986: Kap. 6).

Patentierung und geistiges Eigentum

Ganz allgemein wirken sich Geheimhaltung und Zurückhaltung von Material zum Nachteil der Effizienz der Wissenschaften aus, indem sie dazu führen, dass unnötigerweise mehrfach in Forschungsarbeit investiert werden muss und zugleich stimulierende Einflüsse zwischen verschiedenen Forschungsprojekten unterbleiben. In gewisser Weise mindern rechtliche Regulierungen des geistigen Eigentums diese negativen Effekte, denn Patente ermöglichen es den Unternehmern, ihr geistiges Eigentum zu sichern, ohne es dauerhaft geheim zu halten. Tatsächlich geht ja das Patentierungsverfahren mit einer Pflicht zur Offenlegung aller relevanten Erkenntnisse einher. (Allerdings wären an Universitäten ohne die Patentierungsmöglichkeit vermutlich von vornherein viel weniger Anreize zur Geheimniskrämerei vorhanden.) Doch auch die Patentierung bringt Einschränkungen der Offenheit mit sich, die sich in Verzögerungen der Veröffentlichung äußern. Im Bereich der Lebenswissenschaften verlangten einer Studie aus den 1990er Jahren zufolge 58 Prozent der Unternehmen, die in den USA Forschung an akademischen Einrichtungen finanzierten, von den Forschern regelmäßig Verzögerungen von mehr als einem halben Jahr bei der Veröffentlichung von Ergebnissen (Blumenthal et al. 1996).

Zudem sind oft nicht alle wirtschaftlich bedeutsamen Erkenntnisse patentierbar. In der Arzneimittelentwicklung besitzt insbesondere Wissen über die Struktur und den chemischen Aufbau von Zielmolekülen große Bedeutung für das Finden geeigneter Wirkstoffe, kann jedoch nicht durch Patente geschützt werden. Auch wenn neue Wirkstoffe patentgeschützt sind, werden die zugrundeliegenden Strukturinformationen oft noch für längere Zeit geheim gehalten, weil sie von Konkurrenten für die Entwicklung von Nachahmerprodukten oder von dem Unternehmen selbst für Verbesserungen der Substanz verwendet werden können. Gerade die für therapeutische Innovationen wichtigen Erkenntnisse bleiben daher am ehesten geheim. Einem in der strukturbasierten Wirkstoffentwicklung tätigen Pharmaforscher zufolge könne man davon ausgehen, »dass das, was in einem hoch kompetitiven Feld veröffentlicht wird, sich an irgendeiner Stelle als nicht weiter verfolgbar herausgestellt hat«.[5]

Überdies räumt die Offenlegung der Ergebnisse allein noch nicht jeden Konflikt mit akademischen Normen aus. Die Normen des wissenschaftlichen Umgangs mit Information beinhalten nicht nur die Forderung der allgemeinen Zugänglichkeit, sondern auch den Anspruch, dass die Ergebnisse wissenschaftlicher Forschung Gemein*eigentum* sein

---

5 Interview Adam, August 2004.

sollten. Eine zusätzliche Begründung erhält diese Norm des gemeinsamen Eigentums aller, wenn es sich um Ergebnisse von Forschungen handelt, die ganz oder teilweise von der öffentlichen Hand finanziert wurden. Dies wurde insbesondere im Kontext der Einführung des Bayh-Dole-Gesetzes in den USA zum Gegenstand der Diskussion. Einzelnen Institutionen Rechte am geistigen Eigentum zuzugestehen, die aus staatlichen Mitteln erwachsen waren, wurde dabei dadurch gerechtfertigt, dass Patentschutz für die Entwicklung neuer Technologien im frühen Stadium unerlässlich sei. Kritiker warnten und warnen vor allem vor der häufig auftretenden exklusiven Lizenzierung von Patenten an einzelne Unternehmen, die aus geistigem Eigentum ein Monopol macht, bei dem wenige Akteure allein die Entwicklung und Umsetzung einer Idee kontrollieren (vgl. Nelkin 1984).

Aktuelle gegenläufige Entwicklungen und ihre Reichweite

In jüngerer Zeit ist allerdings auch ein Entwicklungstrend zu verzeichnen, der für einen Rückgang der Geheimhaltung bei der Industrieforschung spricht. Schon in den 1990er Jahren wurde, den oben genannten Fällen von Geheimhaltung zum Trotz, in den Naturwissenschaften insgesamt eine Zunahme des Austauschs von Zwischenergebnissen und eine verstärkte Neigung zur (und eine entsprechende Erwartung der) zeitnahen Zirkulation von Informationen festgestellt, die mit den neuen Kommunikationsmedien zusammenhängt (Dasgupta und David 1994: § 4). Diese neue Umwelt diffundierenden Wissens wird für die Industrieforschung noch durch einen weiteren, für sie noch entscheidenderen Faktor verstärkt: Lebenslange Karrieren von Industrieforschern innerhalb einer Firma sind zur Seltenheit geworden; die wissenschaftlichen Arbeitskräfte migrieren vielmehr frei zwischen den Unternehmen umher. Als Folge davon wird die Strategie, Ergebnisse und Erfindungen durch Geheimhaltung zu appropriieren, unpraktikabel. Das schließt zumindest der Wirtschaftswissenschaftler Henry Chesbrough, der stattdessen eine Strategie der sogenannten Offenen Innovation fordert. Bei dem Versuch, eine Erfindung unter Geheimhaltung innerhalb des eigenen Hauses zu entwickeln, ist demnach die Gefahr, dass Wissen heraussickert, unter den veränderten Bedingungen zu groß geworden. Erfindungen müssen schnell auf den Markt gebracht werden, entweder in Form eigener Produkte oder über das Produkt eines Lizenznehmers. Die schnelle Vermarktung fordert entsprechend dem Konzept der Offenen Innovation eine informationsoffene Kooperation mit akademischer Forschung und mit anderen Unternehmen. Diese Zusammenarbeit empfiehlt sich auch deshalb (und ist in einigen Bereichen auch bereits üblich) weil ein Verbraucherprodukt oftmals technische Entwicklungen aus verschiedenen Unternehmen enthalten muss. Anstatt trotzdem möglichst weitgehend auf Lösungen aus dem eigenen Haus zu setzen (und damit die Marktreife zu verzögern und viele redundante Entwicklungsanstrengungen zu veranlassen) fordert das Konzept der Offenen Innovation daher bereits in der Forschungs- und in der frühen Entwicklungsphase eine enge Zusammenarbeit (präkompetitive Kooperation; Chesbrough 2003). Die Philips Forschungsabteilung hat sich jüngst offensiv zur Offenen Innovation bekannt, die ihr Geschäftsführer Rick Harwig als wichtigen Richtungswechsel im Forschungsmanagement versteht. Als wichtigstes Argument führt er an, neue Technologien seien inzwischen so komplex geworden, dass die notwendige Forschung und Entwicklung selbst von den größten Unternehmen nicht mehr allein bewältigt werden kann. Philips hat bereits gute Erfahrungen mit präkompetitiver Kooperation gemacht, als sich das Unternehmen bei der optischen Datenspeichertechnik 1979 in der Forschungsphase mit seinem Konkurrenten Sony zusammentat. Diese Kooperation ermöglichte die gemeinsame erfolgreiche Entwicklung und Durchsetzung der CD (und später der DVD). Die Philips-Forscher sehen deshalb die Erweiterung ihres Stammsitzes in Eindhoven als eine entscheidende Maßnahme, an diesen Erfolg anzuknüpfen. Nach dessen Fertigstellung sollen dort 8000 statt heute 2000 Personen arbeiten, zu großen Teilen Mitarbeiter anderer Unternehmen und aus Universitäten (Eder 2004; Philips Research Public Relations Dept. 2004).

Ob Offene Innovation allerdings als Gegentrend gegen die Geheimhaltungstendenzen der mehr und mehr privatisierten Forschung wirken kann, hängt von problematischen Bedingungen ab. Erstens ist eine notwendige Voraussetzung, dass ein wirksamer Patentschutz für Forschungsergebnisse vorliegt, denn selbstverständlich müssen die Unternehmen weiterhin von ihren Forschungsinvestitionen profitieren können. Wenn sie dies nicht durch die exklusive (weil bis dahin geheim gehaltene) Erstplatzierung eines Produktes am Markt tun, müssen Patente die Gewinnmöglichkeiten sichern. In der Praxis basiert die Zusammenarbeit bei Technologieunternehmen wie Philips zu großen Teilen auf *cross-licensing*-Übereinkünften, bei denen die kostenlose wechselseitige Lizenzierung von Erfindungen vereinbart wird. Für technologische Zusammenarbeit werden daher die Patent-Portfolios zu einer wichtigen Geschäftsgrundlage der Unternehmen. Deshalb ist auch weiterhin zu erwarten, dass es in Bereichen kommerziell relevanter Forschung zu Verzögerungen bei der Offenlegung von Informationen kommt, wie sie die Patentierung üblicherweise mit sich bringt.

Zweitens besteht ein wichtiger Anreiz für Offene Innovation in dem Umstand, dass einzelne Hochtechnologie-Produkte auf zahlreichen Erfindungen aus verschiedenen Quellen beruhen. Nur in den Bereichen, in denen dieser Sachverhalt typischerweise gegeben ist, ist überhaupt ein Erfolg der veränderten Strategie zu erwarten.

Ein Gegenbeispiel zu beiden Voraussetzungen bietet die Pharmaindustrie. Wirkstoffe beruhen in der Regel auf einem oder wenigen Patenten (auf das Wirkstoffmolekül und ggf. das Syntheseverfahren). Überdies sind Patente allein oft kein wirksamer Schutz für Erfindungen, denn oftmals lassen sich aus einem patentierten Wirkstoff durch leichte Variationen der molekularen Struktur äquivalente Medikamente entwickeln. Deshalb kommt es regelmäßig zu erfolgreichen Nachahmungen, die durch das Wirkstoffpatent nicht abgedeckt sind. Aufgrund der Konkurrenz dieser sogenannten ›Me-too‹-Forschung sind die Unternehmen gezwungen, neue Erfindungen möglichst lange geheim zu halten, um die Marktvorteile der Erstplatzierung eines neuen Wirkstoffes abzuschöpfen.

Wenn also eine Zunahme von Kooperationen in einzelnen Hochtechnologiebereichen der Geheimhaltungstendenz einen gewissen Gegentrend setzen könnte, sind auch weiterhin Konflikte zwischen dem Profitinteresse der Wirtschaft und den Normen der akademischen Offenheit zu erwarten.

II.4 Forschung im Dienst des Staats

Die Ressortforschung, d.h. Forschungsinstitutionen, die sich der Staat für die Funktionen der Beratung, Aufsicht und Kontrolle, Förderung und Vorsorge schafft, folgt in ihrer Entwicklung der Ausweitung der Staatsfunktionen seit dem 19. Jahrhundert. Während die akademische Forschung überwiegend theoretischen Interessen folgt und die Industrieforschung auf den wirtschaftlichen Erfolg eines Unternehmens oder eines ganzen Industriezweiges ausgerichtet ist, lässt sich die staatliche Forschung durch ihre enge Verbindung zu rechtlichen Regulierungsbemühungen kennzeichnen, d.h. Überprüfung und Kontrolle, um Normen vorzuschreiben, neue Verfahren zuzulassen oder Verbote zu erteilen. Epistemisch ist die Ressortforschung durch ihren Verzicht auf die Aufdeckung grundlegender Naturgesetze und Regelmäßigkeiten charakterisiert.

In der Vergangenheit hatte die Ressortforschung das Image, repetitiv und wenig innovativ zu sein. Inzwischen werden Anstrengungen unternommen, dieses Image zu verbessern. Die Forschung in den Ressortforschungs- und in den Großforschungseinrichtungen soll auch den Standards der akademischen Forschung genügen.

Die Differenzen zwischen akademischer Grundlagenforschung und politikbezogener angewandter Forschung werden sich aber nicht durch Evaluierungsverfahren einebnen lassen.

II.4.1 Forschung als Reflex der Expansion staatlicher Aufgaben

Wie die industrielle Forschung hat sich in der 2. Hälfte des 19. Jahrhunderts auch die Forschung im Dienst des Staats als neuer Forschungstyp neben der akademischen Forschung etabliert. Auch dieser Zweig der angewandten Forschung verdankte sich den theoretischen und methodischen Fortschritten in der akademischen Forschung, die es möglich erscheinen ließen, die Wissensproduktion auch außerhalb des universitären Kontexts zu betreiben und direkt für die Belange der staatlichen Verwaltung verfügbar zu machen.

Das Interesse an einer unmittelbaren Indienstnahme der Forschung ergab sich nicht allein aufgrund ihrer demonstrierten Nützlichkeit, sondern vor allem aufgrund eines grundlegenden Wandels der Staatsaufgaben und des damit gewachsenen Bedarfs an systematischer Wissensproduktion. In der 2. Hälfte des 19. Jahrhunderts trat allmählich neben die klassische »Ordnungsverwaltung«, deren Aufgaben sich auf die Gewährleistung der öffentlichen Ordnung bezogen, die »Leistungsverwaltung«, deren Aufgaben sich auf Gewährleistung der Daseinsvorsorge bezogen. Mit der Übernahme der Aufgaben der Zukunftsgestaltung übernahm der Staat eine Vielzahl von Funktionen. Für die Bewältigung dieser im Lauf der Zeit immer weiter expandierenden Staatsfunktionen, die mit ihnen entstehenden vielfältigen erforderlichen Analysen und anfallenden Entscheidungen, wird systematisch erzeugtes Wissen gebraucht. Dabei geht es weniger um neues als um verlässliches und auf den jeweiligen Sachverhalt zutreffendes Wissen. Der Forschungstypus zur Produktion dieses Wissens hatte in der Universität keinen geeigneten Platz. Infolgedessen kam es zur Gründung neuer Forschungseinrichtungen, oftmals den Ressorts der staatlichen Verwaltung zugeordnet, zuweilen aber auch unabhängig von diesen.

Die neu gegründeten Forschungseinrichtungen des Staats wurden wichtige Instrumente politischen Planens und Handelns. In den über hundert Jahren ihrer Entwicklung hat sich die staatliche Forschung zu einem eigenständigen Bereich neben der Industrieforschung (s. Kap. II.3) und der akademischen Forschung etabliert. Heute umfasst sie ein weit gefächertes Spektrum an Bundes- und Landesanstalten, deren Aufgabengebiete sich über fast alle Disziplinen erstrecken und alle Handlungsbereiche moderner Staaten umfassen. Das folgende Schaubild (siehe S. 74) gibt einen selektiven Überblick über die Einrichtungen des Bundes und der Länder und vermittelt einen Eindruck der wichtigsten Tätigkeitsfelder staatlicher Forschungsanstalten.

Neben diesen Einrichtungen, die sich der Ausweitung der Staatsfunktionen seit dem 19. Jahrhundert verdanken, gab es in den 1950er und 1960er Jahren einen weiteren Gründungsschub staatlicher Forschungsinstitutionen, die so genannten Großforschungseinrichtungen. Im weitesten Sinn sind auch sie ein Produkt der Staatsaktivitäten zum Zweck der Daseinsvorsorge insofern sie in dem neuen Politikfeld der Wissenschaftspolitik die analoge Funktion einnehmen, wie die Forschungsanstalten der anderen Ressorts. Die ersten Großforschungseinrichtungen waren Laboratorien für die Entwicklung der Kernenergiereaktoren (in Karlsruhe und Jülich). In dem nach dem Zweiten Weltkrieg neu entstandenen Politikfeld ›Wissenschafts- und Technologieförderung‹ war die staatliche Förderung dieser neuen Technologie die erste Aufgabe, da ihre Entwicklung durch die Privatwirtschaft aufgrund der hohen Kosten nicht mehr gewährleistet gewesen wäre. Da die Aufgabe in ihren organisatorischen Dimensionen, ihrer wissenschaftlichen und technischen Komplexität und ihrer ökonomischen Größenordnung nicht im Rahmen herkömmlicher Universitäten zu bewältigen war, entschieden sich alle an der Kernenergieentwicklung beteiligten Industriestaaten für eine neuartige Organisationsform: die staatlichen Forschungslaboratorien nach dem Vorbild des US-amerikanischen A-Bombenprogramms, des Manhattan Projekts. In den Großforschungseinrichtungen wird von der Grundlagenforschung bis zur Marktreife das gesamte Spektrum der Technologieentwicklung in einer Institution abgedeckt. In den Jahren

Tabelle 1: *Tätigkeitsfelder staatlicher Forschungsanstalten (Auswahl)*

Funktionsbereiche	Teilgebiete	Beispiele
Technische Normierung u. Kontrolle	Mess- u. Eichwesen	Physikalisch-Technische BA (PTB)
	Materialprüfung u. Sicherheitstechnik	BA für Materialprüfung (BAM)
Öffentliches Gesundheitswesen, soziale Sicherheit	Arzneimittel	Bundesinstitut für Arzneimittel und Medizinprodukte (BfArM)
	Impfungen	Paul-Ehrlich-Institut- BA für Sera und Impfstoffe (PEI)
	Öffentliche Hygiene, Epidemien	Robert-Koch-Institut (RKI)
	Dokumentation	Dt. Institut f. medizin. Dokumentation und Information (DIMDI)
	Arbeits- und Unfallschutz	BA für Arbeitsschutz u. Unfallforschung (BauA)
Landwirtschaft, Ernährung, Verbraucherschutz	Landbau	BFA für Landwirtschaft (FAL)
	Ernährung, Lebensmittelkontrolle	Bundesforschungsanstalt für Ernährung und Lebensmittel (BFEL)
	Tiergesundheit	Friedrich-Loeffler-Institut (FLI) BFI f. Tiergesundheit
	Forsten	Biolog. BA für Land- und Forstwirtschaft
	Meeresforschung u. Fischerei	BFA für Fischerei (BFAFi)
	Risikoforschung	Bundesinstitut für Risikobewertung (BfR)
Innovations- und Technikförderung	Rohstoff- u. Energiesicherung	Kernforschungsanlage Jülich
	Transport	Bundesamt für Seeschifffahrt und Hydrographie
	Kommunikation	Forschungsinstitut der deutschen Bundespost beim FTZ
	Neue Technologien	Deutsche Forschungs- u. Versuchsanstalt für Luft- und Raumfahrt
Planungs- u. Verkehrswesen	Verkehr	BA für Straßenwesen (BASt)
	Wetterdienst	Deutscher Wetterdienst (DWD)
Umweltschutz	Natur- und Landschaftsschutz	BA für Naturschutz (BfN)

	Strahlenschutz	Umweltbundesamt (UBA)
		BA f. Strahlenschutz (BfS)
Arbeitsmarktpolitik		Inst. F. Arb.markt- u. Berufsforschung (IAB)
Landesverteidigung	Nukleare und biolog. Waffen und Schutz	Wehrwiss. Institut f. Schutz-technologien – ABC – Schutz
		Institut f. Mikrobiologie d. Bundeswehr
	Gesundheit	Flugmedizinisches Institut der Luftwaffe
		Schifffahrtsmedizinisches Institut der Marine

Quellen: BMBF: Bundesbericht Forschung 2000; Bundesbericht Forschung 2004. Siehe auch Lundgren et al. (1986). Die Aufstellung folgt nicht den Zuordnungen zu Ressorts.

nach Gründung der Kernforschungszentren wurden weitere GFE in anderen Wissenschaftsbereichen gegründet, u. a. in der Biotechnologie, der Krebsforschung und der Luft- und Raumfahrtforschung. Inzwischen sind alle deutschen GFE in der Hermann v. Helmholtz Gemeinschaft zusammengefasst.

Der Versuch, eindeutig zwischen staatlicher, industrieller und akademischer Forschung zu unterscheiden, stößt auf das Problem organisatorischer Heterogenität. Die Übergänge zwischen den drei Institutionalisierungsformen von Forschung sind fließend. Die Max-Planck-Gesellschaft, die im allgemeinen zur akademischen Forschung gerechnet wird, unterhält Institute, die in hohem Maße anwendungsorientierte Forschung im Interesse bestimmter Industriezweige betreiben. Die Frauenhofer-Gesellschaft betreibt trotz ihrer mit der Max-Planck-Gesellschaft vergleichbaren privaten Rechtsform ausschließlich angewandte Forschung in enger Zusammenarbeit mit der Industrie. Die in der Helmholtz-Gemeinschaft zusammen geschlossenen Großforschungseinrichtungen führen in weiten Teilen reine Grundlagenforschung durch. Staatliche Forschungseinrichtungen werden auf politischen Beschluss mit satzungsmäßig festgelegten Aufgaben gegründet. Sie arbeiten unter der Aufsicht des Staates – meist eines Ministeriums. In der Regel sind sie rechtlich eine nachgeordnete Behörde und aufgrund dessen in ihrer Arbeit weitgehend weisungsgebunden.

Sie sind also stets abhängig von der Politik und deshalb auch den regelmäßig aufkeimenden Debatten ausgeliefert, ob und welche Einrichtungen geschlossen werden sollen. Umweltforschungseinrichtungen, Friedensforschungsinstitute oder staatliche Prüfämter im Landwirtschafts- oder Lebensmittelsektor bekommen dies immer wieder zu spüren. Während die akademische Forschung überwiegend theoretischen Interessen folgt und die Industrieforschung auf den wirtschaftlichen Erfolg eines Unternehmens oder eines ganzen Industriezweiges ausgerichtet ist, lässt sich die staatliche Forschung durch ihre enge Verbindung zu rechtlichen Regulierungsbemühungen kennzeichnen. In den meisten Fällen benutzt der Staat seine Forschungseinrichtungen zur Überprüfung und Kontrolle, um Normen vorzuschreiben, neue Verfahren zuzulassen oder Verbote zu erteilen. Der Staat besitzt Gestaltungs-, Kontroll- und Regulierungsrechte, die selbst wieder durch verwaltungsrechtliche Vorgaben kontrolliert werden. Die Exekutive entscheidet und muss diese Entscheidungen vor der Legislative legitimieren. Wissenschaftliches Wissen ist dabei eine wichtige Ressource. Im Kontext staatlichen Regulierungshandelns (z. B. der Arzneimittelzulassung oder der Materialprüfung) gilt ähnlich wie in der Industrieforschung, dass das Wissen verlässlich sein muss, um Gefährdungen für die Bevölkerung auszuschließen. Ein Versagen der entsprechenden Regulierungen würde auf das Verwaltungshandeln des Staats zugerechnet und hätte gravierende de-legitimierende Wirkungen. Rechtlich verbindliche Normen oder Verbote, wie z. b. Grenzwerte zulässiger Schadstoffemissionen, müssen durch wissenschaftliches Wissen begründbar und nachvollziehbar sein. Diese Übertragung öffentlicher Aufgaben an die Institute der Staatsforschung läuft letztlich auf eine enge Verbindung zwischen Forschung und Dienstleistung hinaus. Deshalb handelt es sich in der Regel um Routineforschung. Innovative Grundlagenforschung gehört nicht zu den Aufgaben der Ressortforschungsinstitute.

Allerdings kommt es, ähnlich wie in der Industrieforschung, vor, dass im Einzelfall grundlegende Probleme des entsprechenden Faches erst gelöst werden müssen, um der politischen Aufgabenstellung gerecht werden zu können. Eine gewisse Tendenz der ›Akademisierung‹ der staatlichen Forschung jenseits ihrer eng zugeschnittenen Aufgaben ist deshalb immer wieder zu beobachten. Dennoch ist die staatliche Forschung sowohl institutionell als auch epistemisch von der akademischen und von der Industrieforschung unterschieden. Epistemisch unterscheidet sie sich von der akademischen Forschung vor allem durch ihren Bezug auf die Begründung von Rechtsnormen – das entspricht der Orientierung an der Produktentwicklung in der Industrieforschung – sowie durch ihren Verzicht auf die Aufdeckung grundlegender Naturgesetze und Regelmäßigkeiten.

Ungeachtet der Vielfalt der Einrichtungen der staatlichen Forschung ist deren gemeinsames Merkmal, dass sie im Hinblick auf die Bereitstellung einer durch Gesetz geschaffenen öffentlichen Dienstleistung gegründet worden sind. Der Begriff ›Dienstleistung‹ signalisiert in diesem Kontext den Zuwachs an öffentlichen Strukturmaßnahmen und Angeboten, die unter Beratung, Förderung und Vorsorge und nicht mehr nur unter Aufsicht, Kontrolle und Normierung charakteristisch für moderne Staaten geworden sind.

Viele Ressortforschungseinrichtungen, die Träger der staatlichen Forschung, sind mit hoheitlichen Aufgaben betraut, die sich aus der Schutzfunktion des Staates gegenüber den Bürgern ergeben. Diese werden in einer Vielzahl von Gesetzen und Verordnungen spezifiziert. Beispiele sind das Arzneimittelgesetz, das Atomgesetz, das Chemikaliengesetz, das Gentechnikgesetz, das Immissionsschutzgesetz oder das Pflanzenschutz- und das Tierseuchengesetz. Andere Gesetze, z. B. das Zeitgesetz oder das Bundesfernstraßengesetz, erfordern eine längerfristig angelegte Forschung. Schließlich hat der Staat einen Bedarf an zumeist kurzfristiger Beratung, die von den Ministerien in Anspruch genommen wird.

»Die Ressortforschungseinrichtungen beraten die politischen Entscheidungsträger und stellen – entweder durch eigene Forschung, durch Vorhalten von Spezialwissen und analytischer Kompetenz oder durch eingeworbene Expertise – wissenschaftliche Grundlagen als Entscheidungshilfen bereit« (Ressortforschungseinrichtungen 2004).

Die unterschiedlichen Funktionen staatlicher Forschung werden im folgenden kurz dargestellt.

II.4.2 Funktionen der staatlichen Forschung – Beratung

Wissenschaftliches und technisches Wissen wurde schon zu Beginn des 19. Jahrhunderts zu einer wichtigen Entscheidungsgrundlage für staatliches Handeln. Besonders auf den Gebieten des Handels und Gewerbes, des Unterrichtswesens, des Bauwesens, des Medizinalwesens und der Landwirtschaft wurde in wachsendem Maß fachkompetente Beratung nachgefragt.[6] Für die Beratung von Politik und Verwaltung bedeutete die Gründung von staatlichen Forschungseinrichtungen eine klare Trennung der Aufgaben von wissenschaftlichen Beiräten einerseits und einer verwaltungsabhängigen Fachkompetenz andererseits. Die Beratungsaufgabe der neuen Forschungsinstitute lässt sich in diesem Zusammenhang am ehesten als eine Interessenwahrung des Staats für sich selbst verstehen. Dem Staat ging es vor allem um »eine Interessenberatung, die die Grundlagen für politische Maßnahmen vorklären sollte. In der Hauptsache kam es ... auf die Einbindung von gesellschaftlichen

---

6 »Die ersten Versuche zur Errichtung von sachverständigen Gremien zur Beratung staatlicher Behörden sind in den Bemühungen des Freiherrn vom Stein zu sehen, der in seinem ›Bericht über die oberste Leitung der Geschäfte‹ von 1807 die Errichtung von ›wissenschaftlichen und technischen Deputationen vorsah« (Friedrich 1970: 48).

Interessen ... an« (Friedrich 1970: 55). Soweit die Forschungsinstitute nachgeordnete Behörden waren, konnten sie auf dem Amtswege zur Beratung herangezogen werden. Der Unterschied zum Beratungswesen zu Anfang des 19. Jahrhunderts lag vor allem darin, dass nicht mehr allein die professionelle Kompetenz von Fachleuten gefragt war. Zusätzlich wollte der Staat sich über seine eigenen Forschungsinstitute direkten Zugang zur Forschung verschaffen.

Die Beratungsaufgaben der staatlichen Forschungsinstitute lassen sich in drei Felder einteilen:
– die Versorgung mit einschlägigen Informationen, unabhängig davon, ob spezielle politische Anlässe bestehen,
– die Unterstützung bei der Vorbereitung neuer Programme, Maßnahmen und Gesetze,
– die Unterstützung bei und die Übernahme von Aufgaben hoheitlicher Regelungen.

Die Funktion der Politikberatung fällt inzwischen vielen Forschungseinrichtungen und *think tanks* zu, die außerhalb der Ressortforschungseinrichtungen angesiedelt sind, sodass es zu Konkurrenz kommen kann (z. B. in der Umweltforschung zwischen dem Umweltbundesamt und dem Öko-Institut). Gleichwohl zeichnen sich die Ressortforschungsinstitute dadurch aus, dass sie in der Regel über große Kontinuität der Forschung verfügen und nah an den gesetzlichen Grundlagen des Staatshandelns operieren.

Darüber hinaus wird von den Staatsforschungsinstituten verlangt, dass sie die Öffentlichkeit dort aufklären, wo ein bestimmtes Verhalten zur Gefahrenabwehr und Risikominderung notwendig ist. Von besonderer Bedeutung ist diese Aufklärungsfunktion vor allem im Gesundheits- und Verkehrswesen sowie beim Wetterdienst und im Umweltschutz. Es existiert eine lange Tradition der Aufklärung und der Versorgung der Öffentlichkeit mit relevanten Informationen, deren Grundlage das Dokumentationswesen der staatlichen Forschungsinstitute ist, d. h. vornehmlich die statistischen Erhebungen (z. B. im Fall der Bevölkerungsforschung).

II.4.3 Aufsicht und Kontrolle

Wo kollektive Güter wie »technische Sicherheit«, »Schutz der Gesundheit« oder »Schutz der Umwelt« erbracht und geschützt werden müssen, ist der Staat gefordert, Aufsichts- und Kontrollfunktionen wahrzunehmen. Dies sind die klassischen Ordnungsfunktionen des Staates.

Drei untergeordnete Funktionsbereiche lassen sich hier unterscheiden, in denen die staatlichen Forschungseinrichtungen wissenschaftliches Wissen als Entscheidungshilfen liefern sollen:

– Normierung (Festlegung von Standards und Grenzwerten),
– Überwachung und Prüfung (Einhaltung von Vorschriften sowie Qualitäts- und Sicherheitsstandards),
– Zulassung und Entscheidung (Zertifizierung und Konfliktregelung).

Da bei der Wahrnehmung von Kontrollaufgaben häufig Sicherheitsprobleme involviert sind und damit ggf. auch Haftungsfragen, sind die Aufgaben der Sicherheitsregulierung besonders eng an die Wissensproduktion rückgebunden. Die Formulierung von Vorschriften wird auf den »Stand von Wissenschaft und Technik« bezogen, bleibt unterhalb der Gesetzesebene und kann damit der wissenschaftlichen Entwicklung laufend angepasst werden. Zum Teil sind die Aufgaben der Forschung und der daraus sich ergebenden Festlegung von Grenzwerten und Standards außerstaatlichen Institutionen (den wissenschaftlich-technischen Vereinen, z. B. dem VDI) übertragen.

Der ›Stand von Wissenschaft und Technik‹ bedarf der ständigen Erweiterung und Anpassung an die aktuelle Forschungsentwicklung. Da die Normierungsentscheidungen auch Interessen und Werte berühren, ist die Definition des »Stands des Wissens« oft umstritten. Neben die wissenschaftliche Forschung tritt deshalb die soziale Aushandlung über die Klärung von Geltungsansprüchen. Dadurch gewinnen die staatlichen Forschungseinrichtungen einen spezifischen Charakter. Sie verbinden die Legitimität von Wissenschaft mit der Legitimität einer »neutralen«, auf dem Rechtswege anfechtbaren Verwaltung. Kennzeichnend für die im Kontext der Aufgaben des Überwachens und Prüfens anfallenden Forschungsaufgaben sind Routineuntersuchungen, die alle jeweils relevanten Daten erfassen und ggf. in regelmäßigen Abständen wiederholt werden müssen. Die Vereinfachung und Verbesserung etablierter Mess- und Prüfverfahren sowie die ständige Suche nach neuen Verfahren überschreitet allerdings die Grenzen der Routine und erfordert Forschung im Bereich der Grundlagen der zum Einsatz kommenden Methoden.

Dort wo die Forschung und Entwicklung staatlicher Forschungsinstitute sich auf die instrumentelle und legitimatorische Unterstützung hoheitlicher Aufgaben bezieht, können drei Ziele unterschieden werden, denen die Staatsforschung verpflichtet ist:
– Einheitlichkeit, Rechtssicherheit
– Technische Sicherheit
– Schutz der Gesundheit.

II.4.4 Förderung und Vorsorge

Die »Ordnungsverwaltung«, deren Ziele »Aufsicht«, »Kontrolle«, »Schutz« Handlungsfelder wie »Normierung, Überwachung und Prüfung« sowie »Zulassung und Entscheidung« konstituieren, kann die »Leistungsverwaltung« gegenübergestellt werden, deren Aufgaben in der eingegangenen Selbstverpflichtung des Staates bei der Förderung und Vorsorge von Volkswirtschaft und Volkswohl liegen. In der Leistungsverwaltung geht es um den Schutz kollektiver Güter, die Förderung von Wirtschaft und Infrastruktur sowie die Erhaltung der nationalen Souveränität.

Zentrale Bereiche des Schutzes kollektiver Güter sind die Gesundheitsfürsorge und der Umweltschutz. Die Gesundheitsfürsorge umfasst den Schutz der Bevölkerung vor Epidemien durch die Gewährleistung öffentlicher Hygienestandards sowie ggf. durch Impfungen, für die bedrohliche Viren erkannt und Impfstoffe entwickelt werden müssen, oder die Sicherung von Blutprodukten, die mit dem Aufkommen von HIV/AIDS besondere Bedeutung erlangt hat. Die erforderliche Forschung wird in staatlichen Forschungsanstalten durchgeführt, z. B. im Robert Koch Institut und im Paul Ehrlich Institut.

Der Umweltschutz, der ein vergleichsweise neuer Bereich staatlicher Vorsorge ist und seinen Vorläufer im Naturschutz und der Landschaftspflege hat, hat sich zu einem breit gefächerten Politikfeld entwickelt, das sich von den eher klassischen Handlungsfeldern des Schutzes von Boden, Luft und Wasser hin zu übergreifenden Gebieten wie Klimaschutz und Schutz der Biodiversität entwickelt hat. Die Forschungsaufgaben sind dementsprechend umfassend und münden inzwischen in eine Forschung über globale Umweltveränderungen und ›Nachhaltigkeit‹ in allen erdenklichen Handlungsbereichen. Die einschlägigen Forschungen werden u. a. im Umweltbundesamt und im Bundesamt für Naturschutz durchgeführt. Gleichzeitig findet Umweltforschung aber auch außerhalb der staatlichen Forschungseinrichtungen statt.

Die Wirtschaftsförderung erscheint demgegenüber zunächst als eine Unterstützung von Gruppeninteressen. Tatsächlich hängt aber das Allgemeinwohl indirekt von einer prosperierenden Wirtschaft ab, sodass es im öffentlichen Interesse liegt, Wissenschaft und Technik zur Förderung der Wirtschaft einzusetzen. In den Bereichen, in denen der Staat selbst als Unternehmer auftritt, wie z. B. lange Zeit bei Post und Bahn, ist das Gegenüber von öffentlichen und privaten Interessen ohnehin aufgehoben. Der Staat betreibt als Unternehmer Forschung und Entwicklung, um die Sicherheit und die Wirtschaftlichkeit seines Unternehmens im Interesse der Öffentlichkeit zu garantieren.

Ein zentrales Aufgabengebiet in diesem Kontext ist die Entwicklung neuer Produkte und Technologien. Zukunftsorientierte Technologien hat der Staat zunächst im Schiffsbau und im Flugzeugbau durch die Gründung eigener Forschungsanstalten unterstützt. In der 2. Hälfte des 20. Jahrhunderts stand die Förderung der Kernenergie – Kernspaltung und Kernfusion - im Vordergrund der Förderung. Die in diesem Kontext gegründeten Forschungsanstalten wurden Modelle für eine Reihe weiterer Großforschungseinrichtungen für die Weltraumforschung und die Datenverarbeitung. Die Forschungen in diesen Bereichen sind eher als in den anderen der theorieintensiven Grundlagenforschung zuzuordnen, die sich jedoch in den Großforschungseinrichtungen typischerweise bis zur Anwendungsforschung erstrecken.

Analoges gilt für die Landwirtschaft. Die Sicherung einer ausreichenden Ernährung galt sowohl aus politischen als auch aus militärischen Gründen solange als eine vorrangige Aufgabe, wie das Risiko geringer Erträge und periodischer Missernten hoch war und die Staaten in Autarkiekategorien denken mussten. Das erklärt, dass der Staat durch die Agrarforschung in den entsprechenden staatlichen Forschungseinrichtungen praktisch die gesamte Innovationsleistung der Landwirtschaft übernimmt.

Die Infrastrukturförderung ist ein weiterer Bereich, in dem der Staat Forschungsleistungen erbringt. Verkehr und Kommunikation gehören ebenso zur Infrastrukturpolitik wie die Rohstofferschließung, die Energieversorgung, die Landvermessung, die Materialforschung oder das Mess- und Eichwesen. In allen Bereichen wird Wissen zur Verfügung gestellt, das unmittelbar oder über den Umweg der Wirtschaft dem öffentlichen Wohle zu Gute kommt. Darüber hinaus wird der Staat zunehmend mit der Planung der Zukunft befasst. Hier eröffnet die Wissenschaft neue Perspektiven und zeigt Handlungsalternativen auf. Neue Technologien mit unvorhersehbaren gesellschaftlichen Folgen – positive wie negative – erfordern die wissenschaftliche Auseinandersetzung mit den Chancen und Risiken und verlangen nach politischen Regulierungen zur Steuerung der Entwicklung im Interesse aller Beteiligten.

II.4.5 Besonderheiten der staatlichen im Vergleich zur akademischen Forschung

Aufgrund ihrer Nähe zu staatlichem Handeln und den gesetzlichen Rahmenbedingungen, auf die hin das erforderliche Wissen generiert werden muss, unterscheidet sich die staatliche Forschung in einer Reihe von Merkmalen von der akademischen Forschung, wie sie an den Universitäten und den Max-Planck-Instituten betrieben wird. Sie ist in die Aufgabengebiete der Ministerien eingebunden, aus denen sich ihre thematische Orientierung ergibt. Aus dieser können sich die Einrichtungen nicht lösen, insofern sind sie nicht in der gleichen Weise unabhängig, wie die akademische Forschung. Andererseits sind die Wissenschaftler durchaus in der Wahl ihrer Methoden und Instrumente sowie in der Interpretation ihrer Ergebnisse frei. Die Ressortforschung muss praxisnah sein, ihr primäres Publikum ist nicht die Fachgemeinschaft, sondern sind politische Entscheidungsträger in den Ministerien und Behörden, für deren Regelungsbedarf sie allererst initiiert wird, aber auch Verbände der Wirtschaft, die häufig in die staatlichen Regulierungen eingebunden oder von ihnen abhängig sind. Insofern genügt die staatliche Forschung hinsichtlich ihrer Orientierung an gesellschaftlichen Bedürfnissen schon den Anforderungen, die seit einiger Zeit auch an die akademische Forschung gestellt werden.

In der Vergangenheit hatte vor allem die Ressortforschung das Image, eher repetitiv und wenig innovativ zu sein. Inzwischen werden Anstrengungen unternommen, dieses Image zu verbessern. Die Forschung in den Ressortforschungs- und in den Großforschungseinrichtungen soll auch den Standards der akademischen Forschung genügen. Sie werden auf die gleichen Leistungskriterien wie z. B. die internationale Konkurrenzfähigkeit, Publikationen in international anerkannten Fachzeitschriften verpflichtet. Dieser Spagat zwischen akademischen Standards auf der einen und den Anforderungen kurzfristiger Politikberatung sowie politikbezogener Routineforschung (wie z. B. Langfristmonitoring) ist nur schwer, wenn überhaupt zu leisten. Die Differenzen zwischen akademischer Grundlagenforschung und politikbezogener angewandter Forschung werden sich nicht durch Evaluierungsverfahren einebnen lassen.

Vor dem Hintergrund der spannungsreichen, inzwischen vielleicht sogar widersprüchlichen Anforderungen an die Staatsforschung ist diese als ein institutioneller Bereich in der gesamten Forschungslandschaft zu sehen, dessen besondere Situation Konflikte aufzeigt, die in umgekehrter Weise auch an den Universitäten deutlich werden.

II.5 Wissenschaft für die Politik

Außer in der Ressortforschung wird wissenschaftliches Wissen in vielfältigen Beratungskontexten verwendet. Es spielt in allen Phasen des Politikzyklus eine Rolle, von der Definition der Themen, mit denen sich die Politik befasst, und d.h. die Gestaltung der politischen Agenda, über die Formulierung und Implementierung von Politik bis zur Bewertung von Politik. Dabei wird in der Regel unterstellt, dass die Wissenschaft zur Rationalisierung von Entscheidungsprozessen und der Objektivierung in Konfliktsituationen beiträgt. Tatsächlich wird wissenschaftliches Wissen aber politisch instrumentalisiert, etwa, indem es der Entscheidungsentlastung und der Verlängerung von Entscheidungsfindungsverfahren dient.

Der inzwischen allgegenwärtige Expertendissens scheint zunächst diese Funktion zu unterhöhlen, da er die Brüchigkeit wissenschaftlichen Wissens zu belegen scheint. Tatsächlich wird durch ihn aber deutlich, dass das auf Handeln orientierte wissenschaftliche Wissen eine Wertbasierung aufweist (s.u. Kapitel V). Gerade diese Einsicht, obgleich vielfach politisch praktiziert, ist noch nicht als Grundlage der wissenschaftlichen Politikberatung anerkannt.

Politische Entscheidungen in modernen Massendemokratien sind das Ergebnis komplexer Abstimmungsprozesse über Ziele und Mittel. Die zuvor betrachtete Forschung für den Staat, wie sie in den Forschungsanstalten betrieben wird, liefert in erster Linie jenen Teil des wissenschaftlichen Wissens, das auf die Umsetzung von politischen Entscheidungen in konkrete Regulierungsprozesse gerichtet ist oder die Möglichkeit und Notwendigkeit solcher Regulierungen prüft. Wissenschaftliches Wissen spielt aber auch noch in anderen Phasen der Politikformulierung eine große Rolle, ebenso wie die staatlichen Forschungsanstalten nicht die einzigen Organe der wissenschaftlichen Politikberatung sind. Neben ihnen sind es die Universitäten und unabhängige Forschungsinstitute sowie *think tanks* und Nichtregierungsorganisationen (NGOs), die dieses Wissen produzieren und die als Agenten in der politischen Arena bzw. als ›Berater‹ der Politik auftreten. Von ihnen wird im folgenden Kapitel summarisch als ›die Wissenschaft‹ die Rede sein, die ›für die Politik‹ tätig ist. Die Wissenschaft bringt Themen auf, verarbeitet Informationen, schlägt Lösungen vor, macht den Vergleich von Strategien möglich und ermittelt den Erfolg von Programmen. Zum einen wird eine knappe Übersicht über die erstaunliche Vielfalt an Beratungsgremien gegeben und auf der Basis des Modells des Politikzyklus der Versuch unternommen, die Beratungsfunktionen im Ablauf der Politikformulierung zu verorten. Zum anderen werden die Schwierigkeiten bei der Anwendung von wissenschaftlichem Wissen im politischen Kontext betrachtet.

II.5.1 Demokratie, Rationalität und politische Entscheidung

Moderne Demokratien sind als Konkurrenzdemokratien organisiert, in denen verschiedene politische Richtungen um Mehrheiten bei regelmäßig stattfindenden Wahlen kämpfen. Die Durchsetzungschancen der politischen Richtungen hängen wesentlich davon ab, ob sie genügend Resonanz in den relevanten Öffentlichkeiten, vor allem aber bei den Wählern, oder spezifischer etwa bei Parteimitgliedern und gesellschaftlichen Einflussgruppen finden. Für die durch Wahlen mit Macht ausgestatteten Politiker ergibt sich bei dem Entwurf und der Umsetzung von politischen Entscheidungen – ebenso wie bei dem Verzicht auf Entscheidungen – die Notwendigkeit zur Begründung. Für die Entstehung einer »Regierung durch Diskussion« (Daele und Neidhardt 1996) sind verschiedene Faktoren maßgebend: Die Öffentlichkeit der Politik ist verfassungsmäßig festgelegt und zeigt sich u.a. in öffentlichen Parlamentssitzungen. Parlamentarische Mehrkammersysteme erfordern überdies einen gewissen Grad an Überzeugung. Die demokratische Gewaltenteilung eröffnet die Möglichkeit zur Überprüfung von Gesetzen und Vorschriften durch Gerichte, bei der Intentionen und Wirkungen von Entscheidungen eine wichtige Rolle spielen. Zudem stellt sich angesichts unterschiedlicher Interessenlagen die Notwendigkeit der Überzeugung einflussreicher gesellschaftlicher Gruppen, um Blockaden zu verhindern. Moderne politische Systeme zeichnen sich deshalb durch einen Politikstil aus, der unterschiedliche gesellschaftliche Perspektiven bei der Definition und Lösung von Problemen einschließt (Daele und Neidhardt 1996: 12). Ein weiterer Faktor ist schließlich die Notwendigkeit des Nachweises sachlicher Rationalität, ohne den die Politik auf Dauer ihre gesellschaftliche Legitimität verliert (Kropp 2002: 437). Aufgrund dieser Legitimationsbedingung kommen wissenschaftliches Wissen und damit die Politikberatung ins Spiel. Ein zentrales Problem der wissenschaftlichen Politikberatung ist das der Legitimation. Moderne Demokratien beruhen auf einer doppelten Legitimation: auf der Legitimation durch Delegation der Macht, d.h. demokratische Wahl und auf der Rationalität politischer Entscheidungen, d.h. den Bezug auf gesichertes und in der Wissenschaft konsentiertes Wissen. Zwischen beiden Legitimationsformen besteht jedoch ein grundsätzlicher Konflikt, insofern die durch Repräsentation legitimierten Entscheidungen unter einem Rationalitätsdefizit leiden können und umgekehrt der Einfluss der wissenschaftlichen Berater auf die Entscheidungsträger an einem Mangel an politischer Legitimation krankt.

Zwei Perspektiven auf das Problem der Politikberatung bieten sich an. Zum einen blickt man auf den politischen Prozess, um zu sehen, an welchen Stellen das Wissen eine Rolle und welche Rolle es spielt. Dabei geht es vorrangig um die Frage, welche Funktionen das Wissen hat. Dies ist die Perspektive der Politikwissenschaft. Zum anderen blickt man auf das Wissen selbst und sein Verhältnis zum politischen Prozess. Wie ist in den einzelnen Arrangements die Kontrolle über das Wissen geregelt, das in den Beratungsprozess eingehen soll, welcher Typ von Wissen ist gefragt, wie werden die Berater ausgewählt, welchen Wissensfeldern gehören sie an, von welchen Einrichtungen der Wissensproduktion (Universitäten, Forschungsinstitute, private *think tanks*, Verbände, NGOs, Wirtschaftsunternehmen usw.) kommen sie, wie werden die Beratungsergebnisse präsentiert (als Empfehlungen oder als Faktenberichte) und wie werden sie weiter verwendet (öffentlich oder vertraulich)? Dies ist die Perspektive der Wissenschaftsforschung. Die erstere gibt den Rahmen für die folgenden Betrachtungen.

II.5.2 Politikberatung auf Bundesebene

Eine vollständige Übersicht über die verschiedenen Beratungsinstrumente auf der Bundesebene zu erstellen, ist kaum möglichda das Beratungswesen, von einigen Ausnahmen abgesehen, nur wenig formalisiert ist (Murswieck 1994: 108). Siefken (2003) hat auf der Basis des Bundesgremienbesetzungsberichts, der den Anteil von Frauen in den wichtigsten Gremien erheben soll und für jede Legislaturperiode vorgeschrieben ist, 189 Expertengremien für das Jahr 1990 und 125 für das Jahr 2001 ermittelt. Durch die Auswertung des Bundeshaushaltsplans, Pressemitteilungen der Ministerien und nach Durchsicht von Gesetzes- und Verordnungstexte kommt er zu dem Ergebnis, dass die Zahl vermutlich höher liegt. Für 1999 schätzt er die Anzahl der Beratungsgremien auf ca. 400.

Diese Beratungsgremien lassen sich auf vielfältige Weise und anhand verschiedener Kriterien typologisieren, z.B. nach ihrer Zusammensetzung, der Dauer, für die sie eingerichtet werden, nach der Art ihrer Beratungsaufgabe (Bericht oder Empfehlung), ob sie ad hoc oder aufgrund eines Gesetzes errichtet wurden, wem sie zu berichten haben und ob ihr Rat veröffentlicht wird oder nicht, u.a.m. Die folgende Übersicht (siehe S. 86) unterscheidet die wichtigsten Beratungsgremien auf der Bundesebene lediglich danach, ob sie von der Regierung oder vom Parlament eingesetzt bzw. beauftragt werden (in Klammern werden nur Beispiele genannt).

Die Beratung der Bundesregierung erfolgt überwiegend über Gutachten. In den Prozess der Wissenserzeugung und Beratung werden sehr häufig Vertreter der Bürokratie einbezogen, die in verschiedenen Funktionen an den Beratungen der Gutachtergremien teilnehmen. Daher ist die Einschätzung auch nicht überraschend, dass die »Verwal-

Wissenschaftliche Beratung auf Bundesebene	
Bundesregierung	Bundestag
Ressorteigene Beratungseinrichtung	Wissenschaftlicher Dienst
Ministerien unterstellte Forschungseinrichtung (Umweltbundesamt)	Büro für Technikfolgenabschätzung, TAB
Ständiger wissenschaftlicher ministerialer Beirat (Gemeinsamer Wissenschaftlicher Beirat im Bundesministerium für Gesundheit und Soziale Sicherung)	Enquetekommission (Demographischer Wandel)
Ministerium unterstellte Sachverständigenkommission (Sachverständigenkommission für den 11. Kinder- und Jugendbericht)	Hearing in Ausschüssen (Ausschuss für Verbraucherschutz, Ernährung und Landwirtschaft: Öffentliches Hearing zur Neuordnung des Gentechnikrechts)
Sachverständigenrat (Rat von Sachverständigen für Umweltfragen)	
Auftragsforschung und -gutachten	

tungselite am meisten von der wissenschaftlichen Beratung« profitiert« (Beyme 1997: 156). Bei der Beratung des Parlaments spielen Gutachten ebenfalls eine große Rolle. Hier werden allerdings auch andere Formen der Wissensvermittlung genutzt. Die Enquetekommissionen, in denen Parlamentarier und Experten sitzen, haben die Aufgabe, das Parlament mit Informationen auszustatten, um längerfristige Entwicklungen abschätzen zu können. Im Vordergrund stehen deshalb problemorientierte Diskussionen. Ähnlich ist die Funktion der Hearings ist, in denen es ebenfalls darum geht, Wissen über Entwicklungen und Probleme in bestimmten Politikfelder zu erhalten. Dazu werden neben den unterschiedlichen Perspektiven von Interessengruppen auch die Einschätzungen von Experten eingeholt.

Neben den formal errichteten Beratungsgremien, die Exekutive und Legislative beraten, gibt es eine Vielzahl von kurzfristigen Beratungskommissionen oder einzelnen Beratern (bis hin zu Unternehmensberatungsfirmen!), die vorzugsweise in der Exekutive tätig sind und von ihr eingesetzt werden.[7] Für die ad-hoc-Beratung gilt allerdings, dass die

---

[7] Anfang der 1990er Jahre wurden für die ad-hoc-Beratung ca. 65 Millionen Mark ausgegeben, für die Beratungsgremien demgegenüber nur etwa 16 Millionen DM. Im Vergleich: Die Ressortforschung verfügte 1993 über 54 Einrichtungen mit 6000 Wissenschaftlern und über 9000 nichtwissen-

Grenzen zwischen wissenschaftlichen Expertisen und Gutachten, mit der die jeweilige Klientel der Parteien betraut wird, fließend sind.

II.5.3 Funktionen der Wissenschaft für die Politik

Um die Komplexität von Entscheidungssituationen, den Einfluss unterschiedlicher Akteure und strukturelle Widerstände angemessen untersuchen zu können, hat die Politikwissenschaft die Theorie des *Politikzyklus* entwickelt. Sie nutzt dieses Modell für empirische Untersuchungen politischer Entscheidungsverläufe und zur Typologisierung von Politikverläufen. Es dient dazu, die Bedeutung der Wissenschaft für die Politik herauszuarbeiten. Aus Sicht der Politik liegt diese vorrangig in der Thematisierung neuer Probleme sowie in der Rationalisierung und Evaluation der Politik.

Funktionen der Wissenschaft im Politikzyklus	
Funktionen der Wissenschaft	Politikzyklus
Thematisierung	Problemdefinition
	Agenda-Gestaltung
Legitimation	Politikformulierung
	Politikimplementation
Bewertung	Policy-Reaktion und politische Verarbeitung
(in Anlehnung an Windhoff-Héritier 1987)	

Das Modell des Politikzyklus setzt bei der *Problemdefinition* ein. Aus unterschiedlichen Quellen geraten Themen in den Wahrnehmungshorizont der Politik. Ob ein Thema tatsächlich zum Gegenstand politischer Behandlung wird, entscheidet sich in der nachfolgenden Phase der *Agenda-Gestaltung*. Dabei spielen unterschiedliche Gesichtspunkte eine Rolle. So haben die gesellschaftlichen Grundwerte Einfluss darauf, ob ein Thema als kontrovers gesehen wird und politische Entscheidungen gefordert sind. Die Gentechnologie oder die Debatte um die Stammzellforschung sind einschlägige Beispiele. Eine hohe Aufnahmebereitschaft der Medien, unter anderem bedingt durch die gesellschaftlichen Werte, deren Verletzung sie als Moralverstoß brandmarken, verstärken eben-

---

schaftlichen Mitarbeitern bei Ausgaben von rund 3 Mrd. DM. (Bundesbericht Forschung 1993; Murswieck 1994: 109). Für die USA zählt Jasanoff 5000 Beratungsgremien allein in der Bundesverwaltung (Jasanoff 1990: 46).

falls das Interesse der Öffentlichkeit und die politische Wahrnehmungsbereitschaft. Die schnelle politische Reaktion auf das Auftreten von BSE-Fällen in Deutschland im Jahr 2000 gehört in diesen Bereich.

In den ersten beiden Phasen des Politikzyklus spielt die Wissenschaft eine große Rolle, etwa wenn sie neue Themen aufbringt oder die Bedeutung von bestimmten Fragen untermauert. Ihre Funktion für die Politik besteht in der *Thematisierung* von Sachverhalten in Form von Alarmierungen und Risikoabschätzungen. Dass diese Themen medial und politisch aufmerksam beobachtet werden, ergibt sich allerdings nicht unbedingt aus einer sachorientierten Bewertung. Wie aus der Risikoforschung bekannt ist, hängt die Wahrnehmung von Risiken in der Gesellschaft von einer ganzen Reihe von Faktoren ab, die nur teilweise von objektiv feststellbaren Gefahren bestimmt sind. Dieser Sachverhalt stellt eine zentrale Rahmenbedingung für die Aufnahme von Themen aus der Wissenschaft dar.

Eine andere Einflussmöglichkeit der Wissenschaft auf die Agenda-Gestaltung bietet der Versuch, die Aufmerksamkeit der Medien zu erlangen, wofür sich in den letzten 30 Jahren insbesondere aus dem Bereich der Umweltpolitik zahlreiche Beispiele finden. So sind etwa die Gesundheitsgefährdungen durch Rußpartikel aus Dieselmotoren durch die Wissenschaft bereits in den 1980er Jahren thematisiert worden, die EU und das Umweltbundesamt haben in den 1990er Jahren umfangreiche Studien durchgeführt und erste Vorschläge zur Risikoreduzierung gemacht. Erst nachdem weitere Studien im Jahr 2001 zu dem Ergebnis gekommen waren, dass allein in Deutschland jährlich bis zu 16.000 Menschen an den Folgen dieser Partikelemissionen sterben und nachdem diese Zahl in den Medien breite Beachtung gefunden hatte, stehen in Deutschland Überlegungen für konkrete politische Entscheidungen an.

Politische Entscheidungen sind daran orientiert, ob sie sachlich angemessen, innerhalb des politischen Prozesses vermittlungsfähig und überdies auch durchsetzungsfähig sind (Korte 2003). Die Phase der *Politikformulierung* ist deshalb durch die intensive Suche nach Lösungsmöglichkeiten für erkannte Probleme gekennzeichnet, durch die Vermittlung der Wirkungen von Politik in der Öffentlichkeit und durch interne Abstimmungen innerhalb der Politik. So gingen der Gesundheitsreform von 2004 Expertenrunden, Presseinformationsveranstaltungen, parlamentarische Ausschusssitzungen und Verhandlungen zwischen Spitzenpolitikern von Regierung und Opposition voraus. Einbezogen werden dabei auch wichtige gesellschaftliche Akteure, im Fall der Dieselrußemissionen etwa die Automobilindustrie.

Die Wissenschaft übernimmt an dieser Stelle unterschiedliche Aufgaben. Sie entwickelt den Spielraum politischer Maßnahmen und schätzt die Konsequenzen für verschiedene Bereiche ab. So hat die Wissenschaft beim Problem der Dieselrußemissionen das Spektrum für Politikoptionen durch die Entwicklung funktionierender Rußfilter erheblich verändert. Nachdem ausländische Automobilhersteller solche Filter auf den Markt gebracht hatten, entstand die neuartige Möglichkeit, dem Problem durch technologische Verbesserung der Fahrzeuge Herr zu werden. Die Wissenschaft trägt aber nicht allein zur Formulierung von Handlungsoptionen bei, sondern unter Umständen auch zur öffentlichen Rechtfertigung bestimmter Maßnahmen.

Aus der Perspektive der Politik lassen sich entsprechend zwei Ziele des wissenschaftlichen Einflusses festhalten, die beide Legitimationswirkung haben: Zum einen die Rationalisierung der Politik, indem Notwendigkeit und Wirksamkeit bestimmter Maßnahmen nachgewiesen werden, Argumente für eigene Positionen gewonnen werden können sowie die Diskussion in Konfliktfällen versachlicht wird. Zum anderen werden wissenschaftliche Berater eingeschaltet, um die Politik von Entscheidungsfolgen zu entlasten. Dies bezieht sich im wesentlichen auf zwei Bereiche: Erstens auf die Verlagerung von Verantwortung, etwa in dem Fall, dass Expertenvorschläge ohne grundlegende Veränderungen in politische Entscheidungen übersetzt werden (Külp 1992). Die Rürup-Kommission hat hier für die zukünftige Gestaltung des Rentensystems wichtige Vorarbeiten geleistet, indem sie verschiedene Szenarien entwickelt und verglichen hat, durch die die Notwendigkeit von Änderungen deutlich gemacht worden sind. Derartige Gremien können die Entlastung der Politik dann leisten, wenn ihre Vorschläge den Charakter von Sachzwängen erlangen. Anders verhält es sich in dem Fall, dass die Einholung von Expertise, etwa in Form von Expertenkommissionen dem Zweck dient, politische Entscheidungen zu verschieben bzw. über den Gewinn an Zeit und mit Blick auf die Veränderungen der öffentlichen Themenagenda zu unterlassen.

Die Phase der Politikformulierung wird durch Entscheidungen abgeschlossen, die sich in Gesetzen, Richtlinien und Erlassen niederschlagen. Dabei spielen die internen wissenschaftlichen Stäbe in den verschiedenen Verwaltungsorganisationen die zentrale Rolle. Im Vordergrund steht dabei neben juristischen Fragestellungen die Effektivität von Maßnahmen. Ähnlich ist die Situation in der Phase der *Politikimplementation*. Experten werden hier herangezogen, um Umsetzungsdetails zu erarbeiten und die sachliche Richtigkeit zu garantieren.

In der letzten Phase des Politikzyklus geht es um Policy-Reaktion und politische Verarbeitung. Im Vordergrund stehen dabei die gesellschaftliche Aufnahme von Entscheidungen und deren sachliche Wirkungen. Die Wissenschaft spielt auf beiden Aufgabenfeldern eine zentrale Rolle; sie trägt entsprechend wesentlich zur *Bewertung* politischer Maßnahmen bei. Die Demoskopie versorgt die Politik mit Informationen über die Reaktionen bei den Wählern, die Statistik erhebt die Wirkungen quantitiativ. Die Aufbereitung dieser Informationen erfolgt teilweise innerhalb der Behörden, teilweise werden dazu auch Experten konsultiert. Ein Beispiel für die behördeninterne Verarbeitung sind die Berichte zur Lage des Arbeitsmarktes der Bundesagentur für Arbeit. Die Gutachten des Sachverständigenrates zur Begutachtung der Gesamtwirtschaftlichen Entwicklung, in denen die Wirkungen politischer Maßnahmen abgeschätzt werden, werden dagegen extern erstellt.

II.5.4 Anwendungsprobleme wissenschaftlichen Wissens

Wissenschaftliches Wissen operiert mit Idealisierungen, um störende Faktoren auszuschließen. Die wissenschaftliche Forschung im Labor geht so vor, wenn bestimmte Rahmenbedingungen konstant gesetzt werden. Dies ist eine wesentliche Voraussetzung, um überhaupt Forschung und Theorieentwicklung betreiben zu können. Unproblematisch ist diese Vorgehensweise innerwissenschaftlich vor allen Dingen deshalb, weil notorische Störungen Anlass bieten, bestimmte Randbedingungen zu thematisieren und für den Fall, dass sich getroffene Annahmen als fehlerhaft erweisen, Anpassungen bis hin zu Veränderungen der Theorien vorzunehmen. Für Anwendungsfälle resultieren daraus allerdings zwei Schwierigkeiten: Zum einen erschweren Idealisierungen die Übersetzung in Praxisbereiche. Es gilt hier dann entsprechend, die verschiedenen Hintergrundannahmen transparent zu machen. Zum anderen stellt die prinzipielle Revidierbarkeit wissenschaftlichen Wissens ein Problem dar, wenn das vermeintlich sichere Wissen angewandt werden soll. Trumans bekannter Ausspruch »I wish that I had a one-armed economist, so that he wouldn't say on the one hand and on the other hand« (zitiert nach Stein 1996: 5) verweist auf die notorischen Probleme, die sich aus der Vorläufigkeit wissenschaftlichen Wissens ergeben.

Hinzukommt, dass die Wissenschaft nur unzureichend darauf vorbereitet ist, gesellschaftliche Wertorientierungen in anwendungsrelevante Untersuchungen einzubeziehen bzw. angesichts pluraler Interessenlagen kein Deutungsmonopol besitzt.

II.5.5 Expertendissens

Die politische Nützlichkeit von Expertise ist abhängig davon, inwieweit es der Wissenschaft gelingt, einen einheitlichen Wissenskorpus zu erzeugen und wissenschaftsinterne Konflikte über Geltungsansprüche entweder zu vermeiden oder nicht nach außen dringen zu lassen. Unter der Voraussetzung, dass ein einhelliges wissenschaftliches Urteil über die betreffenden Wissensansprüche erreicht wird, können sich Entscheidungsverläufe ausprägen, die dem sogenannten »technokratischen Modell« entsprechen. Nach diesem in den 1960er und 1970er Jahren intensiv diskutierten Modell sind die Spielräume für politisches Entscheiden stark eingeschränkt. Entsprechend herrschte die Erwartung vor, ideologische Auseinandersetzungen zu Gunsten rationaler Entscheidungsverläufe zurückdrängen zu können. Auch wenn sich diese – je nach Standpunkt – Hoffnungen oder Befürchtungen nicht bewahrheitet haben, wirken bestimmte Aspekte dieses Phänomens weiter fort, etwa dort, wo Experten aufgrund der Wissensbasierung einen großen Einfluss auf politische Entscheidungen erhalten: »Expertise schließt aus. In dem Maße, wie spezialisiertes technisches Wissen eine notwendige Bedingung wird, um gesellschaftliche Probleme zu diagnostizieren und Lösungsoptionen für sie zu definieren, werden ›Laien‹ politisch machtlos« (van den Daele 1996: 297). Politische Entscheidungen mit dem Verweis auf wissenschaftliche Expertise zu legitimieren bzw. der (scheinbare) Verzicht auf Entscheidungen im technokratischen Modell setzt entsprechende gesellschaftliche Einstellungen voraus, die selbst Wandlungsprozessen unterworfen sind.

Die Entwicklung des Expertendissenses ist ein Beispiel für derartige gesellschaftliche Veränderungen. Am Beispiel der Auseinandersetzung um die Nutzung der Kernenergie ist deutlich geworden, dass eine Protestbewegung dem Vorwurf des Irrationalismus nur mit eigener Expertise begegnen konnte. Gutachten der anderen Seite durch eigene Gegen-Gutachten zu beantworten, bedeutet, an die gesellschaftliche Wertschätzung der Wissenschaft und ihre Wissensproduktion anzuschließen und dabei gleichzeitig die Wertbasierung von daraus abgeleiteten Entscheidungen herauszuarbeiten. Verglichen mit den technokratischen Hoffnungen an die Wissenschaft stellt sich dadurch Ernüchterung ein: »Der szientistische Experte als der kulturelle Hoffnungsträger von einst wird das eine über das andere Mal zum sozialen Buhmann degradiert, seine Problemlösungskompetenz ernsthaft bestritten« (Kerner 1996: 9). Diese resignative Interpretation ist angesichts der instrumentellen Nutzung der Wissenschaft zur jeweiligen Begründung der eigenen Position solange nachvollziehbar, wie die Wissenschaft vom Verlust ihrer kognitiven Autorität selbst überrascht war und unvorbereitet zum Gegenstand öffentlicher Auseinandersetzungen wurde.

Wenn man die Abhängigkeit der Expertise von gesellschaftlichen Wertvorgaben anerkennt (s. u. Expertise-Kapitel), dann lässt sich das Ziel, wissenschaftlichen Sachverstand für eine Versachlichung der Politik heranzuziehen, nur erreichen, wenn Expertise als eine pluralistische Debatte organisiert wird, in der auch der Expertendissens eine legitime Rolle spielt (Bogner und Menz 2002). Wenn es gelingt, die öffentliche Arena zu verlassen, können diese Konflikte auf eine wissenschaftsadäquate Form der Auseinandersetzung zurückgeführt werden:

»Im Diskurs stellen Experten und Gegenexperten gemeinsam die Differenzierungen wieder her, die in der Expertenkritik eingerissen werden. ... Im Ergebnis rehabilitiert der Diskurs sowohl die Idee der objektiven Erkenntnis als auch die Zuständigkeit der Wissenschaft als Kontrollinstanz für empirische Behauptungen. Legt man diesen Diskurs als Test zu Grunde, gehen wissenschaftliche Experten aus der politischen Kritik gewiss nicht unverändert, aber letztlich unangefochten hervor« (van den Daele 1996: 301).

Der hier angesprochene Diskurs erfordert allerdings einen Sonderraum für Aushandlungsprozesse, den die Wissenschaft für sich zu nutzen weiß, da er in Analogie zum wissenschaftlichen Diskurs konzipiert wird. Angesichts der politischen Instrumentalisierungsmöglichkeiten der Expertise kann aber bezweifelt werden, ob dieses Konzept trägt.

Die klassischen Funktionen der Wissenschaft für die Politik bestehen in der Rationalisierung von Entscheidungsprozessen und der Objektivierung in Konfliktsituationen. Zu den modernen Funktionen gehört die politische Instrumentalisierung in Form von Entscheidungsentlastung und der Verlängerung von Entscheidungsfindungsverfahren durch Einrichtungen der Wissensfindung und -abschätzung. Die Legitimationsmöglichkeiten sind für die Politik, aber auch für andere gesellschaftliche Akteure solange attraktiv, wie die Wissenschaft über ein zuverlässigeres Wissen verfügt als andere Institutionen sowie über die entsprechende gesellschaftliche Wertschätzung. Der Expertendissens scheint zunächst diese Grundlage zu unterhöhlen und für die Brüchigkeit wissenschaftlichen Wissens zu sprechen. Tatsächlich wird durch ihn aber deutlich, dass das auf Handeln orientierte wissenschaftliche Wissen eine Wertbasierung aufweist (s. u. Kap. V.1). Gerade diese Einsicht, obgleich vielfach politisch praktiziert, ist noch nicht als Grundlage der wissenschaftlichen Politikberatung anerkannt. Sie ist aber wissensgesellschaftliche Realität.

III. Neue Formen der Wissensproduktion

III.1 Erkenntnisgewinn und Nutzenmehrung: eine verwickelte Beziehung

Wissenschaft ist einem starken Verwertungsdruck ausgesetzt, der die Kontrolle der Phänomene in den Vordergrund rückt und in Gegensatz zum Streben nach Naturerkenntnis tritt. Die Überforderung der Wissenschaft durch die Komplexität anwendungsrelevanter Sachverhalte und eine pragmatische Haltung bei der Beurteilung von Lösungsvorschlägen könnten dazu führen, dass die epistemische Durchdringung vernachlässigt wird. Beispiele für solche provisorischen Erkenntnisstrategien sind eine oberflächliche Beurteilung von Hypothesen, die Beschränkung auf lokale oder phänomenologische Modellierungen sowie instrumentalistische Simulationen. Die technische Eingriffsfähigkeit geht auf Kosten des Naturverstehens.

Im Gegensatz dazu kann das vergrößerte Risiko, das Irrtümer in der Anwendungsforschung für Schäden außerhalb von Laboratorien und Bibliotheken mit sich bringt, besonders anspruchsvolle Geltungsprüfungen erzwingen. Eine nachlässige Beurteilungspraxis oder ein bloß oberflächliches Verständnis der zugrunde liegenden Sachzusammenhänge machen die darauf gestützten Technologien fehleranfällig. In diesem Fall bliebe die technische Intervention an die theoretische Durchdringung der Naturzusammenhänge gebunden.

III.1.1 Wissenschaft unter Verwertungsdruck

Im vorangegangenen Kapitel II ist die zunehmende praktische Relevanz wissenschaftlichen und technischen Wissens für viele Politikfelder und für die Wirtschaft demonstriert worden. Diese ›Verwissenschaftlichung‹ hat auch viele Bereiche des Alltagslebens erfasst. Zum Beispiel dient physiologisches Wissen zur Strukturierung von Diätprogrammen und prägt so individuelles Ernährungsverhalten. Technologien, in denen die Wissenschaft eine maßgebliche Rolle spielt, beeinflussen nachhaltig gesellschaftliche Strukturen und die Prinzipien der Lebensgestaltung, wenn man z.B. an die Auswirkungen von PCs, CDs und Handys auf die Arbeitswelt und das Privatleben denkt. Demografisches und statistisches Wissen, das die Grundlage für Strategien zur langfristigen Sicherung der Alterssicherungssysteme bildet, beeinflusst dadurch indirekt auch die individuelle Lebensplanung und liefert für viele Menschen Optionen der Vorsorge, die sie bisher nicht hatten.

Diese unmittelbare praktische Bedeutsamkeit des wissenschaftlichen Wissens ist, wie zuvor schon gesagt (Kap. I.5; II.1), ein historisch vergleichsweise junges Phänomen. Erst gegen Ende des 19. Jahrhunderts wird wissenschaftliches Wissen in systematischer Weise für die Entwicklung neuer Technologien relevant. Dieser Wandel in der Einschätzung der gesellschaftlichen Bedeutung der Naturwissenschaft wird durch die Ehrungen der Walhalla, der Ruhmeshalle bei Regensburg, illustriert. Unter den aus dem 19. Jahrhundert stammenden Einstellungen findet sich nur eine kleine Zahl von Wissenschaftlern (und eine viel größere Zahl von Staats- und Schlachtenlenkern), und unter den Wissenschaftlern ausschließlich Historiker. Kein einziger Naturwissenschaftler wurde einer solchen öffentlichen Auszeichnung würdig befunden. Dass sich dies drastisch geändert hat, wird bei den späteren Einstellungen deutlich, bei denen dann die Naturwissenschaftler dominieren. Nicht zuletzt an einem solchen Indiz wird deutlich, dass Wissenschaft und Gesellschaft heute viel stärker miteinander verzahnt sind als in vergangenen Jahrzehnten.

Diese erhöhte gesellschaftliche Sichtbarkeit der Wissenschaft hat eine Grundlage in der Sache. In den vergangenen 150 Jahren hat sie ihre Erklärungs- und Kontrollansprüche in einem vordem ungeahnten Maß ausgeweitet. Die praktischen Auswirkungen der Wissenschaft, und weniger die Aufklärung über die Beschaffenheit der Welt, bestimmen ihre öffentliche Wahrnehmung. Sie wird geschätzt, weil sie eine Quelle des technischen Fortschritts und der Wohlstandssicherung darstellt. Entsprechend genießt die anwendungsorientierte Wissenschaft Vorrang vor der Grundlagenforschung, wird die Förderung der Forschung verstärkt auf solche Bereiche gelenkt, die besonders großen wirtschaftlichen Nutzen versprechen, wie z.B. die Materialforschung, die Biotechnologie und neuerdings die Nanoforschung. Nicht die Erkenntnis der Naturphänomene steht im Vordergrund dieser Strategie, sondern deren Kontrolle. Die Prioritäten der Forschungsförderung sind etwa seit Mitte der 1980er Jahre noch ausschließlicher auf die Ziele der technologischen Innovation und der ökonomischen Verwertbarkeit gesetzt worden, zuungunsten der Förderung der Grundlagenforschung. Die Naturwissenschaften sehen sich deshalb heute noch stärkeren Erwartungen ihrer Nützlichkeit und Anwendung gegenüber, als es zuvor ohnehin schon der Fall war.

Der politische Vorrang angewandter Wissenschaft hat die inhaltliche Angleichung weiter Teile naturwissenschaftlicher Universitätsforschung an die Industrieforschung zur Folge. Nicht selten wird Universitätsforschung durch Drittmittel aus der Industrie in ihrer Struktur festgelegt. Dieser Angleichungsprozess setzt sich auf der Ebene institutioneller Verflechtungen fort. Industrieunternehmen kaufen sich in Universitäten ein oder bilden Forschungsverbünde mit ihnen (wie die University of California in Berkeley mit der Chemiefirma Novartis). Umgekehrt gründen Universitäten Unternehmen zur wirtschaftlichen Verwertung ihrer Entdeckungen. Selbst Universitätsforschung ist zum Teil auf die Entwicklung marktfähiger Verfahren gerichtet. So entstehen Forschungsverbünde zwischen Industrieunternehmen und Universitäten (z. B. das von der Universität Bielefeld koordinierte »Kompetenznetzwerk Genomforschung an Bakterien«, das neben Universitätsinstituten auch staatliche Forschungseinrichtungen und biotechnologische Firmen umfasst; s. a. Kap. II.3).

Der Primat der Anwendung impliziert für einen großen Teil der Forschung einen verkürzten Zeithorizont. Sie ist gehalten, kurzfristig brauchbare Lösungen für konkrete Probleme zu liefern. Dieser Anspruch korrespondiert mit einer Ausweitung der Problemlösungsansprüche auf Bereiche, in denen die Forschung oft (noch) keine gesicherten Ergebnisse liefern kann. Dies gilt z. B. für ökonomische Herausforderungen (etwa für Maßnahmen zur Belebung des Wirtschaftswachstums), für Umweltfragen (wie die Erderwärmung) oder für biologische Risiken (wie AIDS oder BSE). Die Wissenschaft gerät aufgrund dieser gegenläufigen Erwartungen in die Gefahr, weder gesichertes noch fristgerechtes Wissen liefern zu können und deshalb die gesellschaftliche Vorrangstellung als oberste Instanz des gesicherten und verlässlichen Wissens zu verlieren. Die Auswirkungen dieser Erwartungen an die Wissenschaft sollen zum Gegenstand genauerer Untersuchung gemacht werden. Es ist nämlich alles andere als ausgemacht, dass Erkenntnisgewinnung und Nutzenmehrung, dass der Fortschritt der Wissenschaft und das Wohl der Allgemeinheit stets miteinander vereinbar sind.

Aus der Perspektive der Wissenschaft wird eine zu einseitige Förderung der angewandten und eine Vernachlässigung der Grundlagenforschung oft als bedenklich betrachtet. Ein Grund ist die Sorge, die Anwendungsforschung gefährde das methodologische Niveau der Wissenschaft. Der Stifterverband für die Deutsche Wissenschaft hat 2000 in seinem Memorandum zur »Zukunft der Forschung« der Befürchtung Ausdruck verliehen, der Nutzungsdruck auf die Wissenschaft könnte eine Vernachlässigung epistemischer Standards zur Folge haben:

Wissenschaft wird zunehmend auch durch die gesellschaftlichen Interessengruppen in Anspruch genommen. Damit wächst die Gefahr der Instrumentalisierung oder der Relativierung von Maßstäben und Verfahren der Forschung inhärenten Qualitätssicherung. (Stifterverband 2000: 1.8)

Der Stifterverband sah also die Prüfverfahren, die den Kern erstrangiger Forschung ausmachen, durch die einseitige Betonung der Anwendung gefährdet. Außerdem wird befürchtet, dass das Verwertungsinteresse das Erkenntnisstreben unterhöhle. So beklagt der Physiker und Wissenschaftshistoriker Silvan Schweber, die Forderung

nach praktischer Relevanz von Forschungsergebnissen führe leicht zu einem Niedergang der Wissenschaft, dem durch die Verpflichtung auf Wahrheit und Wirklichkeitserkenntnis entgegengewirkt werden müsse (Schweber 1993: 40).
Andere stimmen mit der Diagnose epistemischer Unterhöhlung überein, ohne die Besorgnis zu teilen. Die Unsicherheit wissenschaftlicher Behauptungen im Anwendungskontext und ihre engere Verzahnung mit wirtschaftlichen, politischen und gesellschaftlichen Ansprüchen wird auch als Förderung interdisziplinärer Kooperation, als Berücksichtigung sozialer Interessen und ethischer Werthaltungen seitens der Wissenschaft verstanden und als Ausdruck einer vielfältigeren und sozial stärker verantwortlichen Wissenschaft begrüßt (Funtowicz und Ravetz 1994).

Gegen die genannten Befürchtungen steht die Vermutung, Anwendungsbezug führe unter Umständen zu einer Anhebung epistemischer Anforderungen. Zugunsten dieser Vermutung lassen sich Forschungen anführen, die ein hohes Risiko involvieren. Wenn der denkbare Schaden, der bei dem möglichen Versagen einer neuen Technologie eintritt, erheblich ist, wird von der Wissenschaft verlangt, dass sie sich ihrer Sache besonders sicher ist. Das gilt zum Beispiel für die Freisetzung genetisch modifizierter Organismen oder für die Erprobung der Xenotransplantation. Bei der letztgenannten Übertragung von (genetisch angepassten) Tierorganen auf den Menschen besteht die Möglichkeit, dass sich Tierviren im menschlichen Organismus einnisten und dort zu neuartigen Krankheiten führen. Die Wahrscheinlichkeit dieses Effekts gilt als sehr klein. Gleichwohl hat dieses Risiko seit Jahren zu einem Stillstand der betreffenden Forschungen geführt.

In diesen Fällen impliziert die Anwendungsorientierung also eine Erhöhung der Risiken, und diesen gesteigerten Risiken soll durch besonders strenge Anforderungen an die Verlässlichkeit des zugrunde liegenden Wissens begegnet werden. Vorsicht und Besonnenheit gebieten nachdrücklich, Risiken und Nebenwirkungen auch dann zu bedenken, wenn es keinen Arzt oder Apotheker gibt, den man dazu befragen könnte. Tatsächlich spielten gerade in der Gentechnik Klugheitsüberlegungen dieser Art von Anfang an eine große Rolle. So vereinbarten Molekularbiologen bereits 1975 auf der Konferenz von Asilomar strenge Sicherheitsanforderungen an diejenigen Labors, in denen gentechnische Versuche durchgeführt werden. Diese frühe Konvention zur biologischen Sicherheit stützte sich auf den Grundsatz, dass bei Unwissenheit Zurückhaltung angezeigt ist. Während in neu erschlossenen Forschungsfeldern typischerweise zunächst ein ungezügelter Pioniergeist von Versuch und Irrtum vorherrscht, begann die Gentechnik mit einer Kultur der Selbstbeschränkung.

Im Hinblick auf die Auswirkungen der verstärkten Anwendungsorientierung der Wissenschaft lassen sich also gegensätzliche Urteile finden. In einigen Fällen scheint sie mit methodologischer Nachlässigkeit, in anderen mit erhöhter methodologischer Strenge verbunden zu sein. Überdies ist umstritten, welche Auswirkungen eine verringerte Geltungssicherung und die zunehmende Unsicherheit wissenschaftlicher Behauptungen hätten. Wenn sich aber nicht von vornherein markante Tendenzen zeigen lassen, bedarf es einer genaueren Analyse der Situation. Es soll also untersucht werden, welche Folgen der Verwertungsdruck auf die Wissenschaft für das wissenschaftliche Erkenntnisstreben hat. Insbesondere ist dabei der Befürchtung nachzugehen, dass die starken Nutzungsinteressen die epistemischen Werte untergraben könnten, auf denen die Zuverlässigkeit und Tragweite wissenschaftlichen Wissens beruhen.

III.1.2 Angewandte Forschung: zwischen der Leitung durch Theorie und der Überforderung durch Praxis

Während die erkenntnisorientierte Grundlagenforschung in der Vergangenheit der alleinige Gegenstand der Methodenlehre und wissenschaftsreflexiver Untersuchungen war, sind die methodologischen Charakteristika angewandter Forschung weitgehend unbeachtet geblieben. Die Beziehung zwischen Wissenschaft und Technik wird traditionell durch das genannte *Kaskadenmodell* wiedergegeben (s. o. Kap. I.3). Der angewandte Forscher geht nach dieser Vorstellung wie ein Ingenieur vor. Konkrete Aussagen oder theoretische Modelle für technische Anlagen und Verfahren werden auf der Basis des etablierten Wissens hergeleitet. Nach dem Kaskadenmodell muss angewandte Forschung zur Lösung ihrer Aufgaben auf die Grundlagenforschung zurückgreifen, weil der erfolgreiche Eingriff in die Natur das theoretische Eindringen in die zugrunde liegenden Naturprozesse voraussetzt. In diesem Bild ist Grundlagenforschung die Voraussetzung einer anhaltend erfolgreichen technischen Innovation. Zwischen wissenschaftlicher Erkenntnis und technischer Innovationen besteht eine einseitige Abhängigkeit. Grundlagenforschung geht danach der angewandten Forschung sowohl sachlich als auch zeitlich voraus; jene bildet den Nährboden für diese, sodass die Konzentration auf bloß praktische Aufgaben bedeutete, gleichsam das Kapital aufzuzehren, von dessen Zinsen man leben wollte. Die Einsicht in Naturzusammenhänge wird zwar praktisch fruchtbar, aber umgekehrt trägt die Entwicklung neuartiger Technologien nicht selbst zum Erkenntniswachstum und d. h. zum wissenschaftlichen Fortschritt bei (außer durch den möglichen Einsatz solcher Technologien für Messungen und Experimente in epistemisch orientierten Forschungsvorhaben). Oberflächliche und unverstandene Erfahrungsbeziehungen, die die angewandte Forschung liefert, wären danach als Basis einer Technologieentwicklung untauglich. Angewandte Forschung drängte aus eigenem Anwendungsinteresse heraus auf die Erfüllung epistemisch gehaltvoller Ansprüche.

Wahrscheinlich überschreitet die überwiegende Zahl technologischer Forschungs- und Entwicklungsprojekte, die in der Industrie (Kap. II.3) oder in den Ressortforschungseinrichtungen (Kap. II.4) durchgeführt werden, nicht den Rahmen des verfügbaren Grundlagenwissens. Elemente des vorhandenen Wissens werden dabei auf ein technologisches Problem angewandt. Das Kaskadenmodell ist daher keineswegs vollkommen überholt. Ein Beispiel für diesen Zusammenhang ist die Entwicklung optischer Schalter. Dabei werden Lichtsignale genutzt, um den Brechungsindex eines geeigneten Mediums zu verändern und auf diese Weise Interferenzeffekte zu produzieren. Diese Interferenzen werden ihrerseits dafür genutzt, extrem schnelle optische Schalter ohne vermittelnden Elektronenfluss zu realisieren (Linsmeier 2001). Es handelt sich sicher um einen kreativen technologischen Schritt, aber das kreative Moment liegt allein darin, dass neuartige Verknüpfungen zwischen Elementen des zuvor bekannten Wissens hergestellt werden. Kein neuer Effekt wurde entdeckt, keine neue Theorie wurde formuliert.

Umgekehrt finden sich auch Beispiele für eine größere Unabhängigkeit der angewandten von der Grundlagenforschung. In vielen praktisch wichtigen Fragen reicht das theoretische Verständnis nicht tief genug, um die Entwicklung neuartiger Verfahren zu steuern. Das gilt für die Optimierung der Verbrennungsprozesse in Ottomotoren ebenso wie für die Verbesserung der Haltbarkeit von Straßenbelägen oder die Entwicklung von Computersoftware. In solchen Fällen sind im Anwendungskontext selbst genuine Forschungsleistungen zu erbringen. Aussagekräftige Rahmentheorien, die die entsprechenden Sachverhalte hinreichend beschreiben, stehen nicht zur Verfügung.

Zwei Faktoren legen die Erwartung nahe, dass dieserart angewandte Forschung im engeren Sinn methodologische Defizite aufweist: die externe Vorgabe der Problemstellung und die Dominanz einer pragmatischen Haltung bei der Beurteilung von Hypothesen. Die externe Vorgabe der Problemstellung bedeutet, dass die Forschungsaufgaben durch Nutzungsanforderungen aus dem politisch-wirtschaftlichen Bereich festgelegt und nicht nach Maßgabe der aufgrund des vorhandenen disziplinären Wissens gegebenen Machbarkeit ausgewählt werden. Die Folge ist, dass angewandte Forschung tendenziell einer Überforderung durch Komplexität unterliegt. Empirische Wissenschaft ist stets auf die Erfassung von Erfahrungsbefunden gerichtet, aber nicht generell gezwungen, besonders verwickelte Phänomene zu betrachten. Im Gegenteil: die empirische Prüfung von Theorien setzt eher an den ungestörten Fällen an, da sich in ihnen die unterstellten Fundamentalprozesse in größerer Deutlichkeit manifestieren. Im Gegensatz dazu scheidet in der angewandten Forschung die Behandelbarkeit eines Problems, also die Tragfähigkeit von Idealisierungen oder die Übersichtlichkeit und Kontrollierbarkeit von Situationen, als Auswahlkriterium für eine Fragestellung oder ein Forschungsprojekt weitgehend aus. Aufgrund der externen Festsetzung der Forschungsagenda und der starken Nutzungsanforderungen ist angewandte Forschung deshalb einem spezifischen Druck zur Komplexität ausgesetzt, der sie letztlich zur Bearbeitung immer komplexerer und theoretisch undurchsichtiger Problembereiche zwingt (Krohn und van den Daele 1997: 194 f., 199 f.).

Tatsächlich finden sich nicht wenige Beispiele, die auf eine Überforderung der Wissenschaft durch Komplexität hindeuten. So werden unter Umständen die Grenzen der Idealisierungen bei der Anwendung von Modellen außer Betracht gelassen und Bedingungen vorausgesetzt, die in der betreffenden Anwendungssituation gar nicht vorliegen. Dabei werden die Geltungsbegrenzungen von Modellen ignoriert und folglich unzuverlässige Schlüsse gezogen. Die Überforderung drückt sich in solchen Fällen darin aus, dass die jeweiligen spezifischen Umstände in den Modellen nicht ausreichend Niederschlag finden. Ein Beispiel ist die Abschätzung von Grundwasserströmungen und ihrer Auswirkungen bei der Klärung der Sicherheit möglicher atomarer Endlager in den USA. In der einschlägigen Literatur werden Einwände der Art geäußert, die Strömungsanalyse gehe lediglich von porösem Untergrund aus, der die Strömung laminar ließe, nicht aber von größeren Hohlräumen, wie sie faktisch vorkämen und zu Turbulenzen in der Strömung führten. Der Vorwurf lautet, die Modelle seien in zu geringem Maße an die verwickelten lokalen Bedingungen angepasst, und deshalb ist ihre empirische Leistungsfähigkeit unzulänglich (Shrader-Frechette 1997: 153 f.).

Auch im Bereich der Wirtschaftswissenschaften finden sich deutliche Anzeichen einer Überforderung durch die Komplexität von Anwendungsbedingungen. Auf der volkswirtschaftlichen Ebene sind die Hoffnungen auf eine nachhaltige Beeinflussbarkeit von Arbeitslosigkeit und Wachstum durch wissenschaftlich gestützte wirtschaftspolitische Maßnahmen inzwischen weitgehend zerstoben. Ebenso wird das Phänomen der Globalisierung vielfach als schicksalhaft, als von der Politik nicht grundlegend steuerbar erlebt. Während die Natur zunehmend als durch Wissenschaft und Technik formbar und eher schutzbedürftig gilt, wird die Entwicklung im Wirtschaftsbereich als naturwüchsig und zwangsläufig hingenommen. Die Wirtschaftswissenschaften sehen sich zunehmend außerstande, den Wirtschaftsprozess nach politischen Vorgaben zu gestalten und zielen stattdessen auf die Anpassung des Menschen und der gesellschaftlichen Institutionen an die Marktkräfte und die ökonomische Dynamik.

Neben diese Überforderung durch die Komplexität der Umstände tritt als zweites Charakteristikum angewandter Forschung die in ihr verbreitete pragmatische Haltung. Dieser Pragmatismus kommt bei der Beurteilung von Hypothesen zum Tragen und drückt sich in der exklusiven Verpflichtung angewandter Forschung auf das angemessene Funktionieren eines Verfahrens oder eines technischen Geräts aus. Es geht nicht um Erkenntnisgewinnung, sondern um die Entwicklung marktfähiger Produkte. Forschung ist eine Investition, die – wie andere Investitionen – ihre Rendite zu erbringen hat (Dasgupta und David 1994: 495 ff.). Diese Haltung legt eine oberflächliche Beurteilungspraxis nahe, in der die Annahme von Hypothesen kaum von ihrer Fähigkeit zur Durchdringung der betreffenden Sachbereiche abhängt, sondern von ihrer Tauglichkeit für einen erfolgreichen technischen Eingriff.

Als Folge einer solchen Überforderung durch Komplexität und der mit einer pragmatischen Haltung verbundenen Preisgabe eines weitergehenden Erkenntnisanspruchs liegt die Erwartung nahe, dass sich angewandte Forschung auf *provisorische Erkenntnisstrategien* stützt. Die beispiellosen wissenschaftlichen Erfolge der Vergangenheit haben eine Überdehnung der Erwartungen hinsichtlich zukünftiger Leistungen ausgelöst, vor denen die Wissenschaft jetzt oftmals versagt. Ungeachtet der großen Leistungsfähigkeit der Wissenschaft, praktisch relevante Phänomene zu kontrollieren sind die Erwartungen schneller Erfolge in rasch wechselnden, von den jeweiligen Tageserfordernissen geprägten Bereiche, die von Wirtschaft, Politik, Medien und Öffentlichkeit an die Wissenschaft herangetragen werden, offenbar noch schneller gestiegen.

Eine methodologische Reaktion angewandter Forschung auf diese Überstrapazierung wissenschaftlicher Erkenntniskraft wären provisorische Erkenntnisstrategien. Ebenso ließe sich der verbreitete Eindruck zunehmender Unsicherheit und Unzuverlässigkeit der Wissenschaft, der zudem nicht selten mit wissenschaftlichem Fortschritt überhaupt assoziiert wird, auf diese Überforderung zurückführen. Umgekehrt könnte sich der Anwendungsdruck aber auch in besonderer Vorsicht und dem Streben nach Verlässlichkeit ausdrücken (s. o.). Die methodologischen Charakteristika angewandter Forschung sollen im folgenden näher betrachtet werden. Die Frage ist, ob sich markante Unterschiede zur Grundlagenforschung finden und wie es um die Zuverlässigkeit und Tragfähigkeit von Forschungsergebnissen im Anwendungskontext bestellt ist.

III.1.3 Angewandte Forschung und provisorische Erkenntnisstrategien

In der angewandten Forschung lassen sich durchaus Beispiele dafür finden, dass der Anwendungsdruck methodologische Besonderheiten hervorbringt, die sich zumindest *prima facie* als charakteristische Abweichungen von der Vorgehensweise der Grundlagenforschung verstehen lassen. Hier sollen zunächst nur Indizien dafür zusammengetragen werden, dass als Folge der beiden genannten Charakteristika angewandter Forschung, also der Überforderung durch Komplexität und des Vorherrschens einer pragmatischen Haltung bei der Beurteilung von Hypothesen, provisorische Erkenntnisstrategien verfolgt werden. Fünf Aspekte erwecken den Anschein des Provisorischen und methodologisch Defizitären.

(1) Pragmatische Beurteilungskriterien

Der Rückgriff auf pragmatische Beurteilungskriterien beinhaltet, dass allein der Funktionserfolg maßgeblich ist und dass entsprechend tiefer gehende theoretische Erklärungen dann gering geschätzt werden, wenn sie praktisch bedeutungslos sind. Ein charakteristisches Beispiel ist das Ignorieren willkommener Anomalien. Einer Diskrepanz zwischen theoretischer Erwartung und empirischem Befund, die die praktische Nutzbarkeit eines Effekts nicht beeinträchtigt, wird tendenziell nur geringe Aufmerksamkeit geschenkt. So besteht eine der Herausforderungen im Bereich der Nanoforschung in der Entwicklung sog. molekularer Drähte, bei denen der elektrische Strom durch eine Anordnung ringförmiger Moleküle geleitet wird. Die Herstellung solcher Drähte gelang, und das Projekt galt damit als erfolgreich abgeschlossen, ohne dass einer auffallenden Anomalie Beachtung geschenkt worden wäre. Der elektrische Widerstand der Nanodrähte stellte sich nämlich als erheblich kleiner heraus, als er nach Maßgabe theoretischer Abschätzungen zuvor erwartet worden war. Dieser überraschende Effekt beeinträchtigte die praktische Nutzbarkeit nicht nur nicht, er verbesserte sie sogar. Kennzeichnenderweise gab es jedoch keine ernsthaften Versuche, den Grund dieser Abweichung aufzuklären (vgl. Reed und Tour 2000: 90f.; Nordmann 2004). Dieses Übergehen empirischer Diskrepanzen und der Verzicht auf jegliche Versuche, die Einzelheiten des Mechanismus aufzuklären, der dem Effekt zugrunde liegt, ist die Folge einer rein pragmatischen Haltung und kann als methodologisches Defizit gewertet werden (Carrier 2004c: Sec. 3).

(2) Lokale oder phänomenologische Modellierungen

Modelle vermitteln zwischen Theorie und Erfahrung. Naturgesetze allein ermöglichen keine spezifischen Aussagen über Einzelfälle; in jedem Fall ist ein Rückgriff auf Anfangs- und Randbedingungen erforderlich. Die Gesetze der Newtonschen Mechanik und der Gravitationstheorie benötigen Angaben über die Positionen von Himmelskörpern zu einer gewissen Zeit und erlauben dann die Ableitung von Vorhersagen dieser Positionen zu einer anderen Zeit. Solche Modelle als Verknüpfung von Naturgesetzen und Annahmen über die vorliegenden Situationsumstände sind »Modelle einer Theorie«. »Lokale Modelle« sind dagegen zwar ihrer Anlage nach durch Naturgesetze und übergreifende Theorien geprägt, bedürfen aber bei ihrer praktischen Umsetzung der Ergänzung durch Befunde, die nur aus den Daten zu ermitteln sind. »Phänomenologische Modelle« sind weitergehend von den jeweiligen Besonderheiten der Erfahrungssituation geprägt, weniger von deren verallgemeinerungsfähigen, den Einzelfall überschreitenden Merkmalen; im Vordergrund stehen theorieunabhängige, niederstufige empirische Verallgemeinerungen oder Ad-hoc-Anpassungen (s. u. Kap. III.4).

Das Problem lokaler Modellierung stellt sich, wenn die einschlägigen Gesetzmäßigkeiten erhebliche Lücken lassen und das infrage stehende Phänomen ungenau repräsentieren – oder im Grenzfall keine aussagekräftigen Ergebnisse zeitigen. Modelle sind lokal, wenn diese Lücken durch direkten Rückgriff auf die Erfahrung geschlossen werden. Es handelt sich dann um eine empirische Anpassung der Paramter, sodass das Modell in wichtiger Hinsicht durch die jeweiligen Messergebnisse geprägt wird und nicht durch die übergreifenden Theorien. Wenn man einen Laser herstellt oder komplizierte Verstärkerschaltungen baut, dann sind zwar die begrifflichen Zusammenhänge von den betreffenden theoretischen Rahmenwerken vorgegeben, aber wichtige Konstruktionsmerkmale bleiben offen. Wesentliche Bestimmungsstücke der betreffenden Modelle sind entsprechend Ergebnis von Plausibilitätsabschätzungen, Daumenregeln und Messungen.

Ein Beispiel dafür, dass der Bezug auf praktische Probleme weitergehend zu einer phänomenologischen Modellierung drängt, ist das Phänomen der Gezeiten und ihre Berechnung für Schifffahrt und Häfen. Die Gezeiten wurden im Grundsatz bereits Ende des 17. Jahrhunderts durch Isaac Newton erklärt. Ebbe und Flut gehen danach darauf zurück, dass das Wasser der Ozeane wegen der unterschiedlichen lunaren Gravitation an der mondzugewandten Seite stärker und an der mondabgewandten Seite schwächer angezogen wird, als der Erdkörper im Mittel. Damit entstehen zwei Flutberge, unter denen die Erde in täglicher Rotation umläuft. Ein gleichartiger, aber weniger markanter

Effekt entsteht durch den Schwereeinfluss der Sonne. Pierre Simon de Laplace fasste Anfang des 19. Jahrhunderts die Gezeiten als Problem erzwungener Schwingungen auf und lenkte dadurch das Augenmerk auf horizontale Wellenbewegungen. Als dritter Faktor kommt die sog. Corioliskraft hinzu, die eine Folge der Erddrehung ist und Nord-Süd-Strömungen seitwärts vom Äquator ablenkt. William Whewell hatte Mitte des 19. Jahrhunderts daraus die Konsequenz gezogen, dass Gezeitenströme auch die Form kreisförmiger Schwingungssysteme annehmen sollten.

Damit ist die theoretische Analyse im wesentlichen an ihre Grenze gelangt. Die Besonderheiten der Küstenformen, Wassertiefen und sonstiger Meeresströmungen lassen einen weiteren theoretischen Zugriff auf praktisch relevante Einzelheiten nicht zu. Es ist z.B. nicht möglich, den Tidengang in einem Meeresgebiet oder für einen bestimmten Hafen aus den genannten physikalischen Prinzipien *und* den geografischen Randbedingungen abzuleiten. Stattdessen wird bis zum heutigen Tag ein von Lord Kelvin Ende des 19. Jahrhunderts entwickeltes empirisches Verfahren zur Vorhersage der Gezeiten herangezogen, nämlich die Fourier-Analyse. Danach werden die unregelmäßigen Tiden, wie sie an einem bestimmten Ort auftreten, über lange Zeit beobachtet und in sinusförmige, sog. harmonische Teilschwingungen zerlegt. Diese Teilschwingungen lassen sich wegen ihrer Regelmäßigkeit einfach fortsetzen und schließlich wieder zu einem unregelmäßigen Gesamtverlauf zusammensetzen (Fourier-Synthese) (Sauer 2004).

Aus diesem Beispiel ergibt sich folgendes Bild. Alle Kausaleinflüsse, die den Verlauf der Gezeiten bestimmen, sind bekannt – ebenso sämtliche relevanten Randbedingungen (wie der Verlauf von Küste und Meeresboden). Das Zusammenspiel aller dieser Faktoren ist jedoch so komplex, dass nur die hervorstechenden Eigenschaften des Gezeitenwechsels durch die theoretischen Prinzipien abgedeckt werden können. Praktische Aufgaben, d.h. die Herausforderungen, die sich für Schiffe, Häfen und Küstenbewohner stellen, sind dagegen nur mit genaueren Daten zu bewältigen. Solche Daten beschafft man sich jedoch rein empirisch, durch Parameteranpassung und ohne theoretische Durchdringung des konkreten Sachverhalts. Die Modelle für Tidenströmungen sind demnach durch Beobachtungen vor Ort bestimmt und bleiben weitgehend unabhängig von theoretischen Grundsätzen. Es handelt sich in diesem Sinn um ›phänomenologische Modelle‹.

Eine Folge der Fokussierung der angewandten Forschung auf lokale oder gar phänomenologische Modelle könnte in der Ausbildung einer kleinteilig parzellierten Theorienlandschaft bestehen. Statt der universellen Naturgesetze und übergreifenden Theoriebildungen, die dem Anschein nach die Grundlagendisziplinen kennzeichnen, wäre denkbar, dass die Theoriestrukturen in den anwendungsgetriebenen

Forschungsbereichen in eine Vielzahl enger und isolierter Erklärungsansätze zerfallen. Eine Folge des Anwendungsdrucks könnte demnach theoretische Zersplitterung sein.

(3) Instrumentalistische Simulationen

Vielfach stellen sich Computersimulationen als ein spezifischer Typus von Modellbildungen dar, wobei allerdings die visuelle Ausgabe (im Unterschied zu Modellen generell) eine automatische Interpretation der jeweiligen Ergebnisse beinhaltet. Solche Simulationen setzen also auf Berechnung der zugehörigen Gleichungssysteme und visuelle Ausgabe der Ergebnisse (Winsberg 2003: 111 ff.). Von besonderem Interesse sind dabei »instrumentalistische Simulationen«, die bewusst von den zugrunde liegenden Prozessverläufen absehen und eine radikal vereinfachte Nachbildung der betreffenden Systeme anstreben. Das kann sich auf Prozesse sozialer Konsensbildung unter anerkannt unrealistischen Bedingungen beziehen (Hegselmann 2001) oder auf die Ausbildung von Galaxienstrukturen durch Wechselwirkung zellulärer Automaten (Seiden und Schulman 1990). Instrumentalistische Simulationen ziehen explizit Techniken oder Ansätze heran, von denen bekannt ist, dass sie nicht die real ablaufenden Prozesse wiedergeben. Vielmehr beinhalten sie die Ersetzung der häufig nicht lösbaren realistischen Gleichungen durch mathematisch andersartig strukturierte Ansätze, die besser handhabbar sind und deren Lösungen diejenigen der realistischen Gleichungen approximieren.

Eine andere Strategie dieses Typs stellt das sog. distribuierte Modellieren dar. Zugrunde liegen Situationen, in denen die einschlägigen Umstände unbekannt und nicht zu ermitteln sind. In Hydrologie und Hydrogeologie hängen etwa die Vorhersagen über Grundwasserströmungen entscheidend von der Beschaffenheit von Gesteinsformationen ab, die sich von Ort zu Ort unterscheiden und über die in der Regel keine verlässlichen Informationen zu gewinnen sind. Beim distribuierten Modellieren wird über die jeweils möglichen Kenngrößen und Parameterwerte gemittelt und entsprechend auf jede spezifische Festlegung auf eine bestimmte Sachlage verzichtet. Es handelt sich also um eine pragmatisch geprägte Vorgehensweise: statt einer tiefergehenden Durchdringung der im Einzelfall vorliegenden Situation wird eine statistische Mittelwertbildung durchgeführt. Die Folge ist, dass kein Verständnis der jeweils realisierten Prozesse angestrebt wird; das Ziel einer wirklichkeitsgetreuen Beschreibung ist aufgegeben (Beven 2001: 5 ff.).

(4) Kontextualisierte Kausalbeziehungen

Angewandte Forschung gibt sich nicht selten mit *kontextualisierten Kausalbeziehungen* zufrieden. Der Sache nach sind Kausalbeziehungen in der Regel Teil komplexer kausaler Netzwerke, bei denen Ursachen über eine Verkettung von vermittelnden Zwischenschritten eine Wirkung hervorbringen. Die *epistemische* Haltung dringt auf Entschlüsselung dieses Netzwerks von Ereignisketten. Für die *pragmatische* Haltung steht das Eingreifen im Vordergrund. Sie konzentriert sich daher auf die Formulierung von stark voraussetzungsgebundenen Ursache-Wirkungs-Beziehungen, die jedenfalls unter »typischen« Umständen für die Erzeugung der Wirkung hinreichen.

Das Autofahren ist ein Beispiel. Eine relevante Kausalbeziehung lautet, dass man durch Drehen des Zündschlüssels den Motor startet. Allerdings stellt sich diese Wirkung nur dann ein, wenn die Handlung in das zugehörige kausale Netzwerk eingebettet ist. Ihrem eigenen kausalen Vermögen nach versagt die Drehung kläglich vor der Herausforderung, einen Verbrennungsmotor in Gang zu setzen. Sie schließt zunächst nur einen Stromkreis, der seinerseits eine Zahl von Prozessen anstößt, die vom Ansaugen des Treibstoffs über das Funkensprühen der Zündkerzen bis zur Umsetzung ruckartiger Kolbenbewegungen in einen gleichmäßigen Rundlauf reichen. Diese zusätzlichen Erfordernisse lässt die genannte Kausalbeziehung unerwähnt; sie sind stillschweigend einbezogen. Die Zündschlüsseldrehung ist für sich genommen keineswegs hinreichend für den Start des Motors. Sie ist lediglich ein Auslöser des Motorenstarts.

Dieser Zusammenhang von Zündschlüsseldrehung und Motorenstart ist ein Beispiel einer kontextualisierten Kausalbeziehung. Solche Beziehungen bestehen nur dann, wenn der ganze Rest des zugehörigen kausalen Netzwerks auf eine stillschweigend vorausgesetzte Weise operiert. Die Richtigkeit kontextualisierter Kausalbeziehungen beruht also auf einer Vielzahl von ungenannten Voraussetzungen. Dies hat zwei Folgen. Erstens sind solche Kausalbeziehungen mit Ausnahmen behaftet. Ihre Geltungsgrenzen sind nämlich offenbar dann erreicht, wenn eine dieser Voraussetzungen nicht erfüllt ist. Bei nassen Zündkerzen nützt alles Drehen des Zündschlüssels nichts. Zweitens tragen kontextualisierte Kausalbeziehungen wenig zur Aufklärung des Zusammenhangs zwischen Ursache und Wirkung bei. Sie liefern kein Verständnis der zugrunde liegenden Ereignisverkettungen und Kausalprozesse.

Die Konzentration auf kontextualisierte Kausalbeziehungen wird als Kennzeichen der »praktischen Wissenschaften« wahrgenommen. Der Geschichtsphilosoph Robin Collingwood hat diese pragmatische Zugangsweise bereits 1940 durch den Verzicht auf die umfassende Identifikation des betreffenden Ursachengefüges charakterisiert.

Wenn ich finde, dass ich durch bestimmte Mittel ein Ergebnis erzielen kann, dann mag ich mir darüber im Klaren sein, dass ich es nicht erzielt hätte, wenn nicht eine große Zahl von Bedingungen erfüllt wäre. Aber solange ich das Ergebnis erziele, kümmere ich mich nicht darum, welches diese Bedingungen sind. Und wenn sich eine von ihnen ändert und das Ergebnis daraufhin ausbleibt, dann will ich immer noch nicht wissen, was alle diese Bedingungen sind. Ich will nur die eine kennen, die sich geändert hat (Collingwood in: Fox Keller 2000: 142, eigene Übersetzung).

Die praktischen Wissenschaften sind danach durch einen verengten Fokus gekennzeichnet. Erkenntnis wird nur insoweit angestrebt wie sie für den erfolgreichen Eingriff unerlässlich ist. Dem liegt die Überzeugung zugrunde, gezielte Interventionen seien auf einer derart bruchstückhaften Wissensbasis zuverlässig möglich. Eine technologische Praxis muss sich danach nicht auf ein Verständnis der zugrundeliegenden Zusammenhänge stützen.

Ein Beispiel für kontextualisierte Kausalbeziehungen in der angewandten Forschung betrifft Zusammenhänge zwischen Genen und den von ihnen kodierten Zelleigenschaften, die häufig die Grundlage gentechnischer Eingriffe sind. Das sog. »Eyeless«-Gen setzt die Ausbildung der Augen bei Drosophila, der gemeinen Taufliege, in Gang, besitzt aber sowohl bei Mäusen als auch beim Menschen homologe Gegenstücke. Wird das homologe Mäuse-Gen durch gentechnische Manipulation in Drosophila zur Expression gebracht, induziert es die Bildung von Komplexaugen wie bei der Fliege, nicht von Linsenaugen wie bei der Maus. Demnach ist der Einsatz von »Eyeless« zwar hinreichend, um in einem geeigneten Gewebeumfeld Augen entstehen zu lassen. Durch entsprechende Stimulation von »Eyeless« kann man Augen in Beinen oder Flügeln von Fliegen erzeugen. Gleichwohl gibt »Eyeless« nur das Startsignal für eine Genkaskade, die mehrere tausend weitere Gene umfasst und die erst in ihrer Gesamtheit die Augenmorphogenese steuert. Das zeigt sich bereits an dem erwähnten Umstand, dass das homologe Mäuse-Gen in Fliegengewebe die Bildung von Fliegenaugen in Gang setzt. »Eyeless ist ein ›Trigger‹, der für seine Wirksamkeit des richtigen kausalen Umfelds bedarf und ohne dieses folgenlos bleibt« (Fox Keller 2000: 96f.).

Seiner kausalen Rolle nach ist »Eyeless« also dem Zündschlüssel vergleichbar. Wenn man ein Zündschloss aus einem rassigen Sportwagen ausbaut und in einen gemächlich dahintuckernden Lastwagen einsetzt, wird die Drehung des Zündschlüssels den Lastwagenmotor in Gang setzen, nicht den Sportwagen. In der Biotechnologie konzentriert man sich häufig auf solche kontextualisierten Kausalbeziehungen, die dann zwar unter »typischen« Bedingungen die Erzeugung einer bestimmten Wirkung ermöglichen, aber keinen Aufschluss über die zugrunde liegen-

den Kausalprozesse und Mechanismen geben (Fox Keller 2000: 14f.;
Carrier 2004a, b).

(5) Explorative Experimentalstrategien

Ein weiteres Merkmal angewandter Wissenschaft ist ein hoher Anteil an explorativen Experimenten. Solche Experimentalstrategien sind Ausdruck der Grenzen der theoretischen Durchdringung des betreffenden Sachbereichs; sie dienen der Wissensgewinnung, nicht der Überprüfung theoretischer Behauptungen. Einschlägig sind zum einen Realexperimente, in denen Objekte während ihres praktischen Einsatzes untersucht werden (Krohn 1997: 76; Krohn und van den Daele 1997: 203 ff.), zum anderen schematische Durchmusterungen, in denen durch Versuch und Irrtum Objekte mit einer gewünschten Eigenschaft identifiziert werden. Bei schematischen Durchmusterungen kommen typischerweise Analogiebildungen zum Tragen, die aber zu unspezifisch sind, um aussagekräftige Resultate zu liefern. Sie zwingen daher zum Ausprobieren.

Beispiele sind Prüfungen der pharmakologischen Wirksamkeit von Substanzen. Man stellt etwa die Wirksamkeit eines Stoffes fest und ermittelt dann durch systematisches Durchprobieren bei Zellen oder Modellorganismen die Wirksamkeit chemisch analoger Substanzen. Ebenso wurden die meisten hochtemperatursupraleitenden Substanzen durch chemische Analogiebildung mit bekannten Supraleitern und anschließende Durchmusterung gefunden. Solch exploratives Experimentieren liefert keine Einsichten in die zugehörigen Prozesse und Mechanismen und ist aus diesem Grund als provisorische Forschungsstrategie einzustufen. Ein mögliches Übergewicht einer solchen Baconischen, von der Heuristik dominierten Vorgehensweise wäre als Ausdruck der Überforderung der Wissenschaft einzustufen (s. u. Kap. III.3).

Diese fünf Charakteristika stellen zumindest auf den ersten Blick methodologische Besonderheiten angewandter Forschung dar. Der Anwendungsdruck provoziert methodologische Veränderungen, die sich in Abweichungen von den in der Grundlagenforschung zum Tragen gebrachten Verfahren und Regeln niederschlagen. Der Vermutung, dass es sich bei diesen provisorischen Erkenntnisstrategien um eine Spezifik der angewandten Forschung handelt, soll im folgenden nachgegangen werden. Es geht also darum, die Besonderheiten der Prüfung und Bestätigung von Hypothesen im Anwendungsbereich zu untersuchen.

III.1.4 Angewandte Wissenschaft und Verlässlichkeit der Forschungsergebnisse

Allerdings richtet sich gegen diese Erwartung der Ausbildung provisorischer Erkenntnisstrategien im Anwendungskontext der vorgenannte Gesichtspunkt, dass gerade angewandte Forschung auf die Verlässlichkeit ihrer Ergebnisse angewiesen ist. Fehlerhaftigkeit und Unzuverlässigkeit ihrer Produkte kommen Industrieunternehmen unter Umständen teuer zu stehen. Irrtümer werden nicht allein im begrenzten Leserkreis der Fachzeitschriften offenbar, sondern weithin öffentlich sichtbar. Wenn falsche Annahmen zu Konstruktionsfehlern führen, dann beeinträchtigen sie nicht nur die Reputation des Unternehmens, sondern auch dessen Bilanzen. Sie werden schmerzlich als Verluste spürbar. Eine nachlässige Beurteilungspraxis oder ein bloß oberflächliches Verständnis der zugrunde liegenden Sachzusammenhänge machen die darauf gestützten Technologien fehleranfällig. Dieses erhöhte Risiko, von Schäden außerhalb von Laboratorien, das Irrtümer in der Anwendungsforschung mit sich bringen, lässt besonders sorgfältige Geltungsprüfungen erwarten.

Auch für diese Erwartung steigender methodologischer Ansprüche an Wissen im Anwendungskontext finden sich Belege. So wird vielerorts verlangt, die nicht-epistemischen Risiken (also mögliche Gesundheitsbeeinträchtigungen oder Schäden) in die Beurteilung von Hypothesen einzubeziehen. Zum Beispiel verweist die Wahl des Signifikanzniveaus bei toxikologischen Untersuchung darauf, welcher Fehlertypus für eher akzeptabel gehalten wird: Ein hohes Signifikanzniveau wird zu falsch positiven Resultaten führen und zusätzliche, unter Umständen überflüssige Sicherheitskosten mit sich bringen; ein niedriges Signifikanzniveau wird dagegen falsch negative Befunde heraufbeschwören und entsprechend Gefahren für die öffentliche Gesundheit provozieren. Verbreitet findet sich die Empfehlung, Hypothesen mit hohem Risikopotenzial einer besonders strengen Prüfung zu unterwerfen (Shrader-Frechette 1997; Douglas 2000). Diese Verknüpfung zwischen dem wahrgenommenen Risiko, das mit der Annahme einer Hypothese verbunden ist, und der Erhöhung des Bestätigungsniveaus, das für diese Annahme gefordert wird, wird im politischen Bereich tatsächlich hergestellt. So ziehen die EU-Behörden bei der Regulierung biotechnologischer Risiken ein »Prinzip der Vorsicht« heran, in dessen Licht die möglicherweise tiefgreifenden Auswirkungen genetisch veränderter Organismen auf die Biosphäre zu einer Erhöhung der Sicherheitsanforderungen und zur Einführung vorbeugender Maßnahmen führen (Commission of the European Communities 2000; vgl. Carrier 2006: Abs. 2).

Solche Geltungsprüfungen werden aber gerade durch die Anforderungen der wissenschaftlichen Methode charakterisiert. Dies legt nahe, dass eine theoretische Erschließung der einschlägigen Zusammenhänge die Verlässlichkeit der darauf gegründeten Verfahren zu erhöhen vermag. Bei kontextualisierten Kausalbeziehungen sind die Geltungseinschränkungen und -grenzen keineswegs deutlich und können daher leicht überschritten werden. Eine Analyse der kausalen Mechanismen kann daher gerade aus praktischem Blickwinkel geboten sein. Ebenso macht die Einbindung einer empirischen Verallgemeinerung in einen theoretischen Kontext unter Umständen deren Geltungsgrenzen deutlich oder eröffnet zusätzliche Optionen der Geltungssicherung. Das Fehlen eines vertieften Verständnisses beeinträchtigt daher letztlich auch die technologischen Chancen.

Dies legt die Erwartung nahe, dass die Standards wissenschaftlicher Geltungsprüfung auch in der angewandten Wissenschaft zum Tragen gebracht werden. Die wissenschaftliche Methode trägt mit ihren strikten Anforderungen an die Annehmbarkeit von Hypothesen dazu bei, die Zuverlässigkeit auch praxisrelevanten Wissens sicherzustellen. Die Wissenschaft hat daher von den Zwängen der Anwendung methodologisch wenig zu befürchten. Die Analyse von Verursachungsbeziehungen und theoretische Vereinheitlichung charakterisieren in methodologischer Hinsicht zwar die grundlagenorientierte Forschung, sie sind aber zugleich auch im Anwendungskontext praktisch fruchtbare Strategien. Will man Fragen im Anwendungskontext optimal behandeln, darf man sie nicht ausschließlich als angewandte Fragen behandeln. Die Erkenntniskraft der wissenschaftlichen Methode beweist sich auch bei praktischen Problemstellungen und stützt daher die epistemische Respektabilität angewandter Forschung.

III.1.5 *Fragestellung*

Diese Überlegungen führen daher zu zwei entgegengesetzten Erwartungen hinsichtlich der methodologischen Beschaffenheit angewandter Forschung. Einerseits liegt die Ausbildung *provisorischer Erkenntnisstrategien* nahe: In der angewandten Forschung ist allein der praktische Erfolg von Belang, und jede weitergehende Erkenntnisorientierung erscheint als überflüssiger Luxus. Danach stellen die vorgenannten fünf Charakteristika zumindest auf den ersten Blick methodologische Spezifika angewandter Forschung dar. Der Anwendungsdruck, so die Erwartung, provoziert also methodologische Veränderungen, die sich in Abweichungen von den in der erkenntnisorientierten Forschung zum Tragen gebrachten Verfahren und Regeln niederschlagen.

Andererseits sprechen Gründe für eine *Aufrechterhaltung anspruchsvoller Beurteilungsstandards*. Unter Umständen ist eine theoretische

Durchdringung der einschlägigen Sachverhalte durchaus von praktischem Nutzen. Die Reputation der Wissenschaft hängt gerade im Anwendungskontext davon ab, dass ihre handlungsrelevanten Empfehlungen verlässlich sind. Diese Verlässlichkeit könnte durch methodologische Nachlässigkeit gefährdet sein. Diesen entgegengesetzten Vermutungen soll im folgenden nachgegangen werden. Es geht also darum, die Besonderheiten der Prüfung und Bestätigung von Hypothesen im Kontext der angewandten Forschung zu untersuchen.

III.2 Computersimulationen – Wissen über eine imitierte Wirklichkeit

In Wissenschaft und Technik sind Computersimulationen zu einem wichtigen Instrument geworden, die Entwicklung und das Verhalten komplexer Systeme zu modellieren und vorherzusagen. Dazu imitieren und visualisieren sie deren Dynamik auf dem Computer durch für geeignet erachtete generative Mechanismen (Algorithmen), von denen einige gar keine Entsprechung in den zu simulierenden Prozessen haben. Allein die Performanz, also die Übereinstimmung mit der Erfahrung, entscheidet über die Qualität einer Simulation. Am Beispiel der Klimasimulationsmodelle wird diese Problematik ausführlich diskutiert. Darüber hinaus werden im Falle komplexer Systeme wie z.b. dem Klima theoretisch und disziplinär heterogene Komponenten pragmatisch miteinander gekoppelt, um zu realistischen Aussagen über die Klimaentwicklung zu kommen.

Zu den provisorischen Erkenntnisstrategien (s. Kap. III.1.3) zählen in ganz besonderer Weise Computersimulationen. Ermöglicht durch die enormen Fortschritte der Rechnerleistung von Computern werden sie in zunehmenden Maße eingesetzt, um Wissen zu produzieren, das über die tradierten Methoden der Wissenserzeugung Theorie (Berechnung) und Experiment (Messungen) nicht erhältlich ist: Entweder lassen die Theorien aufgrund ihrer Komplexität keine Berechnungen zu (die entsprechenden Gleichungen können weder analytisch noch numerisch gelöst werden) oder weil Laborexperimente die Wirklichkeit nur unzureichend abbilden und Realexperimente (vgl. Kap. III.3) zu riskant oder zu aufwändig wären. In der Literatur findet man ein breites Spektrum bei der Beschreibung ihrer charakteristischen Eigenschaften. Am einen Endes dieses Spektrums steht der Versuch, Computersimulationen lediglich als Verfahren des numerischen Rechnens zu beschreiben, am anderen Ende werden Computersimulationen als ein neues Verfahren der Wissensproduktion jenseits von Theorie und Experiment charakterisiert. Im folgenden wollen wir die Rolle von Computersimulationen und das von ihnen produzierte Wissen näher untersuchen.

Im Alltagssprachgebrauch simuliert jemand, der ein bestimmtes Verhaltensmuster – oft die Symptome einer Krankheit – täuschend echt nachahmt, meist, um sich einen Vorteil zu erschleichen. Ein Fall, der es zu literarischem Ruhm gebracht hat, ist der des Hochstaplers Felix Krull in dem gleichnamigen Roman von Thomas Mann. Besagter Felix Krull studiert die einschlägige medizinische Literatur und sucht nach möglichst detailgenauen Beschreibungen von Symptomen einer bestimmten Nervenkrankheit, die er täuschend echt nachzuahmen versucht, um bei der Untersuchung durch die Militärärzte als wehruntauglich eingestuft zu werden. Er imitiert die Symptome dieser Krankheit so überzeugend, dass er sein Ziel erreicht – er wird vom Militärdienst befreit.

Simulationen betreffen jedoch nicht nur und nicht einmal in erster Linie die Nachahmung bestimmter Krankheitssymptome, oder allgemeiner: sozialer Verhaltensmuster. Simulationen werden auch eingesetzt, um die Funktionsweise einer neuen Technik zu demonstrieren, wenn dies aus Kostengründen oder wegen des mit der Erprobung eines Prototyps verbundenen Risikos nicht möglich ist. Ein prominentes Beispiel für solche Simulationen sind die im 19. Jahrhundert eingesetzten Schiffsschleppversuchsanlagen. In ihnen wurde an sehr viel kleineren Modellen das Fahrverhalten von Schiffen im Wasser nachgeahmt, um strömungsgünstige Schiffsformen zu finden. Mit der aufkommenden Dampfschifffahrt und dem neuen Konstruktionsmaterial Eisen wurden die Schiffe schneller und größer. Das aus dem Bau von Segelschiffen tradierte Konstruktionswissen war wegen der neuen Dimensionen nicht mehr angemessen und Erfahrungen mit den neuen Dampfschiffen lagen noch nicht in ausreichender Zahl vor.

Zwar war die Physik schon damals in der Lage, die nötigen Theorien über den Widerstand von umströmten Körpern im Wasser in Abhängigkeit von der Geschwindigkeit zu liefern. Wegen der Nicht-Linearität der daraus abzuleitenden Gleichungen gab es aber keine allgemeinen Lösungen, mit denen der Einfluss der Schiffsform hätte vorhergesagt werden können. Man wäre also auf Versuch und Irrtum angewiesen gewesen – ein mit Schiffen in Originalgröße langwieriges und kostspieliges Unterfangen.

Es gibt weitere Beispiele für solche *Realsimulationen*, in denen die Simulation real in der Wirklichkeit abläuft. Flugsimulatoren z.B. erlauben es den Piloten, Situationen im Flugverhalten zu trainieren, was im realen Flugzeug zu riskant wäre. Inzwischen gibt es auch Fahrsimulatoren für große Tanker und andere ›Risikofahrzeuge‹. In all diesen Fällen dient die Simulation dazu, die Piloten bzw. Fahrzeuglenker mit den Eigenheiten eines bestimmten Fahrzeugtyps vertraut zu machen und Routinen für das Verhalten in kritischen Situationen zu entwickeln und einzuüben.

III.2.1 *Computersimulationen – Generative Mechanismen zur Erzeugung komplexer Dynamiken*

Computersimulationen werden heute in Wissenschaft und Technik auf vielfältige Weise eingesetzt, um Wissen über das Verhalten natürlicher, sozialer und technischer Systeme zu erhalten. Dazu wird die entsprechende Wirklichkeit in komplexen Computerprogrammen imitiert und auf geeignete Weise auf dem Bildschirm sichtbar gemacht. Auf den ersten Blick erweckt der Übergang von Realsimulationen zu Computersimulationen den Anschein von Kontinuität. Bei genauerem Hinsehen zeigt sich aber ein gravierender Unterschied. Die Qualität einer Realsimulation kann unmittelbar erlebt werden. Ob ein Flugsimulator das Fliegen adäquat imitiert, kann ein erfahrener Pilot aufgrund seiner Erfahrung zweifelsfrei feststellen. Auch bei Felix Krull befindet der untersuchende Arzt über die Qualität der imitierten Krankheitssymptome aufgrund seiner Erfahrung und entscheidet entsprechend.[1] Eine gute Simulation ist eine Imitation der Wirklichkeit, die von erfahrenen Fachleuten als adäquat akzeptiert wird. Eine gute Simulation wird als eine für bestimmte Zwecke geeignete Repräsentation der Wirklichkeit akzeptiert.

Im Falle von Computersimulationen erweist sich dieser Sachverhalt jedoch als problematisch. Deren Ergebnisse sind nicht direkt erlebbar. Sie erscheinen als Bilder auf dem Computerschirm. Sie sind virtuell und können nur über geeignete Daten mit der Wirklichkeit verglichen werden. Diese Daten sind in der Regel Ergebnis komplexer Messungen, oft lückenhaft und fehlerbehaftet. Nicht selten sind sie eine Rekonstruktion einer unbekannt bleibenden Wirklichkeit. Im Falle der Klimasimulationen z.B. stammen die Vergleichsdaten aus einer Rekonstruktion der Klimageschichte, die selbst von der tatsächlichen Geschichte mehr oder weniger abweichen kann. Gerade in letzter Zeit ist hierüber ein heftiger Streit innerhalb der Klimaforschung im Gang.

Ob eine Computersimulation die Wirklichkeit adäquat widerspiegelt, ist also in doppelter Hinsicht problematisch: Zum einen liefert die Simulation nur Wissen über eine virtuelle Modellwelt, zum anderen stehen als Vergleich ebenfalls nur Daten über Modelle der Wirklichkeit zur Verfügung. So dienen als Maßstab für die Simulation von Crashtests nicht wirkliche Autounfälle, sondern lediglich Daten aus normierten Experimenten mit realen Autos und künstlichen Insassen (Dummies). Die Validierung von Computersimulationen wird damit zu einem drängenden, vielleicht sogar zu *dem* zentralen Problem dieses neuen Instruments der Wissensproduktion.

Festzuhalten ist, dass Computersimulationen anders als Realsimulationen nicht als eine nachgeahmte Wirklichkeit in der Wirklichkeit ablaufen. Vielmehr imitieren Computersimulationen theoretische Modelle der Wirklichkeit auf abstrakte und symbolische Weise, sei es in Form von ›künstlichen‹ Daten, oder in Form einprägsamer Bilder, bis hin zu ›virtuellen Realitäten‹. Ausgangspunkt von Computersimulationen sind in der Regel theoretische Modelle, die in *generative Mechanismen* übersetzt und als Computerprogramm implementiert werden. Entscheidend

---

1 Erst ein Blick hinter die Phänomene – z.B. der fehlende Nachweis organischer Veränderungen oder physiologischer Daten würde Klarheit bringen.

ist, dass der im theoretischen Modell codierte Prozess in der Simulation in seiner komplexen Dynamik (zumindest in wesentlichen Aspekten) sichtbar gemacht werden kann. Computersimulationen stellen sich demnach als Verknüpfung von numerischen Verfahren und Visualisierung dar (s. o. Kap. III.1). In ihrem instrumentellen Charakter ist die Computersimulation mit dem Mikroskop vergleichbar. Computersimulationen ermöglichen Einblicke in die interne Dynamik (Eigendynamik) komplexer Systeme, ähnlich wie das Mikroskop Einblicke in die Welt des ›mikroskopisch‹ Kleinen ermöglicht. Sie zeigen, wie ein komplexes Netzwerk von Wechselwirkungen einfache Verhaltensmuster produziert.

Im Laufe der Entwicklung haben sich verschiedene generative Mechanismen als Standardverfahren in der Computersimulation etabliert. Drei prominente Beispiele – Differenzengleichungen, zelluläre Automaten und agentenbasierte Simulationen – sollen im folgenden, ohne Anspruch auf Vollständigkeit, kurz beschrieben werden:

Differenzengleichungen

Die meisten der in der Natur vorkommenden Prozesse verlaufen kontinuierlich in Raum und Zeit. Der Apfel fällt nicht ruckweise vom Baum, das Wetter ändert sich nicht sprunghaft. Ein plötzlich über einen Landstrich hereinbrechendes Unwetter ist die Folge kontinuierlicher Prozesse in der Atmosphäre. Es gibt aber auch Fälle, in denen Entwicklungen sprunghaft (diskret) verlaufen. Dem Konto werden die Zinsen regelmäßig am Quartalsende gutgeschrieben – das Vermögen wächst diskret. Oft ist die Diskretisierung von Prozessen eine Folge der Beobachtung: Die Vermehrung der Kaninchen im Stall vollzieht sich in diskreten Schritten – plötzlich sind es sieben statt fünf – wenn man nur in gewissen Zeitabständen in den Stall schaut.

Bei diskreten Prozessen ändert sich der Zustand eines Systems sprunghaft. Solche Prozesse lassen sich formal einfach beschreiben: Der Zustand der charakteristischen Variablen eines Systems zum Zeitpunkt t_{n+1} ist eine Folge des Zustands zum Zeitpunkt t_n. Die Gesetzmäßigkeit, mit der aus einem Zustand der nächste entsteht, entspricht einer Rechenvorschrift (Algorithmus), wie aus einem bekannten Anfangszustand alle folgenden Zustände der Reihe nach berechnet werden können. Nur solche diskreten Prozesse lassen sich im Computer darstellen und bei entsprechender Bearbeitung der Resultate auf dem Bildschirm sichtbar machen. Das bekannteste Beispiel für eine solche diskrete Dynamik ist die logistische (Verhulst) Gleichung, die die Entwicklung einer Population modellhaft beschreibt, in der Fortpflanzung und Tod die treibenden Kräfte sind.

An diesem Beispiel wurden wichtige Einsichten in die Dynamik diskreter Prozesse gewonnen. Die Entdeckung des deterministischen Chaos sei hier beispielhaft genannt.

Die Analyse kontinuierlich ablaufender Prozesse ist ungleich schwieriger. Die mathematischen Modelle, die solche Prozesse beschreiben, sind Differentialgleichungen bzw. Differentialgleichungssysteme. Seit Newtons Gravitationstheorie sind sie sozusagen die mathematische Standardform zur Beschreibung naturgesetzlich ablaufender Dynamiken geworden. Solche Differentialgleichungen haben in besonders einfachen Fällen Lösungen, d. h. es kann ein funktionaler Zusammenhang der darin vorkommenden Variablen in Abhängigkeit von Raum und Zeit angegeben werden, der die zugrunde liegenden Differentialgleichungen befriedigt. Aber in den meisten Fällen, in denen die Variablen nicht-linear miteinander verknüpft sind, können solche allgemeinen Lösungen nicht gefunden werden, und oft ist nicht einmal klar, ob solche Lösungen überhaupt existieren.

Um derart komplexe Dynamiken auf dem Computer zu untersuchen, müssen die (kontinuierlichen) Differentialgleichungen diskretisiert werden. Das heißt, es muss so getan werden, als würden auch hier alle Prozesse diskret (sprunghaft) in Raum und Zeit ablaufen. Theoretisch ist das unproblematisch, insofern die auf diese Weise aus der Differentialgleichung gewonnene Differenzengleichung – die kontinuierliche Dynamik wird formal durch eine diskret ablaufende ersetzt – bei beliebig kleinen Zeit- und Raumschritten in die ursprüngliche Differentialgleichung übergeht. Praktisch ist dieser Übergang jedoch nicht möglich. Die Übertragung in Differenzengleichungen ist mit erheblichen Problemen behaftet, auf die wir später noch zurückkommen werden. Hier soll nur festgehalten werden, dass die Differenzengleichungen als ein generativer Mechanismus betrachtet werden können, der im Prinzip dieselbe Dynamik im Computer erzeugt, oder erzeugen soll, die die Differentialgleichungen theoretisch beschreiben.

Zelluläre Automaten

Zelluläre Automaten (CA) verwenden ebenfalls einen diskreten generativen Mechanismus, um die Dynamik eines Prozesses beschreiben zu können. Sie beruhen auf der Einteilung eines Zustandsraums – der Einfachheit halber werden oft zwei-dimensionale Zustandsräume betrachtet – in Zellen. Jede solche Einteilung errichtet auch eine Nachbarschaftsstruktur der Zellen. Diese können jeweils verschiedene Zustände – oft genügen wieder zwei – annehmen. Jede Zelle ändert ihren Zustand im nächsten Zeitschritt nach Maßgabe des Zustandes ihrer jeweiligen Nachbarzellen. Schon relativ einfache Regeln, wie sich der Zustand der Zellen jeweils verändert, können relativ komplexe Muster der Dynamik ergeben. Dabei ist es unerheblich, ob es ein kontinuierliches theoretisches Modell als Vorbild gibt, das durch die Zellulären Automaten modelliert werden soll, oder ob die Automaten als eigene, ursprüngliche Generatoren genommen werden, wie das z. B. in John H. Conways berühmtem *Game of Life* der Fall ist (Conway 1983). Die Nachbarschaftsbeziehung der Zellen hat sich als vielseitig interpretierbar erwiesen. Sie kann sowohl für eine Diskretisierung des abstrakten Raums stehen, etwa wenn CA-Algorithmen zur Berechnung von Differentialgleichungen genutzt werden. (Der Programmentwickler Stephen Wolfram hält sogar Patente für die Darstellung von Differentialgleichungen durch Zelluläre Automaten (Wolfram 2002). Oder die Zellen können als Individuen mit entsprechenden Nachbarschaftsbeziehungen gelten, aus denen soziale Phänomene generiert werden, wie etwa Meinungsbildung, die dann als Effekt der Musterbildung auf der Makroebene beobachtet wird, die aus den Nachbarschaftsregeln der Mikroebene emergiert.

Agentensysteme

Agentensysteme sind (jedenfalls unter diesem Namen) ein relativ neuer Ansatz der Modellierung. Sie bestehen aus kleinen Programmen, so genannten Agenten, die andere Agenten wahrnehmen und mit ihnen kommunizieren können, über ihre Wahrnehmungen Überlegungen anstellen und über Handlungen ihre Umwelt beeinflussen – alles im Sinne einer Simulation. Agenten können innerhalb dieser Definition unterschiedlich komplex sein. Manche Autoren aus dem Umfeld des »Artificial Life« nehmen Insekten als Vorbilder für ihre Agenten, die nach einem einfachen Reiz-Reaktions-Schema programmiert sind. Autoren, die eher aus dem Umfeld der klassischen Künstlichen Intelligenz kommen, bevorzugen den Menschen als Leitbild, mit der expliziten Modellierung von mentalen Zuständen und symbolischem Wissen. In einem Multi-Agenten-System, in dem viele Agenten miteinander verbunden sind, muss es festgeschriebene oder auch variable Regeln in Form von Protokollen geben, die die Kommunikation und Kooperation der Agenten bestimmen.

Die Liste der Beispiele, in denen heute Computersimulationen eingesetzt werden, ist lang. Drei Beispiele seien willkürlich herausgegriffen: In der Physik wird die Dynamik von Spiralgalaxien simuliert, in der Autoindustrie die Verformung von Autos bei Unfällen sowie die daraus resultierenden Verletzungen von Passagieren, und in der Klimawissenschaft und -politik die Entwicklung des Klimas im Hinblick auf die Rolle anthropogener Einflüsse, um mögliche Strategien des Umgangs mit einer drohenden globalen Erwärmung zu studieren. All diesen Beispielen ist das Interesse gemeinsam, die komplexe Dynamik von Prozessen in unterschiedlichen Kontexten zu erforschen und Eingriffsoptionen für vorgegebene Zwecke zu entdecken sowie deren Auswirkungen zu analysieren. In allen aufgeführten Beispielen gibt es keine andere Möglichkeit, das gewünschte Wissen zu produzieren, sei es, weil weder ein analytischer noch ein experimenteller Zugriff existiert (Galaxien und Klima), sei es, weil alternative Zugänge zu aufwändig und damit zu teuer sind (Crashtests).

In allen Fällen lautet die entscheidende Frage, was eine gute Simulation ausmacht. Wann kann man dem durch Computersimulationen erzeugten Wissen vertrauen? Im Falle von Realsimulationen ist die Antwort meist einfach zu finden. Ein guter Flugsimulator ist ein künstliches Cockpit, in dem ein erfahrener Pilot erlebt, was er aus der Praxis kennt. Er erlebt die simulierten Flugmanöver wie in der Wirklichkeit und lernt so auf kritische Situationen zu reagieren, dass er sie auch im realen Fall richtig meistert. Der bereits zitierte Felix Krull ist ein guter Simulant, wenn es ihm gelingt, den Arzt zu täuschen.

In beiden Beispielen ist es die persönliche Erfahrung mit der Wirklichkeit, die bei der Beurteilung der Qualität einer Simulation den Ausschlag gibt. Im Falle von Computersimulationen gibt es keine Möglichkeit, die Ähnlichkeit mit der Wirklichkeit direkt festzustellen. Aber Computersimulationen erzeugen Daten, die mit Daten aus der Wirklichkeit verglichen werden können. Wenn das simulierte Klima die Klimadaten der Klimageschichte reproduziert, gibt es gute Gründe für die Annahme, dass die Computersimulation das wirkliche Klima täuschend ähnlich nachahmt. Insoweit ähneln sich die beiden Fälle Realsimulation und Computersimulation.

Ein wesentlicher Unterschied besteht jedoch dann, wenn keine Daten zum Vergleich vorliegen. Das ist insbesondere bei Vorhersagen einer komplexen Dynamik der Fall. Wie wird das Klima in 50 Jahren sein? Dafür gibt es keine Vergleichsmaßstäbe. Eine Aussage über den Wirklichkeitsbezug einer Simulation wird dann zum offenen Problem. Im folgenden wollen wir näher darauf eingehen, was Computersimulationen sind und wie ihr Bezug zur Wirklichkeit bewertet werden kann. Ziel dieses Kapitels ist es, am Beispiel der Klimasimulation zwei Fragenkomplexe zu behandeln:

(1) Was kennzeichnet Computersimulationen als Methode der Wissensproduktion in der Wissenschaft? Wie unterscheiden sich Computersimulationen von anderen Modellen? Sind Simulationen lediglich numerische Berechnungen mathematischer Modelle, ergänzt von anschaulichen Visualisierungen, oder kommt ihnen ein eigener Stellenwert innerhalb der Produktion neuen Wissens zu? (2) Welche Anforderungen werden an simulationsbasiertes Wissen in der Praxis gestellt? Was sind dessen Anwendungsbedingungen und wie wirken sich diese auf den Umgang mit Simulationen in der Wissenschaft aus?

III.2.2 Simulationen – Erkundung komplexer Systeme

Computersimulationen imitieren auf der Basis von Modellen die Dynamik komplexer Systeme. Wo generative Mechanismen eingesetzt werden, die sich nicht auf ›realistische‹ Modelle beziehen, liegt der Imitationscharakter der Simulation auf der Hand, Wo aber Differentialgleichungen eine Dynamik realistisch abbilden, scheinen Computersimulationen eine komplexe Dynamik numerisch zu berechnen. Diese Ansicht ist nicht nur bei den ›Simulanten‹ weit verbreitet, sondern auch bei Wissenschaftsphilosophen, und Begriffe wie numerische Integration weisen in diese Richtung (vgl. Stöckler 2000). Deshalb wollen wir im folgenden zeigen, dass sich die in der Simulationstechnik eingesetzten Verfahren wesentlich von dem unterscheiden, was man im strengen Sinne unter numerischem Rechnen versteht – dem Einsetzen von Zahlenwerten für Variablen und Parameter in mathematische Formeln. Simulationen stellen vielmehr die numerische *Imitation* einer Lösung der gesuchten Differentialgleichungen dar, bzw. die Imitation einer komplexen Dynamik durch einen geeigneten generativen Mechanismus. Dabei kennzeichnen zwei der genannten »provisorischen Erkenntnisstrategien« (s. Kap. III.1) die Computersimulation als ein neues Werkzeug der Wissenschaft – der »Instrumentalismus« und die »explorativen Experimentalstrategien«. Sie betreffen Simulationen im allgemeinen, sie können aber besonders plastisch anhand der Diskussion eines konkreten Fallbeispiels hervortreten. Im folgenden soll daher das Klimasystem, bzw. die Klimawissenschaft, als Beispiel dienen.

Fallbeispiel: das Klimasystem

Zunächst eine Begriffsklärung: Der Begriff Klima wird in der Literatur definiert als das »mittlere Wetter« oder die »Gesamtheit der meteorologischen Erscheinungen, die den mittleren Zustand der Atmosphäre an irgend einer Stelle der Erdoberfläche kennzeichnen« (Hann 1908, vgl. auch Claussen 2004, der insbesondere die Zugehörigkeit auch der Biosphäre betont). Das Wetter dagegen wird definiert als der Zustand der Atmosphäre – im wesentlichen die Angaben über Luftdruck P, Luftströmung V und Lufttemperatur T – zu einem bestimmten Zeitpunkt. Bei der Wetterprognose handelt es sich um ein Anfangswertproblem, aus dem sich entsprechende Unsicherheiten bei der Vorhersage bereits über mittlere Zeiträume ergeben, da kleine Abweichungen der Anfangswerte in der Regel schon nach kurzer Zeit zu großen Unterschieden in der Berechnung führen. Auf der anderen Seite ist eine – wenigstens im Prinzip – relativ genaue Vorhersage der Klimaentwicklung durchaus möglich, weil diese wegen der Mittelung über lokale Schwankungen zum Randwertproblem wird: »Selbstorganisationsprozesse« stabilisieren bestimmte Klimazustände als stationäre Muster über längere Zeiträume hinweg.

Der Zustand der Atmosphäre wird aber nicht allein durch Prozesse bestimmt, die in der Atmosphäre ablaufen, sondern auch durch die Anordnung der Landmassen, die Form der Vegetationsgürtel, die Bewegung der Gletscher, die Veränderung der Eisflächen an den Polen etc. Selbst die Organisationsweise verschiedener Gesellschaften trägt zu ihr bei, denkt man etwa an den CO_2-Eintrag durch fossile Brennstoffe in Abhängigkeit vom Energieverbrauch in verschiedenen Wirtschaftsordnungen. Das Klima ist daher ein komplexes System, das verschiedene Teilsysteme umfasst: Atmosphäre, Hydrosphäre (Seen, Ozeane, Wolken ...), Kryosphäre (Inlandeis, Gletscher, Schneefelder, Permafrost, See-Eis), Biosphäre (Verdunstung, Rauhigkeit, Photosynthese, CO_2-Bilanz etc.), die alle selbst wiederum komplexe Subsysteme umfassen.

In allen Bereichen der Klimaforschung haben sich heute Computersimulationen als Methode bei der Modellierung der Klimadynamik erfolgreich durchgesetzt, weil eine analytisch-mathematische Lösung der theoretischen Modelle wegen der Komplexität der Systeme nicht möglich ist. Genauso wenig gibt es einen experimentellen Zugang im traditionellen Sinn. Das Klimasystem ist zu umfassend, als dass es im Labor nachgebildet werden könnte. Einer der interviewten Forscher[2] drückt das folgendermaßen aus:

»Man kann nicht die Erde in ein Reagenzglas stopfen und dann irgendwelche Substanzen zugeben, um irgendwie die Erde reagieren zu lassen. Deswegen müssen wir uns ein Abbild der Erde schaffen [...] und was anderes sind Klimamodelle nicht« (Transkript).

Die Klimaforschung ist heute, insoweit sie Comptersimulationen involviert, eine experimentelle Wissenschaft, gestützt auf Computerexperimente. Damit ist gemeint, dass verschiedene Simulationsansätze ausprobiert werden, um die Phänomene des Klimasystems möglichst detailgetreu wiederzugeben. Welches Modell bei einer Simulation letztlich zum Erfolg führt, ist nicht theoretisch zu begründen, sondern nur durch Ausprobieren zu entscheiden. Dieser explorative Zugang lässt sich auf das sogenannte »erste Experiment« zurückverfolgen, dessen Erfolg der Simulationsmethode in der Meteorologie zum Durchbruch verhalf. Gleichzeitig liefert es Aufschlüsse über die Simulationsmethode in einem allgemeineren Sinn.

[2] Den als Transkript gekennzeichneten Zitaten liegen Interviews zugrunde, welche 2002 und 2003 mit Klimaforschern an einer Reihe von Forschungszentren geführt wurden (u.a. GFDL/ Princeton, MPI Hamburg, PIK Potsdam).

Das erste Experiment: Die Dynamik der Atmosphäre

In einer Arbeitsgruppe zur numerischen Meteorologie am Institute for Advanced Studies (IAS) in Princeton wurde die Strategie verfolgt, die komplexen hydrodynamischen Strömungsprozesse der Atmosphäre auf dem Computer zu berechnen. 1955 gelang es dem dort arbeitenden Norman Phillips tatsächlich, die Wind- und Druckverhältnisse der gesamten Atmosphäre mittels eines Computermodells nachzubilden und im so genannten *first experiment*[3] zu simulieren. Die Entwicklung eines Simulationsmodells der allgemeinen Zirkulation der Atmosphäre wurde als ein bahnbrechender Erfolg gefeiert. Dieser Durchbruch kam für die Fachwelt überraschend, da die Komplexität der Prozesse in der Atmosphäre als ein unüberwindliches Hindernis für eine erfolgreiche theoretische Modellierung angesehen worden war.

Dass der erste Versuch, ein Simulationsmodell für die Dynamik der Atmosphäre zu entwickeln, als ein Experiment betrachtet wurde, unterstreicht die Unsicherheit, die zu Beginn der Klimasimulation das Denken beherrschte. Es war keineswegs klar, inwieweit man so ein komplexes System auf ein so einfaches Modell reduzieren kann. Phillips verwendete lediglich sechs (kontinuierliche) Grundgleichungen, die seither als *primitive equations* der Atmosphärendynamik bezeichnet werden und allgemein als die physikalische Basis der Klimatologie gelten. Dass nur sechs Grundgleichungen ausreichen könnten, um die komplexen Muster der Zirkulation zu erzeugen, war für die Fachwelt verblüffend. Sie hatte ein wesentlich umfangreicheres Gleichungssystem als unumgänglich vermutet. Gleichzeitig bringt der Begriff aber auch etwas methodisch höchst Bedeutsames zum Ausdruck, dass nämlich Wissenschaftler im Rahmen von Simulationen ihre Modelle wie einen experimentellen Aufbau gebrauchen. Die Resultate der Simulationen erhalten vor diesem Hintergrund einen quasi-empirischen Charakter, da man erst am Output der Computerexperimente das Verhalten der Modelle überblicken kann. Zusätzlich ermöglicht eine stabile Reproduktion der komplexen Dynamik Rückschlüsse auf mögliche treibende Kräfte. War noch in den 1940er Jahren die vorherrschende Meinung, dass globale Zirkulationsmodelle nicht zu bearbeiten wären, so hatte sich das durch den Erfolg des ersten Experiments drastisch geändert. Binnen kurzer Zeit wurde der simulationsbasierte Zugang solcher »allgemeinen Zirkulationsmodelle« (*general circulation models*, kurz: GCMs) zum Königsweg in der Klimaforschung. In Princeton wurde

---

3 Phillips 1956. Für eine detaillierte Schilderung vgl. Lewis 1998, für eine weitergreifende Ideengeschichte der Modellierung der allgemeinen Zirkulation der Atmosphäre vgl. Lorenz 1967.

bereits 1960 das *Geophysical Fluid Dynamics Laboratory* (GFDL) gegründet, das genau diesen Ansatz weiterverfolgte und damit zu einer ersten institutionellen Verankerung der Simulationsmethode in der Klimaforschung führte.[4] Das im »ersten Experiment« verwendete Simulationsmodell arbeitete mit einer sehr groben räumlichen Diskretisierung der Atmosphäre. In vertikaler Richtung war sie in lediglich zwei Schichten unterteilt und horizontal durch ein Gitternetz von Zellen mit je mehr als 200.000 km^2 Fläche. Als Anfangszustand der Simulation wurde eine ruhende Atmosphäre angenommen, in der es noch keine Temperaturunterschiede und keine Strömung geben sollte. Die physikalischen Gesetzmäßigkeiten der Atmosphärendynamik wurden nun an das diskrete Gitter angepasst. Für diese Anpassung verfolgte Phillips die schon anfangs erwähnte Strategie der finiten Differenzengleichungen. John von Neumann hatte diese Technik auf der Basis von hydrodynamischen Codes bereits im Rahmen des Manhattan-Projekts auf Diffusionsprozesse angewandt.

Im zweiten Schritt des Simulationsexperiments wurde dann die Dynamik angestoßen, d.h. die Strahlung der Sonne und die Rotation der Erde kamen hinzu. Die (simulierte) Atmosphäre verließ den Ruhezustand und pendelte sich in einen so genannten *steady state* ein, der einem stabilen Strömungsmuster entspricht. Die spannende Frage lautete, ob die in der realen Atmosphäre beobachteten globalen Muster der Windströmungen vom Modell adäquat wiedergegeben wurden. Als Vergleich dienten unter anderem die stabilen und doch komplexen Muster der westlichen Passatwinde nördlich des Äquators (*surface westerlies*. Zu Details Lewis 1998.) Die Atmosphärendynamik weist einige solcher stabilen Muster auf, deren Form und Erscheinungsbild für die Seefahrt teils schon seit Jahrhunderten wohl bekannt, deren Entstehungsbedingungen aber theoretisch unklar waren. Das Ergebnis war positiv, eine Übereinstimmung mit der Erfahrung war nach einhelliger Meinung gegeben. Durch den faktischen Erfolg des Simulationsexperiments war die zunächst skeptische Fachwelt überzeugt worden.

Aber der neue und so erfolgreiche Simulationsansatz warf sogleich neuartige Probleme auf, von denen hier die Stabilität (*computational stability*) hervorgehoben werden soll: Der generative Mechanismus, mit dem eine bestimmte Dynamik imitiert werden soll, muss auf dem Rechner ›laufen‹, d.h. er darf nicht instabil werden, weil sich z.B. die Diskretisierungsfehler oder die numerischen Fehler aufschaukeln. Diese beiden Fehlerquellen sind jedoch gegenläufig, d.h. können nicht beide eliminiert werden, da ein feineres Gitter zugleich eine größere Zahl an (je ungenauen) Kalkulationen erfordert. So können numerische Insta-

---

[4] Im gleichen Jahr wurde auch das National Center for Atmospheric Research (NCAR) in Boulder, Colorado gegründet.

bilitäten zu einem ernsten und prinzipiellen Problem von Simulationen werden – und genau das geschah in unserem Beispiel! So durchschlagend der Erfolg von Phillips' Simulationsexperiment war, so schwer wog dieses Problem der Instabilität: die Dynamik der Atmosphäre blieb nur wenige Wochen stabil. Nach circa vier Wochen schaukelte sich die innere Energie auf und das System »explodierte«, d.h. die stabilen Strömungsmuster lösten sich im Chaos auf. Wie Phillips lakonisch bemerkte: »Nach 26 Tagen wurde das Feld wegen der großen numerischen Fehler sehr irregulär und wird deshalb nicht gezeigt« (Phillips 1956: 145, eigene Übersetzung). Die Stabilität des Simulationsmodells zu erreichen, wurde nun als eine zusätzliche Herausforderung für die weitere Arbeit angesehen. Sie war gleichermaßen wichtig für die Klimaforschung, die an der Vorhersage langfristiger Phänomene interessiert war, wie für die Simulationsmethode allgemein. Das Problem der erfolgreichen und insbesondere stabilen Ersetzung der »natürlichen« Dynamik eines durch Differentialgleichungen repräsentierten Systems durch die »künstliche« Dynamik eines Differenzengleichungssystems gehört zur Kernaufgabe der Simulationsmethode und ist keineswegs spezifisch für die Klimamodellierung. Die numerische Stabilität wurde deshalb zu einem intensiv diskutierten Forschungsthema.

Imitation statt Berechnung

Zunächst sah man die Ursache der Instabilität in dem Aufschaukeln der Rundungsfehler durch die rekursive Berechnung der Zustandsvariablen. Eine Lösung wurde deshalb in geeigneten Mittelungsverfahren gesucht, die die Fehler reduzieren sollten, bevor sie sich zu sehr aufschaukeln konnten. Diese Strategie orientierte sich ganz offensichtlich am Ideal einer möglichst korrekten Berechnung: Instabilitäten werden als Folge von Fehlern, d.h. von unzulässigen Abweichungen des diskreten Modells vom kontinuierlichen System, aufgefasst. Während also die meisten glaubten, eine möglichst genaue Lösung der Grundgleichungen finden zu müssen, unternahm Akio Arakawa, ein mathematisch außerordentlich versierter Meteorologe aus Japan, der ein GCM an der University of California in Los Angeles (UCLA) entwickelte, einen zusätzlichen Modellierungsschritt. Dieser leitete sich nicht aus der physikalischen Basis ab, sondern konnte nur im nachhinein durch die Ergebnisse der Simulationsläufe quasi empirisch gerechtfertigt werden. Für Arakawa stand die *Imitation* der Dynamik im Vordergrund und nicht eine möglichst präzise Berechnung von Lösungen. Arakawa erkannte, dass man auf eine echte Lösung der Grundgleichungen überhaupt verzichten konnte, ja sogar musste. Wenn die zeitliche Entwicklung der Simulation die Verhältnisse der Atmosphäre gut wiedergab und wenn sie stabil war, dann war die Simulation eine gelungene Imitation der Phänomene in der Atmosphäre, auch wenn sie keine Lösung der Grundgleichungen bedeutete.

Um die Stabilisierung des Simulationsverfahrens zu erreichen, musste Arakawa zusätzliche Annahmen einführen, die zum Teil gegen die Erfahrung und das vorhandene Wissen gerichtet waren. So ging er von der Erhaltung der kinetischen Energie in der Atmosphäre aus, obwohl klar war, dass diese durch Reibung in Wärme umgesetzt wird, also definitiv nicht erhalten bleibt. Mehr noch, die Dissipation sorgt gerade dafür, dass die wirkliche Atmosphäre eine so stabile Dynamik besitzt. Physikalisch argumentiert kann man sagen, dass Arakawa mit der Erhaltung der kinetischen Energie künstlich das Anwachsen der Instabilitäten begrenzt hat. In der wirklichen Atmosphäre besorgt dies die Reibung.[5]

Das offfensichtlich im Widerspruch zur Theorie und und zur Erfahrung stehende und später ›Arakawa's Computational Trick‹ genannte Verfahren stieß auf Skepsis in der Fachgemeinschaft. Wie sich Arakawa später erinnerte, lautete der Tenor: »Why require conservation while nature does not conserve?« (Arakawa 2000: 16). Der Erfolg seines Ansatzes gab Arakawa schließlich Recht und sein zunächst umstrittener Ansatz ist heute zu einem anerkannten und bewunderten »Rechentrick« sedimentiert.[6]

Mehr noch, das heute als Arakawa-Operator benannte Verfahren wurde sogar zu einem höchst einflussreichen theoretischen Konstrukt. Dieser Ansatz stand den verschiedenen, unabhängig verfolgten Glättungsmethoden gegenüber, die ebenfalls mit dem Problem der nichtlinearen Instabilitäten fertig werden sollten, bis sich später in einem Experiment herausstellte, dass die konkurrierenden Ansätze ein entscheidendes Manko aufwiesen. 1978 führte Jule Charney ein Experiment durch, das in einem Wettbewerb zwischen mehreren GCMs bestand, die parallel und mit den gleichen Anfangsbedingungen liefen. Beteiligt waren drei Modelle: Leith (vom Lawrence Livermore Laboratory), Smagorinsky (vom Geophysical Fluid Dynamics Laboratory (GFDL) in Princeton) und Arakawa (UCLA). Die ersten beiden arbeiteten mit Glättungsmethoden, während das UCLA-Modell den Arakawa-Operator implementiert hatte. Phillips schildert den Verlauf:

---

5 Übrigens war die Einführung artifizieller Mechanismen in der Simulationsmethode von Beginn an praktiziert worden, so verwendete von Neumann eine ganz ähnliche Strategie, als er eine *artificial viscosity* einführte, um ein realistisches Verhalten bei der Ausbreitung von *shock waves* herbeiführen zu können (vgl. Winsberg 2003).

6 Zur Darstellung als *computational trick* vgl. die gelungene *WEB History of Climate Change Science* von Spencer Weart (2001).

»Drei allgemeine Zirkulationsmodelle wurden für parallele Integrationen von mehreren Wochen genutzt, um das Wachstum kleiner Fehler in den Anfangswerten zu bestimmen. Einzig Arakawas Modell wies das aperiodische Verhalten auf, das die reale Atmosphäre außerhalb der tropischen Breiten auszeichnet. ... Dieses aperiodische Verhalten war möglich, weil Arakawas numerisches System ohne die signifikante Glättung auskam, die die anderen Modelle benötigten« (Phillips 2000: xxix, eigene Übersetzung).

Dies stellt einen bemerkenswerten Umstand dar: Die traditionelle Sicht, die die Simulation als numerische Berechnung eines mathematischen oder physikalischen Systems auffasste, war in ihrem Bemühen um numerische Stabilität in eine Sackgasse geraten. Die gewünschte Stabilität ließ sich nur durch Glättungsmethoden erreichen. Diese aber mussten ein unrealistisches Langzeitverhalten in Kauf nehmen. Der konkurrierende Ansatz von Arakawa dagegen erreichte eine ›realistischere‹ Wiedergabe der Dynamik der Atmosphäre, indem er sich ganz kontraintuitiv auf artifizielle, physikalisch unmotivierte Annahmen stützte.

Phillips' Experiment und Arakawas Stabilisierungsprogramm eröffnen eine Reihe interessanter Aspekte, die zur Kennzeichnung von Computersimulationen beitragen können:
– Die Anerkennung der Grundgleichungen, d. h. des theoretischen Modells, konnte erst *nach* dem empirischen Erfolg stattfinden. Jede einzelne der Grundgleichungen stand für sich außer Frage, aber welche Zusammenstellung ein adäquates System ergeben würde, war unbekannt und nur durch Simulationen zu erkunden gewesen. Insofern ging das numerische Experiment dem Modell voran – ein Beleg für die explorative Herangehensweise, die mit der Simulationsmethodik verbunden ist. Phillips hatte Erfolg mit einer minimalen Auswahl, was dann als Beweis der richtigen (und eindeutigen) Wahl gelten konnte.
– Die Konstruktion eines diskreten Modells war die eigentlich typische und neuartige Aufgabe der Simulationsmodellierung: Die globalen, in Raum und Zeit kontinuierlichen Gleichungen der Hydrodynamik mussten so umformuliert werden, dass die zeitliche Veränderung der relevanten Variablen – Druck, Temperatur und Windgeschwindigkeit – an den Gitterpunkten berechnet werden konnten. Die kontinuierlichen Differentialgleichungen (DGL) wurden durch finite Analoga ersetzt, durch die finiten Differenzengleichungen (FDG), die den generativen Mechanismus des Simulationsmodells bildeten. Das Problem der Stabilität wurde nicht mit Bezug auf das theoretische oder mathematische Modell gelöst, sondern im Hinblick auf das Ergebnis. Realitätsfremde Mechanismen konnten deshalb zusätzlich integriert werden.
– Wie dicht reicht der generative Mechanismus an das theoretische

Modell heran? Die Fehlergenauigkeit von Simulationen lässt sich nicht theoretisch bestimmen, in dieser Hinsicht gleicht das Klimabeispiel fast allen interessanten Fällen. Der Erfolg der Simulation wurde durch Vergleich mit der Erfahrung festgestellt: Das entscheidende Kriterium war die gelungene Imitation der Phänomene, d.h. der Strömungsmuster in der Atmosphäre. Insofern handelt es sich bei der Rechtfertigung der Simulationsergebnisse um eine quasi-empirische Strategie.

– Die Reaktion in Fachkreisen war eindeutig: der Erfolg des Experiments war eine Sensation, weil es einen unerwarteten instrumentellen Zugang eröffnete: Meteorologie konnte zu einer quasi-experimentellen Wissenschaft werden – genau im Sinne von Phillips' Simulationsexperiment. Und in der Tat dominiert heute der Simulationszugang die Klimaforschung weltweit und hat diese Disziplin entscheidend geformt. Dies ist eine Beobachtung von sehr allgemeiner Bedeutung: Computersimulationen erschließen neue Formen numerischen Experimentierens, und das beeinflusst stark die Entwicklung neuer Richtungen und Disziplinen der Wissenschaft (etwa die Spielarten der *computational sciences*).

– Unter den Praktikern wie unter den Philosophen findet man als dominierende Meinung, dass Computersimulationen nichts wirklich Neues bringen. Es besteht zwar Einigkeit darüber, dass der Computer die Praxis weiter Teile von Wissenschaft und Gesellschaft maßgeblich beeinflusst. Die Natur dieses Einflusses aber, so die verbreitete Einschätzung, erschöpft sich in der enormen Rechenkapazität und der mit ihr zu erzielenden Rationalisierungsgewinne, denn bei allen praktischen Erfolgen gehe es im Grunde nur um die Lösung von Gleichungen mittels der rohen Gewalt elektronischer Massenkalkulation. Simulationen wären danach nichts Neuartiges, sondern nur mehr (und Schnelleres) vom Alten. Diese Ansicht beruht jedoch auf einer vorschnellen Gleichsetzung von Simulation mit numerischer Berechnung. Simulationsmodelle exekutieren aber nicht physikalisch-mathematische Modelle. Vielmehr besteht ein gewisser Freiraum, der instrumentalistisch genutzt werden kann. Man kann deshalb vom Instrumentalismus der Simulationen sprechen, der bei der Modellierung des theoretischen Modells als generativer Mechanismus wirksam ist. Kurz gesagt: Performanz geht über theoretische Korrektheit.

– Wegen dieser partiellen Autonomie der Simulation gegenüber mathematischen Modellen sind Computersimulationen keine einfachen numerischen Berechnungen. Sie sind Modellierungen zweiter Ordnung, im Sinne einer iterierten Modellkonstruktion. Diese Aussage ist übrigens nicht auf solche Simulationsmodelle begrenzt, die ein System kontinuierlicher Differentialgleichungen zum Vorbild haben. Diese bilden das »theoretische« Ende eines ganzen Spektrums von Simulationsmethoden. Was hier gilt, gilt erst recht auch für die anderen Fälle, in denen das Simulationsmodell von vornherein viel weniger auf einem theoretischen Modell fußt. Auch andere Simulationsverfahren benutzen generative Mechanismen, um eine bestimmte Dynamik zu imitieren.

– Die Adäquatheit eines Simulationsmodells lässt sich deshalb auch nicht theoretisch beweisen oder aus allgemeinen Prinzipien ableiten. Simulationsergebnisse lassen sich nur an der Erfahrung messen. Sie folgen einer quasi-experimentellen Herangehensweise, die aufgrund von Beobachtungen in theoretischen Modell-Experimenten die Modelle exploriert. Theoretische Alternativen lassen sich quasi-empirisch überprüfen, so dass es gerechtfertigt zu sein scheint, Computersimulationen als ein Experimentieren mit Theorien oder Modellen zu begreifen. Damit würden aber Simulationsmodelle einen eigenständigen Status in der Wissensproduktion erhalten, mit Zügen sowohl von Experimenten als auch von Theorien.[7] Bei den Computersimulationen zeigt sich eine spezifische Art von »Autonomie«, die in der philosophischen Modelldebatte unter »models as (partly) autonomous mediators« diskutiert werden (Morrison 1999).

Man kann resümieren, dass erst die Anerkennung der Eigenständigkeit der Simulationsmodellierung die Klimaforschung zu stabilen und erfolgreichen Modellen führte. Daraus lässt sich die Lehre ziehen: Bei der Suche nach *funktionaler* Adäquatheit kann die Bemühung um *strukturelle* Übereinstimmung hinderlich sein!

Die Charakterisierung von Simulationen als Imitation nimmt die ursprüngliche Wortbedeutung wieder auf und lässt zugleich die Fragen nach der Validität der Modelle und der Zuverlässigkeit der Resultate in beunruhigender Weise hervortreten. Wenn Simulationen »nur« Imitationen sind, was ist dann von simulationsbasiertem Wissen zu halten? Wie wird in der Praxis mit diesen Problemen umgegangen? In den virtuellen Crashtests in der Automobilindustrie scheint die Antwort naheliegend und einfach: Immer wieder werden reale Crashtests benutzt, um die Simulationen zu justieren. Nicht immer ist jedoch ein solch direkter Abgleich zwischen Simulation und Erfahrung möglich. Unser Beispiel vom Klima ist schon ein ganz anderer Fall, in dem die Bedingungen an eine erfolgreiche Anwendung viel indirekter sind.

Im nächsten Abschnitt, der dem zweiten Fragenkomplex rund um die Bewährungs- und Anwendungsbedingungen gewidmet ist, tritt der politische Kontext der Klimawissenschaft in den Vordergrund. Er hat Auswirkungen bis hin zur Architektur der Simulationsmodelle. Hier

---

7 Zu verwandten Thesen zum eigenständigen Status von Simulationen vgl. Humphreys 1991, Rohrlich 1991, Galison 1996, Fox Keller 2003.

zeigt sich ein Phänomen, das Jasanoff als »Co-Production« bezeichnet hat (Jasanoff 2004): Technologie, Wissenschaft und deren gesellschaftliche Einbettung – Computer, Forschungsagenda und Klimapolitik – konstituieren sich gegenseitig.

III.2.3 Die Integration von Modellen – Wissenschaft im Kontext ihrer Anwendung

Die heutige Prominenz der Klimawissenschaft ist eng verbunden mit der Anwendung ihrer Resultate in der Klimapolitik. Das von der Klimawissenschaft bereitgestellte Wissen muss in der politischen Arena verwendbar sein, wenn es um die Aushandlung politischer Programme und Maßnahmen gegen die drohende globale Erwärmung geht. Aus diesem Anwendungskontext folgt unmittelbar, dass das Wissen in hohem Maße zuverlässig sein muss. Der höchste Grad an Zuverlässigkeit wird solchem Wissen attestiert, das auf physikalischen Naturgesetzen beruht. Wie zuvor in der Fallstudie gezeigt, beziehen sich die Allgemeinen Zirkulationsmodelle (GCMs) genau auf dieses Kriterium, um ihre Verlässlichkeit zu demonstrieren. GCMs sind »realistische« Modelle im Sinne des engen Bezugs zu Naturgesetzen, d.h.: zur physikalischen Basis, den Grundgleichungen.

Im ersten Teil dieses Abschnitts wird die Architektur der Simulationsmodelle dargestellt. Diese Architektur war die Grundlage für ein über Jahrzehnte andauerndes Forschungs- und Ausbauprogramm der GCMs. Inwieweit in dieser Phase sowohl innerwissenschaftliche Motive als auch politische Faktoren die Entwicklung bestimmt haben, ist schwierig zu eruieren, da Wissenschaft und Politik das gleiche Interesse verfolgen: Die Integration verschiedener Effekte unter dem Paradigma des Atmosphärenmodells als weiterem Ausbau der GCMs im Sinne einer ›realistischen‹ Modellierung.

Im zweiten Teil wird dann ein Wandel in der Architektur der Simulationsmodelle diskutiert. Er hat gerade erst begonnen und wir werden argumentieren, dass er auf die Verschärfung der Anforderungen aus der Politik zurückzuführen ist. Die Nachfrage nach noch realistischeren Modellen erforderte jetzt die Integration physikfremder Effekte, deren Bedeutung sich nicht abschätzen lässt. Die neue Architektur der Simulationsmodelle war deshalb verbunden mit einer Schwächung des physikalischen Paradigmas. Diese neue Architektur kann als Resultat der Spannungen zwischen Verlässlichkeit einer Vorhersage einerseits und umfassender empirischer Adäquatheit andererseits gesehen werden. Paradoxerweise führt der Anwendungsdruck dazu, dass mehr Unsicherheit in Kauf genommen werden muss.

Verlässliches Wissen und hierarchische Modellierung

Der Durchbruch in der simulationsbasierten Klimaforschung gelang mit den die Physik der Atmosphäre modellierenden allgemeinen Zirkulationsmodellen, den so genannten *general circulation models* (GCMs). Die GCMs sind heute sehr große Simulationsmodelle, die weltweit nur in wenigen Forschungszentren betrieben werden, z. B. in Deutschland am Max-Planck-Institut für Meteorologie in Hamburg. Die Basis dieser Modelle bildet die physikalische Dynamik der Atmosphäre, die allgemeine Zirkulation der Luft unter dem Einfluss der stets vorhandenen Druck- und Temperaturunterschiede. Grundlage der Modellierung sind die hydrodynamischen Grundgleichungen, die so genannten *primitive equations*, deren Status in dem erfolgreichen Experiment von Phillips etabliert wurde. Diese Modelle »sind nichts anderes als Physik«, so eine typische der in Interviews gegebenen Beschreibungen. Genau in dieser Sicht liegt der Schlüssel zu ihrem Erfolg.

In den wissenschaftssoziologischen Analysen der Klimaforschung ist die Hegemonie der allgemeinen Zirkulationsmodelle oft bemerkt worden. In der Klimaforschung gibt es zwar neben den Projekten, die bestimmte Einzeleffekte untersuchen, auch ganz andere Ansätze wie z. B. die Paläoklimatologie, oder statistische Modelle. Den GCMs aber kommt unbestritten die Rolle als »Gipfel der Modellpyramide« zu. Ein guter Indikator dafür ist die große Rolle, die die GCMs in den Assessment Reports des *Intergovernmental Panel on Climatic Change* (IPCC) spielen, in denen der Stand der Forschung weltweit alle paar Jahre zusammengefasst wird. Man kann sagen, dass diese Modelle die politische Diskussion dominieren. Die Hegemonie der GCMs ist auch in der Klimaforschung selbst gut belegt und wurde in unseren Interviews bestätigt.[8] Demnach existiert in der *scientific community* durchaus ein Druck, sich auf GCMs zu beziehen, wenn man Resultate in den führenden Zeitschriften veröffentlichen will.

Wie kommt es zu dieser beherrschenden Position? Eine Ursache für die Vorherrschaft der GCMs ist sicherlich die in den 1980er Jahren ins Zentrum des medialen Interesses rückende Klimapolitik.[9] Klimamodelle haben auf die Problematik der globalen Erwärmung mit ihren weitreichenden Folgen aufmerksam gemacht und die Politik zum Handeln gezwungen. Die Politik musste sich ihrerseits zur Abstützung ein-

---

8 Zur Literatur vgl. Henderson-Sellers and McGuffie (1987: 37), Trenberth (1992: 555 ff.), oder Shackley et al. (1998: Fn. 14: »The hierarchy of the climate modelling pyramide is legion«), der auf eigene Interviews verweist und weitere Literatur angibt.

9 Zum Diskurs zwischen Wissenschaft, Politik und Medien vgl. Weingart et al. 2002.

schneidender Maßnahmen in der Klimapolitik auf Ergebnisse aus der Klimaforschung berufen können. Dazu muss dieses Wissen verlässlich sein und sich direkt in politische Argumente übersetzen lassen. Simulationsmodelle müssen deshalb ›realistisch‹ sein.

Den Simulationsmodellen, die auf physikalischen Grundgleichungen basieren, kommt ein ›Realitätsbezug‹ im Sinne eines besonderen epistemischen Status zu. Das von ihnen produzierte Wissen wird als besonders verlässlich eingestuft. Mit dieser epistemischen Auszeichnung der auf die Atmosphärenphysik orientierten GCMs wurde ein theoretischer Rahmen geschaffen, in den sich die anderen Teilsysteme des Klimas einfügen sollten. Die Ankopplung weiterer Teilsysteme, die in ihrer Dynamik die Variablen oder die Parameter[10] des Atmosphärenmodells beeinflussen, wurden in die physikalischen Grundgleichungen integriert. Effekte wie Wolkenbildung und Eisgang lassen sich auf diese Weise im Prinzip integrieren. Technisch gesprochen bedeutet dies, dass wesentliche Parameter des Atmosphärenmodells durch die Dynamik anderer Systeme bestimmt werden. Der realistische Charakter der GCMs fußt letztlich auf der hierarchischen Unterordnung der Gesamtdynamik unter die physikalischen Grundgleichungen.

Diese Eigenschaft der GCMs der Atmosphäre findet ihren Ausdruck in der Architektur dieser Modelle. Im Zentrum des Modells steht die Atmosphäre. Die anderen Klimasysteme werden an dieses angekoppelt. Die folgende Abbildung illustriert diesen Sachverhalt:

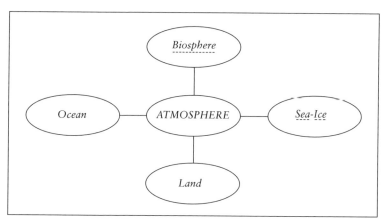

Abbildung III.2.1: Schematische GCM-Architektur

10 Die Parameter legen z.B. fest wie viel Input an Energie durch die Sonneneinstrahlung tagsüber in die Atmosphäre gelangt oder wie viel die Atmosphäre nachts in Form von Infrarotstrahlung wieder in den Weltraum zurückstrahlt.

Diese Modellarchitektur ist bis in die 1990er Jahre hinein beobachtbar. Die Klimaforschung war bis zu diesem Zeitpunkt stark an der Physik, bzw. an der Meteorologie als einer Teildisziplin, orientiert. Davon zeugen schon die Namen der Institute, wie etwa das Geo-physical Fluid Dynamics Laboratory (GFDL) in Princeton, das sogar die Hydrodynamik programmatisch im Titel trägt, oder das Max-Planck-Institut für Meteorologie in Hamburg. Die institutionelle Verankerung der Wissenschaft, aber auch die Architektur der Simulationsmodelle, bringen eine stark hierarchisch geprägte Struktur zum Ausdruck: Die Physik ist die leitende Disziplin bei der Erforschung des Klimas und die physikalische Basis bürgt für die Verlässlichkeit der Resultate.

Akio Arakawa, über Jahrzehnte einer der maßgeblichen Forscher, teilt die Entwicklung der GCMs folgendermaßen ein: Auf die Pionierzeit, die *Epoch Making First Phase* der Simulationsmodellierung in den 1950er Jahren, die mit Phillips' Experiment beginnt, folgt die Konsolidierung der GCMs in der *Magnificent Second Phase*, die bis Anfang der 1990er Jahre reicht. Sie beinhaltet ein fast 30 Jahre andauerndes Forschungsprogramm auf der Basis der eben geschilderten architektonischen Struktur. Dann, so Arakawa, beginne in den 1990er Jahren die *Great Challenge Third Phase*, in der es um die Entwicklung einheitlicher Modelle geht. Ihr Fernziel liege in einer umfassenden Kopplung aller am Klima beteiligten Systeme (Arakawa 2000). Diese Phase beginne mit der Kopplung der GCMs von Atmosphäre und Ozeanen.[11]

In der Tat stellt die Kopplung der Dynamik der Atmosphäre mit derjenigen der Ozeane einen Meilenstein in der Entwicklung der GCMs dar. Atmosphären-Ozean-Modelle konnten die komplexen Austauschprozesse des Kohlenstoffdioxyds zwischen der Atmosphäre und den Ozeanen viel detaillierter beschreiben. Diese Vereinigung der beiden Modelle wurde dadurch erleichtert, dass in beiden dieselben physikalischen Grundgleichungen gelten, nämlich die der Hydrodynamik. Man spricht von sog. coupled GCMs (CGCMs). Wie wichtig diese Kopplung für die Abbildung möglicher Konsequenzen einer globalen Erwärmung ist, zeigt das folgende Szenario: Das Abschmelzen der Polkappen würde zu steigenden Wasserständen an den Küsten der Weltmeere führen. Der Kölner Dom zu einem Drittel im Wasser war eine vom Spiegel 1986 auf der Titelseite benutzte Illustration dieses Effektes, der sehr präzise den Beginn der medialen Aufmerksamkeit für die »Klimakatastrophe« markiert. Gleichzeitig würde aber der mit der Eisschmelze verbundene enorme Süßwassereintrag im Nordatlantik dazu führen, dass der war-

---

11 Atmosphärenphysik und Ozeanographie sind für sich betrachtet zunächst unabhängige Forschungsfelder. Deshalb sind auch in der Ozeanographie unabhängig von der Atmosphärenphysik Zirkulationsmodelle entwickelt. In den 1990er Jahren beginnt dann die Integration der beiden GCMs.

me Nordatlantikstrom zusammenbricht, der durch einen Konzentrationsunterschied im Salzgehalt zwischen Süd und Nord getrieben wird. Das hätte langfristig den Beginn einer neuen Eiszeit für ganz Nordeuropa zur Folge. Ein solches Umkippen der globalen Erwärmung in eine neue Eiszeit lässt sich weder in den Einzelmodellen der Atmosphäre noch in denen der Ozeane auffinden; es ergibt sich erst aus deren Verknüpfung.

Zusammenfassend, die Vorherrschaft der GCMs ist auch eine Folge der politischen Nachfrage nach verlässlichen und realistischen, d. h. auf physikalischen Grundlagen basierenden Modellen. Der an reinen Erkenntnissen orientierten Klimaforschung lag aber ebenso daran, ihre Modelle auszubauen und in Übereinstimmung mit den vorliegenden Daten der Klimageschichte zu bringen. So ist die Entwicklung der GCMs auch von den Erkenntnisinteressen der Klimaforschung bestimmt. Zwischen politischen und wissenschaftlichen Orientierungen lässt sich in *dieser* Phase der Klimaforschung kein fundamentaler Unterschied feststellen. Die Hegemonie der GCMs geht einher mit der Kongruenz von wissenschaftlichen und politischen Interessen.

Umfassendes Wissen und pragmatische Integration

Nicht alle klimarelevanten Prozesse lassen sich in ein atmosphärenzentriertes GCM integrieren. Chemische, biologische, ökologische und erst recht soziale und ökonomische Prozesse stehen der Physik der Atmosphäre gegenüber. Der Einbau des Kohlenstoffkreislaufs, die Ankopplung biologisch-ökologischer, oder sogar sozialer Prozesse (sogenannte Integrated Assessment Models) werden als die kommenden Aufgaben betrachtet. Ein umfassender theoretischer Rahmen für eine solche Integration aller klimarelevanten Teilsysteme ist aber weder verfügbar noch überhaupt zu erwarten.

Gleichzeitig hat die Klimawissenschaft nachdrücklich auf ihre Erfolge verwiesen, die durch umfassendere Integration erzielt wurden – wie das oben beschriebene Beispiel des Nordatlantikstroms zeigt. Das hat die Nachfrage seitens der Klimapolitik nach Modellen geweckt, die nicht einer limitierenden Auswahl der überhaupt betrachteten Teilsysteme unterliegen. ›Realistisch‹ in diesem Sinne sind Simulationen nur dann, wenn sie alle relevanten Teilsysteme berücksichtigen. Diese Forderung nach Realismus unterscheidet sich von der oben geschilderten: Nun steht nicht die naturgesetzliche Fundierung im Vordergrund, sondern die Erzeugung *umfassenden* Wissens. Die Politik ist nicht an Detailwissen zur Klimaentwicklung interessiert, vielmehr fordert sie eine einheitliche, auf ein Gesamtmodell gestützte Antwort auf die Frage: Steigt die mittlere Temperatur weiter an und ist dies eine Folge der erhöhten CO_2-Emission durch den Verbrauch kohlenstoffhaltiger Energieträger?

In einem Interview wird zum Beispiel, das Verhalten integrierter Modelle als der eigentliche Unsicherheitsfaktor der Klimapolitik dargestellt:

»Dann stellt man fest, dass man eigentlich in der Klimamodellierung schon viel weiter ist als in der sozioökonomischen Modellierung, also die eigentlichen Engpässe für die Entwicklung von politischen Entscheidungen sind nicht die Klimamodelle, obwohl das eigentlich immer wieder in der Presse so dargestellt wird, sondern es ist in erster Linie die Frage, wie sich das Wirtschaftssystem und das Klimasystem verhalten, wenn sie gekoppelt sind... Wie kann man überhaupt Einfluss nehmen, um CO_2-Emissionen zu reduzieren?« (Transkript).

Auf diese Weise entfaltet die Politik einen zunehmenden Druck auf die Klimaforschung, nicht nur die in das physikalische Paradigma der Atmosphärenmodelle passenden Teilsysteme, sondern auch theoretisch und disziplinär inkompatible Teilsysteme des Klimas in ein Gesamtsystem zu integrieren. Dieser Umstand führt zu einem Umbruch in der Architektur der Simulationsmodelle, der eine tiefgreifende Veränderung markiert, nämlich den Abschied von der Physik als Leitdisziplin.

Bisher war die Kopplung verschiedener Modelle, d. h. der je für sich entwickelten allgemeinen Zirkulationsmodelle der Atmosphäre und der Ozeane als »Krone« der Simulationsmodellierung beschrieben worden. Es sieht jedoch so aus, als ob die gekoppelten GCMs der letzte Schritt in Richtung auf einheitliche Modelle gewesen sind. Mit ihnen waren die Möglichkeiten einer physik-zentrierten Integration ausgeschöpft.

Tatsächlich ist zur Zeit eine Abkehr von der GCM-zentrierten Architektur zu beobachten. Die neue Architektur der Kopplung kann als *pragmatische Integration* aufgefasst werden und spiegelt den politischen Anwendungskontext wider. Insofern ist die pragmatische Integration theoretisch disparater aber klimarelevanter Teilsysteme in die neuen Simulationsmodelle der ›Fingerabdruck‹ der Anwendungsdominanz in weiten Teilen der aktuellen Klimaforschung.

Die Integration der Teile zu einem Ganzen wird wieder in jedem Rechenschritt pragmatisch vorgenommen. Jede Teildynamik liefert wichtige Parameter für die jeweils anderen Prozesse, und die hierarchische Ausrichtung auf die Physik der Atmosphäre ist aufgegeben worden. Das ganze Modell funktioniert wie ein experimenteller Aufbau, bei dem einzelne Komponenten zusammengelötet werden und darauf das Verhalten des Gesamtsystems beobachtet wird. Das *National Center for Atmospheric Research* (NCAR) ist einer der Vorreiter dieser Entwicklung. Die dort zu beobachtende neustrukturierte Architektur der Simulationen ist schematisch in Abbildung 3 dargestellt. Die Integration durch den *coupler* ist nicht theoretisch begründet und hat nichts mit einer Basis im Sinne von Grundgleichungen zu tun; vielmehr ist der

COMPUTERSIMULATIONEN

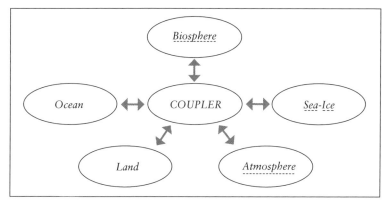

Abbildung III.2.2: Netzwerk-Architektur (adaptiert aus NCAR 2001)

coupler eine Art technisches Verbindungsstück, wenn auch ein computertechnisch kompliziertes.

Es geht beim »Zusammenlöten« einer Vielzahl von Teilmodellen um eine ›patchwork‹-artige Integration disparater Felder. Dementsprechend ähnelt das Resultat, wie der Grafik anschaulich zu entnehmen ist, eher einem Netzwerk gleichberechtigter und voneinander relativ unabhängiger Modelle, als einem einheitlichen Modell.[12] Man könnte einwenden, dass auch Netzwerke hierarchisch organisiert sein können. Im vorliegenden Falle jedoch ist das Netzwerk symmetrisch angelegt. Keines der beteiligten Modelle wird bevorzugt. Unterschiedliche Teilsysteme mit ihrer je spezifischen Eigendynamik werden ohne gemeinsamen theoretischen Hintergrund miteinander verknüpft. Wenn man so will, kann man diesen Übergang als einen Wechsel vom Paradigma der *Integration* hin zu einem der *Verknüpfung* sehen. Genau dies soll der Begriff des Netzwerkes signalisieren. In einem Interview wird das als »Zusammenlöten« beschrieben:

> Ja das könnt ihr doch nicht machen, meinen die Biologen, wenn wir sagen wir müssen da irgendwas reinbauen, dass die Pflanzen wachsen. (...) Und diese Modellierung ist so eine Art Ingenieursarbeit: wir wissen, die Komponenten sind da, aber irgendwie passen sie noch nicht, und dann klopfen wir die zurecht, oder löten noch ein Teil dran, so dass es passt. (Transkript)

Insofern kann man von einer paradoxen Situation sprechen: der Zwang zu »realistischen« Modellierungen führt zu »künstlichen« (pragmati-

---

12 Übrigens hatte Arakawa ein solches *unified model* noch als Fernziel der *great challenge* ausgerufen (2000). Die dominierende Rolle der Anwendungen scheint aber eine theoretisch weniger ambitionierte Herangehensweise zu favorisieren.

schen) Verknüpfungen. Obwohl diese pragmatische Integration unter dem Anwendungsdruck der Klimapolitik zustande gekommen ist, birgt sie in sich ein Konfliktpotential, das gerade mit dem politischen Kontext, in dem die Simulationsmodelle entwickelt werden, virulent wird. Das lässt sich anhand der heftig geführten Kontroverse um die sogenannte Flusskorrektur aufzeigen. Das Verfahren der Flusskorrektur diente dazu, die gekoppelten Atmosphäre-Ozean-GCMs in dem stabilen *steady state* zu halten, auf den hin zuvor die autonomen Modelle justiert worden waren. Durch deren Interaktion sollte das gekoppelte System nicht in einen neuen, ganz unrealistischen Zustand »driften«. Es kam zu einem großen Eklat, zu dessen Höhepunkt ein Artikel in der Zeitschrift *Science* erschien. Die Kritik kreidete den gekoppelten Modellen an, dass die Flusskorrektur ein *fudge factor*, d.h. ein willkürlicher, artifizieller Mechanismus sei, der mit dem Anspruch, eine realistische Modellierung zu erreichen, unvereinbar sei (Kerr 1994). Das brachte eine Diskussion über den Realismus und die Aussagekraft von Modellen ins Rollen (vgl. Oreskes et al. 1994, und die Gegenposition von Norton und Suppe 2001). Die Details dieser Diskussion sind hier weniger von Belang als die Feststellung, dass hier zwei Paradigmen der Integration aufeinanderprallen.

Ein erster Typ hält vorderhand am Ideal theorie-basierter Integration fest, gestützt auf eine realistische Modellierung der relevanten Naturgesetze. Das Paradebeispiel dieses Typs sind die GCMs der Atmosphäre. Allerdings wurde am Streitfall der Flusskorrektur unübersehbar, dass die tatsächliche Praxis der Simulationsmodellierung diesem Typ gar nicht folgte. Teilweise äußerten Klimaforscher sogar Verwunderung über die Hitzigkeit der Debatte, da ein solches pragmatisches Vorgehen eben »typisch« für die Simulationsmethode sei. In der Tat legen unsere Ergebnisse zur Charakterisierung der Simulation als Imitation nahe, dass solcherlei artifizielle Mechanismen zumindest nicht per se verwerflich sind, sondern ganz im Gegenteil zum innovativen Kern der Simulationsmodellierung gezählt werden müssen. Die Frage nach der Zulässigkeit »artifizieller« Mechanismen und diejenige nach der Validität der Modelle sind zwei grundsätzlich verschiedene und unabhängig zu beantwortende Fragen. Funktionale Adäquatheit erfordert eben nicht strukturelle Korrespondenz.

Der zweite Typ von Kopplung kommt von vornherein ohne die hierarchische Perspektive auf atmosphärische GCMs aus. Die Kopplung autonomer und heterogener Modelle erscheint als Ziel und nicht als handwerklicher Fehler. Nur so lassen sich die (auch politisch motivierten) Realismusanforderungen (im zweiten Sinne), nämlich diejenigen nach umfassender Integration, erfüllen. Die pragmatische Kopplung bildet ein neues Paradigma, das die Hegemonie der GCMs mit deren Berufung auf die Autorität ihrer physikalischen Basis abzulösen scheint.

Selbst die etablierten Anführer der Zunft stehen unter dem Druck, die
Architektur ihrer Modelle anzupassen. Am GFDL in Princeton, dem ältesten Institut der simulationsbasierten Klimaforschung, das eine Hochburg theoretischer Seriosität (und Beharrlichkeit) darstellt, hat man bis
vor kurzem an einer Strategie der Integration des ersten, ›theorie-basierten‹ Typs festgehalten. Kürzlich jedoch führte forschungspolitischer
Druck dazu, die Architektur auf ein Netzwerk umzustellen:

»Wir vollziehen hier eine Revolution unseres Modellierungsstils.
(...) Ich denke, dass ist weltweit symptomatisch: Wir hatten einen
Modellierungsrahmen, den wir eine lange Zeit benutzten, aber in
den letzten vier, fünf Jahren haben wir ihn nahezu komplett fallengelassen, um den gesamten Modellrahmen von Grund auf neu
zu entwickeln. Wir versuchen, ein System zu entwickeln, das Interaktionen zwischen verschiedenen physikalischen und biologischen
Komponenten erlaubt und auch die Fortschritte in der Computertechnologie nutzt, um mehr Flexibilität zu erlauben« (Transkript,
eigene Übersetzung).

Überall wird die Architektur offener und verzichtet auf eine theoretische Anbindung der verschiedenen Teile. Die (relative) Sicherheit der
Vorhersage einzelner beschränkter und hochgradig selektiver Modelle
wird gegen eine umfassendere Gesamtsicht eingetauscht, die ein solches
gekoppeltes System erlaubt. Die Diskussion um die Beurteilung von
Integrated Assessment Models macht deutlich, dass es einen *trade-off*
zwischen Sicherheit der Vorhersage und empirischer Adäquatheit des
Gesamtbildes gibt. Diese gekoppelten Modellnetzwerke werfen zusätzlich die Frage auf, wie die Validität solcher Modelle überhaupt festgestellt werden kann. Auch in diesem Spannungsfeld von Wissenschaft
und Politik besteht ein großer Druck, zu praktikablen Lösungen zu
kommen (vgl. van der Sluijs 2002; Petersen et al. 2003).

Folglich lässt sich in der Architektur der Simulationsmodelle tatsächlich der Anwendungsdruck ablesen, unter den die Klimaforschung
durch den politischen Kontext geraten ist. Das betrifft übrigens auch die
Forschungsinstitutionen selbst, die ursprünglich auf die Physik (Meteorologie) ausgerichtet waren, sich aber nun mehr und mehr disziplinär
auffächern. Man kann sagen, dass sich die Abkehr von der physikorientierten hierarchischen Struktur, die bei den Simulationsmodellen zu
beobachten ist, auch auf institutioneller Ebene wiederfindet: Institute
werden umstrukturiert, wie das z.B. die programmatische Selbstdarstellung *NCAR as Integrator* zeigt. Direktorenposten werden mit
veränderter disziplinärer Ausrichtung besetzt.[13] Kurz: die Abkehr von

---

[13] Clark Miller hat auf die gegenseitige Abhängigkeit von Simulationsmodellen (insbesondere GCMs), globalen Institutionen der Klimawissen-

einer hierarchischen Integration hin zu pragmatischer Kopplung nährt die Hoffnung auf eine politisch befriedigende Lösung und inthronisiert gleichzeitig einen neuen Modellierungsstil, der wiederum neue Akteure auf den Plan ruft und neue Probleme aufwirft.

III.2.4 Integration ohne »Felsengrund«[14]: Ein Indikator für die anwendungsdominierte Wissenschaft

Die pragmatische Integration der das Klima beeinflussenden Teilprozesse mit unterschiedlicher Prozesslogik entspricht heute dem Stand der Kunst in den großen Klimasimulationsmodellen. Die Technik der Computersimulation ermöglicht ein solches Vorgehen (Integration unter Theorieverzicht), weil Teilprozesse als Computerprogramme beliebig zusammengesetzt werden können. Im folgenden wollen wir zeigen, dass dieses ›Zusammenlöten‹ heterogener Modelle und Wissensbestände ein generelles Merkmal von Anwendungsdominanz bei der Wissensproduktion ist. Der technischen Integration in den Simulationsmodellen entspricht in anderen Bereichen die soziale Integration innerhalb so genannter Innovationsnetzwerke. Sie sind dort entstanden, wo wegen der Komplexität eines Produkts die klassischen Verfahren der Produktentwicklung versagen: Aufteilung in Teilprobleme entlang vorhandener Problemlösungsstrategien, Lösung der Teilprobleme und Integration der Teillösungen in eine Gesamtlösung.

Neue Produkte bestehen sehr oft aus immer mehr Teilen, die in einer Funktion zusammenwirken müssen. Beispiel für ein solches Produkt ist ein modernes Auto, in dem nicht nur ein computergesteuertes Motormanagement, sondern auch Kontrolltechniken wie ABS, ESR und ESP mit neuen Fahrwerktechniken und Karosserieeigenschaften verbunden werden. Um hier erfolgreich zu sein, müssen Kompetenzen aus ganz unterschiedlichen Disziplinen im Entwicklungsprozess integriert werden.

»Diese Komplexität bedeutet, dass das Wissen vieler Disziplinen notwendig ist, um neue Produkte zu entwickeln und herzustellen. Im Innovationsprozess der Computerindustrie beispielsweise sind Disziplinen beteiligt, deren Spektrum von der Festkörperphysik bis zur Mathematik und von der Linguistik bis zur wissenschaftlichen Betriebsführungreicht« (Malerba 1992, eigene Übersetzung).

Eine wesentliche Unsicherheit moderner Innovationsprozesse besteht darin, dass das zur Entwicklung eines neuen Produkts notwendige Wis-

schaft und -politik, sowie der gesellschaftlichen Sicht auf diese hingewiesen (2004).
14 Zu diesem Begriff siehe Martin Carrier 2000.

sen nicht durch die Bereitstellung und Integration bereits vorhandenen Wissens gelingt, sondern im Innovationsprozess erst entwickelt werden muss. Obwohl in der Regel die wichtigsten Effekte der der Innovation zugrundeliegenden Basistechnologien weitgehend erforscht sind, ist nichts über das Zusammenspiel der verschiedenen Komponenten im Kontext ihrer geplanten Anwendungen bekannt. Ein Beispiel: Die physikalischen Grundlagen der Kernfusion sind seit Bethes Entdeckung der Fusion als Energielieferant auf der Sonne weitgehend bekannt. Dennoch ist die Entwicklung eines Fusionsreaktors zur Energiegewinnung ein technisch aufwändiges, zeitraubendes und kostenintensives Projekt. Seit mehr als 40 Jahren wird versucht, das physikalische Basiswissen in einer neuen Technologie zur Anwendung zu bringen. Die technische Realisierung eines Fusionsreaktors erfordert über das Basiswissen hinaus Kenntnisse über die Aufheizung, den Einschluss und die Stabilität von Hochtemperaturplasmen. Die Generierung dieses Wissen über die Physik eines Fusionsplasmas wird allein von den noch zu entwickelnden technischen Verfahren bestimmt, Fusionsprozesse zur Energiegewinnung zu nutzen. Es ist deshalb nicht von existierenden Datenbanken oder von Experten abrufbar, sondern muss im Innovationsprozess selbst produziert werden. Dazu ist die Kooperation unterschiedlicher Spezialisten notwendig (vgl. Kap. III.4) Im allgemeinen geht diese Kooperation weit über die Wissenschaft hinaus, denn neben den technischen Einzelheiten spielen bei der Entwicklung eines neuen Produktes auch andere Probleme eine Rolle: Das neue Produkt muss sich letztlich auf dem Markt behaupten können und ein wirtschaftlicher Erfolg werden. Gleichzeitig darf es nicht mit politischen Vorgaben des Umweltschutzes oder anderer Rahmenbedingungen in Konflikt geraten. Außerdem muss es sozial verträglich sein, d. h. es darf nicht gegen etablierte Werte, Normen oder Traditionen in der Gesellschaft verstoßen. Schließlich müssen die finanziellen Mittel für die Entwicklung bereitgestellt werden. In der Regel ist deshalb die Kooperation zwischen Herstellern, Betreibern, Risikokapitalgebern, Universitäten, Industrielabors und politischen Gremien der Risikoregulierung notwendig.

Für die Form der Kooperation, in der unterschiedliche Akteure mit ganz verschiedenen Wissensbeständen kooperieren, hat sich in der Literatur die Bezeichnung Innovationsnetzwerk durchgesetzt. Jenseits von Markt und Organisation, die soziale Kooperation über die Mechanismen Vertrag und Anweisung regulieren, versuchen solche Netzwerke, über die Produktion neuen Wissens die Innovationsunsicherheiten im Hinblick auf die technischen Funktion, den ökonomischen Erfolg, sowie die soziale Akzeptanz eines neuen Produktes zu reduzieren. Entscheidend für den Erfolg ist die Integration der unterschiedlichen Kompetenzen der Mitglieder mit ihren theoretisch nicht zu vereinbarenden Wissensbeständen.

Die spezielle Organisationsform der Innovationsnetzwerke ist entscheidend von dieser Aufgabe bestimmt. Innovationsnetzwerke entstehen in der Regel als Kooperationen zwischen Partnern, die sich von dieser Kooperation Vorteile versprechen. Diese Vorteile müssen langfristig mögliche Nachteile – u. a. höherer Zeitaufwand, Preisgabe von Informationen – überwiegen. Insofern ist Vertrauen – in den Vorteil der Kooperation – der Koordinierungsmechanismus von Innovationsnetzwerken. Das Netzwerk entscheidet selbst, welche Kompetenz in einer bestimmten Situation gebraucht wird. In der Regel richtet sich das nach den verschiedenen Dimensionen der Unsicherheit, die für den jeweiligen Innovationsprozess typisch sind. Mit anderen Worten: Die Komplexität der Anwendung entscheidet über die Zusammensetzung des Innovationsnetzwerkes.

Innovationsnetzwerke leisten die Integration verschiedener Wissensbestände nicht aufgrund einer bereits detailliert vorhandenen Vorstellung oder eines extern bereits existierenden Plans, sondern aufgrund des Lösungsdrucks der gestellten Aufgabe: die Entwicklung eines neuen Produktes. Insofern gilt auch hier: Der Anwendungsdruck sorgt für eine soziale Organisationsform, in der die Integration unterschiedlicher Konzepte ohne einheitlichen theoretischen Rahmen erfolgreich betrieben werden kann. Die Netzwerkstruktur ist ein Kennzeichen von Anwendungsdominanz.

III.3 Realexperimente

Die Wissensgesellschaft ist nicht nur durch die Anwendung wissenschaftlicher Erkenntnisse und wissenschaftsbasierter Expertise geprägt, sondern auch durch Modalitäten der Forschung, die sich in die gesellschaftliche Innovationspraxis hineinziehen. Der Begriff »Realexperiment« umfasst diejenigen Lernprozesse, die zwar nach gewissen methodischen Regeln ablaufen, jedoch nicht in der spezifischen wissenschaftlichen Umgebung des Labors stattfinden. Während in Laborexperimenten Wissenschaftler ihre Ideen frei ausprobieren können, sind Realexperimente in soziale, technische und ökologische Gestaltungsprozesse eingebettet. An ihnen sind viele Akteure beteiligt, unterschiedliche Interessen, Wertvorstellungen und Ziele vertreten, jedoch über ein gemeinsames Problem, dessen Lösung unbekannt ist, integriert werden. Realexperimente werden nicht der Forschung wegen betrieben, dafür würde die Bevölkerung die Akzeptanz verweigern. Die vielen Ausnahmen die es dennoch insbesondere im Bereich der Menschenexperimente gab, verstoßen gegen die ethischen Regeln der Wissenschaft und waren überwiegend nur durch Geheimhaltung (Militärsektor) oder ideologische Ausgrenzungen (Rassismus, Kolonialismus) möglich. Realexperimente in demokratischen Gesellschaften sind an Öffentlichkeit und Partizipation gebunden. Eine eindeutige Grenze zwischen Labor- und Realexperimenten lässt sich nicht ziehen. Das Kapitel befasst sich mit dem Spektrum der Übergangsformen, die sich daraus ergeben, dass anerkanntes wissenschaftliches Wissen in Umgebungen eingesetzt werden soll, die nicht vollständig durch theoretische Modelle erfasst werden. Es thematisiert auch den historisch häufig auftretenden Prozess, dass der soziale Wandel erst allmählich die Probleme sichtbar macht, auf die die Gesellschaft sich eingelassen hat. Hier entstehen Realexperimente nicht durch die Anwendung von Wissen, sondern durch das von Unfällen und Fehlentwicklungen angestoßene Bewusstsein des Nichtwissens.

Das Experiment ist die Methode der Wissenschaft, um über systematische Eingriffe in die Wirklichkeit Wissen zu gewinnen. Anders als bei Beobachtungen werden durch Experimentalanordnungen kontrollierbare Rahmen- und Anfangsbedingungen geschaffen. Je nach Art der Fragestellung werden die Gegenstände der Untersuchung nach einer bestimmten Dramaturgie – dem experimentellen Design – in Szene gesetzt und gelenkt. Auch bei der Entwicklung von Technologien wird das Experiment genutzt, in erster Linie zur Ermittlung der Funktionsfähigkeit und schrittweisen Optimierung von Artefakten und Verfahren. Versuchsanordnungen und -anlagen sind nicht nur aus dem naturalen Geschehen ausgegrenzt, sondern finden im Normalfall auch institutionell in einer speziell dafür eingerichteten Sonderwelt der Laboratorien statt. In ihnen ist Spielraum für Fehlschläge vorgesehen, ohne dass die Gesellschaft mit deren unmittelbaren Folgen belastet wird. So wie im theoretischen Diskurs auch aus unhaltbaren Hypothesen gelernt werden kann, sind in der experimentellen Forschung misslungene Versuche Quellen des Wissens. Aber die Gesellschaft sollte, wenn irgend möglich, davor geschützt werden.

Jedoch sind die Grenzen zwischen der experimentellen Forschung und der Einführung neuer wissensbasierter Technologien nicht immer scharf gezogen. Unvermeidlich gibt es Zwischenformen, in denen erprobtes Laborwissen Anwendungsbedingungen ausgesetzt wird, die man nicht vollständig überblicken kann. Der Begriff ›Realexperiment‹ dient der Bezeichnung solcher Erprobungssituationen, in denen es nicht mehr in erster Linie um die Wissenschaft geht, jedoch der Lernprozess über die Anwendung und Ausgestaltung neuen Wissens noch nicht abgeschlossen ist, sondern in den Innovationsprozess hinein zieht. So werden bei der Einführung neuer Technologien Versuche an Prototypen durchgeführt, deren Testreihen dadurch Aussagefähigkeit erhalten, dass sie unter ›Realbedingungen‹ ablaufen. Zugleich wird gerade dadurch die Kontrolle aller Randbedingungen und der Ausschluss intervenierender Variablen schwieriger. Die Risiken der Implementierung lassen sich dann nicht mehr völlig abschirmen. Selbst wenn die Funktionsrisiken der Komponenten durch Laborversuche gering gehalten werden können, zeigen die vielen Rückrufaktionen im Automobilbau, die Einbeziehung der Kunden zur Fehlerbehebung von Software bei Beta-Versionen und Rücknahme neuer Medikamente vom Markt, dass bei steigender Komplexität der Technologie (Funktionsrisiken) oder ihrer Anwendungsumgebung (Kontextrisiken) die Wahrscheinlichkeit unentdeckter Mängel ansteigt. Insbesondere die Kontextrisiken entziehen sich einer vollständigen Erfassung in Sicherheitsmodellierungen, da – nach einem bekannten Diktum – man niemals sicher wissen kann, was man nicht weiß. Zu den Kontextrisiken zählen Unfälle durch ungeplante Ereignisse, Organisationsversagen bei der Überwachung von Anlagen, sowie gesundheitsgefährdende und umweltbelastende Nebenfolgen durch kumulative Langzeiteffekte. Dies alles lässt sich nicht ausreichend antizipieren, modellieren und kontrollieren. Wir sprechen von *Realexperimenten*, wenn die Komplexität der naturalen und sozialen Wirklichkeit nicht durch die Isolierungen einer idealen Forschungsumgebung reduziert werden kann. Auch wenn Realexperimente nicht zu Zwecken der Forschung ersonnen werden, dienen sie doch der Produktion von Wissen. Das zeigt sich an Pilotanlagen, der Einführung neuer Medikamente, der Freisetzung gentechnischer veränderter Organismen oder Projekten der ökologischen Sanierung. Man kann noch einen Schritt weiter gehen und Maßnahmen zum Klimaschutz oder zur Anpassung an den Klimawandel, die aufgrund wissenschaftlicher Hypothesen entworfen werden, einbeziehen. Solche Maßnahmen sind nicht der Schlussstein in der Anwendung von Wissen, sondern der Beginn realexperimentellen Lernens. Selbst soziale Strategien wie etwa die Anpassung der Rentenformel aufgrund demographischer Zukunftsszenarien (›Berechnungen‹ verdeckt den hypothetischen Charakter), neue Methoden der Forschungs- und Bildungsevaluation, Anpassungen des Strafrechts an Erkenntnisse der Hirnforschung oder Modellversuche bei der Behandlung von Drogenabhängigen tragen Züge der Realexperimente (vergl. hierzu ausführlicher Kapitel IV.4). Nicht zu vergessen sind die Kriege, die seit den Abwürfen der Atombomben über Hiroshima und Nagasaki der wissenschaftlich-technischen Erprobung neuer Waffensysteme und Realbedingungen dienen, auch wenn sie bisher nicht aus diesem Grund geführt werden.

Die experimentellen Züge der Wissenserzeugung dringen in die Innovationsfelder der Wissensgesellschaft ein und prägen zunehmend den Stil ihrer Lernprozesse. Im folgenden werden zuerst (Kap. III.3.1) einige Charakteristika des Experimentierens vorgestellt. Wir beginnen mit einer kurzen Beschreibung des klassischen Laborexperiment, stellen diesem dann als Gegenpol das Beispiel eines ungeplanten Lernens gegenüber (Brand- und Feuerschutz in Großstädten), das sich in Prozessen des schnellen sozialen Wandels meist aus unerwünschten Ereignissen ergibt. Wir nennen es ›evolutionäres Lernen‹. Häufig wird es schrittweise in einen experimentellen Lernprozess transformiert. Zwischen den beiden Polen des methodisch durchgestalteten Laborexperiments und des zufallsgesteuerten evolutionären Lernens bestehen verschiedene Varianten realexperimentellen Lernens. In größerer Ausführlichkeit werden dann (Kap. III.3.2) realexperimentelle Strategien im Bereich der Abfallentsorgung vorgestellt. Dieser Bereich ist wegen seiner ausgeprägten Veränderungsdynamik ausgewählt worden, die der von dem sorglosen Wegkippen des Mülls auf ein stadtnahes Gelände (›Müllkippe‹) zum heutigen technisch und organisatorisch aufwändigen System der zyklischen Wiederverwertung, thermischen Nutzung und sicheren Deponierung der Aschen und ausgefilterten Gifte reicht. Dieses Entsorgungssystem ist das Produkt eines Lernprozesses, der sich über ein halbes Jahrhundert erstreckt und keineswegs als abgeschlossen bezeichnet werden kann. Engpässe, Gefährdungen von Umwelt und Gesundheit, neue Technologien, neue Theorien und veränderte Wertvorstellungen nehmen auf den Lernprozess Einfluss.

III.3.1. Die Produktion neuen Wissens im Labor und in der Gesellschaft

Das Labor zwischen Ideal und Wirklichkeit

Zum methodischen Kern des wissenschaftlichen Experiments gehört, ein experimentelles System von seiner Umwelt so zu isolieren, dass keine störenden Einflüsse auftreten. Ein einzelnes Experiment ist ein gezielter Eingriff in ein System; eine Kette von experimentellen Durchgängen variiert die Eingriffe. Die einschlägigen Kenngrößen werden also aktiv verändert, man spricht von den Kontrollparametern eines Experiments. Die epistemischen Vorzüge des Laborexperiments sind also:

1. *Isolation:* Das von seiner Umgebung abgegrenzte Experimentalsystem macht die Wirkung einzelner Einflussfaktoren beobachtbar. Die Isolation sorgt auch für die Wiederholbarkeit und ähnlich eingerichteten Bedingungen.

2. *Vollständigkeit:* Das Experiment ermöglicht eine umfassende und systematische Variation von Parametern. In der freien Natur trifft man typischerweise nur auf bestimmte Konstellationen der Größen, z. B. ein bestimmtes Temperaturfenster. Durch künstliche Anordnung kann man sicherstellen, das ganze Spektrum dieser Parameter auszuloten. Die Aussagekraft von Experimenten hängt davon ab, ob methodische Anforderungen an die Datenaufzeichnung und -auswertung beachtet werden. Das wissenschaftliche Experiment muss außerdem so entworfen werden, dass es aktuelle Forschungsfragen aufgreift. Nicht immer müssen Experimente im Dienst einer Theorie stehen, genau so spannend kann die Entdeckung neuer Effekte sein. Die Isolierung des Experiments schützt die Anordnung vor unerwünschten Einflüssen und schützt zugleich die Umgebung vor dessen unmittelbaren Auswirkungen. Dem dienen materiell-physische Vorkehrungen wie Mauern, Schleusen und Filter, organisatorisch festgelegte Sicherheitsmaßnahmen durch Zugangskontrollen und Verhaltensprozeduren des geschulten Personals. In den Naturwissenschaften ist das Labor eine »Sonderwelt« der Forschung, ein »Spielraum« der Wissensproduktion. Gerade hierdurch kann das Problem überhaupt erst auftreten, wieweit Erkenntnisse, die unter diesen idealen Bedingungen gewonnen werden, übertragen werden können in das Durcheinander der rauen Wirklichkeit.

Bei den technologischen Experimenten im Labor liegen ähnliche Bedingungen wie bei naturwissenschaftlichen Experimenten vor, allerdings steht bei ihnen die Erarbeitung von Funktionswissen im Vordergrund. Natürlich ist jedes wissenschaftliche Experiment zugleich ein technischer Funktionszusammenhang, aber dieser ist nicht das Ziel des Experimentierens. Im technologischen Experiment geht es bei der systematischen Variation der Parameter um die Optimierung und Stabilisierung des Prozesses selbst. Neue Technologien sind daher in gewissem Sinne »geronnene« Experimente. Auch in anderen Bereichen der Forschung wird das Labor genutzt. Psychologische Versuchsreihen und sozialwissenschaftliche Experimente mit Kleingruppen sind Beispiele. In diesen Fällen sind unmittelbare Wirkungen auf die Lebenswelt der Versuchsteilnehmer allerdings nie ganz auszuschließen. Die Behauptung, dass die untersuchten Segmente einer Person in einem psychologischen Experiment gut von der Gesamtperson isoliert seien und daher keine Rückwirkungen zu erwarten seien, operiert mit einem fragwürdigen Menschenbild, auch wenn sie für einfache Wahrnehmungs- oder Erinnerungsexperimente zutreffen mag. Sofern in psychologischen und soziologischen Experimenten die Instruktion und die Kooperationsbereitschaft der Versuchspersonen eine Rolle spielen, sind diese in der eigenartigen Position, zugleich Ko-Experimentator, Messinstrument und epistemisches Objekt zu sein. Zu Recht unterliegen daher Versuche mit Menschen rechtlichen Sonderbestimmungen, unter denen die informierte und freiwillige Einwilligung die wichtigste ist. Ähnlich verhält es sich mit der Entwicklung neuer Medikamente in ihrer klinischen Phase. Einerseits werden hier laborähnliche Experimentalbedingungen geschaffen, andererseits sind betroffene Patienten niemals nur epistemische Gegenstände. Labornahe Bedingungen gelten insbesondere für die erste Phase klinischer Studien. Die Beobachtung der therapeutischen Wirkung geschieht unter Abschirmung von störenden Einflüssen bei umfassender Dokumentation der körperlichen Zustandsänderungen der Probanden. An solche Experimente werden hinsichtlich der Sorgfalt sogar höhere Anforderungen gestellt als an das naturwissenschaftliche Experiment. Die experimentellen Designs werden vorweg überprüft nach Standards, die in den Regelwerken zur »guten klinischen Praxis« festgelegt sind. Erst wenn die Verträglichkeit neuer Medikamente für den menschlichen Organismus hinreichend belegt ist, können weitere Forschungsschritte unternommen werden. Alle wissenschaftlichen Fragestellungen in diesem Bereich sind durchzogen von Abwägungen zwischen möglichen Risiken und dem erwarteten therapeutischen Nutzen. Sie überschreiten daher die Grenzen des Labors hin zu Realexperimenten (vergl. hierzu Kap. IV.4).

Zusammenfassend: Laborexperimente zeichnen sich durch Geplantheit des Vorgehens und Folgenlosigkeit für ihre Umwelt aus. Sie beziehen ihre gesellschaftliche Legitimität daraus, dass Wissen auf eine gesellschaftlich wenig riskante Art und Weise erzeugt wird und in der idealen Welt des Labors zugleich hohen Bewährungsansprüchen genügt. Diese Vorteile auch in Anwendungskontexten genutzt, wo immer dies möglich ist: Die Industrie testet technische Komponenten von Anlagen im Labor und baut Pilotanlagen; Medikamente müssen in Tierversuchen erprobt werden; in vielen Bereichen können neue Produkte erst dann den Markt erreichen, wenn Typgenehmigungsverfahren durchlaufen wurden. Genehmigungs- und Zulassungsvorschriften setzten Standards für die Arbeit in Prüflaboratorien. Auch wenn Unfälle, Überraschungen (wie etwa die Rückrufaktionen dokumentieren) und unerwünschte Nebenfolgen (gesundheitsschädliche Russpartikel) nicht völlig zu vermeiden sind, lassen sie sich doch durch systematische Forschung verringern. Das Laborexperiment ist dabei ein unverzichtbares Hilfsmittel.

Evolutionäre Lernprozesse

Historisch betrachtet löst Lernen durch Forschung evolutionäre, unsystematische Lernprozesse ab, die durch technische Katastrophen, Unfälle, gesundheitliche und ökologische Schäden in Gang gesetzt werden. An vielen Beispielen ist ein solcher Übergang zum prospektiven experimentellen Lernen nachweisbar. Wir greifen zur Illustration die Entwicklung des Brandschutzes von Hochhäusern heraus. Mitte des 19. Jahrhunderts hat in den europäischen und amerikanischen Großstädten ein Konzentrationsprozess auf die Innenstädte stattgefunden, durch den Baugrund zu einem knappen Gut wurde. Der für Büros, Produktionsstätten und Warenhäuser verfügbare innerstädtische Raum war begrenzt. Der von Otis 1852 entwickelte Sicherheitsfahrstuhl ermöglichte die Nutzung von Gebäuden über die bis dahin üblichen sechs Stockwerke hinaus. Hierdurch erhielt das gefürchtete Problem des Stadtbrandes eine neue Dimension. Mit der Entwicklung von Hochhäusern wurden brennbares Material und Menschen in einem Raum konzentriert, der keine Fluchtwege in die Fläche hatte. Die mit der verfügbaren Bautechnologie noch aus Ziegeln und Holzbalken errichteten Gebäude waren wenig brandsicher und hinterließen nach Großbränden nur große Schutthaufen. Die von den Großstädten wegen der Brandgefahr entwickelten Bauvorschriften begrenzten teilweise die maximale Bauhöhe. London legte sie 1855 auf etwa dreißig Meter fest. Teilweise wurden Vorschriften zum Brandschutz erlassen, wie in New York 1860, die sich allerdings nur auf Wohnhäuser ohne Feuertreppen bezogen (Wermiel 2000: 139).

Die Höhe von gemauerten Gebäuden ist aus Kostengründen dadurch begrenzt, dass die tragenden Wände statisch bedingt sehr massiv ausgeführt werden müssen. Die Architekten suchten in dieser Situation nach neuen Konstruktionsmöglichkeiten und die Hersteller entwickelten neue Baumaterialien. Schrittweise wurden unter anderem Guss- und Schmiedeeisen, Hohlziegel, Portland-Zement und Stahlbeton eingeführt. Die 1885 in Chicago erstmalig umgesetzte Konstruktion des halbstarren Stahlskeletts ermöglichte in Verbindung mit Betondecken den Bau von Hochhäusern mit mehr als zwanzig Stockwerken. Diese Bauweise wurde weltweit übernommen und erst in den 1930er Jahren von der bis heute genutzten biegefesten Stahlskelettkonstruktion abgelöst. Zu den einzelnen Materialien sind im 19. Jahrhundert keine systematischen brandschutzrelevanten Tests durchgeführt worden. Die Hersteller ermittelten eigene Spezifikationen, die von den Architekten bei der Umsetzung zugrunde gelegt wurden. Es gab vereinzelt Forderungen nach unabhängigen Tests zu den statischen Eigenschaften und zum Brandverhalten. In den USA wurde auf Druck der Versicherungsgesellschaften 1875 ein staatliches Testlabor für Baumaterialien eingerichtet, das allerdings nur kurz existierte (Wermiel 2000: 151 f.). Erst Ende des 19. Jahrhunderts wurden – wenn auch nur sporadisch – systematische Testreihen durchgeführt. 1902 kam es zur Gründung der »Insurance Engineering Experiment Station« am MIT und in der Folge weiterer Einrichtungen dieser Art (Hamilton 1958: 482).

Bevor dieses Stadium der Verwissenschaftlichung im Bauwesen erreicht wurde, spielten Gebäude- und Großbrände bei der Ermittlung des Brandverhaltens von Konstruktionen und Baustoffen die zentrale Rolle. Die Großbrände in New York 1835 und 1845, Charleston 1838, Portland/Maine 1866, Chicago 1871, Boston 1872 und 1889, Pittsburgh 1897, Jacksonville 1901, Baltimore 1904 und San Francisco 1906 boten Architekten, Ingenieuren und Bautechnikern Möglichkeiten, Annahmen über das Brandverhalten bestimmter Konstruktionen und Materialien zu überprüfen. Diese Möglichkeiten des Erkenntniserwerbs wurden, wie die Berichte von Fachleuten zeigen, tatsächlich intensiv genutzt. Allerdings unterschieden sich die daraus getroffenen Schlussfolgerungen erheblich. Die Einschätzung der Leistungsfähigkeit der verschiedenen Materialien und Konstruktionsverfahren wurde schon dadurch erschwert, dass Bauweise und -ausführung nicht immer genau dokumentiert waren. Anlass für unterschiedliche Interpretationen boten beispielsweise jene Fälle, bei denen weite Teile des Gebäudeinneren durch Brände zerstört worden waren, die Gebäudestruktur selbst aber noch weitgehend intakt geblieben war. Ob in derartigen Fällen die weitere Nutzung möglich war, konnte auf der Basis des vorhandenen Wissens nicht entschieden werden. Die fehlenden Informationen über die Bauausführung und die Flexibilität der Dateninterpretation stellten Hindernisse bei der Produktion gesicherten Wissens aus diesen Unfällen dar. Trotzdem war dieses Wissen ausreichend, um bestimmten Technologien des Brandschutzes zum Durchbruch zu verhelfen.

Die aus der praxisnahen Analyse von Katastrophen gewonnenen Ergebnisse sind aus heutiger Sicht sicherlich nur ein schwacher Ersatz für Wissen, das auf systematischen Tests von Materialien und Konstruktionsstilen beruht. Die Unfälle produzierten aber auch Erkenntnisse, die mit modernen maßstäblichen Instrumenten kaum zu erzielen wären. Es wurde zum Beispiel offenbar, dass die Feuersicherheit von Gebäuden nur zu einem Teil von ihrer eigenen Konstruktion bestimmt wird, zu einem andern jedoch von den Brandschutzeigenschaften der unmittelbaren Nachbargebäude und der gesamte Bausubstanz betroffener Stadtteile. Bei einigen Großbränden sind aufgrund der entstandenen Hitze und der Branddauer Konstruktionstypen zerstört worden, die bei anderen Gebäudekonstellationen ihre Feuerfestigkeit unter Beweis gestellt hatten. Insofern konnte aus den Brandkatastrophen Wissen abgeleitet werden, das mit den damals zur Verfügung stehenden Untersuchungsmethoden nur schwer zu erreichen gewesen wäre.

Relevante Akteure bei der Entwicklung des Feuerschutzes waren die Städte, die über ihre Bauordnungen Vorgaben machen konnten. Bei der Formulierung verschiedener Sicherheitsanforderungen spielten dann Erfahrungen aus Unfällen eine große Rolle. Für die privaten Investoren, bei denen das Interesse an der rentablen Vermietung von Hochhäusern im Vordergrund stand, war Feuerschutz solange bedeutungslos, wie Versicherungen keine Prämiendifferenzierungen aufgrund der Brandsicherheit vornahmen. Eine solche Differenzierung setzte am Ende des 19. Jahrhunderts ein. Hierdurch waren dann auch die Hersteller von Baumaterialien und die Architekten an den Schutzmerkmalen der Materialien und Konstruktionen interessiert. Auch sie werteten die bei Bränden gewonnenen Informationen aus. Ein vitales Interesse an dem Gewinn handlungsrelevanten Wissens hatten insbesondere die Feuerschutzvereine auf Gegenseitigkeit, die in den USA bereits Mitte des 19. Jahrhunderts aus theoretischen Erwägungen und auf der Basis der gewonnenen Erfahrungen bestimmte Brandschutzanforderungen an die erfassten Gebäude stellten. Sie formulierten explizite Hypothesen über das Brandverhalten bestimmter Gebäudetypen. Allerdings war ihre Datenbasis relativ klein, da sie nur eine begrenzte Anzahl an Objekten versicherten (Wermiel 2000: 173 f.). Aufgrund öffentlichen Drucks gab es in den USA bereits in den 1870er Jahren eine Initiative der Versicherungsunternehmen, eine unternehmensübergreifende Datenbank zur Dokumentation von Bauplänen und Bauausführungen sowie eine umfassende Auswertung von Schadensfällen durch normierte Berichte aufzubauen. Sie scheiterten unter anderem daran, dass der amerikanische Kongress darin die Gefahr von Preisabsprachen sah und entsprechend reagierte.

Welche Schlüsse lassen sich aus diesem Beispiel ziehen? Im Umgang mit dem Problem der Raumknappheit in Großstädten wurden ab Mitte des 19. Jahrhunderts technische Lösungen entwickelt, über die wenig Wissen vorhanden war. Für das ungelöste Problem des Brandschutzes wurden städtische Vorsichtsmaßnahmen und bautechnische Neuerungen entwickelt, deren Angemessenheit nur zu einem geringen

Teil auf Erfahrungen und systematischem Wissen basierte. Eine systematische Unfall- und Sicherheitsforschung bestand noch nicht. Die Baupraxis und die Brandfälle wurden zum Testfeld der Hypothesen. Die Wissensproduktion anhand von Bränden wurde außerdem durch unterschiedliche Interessenlage der relevanten Akteure erschwert. Auch der Umsetzung neuen Wissens in neue Planungsinstrumente standen ökonomische Interessen entgegen. Dies galt für die Erkenntnis, dass neben dem Brandverhalten einzelner Bauwerke das Gesamtsystem der hochverdichteten Innenstadtbereiche zu berücksichtigen sei. Trotzdem war das erzeugte Wissen ein wichtiger Beitrag zur Entwicklung des modernen Städtebaus. Die in der Praxis geprüften technischen Lösungen und die Rekonstruktion der komplexen Brandvorgänge innerhalb der Städte hat sich in den USA zu Beginn des 20. Jahrhunderts in Bauvorschriften niedergeschlagen, mit denen die Risiken von Großbränden wesentlich verringert werden konnten.

Das Beispiel zeigt, wie die Industriegesellschaft in ihrer Formationsphase durch kaum regulierte evolutionäre Entwicklungsprozesse wuchs. Unfälle dienten als ein wesentliches Element der Wissensproduktion. Ansätze zur Erfassung von Anfangsbedingungen, Verlauf und Auswirkungen der Brände waren unsystematisch und diskontinuierlich. Erst zu Beginn des 20. Jahrhunderts entwickelte sich eine systematische Material- und Unfallforschung, die Funktionshypothesen aufstellte und testete. Erst in diesem disziplinären Kontext kam es zur Verzahnung von Laborexperimenten mit Untersuchungen im Feld, so dass aus praktischen Erfahrungen wissenschaftliche Erkenntnisse gewonnen werden können, die dann wiederum die Praxis anleiten.

Realexperimente

Realexperimente, die im folgenden im Mittelpunkt stehen, schließen hier an. Häufig formieren sie sich aufgrund ähnlicher Konstellationen wie im städtebaulichen Feuerschutz und gewinnen erst allmählich die volle Form eines experimentellen Designs. Sie setzen voraus, dass sich ein gesellschaftliches Bewusstsein über den Mangel an relevantem Wissen herausgebildet hat und zugleich, dass das im Labor erzeugte Spezialwissen den Mangel nicht hinreichend beheben kann. Dies kann seinen Grund in der nicht reduzierbaren Komplexität des Untersuchungssystems haben, an fehlenden Skalierungsmöglichkeiten oder an der Vielzahl von Neben- und Langzeitfolgen. Realexperimente werden niemals des Erkenntnisgewinns wegen angestrebt und eingerichtet, sondern der Erkenntnisgewinn wird erzielt in einem Innovationsprozess, der aus politischen oder wirtschaftlichen Interessen betrieben wird. Die Koordination dieser Interessen mit denen der beteiligten Wissenschaftler in einer Festlegung von Rahmenbedingungen, von Methoden der

Datenerhebung und Eingriffsreserven bei Fehlentwicklungen wirft die besonderen Gestaltungsprobleme bei der Einrichtung von Realexperimenten auf (vergl. ausführlich Groß et al. 2003).

Die verschiedenen Formen des evolutionären Lernens, die hier am Beispiel des Brandschutzes diskutiert wurden, sind dadurch gekennzeichnet, dass katastrophische Überraschungen kognitive Prozesse anstoßen. Im Vordergrund stehen dabei Beobachtungen. Bei experimentellen Erkenntnisstrategien werden dagegen Effekte geplant induziert und relevante Größen kontrolliert. Für die verschiedenen Formen des Realexperiments ist allerdings charakteristisch, das die Ränder des Experimentalsystems nicht genau festgelegt und konstant gehalten werden können und Eingriffe nicht immer genau gesteuert werden können. Im Unterschied zum evolutionären Lernen ist jedoch explizit ein Handlungsdesign aufgebaut worden, das Erwartungen, Beobachtungsmöglichkeiten und Eingriffsreserven ausweist und an dem Überraschungen gemessen werden können.

Eine Sonderstellung unter den Realexperimenten nimmt das »Natürliche Experiment« (*Natural Experiment*) ein, mit dem Veränderungen einer abhängigen Variablen bei ablaufenden Prozessen in der Natur oder der Gesellschaft beobachtet werden. Bei diesem Typus werden keine Konstellationen geplant geschaffen, sondern nur Beobachtungsinstrumente installiert, mit denen Unterschiede bei Kenngrößen unter variierenden Bedingungen registriert werden. Beispiele für natürliche Experimente finden sich in Bereichen, die sich einem experimentellen Eingriff entziehen, wie etwa der Astronomie oder der natürlichen Evolution. Darwin ging bei seiner Untersuchung der ansonsten unbekannten Finkenarten auf den Galápagos-Inseln davon aus, dass diese Inselgruppe eine naturgegebene experimentelle Situation geschaffen hatte, in der sich eine Gründerpopulation ausdifferenziert und an die Vielfalt der vorhandenen ökologischen Nischen angepasst hat. Dieses natürliche Experiment verdeutlicht den Einfluss unterschiedlicher Naturbedingungen auf eine gegebene Ausgangsspezies. Im gesellschaftlichen Bereich lassen sich durch natürliche Experimente die Folgen bestimmter Maßnahmen abschätzen. Zum Beispiel wurde die Wirkung des Verbots von Tabakwerbung auf das Konsumentenverhalten durch einen Vergleich zwischen verschiedenen europäischen Ländern ermittelt. Wenn dabei die übrigen Bedingungen weitgehend übereinstimmen, können die Unterschiede auf den fraglichen Einflussfaktor zugerechnet werden.

III.3.2. Müll und Abfall als Gegenstand der Wissensproduktion

Infolge der Wohlstandsentwicklung in der Nachkriegszeit, verbunden mit dem großen Aufschwung chemischer Produktkomponenten, der durchgängigen Verpackung praktisch aller Konsumgüter, rasch wechselnden technologischen Innovationswellen im Konsumgüterbereich und einem Wertwandel in Richtung einer neuen Wegwerfmentalität stieg der Müll der Gesellschaft enorm an. In der Leitmetapher der Mülllawine wurde der Müll zu einer zwar selbst erzeugten, aber unkontrollierbaren quasi-natürlichen Urgewalt der Konsumgesellschaft. Da an ein gesellschaftlich durchsetzbares ›Moratorium‹ in keiner Weise zu denken war, war von Beginn an klar, dass das ständig zunehmende Entsorgungsproblem nur in direkter Verbindung mit der Entsorgungspraxis gelöst werden konnte. Darüber hinaus waren Wissenschaft und Technologie anfangs überhaupt nicht auf die vielfältigen Aspekte der Entsorgung eingestellt, noch waren die gesundheitlichen und ökologischen Gefährdungen der Deponierung unbehandelten Mülls bekannt. So entstand ein Feld permanenten Wandels, das durch ein hohes Maß an Experimentierbereitschaft gekennzeichnet war. Die ersten realexperimentellen Lektionen bestanden in der Wahrnehmung von Überraschungen und deren Verarbeitung zu wissenschaftlich bearbeitbaren Fragen, mit denen an die laufende Praxis der Deponierung herangetreten werden konnte. Allmählich formierte sich eine Fachwelt der Experten, die an Verbesserungen der Ablagerungstechniken arbeiteten, die dann gezielt dem Realtest ausgesetzt werden mussten. Es kann in der folgenden Darstellung nicht um die vollständige Erfassung der realexperimentellen Entwicklung der Entsorgungswirtschaft in der Bundesrepublik gehen. Wir werden uns auf einige markante Beispiele aus den Bereichen der Deponiebautechnik, der mechanisch-biologischen Abbautechnik, und der automatisierten Sortieranlage beschränken.

Schon in den 1960er Jahren standen die für die Entsorgungssicherheit verantwortlichen Kommunen unter einem hohen Handlungsdruck. Angesichts der Mülllawine mussten neue Kapazitäten aufgebaut werden, gegen die sich wegen der Belästigungen Widerstand regte. Zugleich wurden Wissenslücken im Umgang mit den neuartigen Stoffklassen sichtbar. Moderne Abfälle sind komplexe Mischungen von Stoffen, die sich nur schwer untersuchen lassen. Da zugleich das gesellschaftliche Interesse an der Erforschung von Dingen, die ja jeder nur loswerden will, nicht ausgeprägt ist, fehlte es an Experten und belastbarem Wissen. Bei den Versuchen, die zunehmenden Probleme zu lösen, stellte sich bald heraus, dass neue Wege der Abfallentsorgung mit neuen Risiken verbunden waren, die keiner abschätzen konnte. So entstand ein Prozess *rekursiven Lernens*, in dem praktisches Wissen an neuen Anlagen systematisch erzeugt wurde, um bei der Bewältigung der mit den Anlagen verbundenen Risiken eingesetzt zu werden. Die Entstehung des heute gültigen komplexen Entsorgungssystems mit seiner Vielzahl von Akteuren und seiner hohen Innovationsbereitschaft verdankt sich vor allem dem allmählich gewachsenen breiten Konsens über die Bedeutung der Entsorgung und die Notwendigkeit, praxisnahe Lösungen vor Ort zu entwickeln. Indem zunehmend auch die Ermittlung und Bewertung von Nebenfolgen und Langzeitschäden einbezogen wurden, erhielten Verfahren und technische Lösungen den Status von Forschungsgegenständen, die Überraschungen produzieren und weitere Eingriffe nach sich ziehen (Herbold et al. 2002). So können bewährte Lösungen eine Metamorphose durchlaufen und selbst zu Problemfeldern werden. Das ganze technologische Feld ist mit Unsicherheiten belastet, die der politischen Rhetorik nach Entsorgungssicherheit widersprach. Je länger die Entwicklung dauerte, desto offener wurden auch risikobezogene Strategien genutzt, die die Unzulänglichkeit der Wissensbasis anerkannten und auf die Revision und Fortentwicklung von technischen Lösungen setzten.

Der Abfallbereich im Überblick

Die Entsorgung von Abfällen wurde in Deutschland zu einem virulenten Problem, als in den 1960er Jahren die Qualität des Trinkwassers und des von der Industrie benötigten Brauchwassers nicht mehr hinreichte. Dafür wurden verschiedene Faktoren verantwortlich gemacht, darunter die Abfalldeponierung, die zu diesem Zeitpunkt weitgehend ungeregelt erfolgte.

In einem ersten Schritt wurden deshalb 1972 Mindestanforderungen für die Abfallablagerung aufgestellt. In der Folge ging die Zahl der Deponien stark zurück, von geschätzten 50.000 im Jahr 1981 auf etwa 2.200 im Jahr 2000 (Umweltgutachten 1978, Statistisches Bundesamt 2003). Gleichzeitig stieg die Zahl technisch anspruchsvoller Entsorgungsanlagen an: Im Jahr 1971 waren 30 solcher Anlagen in Betrieb, im Jahr 2000 betrug ihre Zahl bereits 179. Die Zahl der Kompostwerke erhöhte sich im gleichen Zeitraum von 16 auf 1.164 (Umweltgutachten 1978, Statistisches Bundesamt 2003).

Das Wirtschaftswachstum, der steigende Konsum und veränderte Lebensgewohnheiten hatten zu einem rasanten Wachstum der Abfallmengen geführt hatten. Darauf wurde zunächst nur mit dem Ausbau und der besseren Ausnutzung des Deponievolumens und der Müllverbrennung reagiert (»*End-of-the-pipe*-Technologien«). Die Deponierung blieb bis weit in die 1990er Jahre das meistgenutzte Verfahren der Abfallentsorgung; andere Möglichkeiten der Abfallentsorgung wurden erst in den 1980er Jahren verstärkt genutzt. Hinzu kamen in derselben

Zeit die Einführung von Recyclingmaßnahmen, deren Erfolg sich statistisch nachweisen lässt. Der Pro-Kopf-Anteil nicht verwertbarer Abfälle der Bundesbürger lag im Jahr 2000 dennoch bei nur etwa 52 Prozent des Wertes von 1984, in absoluten Zahlen ausgedrückt hat sich dieser im gleichen Zeitraum von etwa 362 kg auf 187 kg verringert (Statistisches Bundesamt 1996 und 2003). Erfolglos blieben alle Appelle zur Vermeidung von Abfällen.

Die verschiedenen Verwertungsbemühungen haben dazu geführt, dass das Entsorgungssystem zunehmend komplexer geworden ist. Die getrennte Sammlung organischen Abfalls beispielsweise ist nur dann sinnvoll, wenn ein Markt für Kompost existiert. Zur Bodenverbesserung kann das Produkt in der Landwirtschaft nur dann flächenmäßig eingesetzt werden, wenn bestimmte Gütekriterien eingehalten werden. In den 1980er und 1990er Jahren wurden deshalb Institutionen gegründet, die entsprechende Standards und Prüfverfahren entwickelt haben. Ähnlich ist die Situation im Bereich der Müllverbrennung. Moderne Filtertechniken produzieren große Mengen an Gips, der bestimmte Qualitäten aufweisen muss, um im Baubereich eingesetzt werden zu können. Die entstehenden Schlacken lassen sich auch nur dann im Straßenbau einsetzen, wenn sie bestimmte Kriterien erfüllen. Für die hoch belasteten Filterstäube mussten überdies eigene Entsorgungswege entwickelt werden. Gegenwärtig werden sie als Bergversatz untertage eingesetzt.

Drei Phasen der Forschung an Deponien und anderen Komponenten des Entsorgungssystems lassen sich unterscheiden: Erstens Forschungen, die den ökologischen und gesundheitlichen Problemen der frühen Deponierung nachgingen; zweitens die Test- und Anwendungsphase, in der versucht wurde, Deponien nach neuen Erkenntnissen zu gestalten und zugleich systematisch für Forschung zu nutzen und drittens die Phase der Systemintegration, bei der die Vorstellung leitend wurde, dass Entsorgungssicherheit nur in Verbindung mit Vermeidung und Wiederverwertung zu erreichen sei.

Forschung an Deponien

Die Ablagerung von Abfällen ist das älteste Verfahren der Abfallbeseitigung. Bis weit in die 1960er Jahre entstanden in Deutschland Müllkippen auf Brachland. Ihre Gesamtzahl liegt bei ca. 55.000, von denen heute immer noch viele als nicht sanierte Altlasten gelten. Vorschriften, Genehmigungsverfahren oder ein formulierter Stand der Technik fehlten vollkommen. Das änderte sich mit Inkrafttreten des Wasserhaushaltsgesetzes von 1960. Es forderte, dass von Deponien keine Wassergefährdungen ausgehen dürfen. Nennenswerte Erfahrungen mit anderen Formen der Ablagerung oder der Abfallbeseitigung existierten nicht. So begann eine intensive Suche nach neuen Lösungen. Einige

Großstädte nahmen in den 1960er Jahren Müllverbrennungsanlagen in Betrieb, ein Weg, der von den meisten Kommunen wegen der hohen Investitionskosten ausgeschlossen wurde. Überlegungen, Erfahrungen mit der Kompostierung aus dem Weinbau für den Hausmüllbereich zu übernehmen, wurden wegen der Zusammensetzung der kommunalen Abfälle nicht umgesetzt. Der Bedarf nach einer Technologie, mit der Abfälle preiswert und den Anforderungen entsprechend beseitigt werden konnten, wurde zunächst mit dem Konzept der geordneten Deponie entsprochen, mit dem bis in die Mitte der 1990er Jahre der Großteil des jährlich anfallenden Hausmülls entsorgt wurde.

Die geordnete Deponie unterscheidet sich von den vorher genutzten Müllkippen in planerischer, baulicher und verfahrenstechnischer Hinsicht. Entsprechende Anforderungen sind 1969 durch die Zentralstelle für Abfallbeseitigung, einer Vorläufereinrichtung des 1974 gegründeten Umweltbundesamtes in einem Merkblatt festgelegt worden. Danach ist planerisch zu berücksichtigen, dass ausreichender Abstand zu Grundwasserschichten, die der Trinkwassergewinnung dienen, zu offenen Gewässern und zur Wohnbevölkerung eingehalten wird. Bauliche Aspekte sollen die Standfestigkeit von Deponien garantieren. Für den Fall, dass größere Sickerwassermengen anfallen, sollen diese aufgefangen und ohne weitere Vorbehandlung in die Vorfluter geleitet werden. Es wurde davon ausgegangen, dass das Deponiegelände nach einer Rekultivierung für andere Zwecke nutzbar gemacht werden konnte. Die Annahme war, dass die Umweltauswirkungen lokal begrenzt werden konnten und dass Verdünnungs- und Abbaueffekte sowie die Selbstreinigungswirkung des Untergrundes für eine Abfallbeseitigung ohne gravierende ökologischen Folgen hinreichten.

Das 1972 in Kraft getretene erste deutsche Abfallgesetz verschärfte die Situation aus Sicht der Kommunen. Sie wurden verpflichtet, Entsorgungssicherheit zu garantieren und entsprechende Kapazitäten bereitzustellen. Gleichzeitig verbot das Gesetz die Errichtung und den Betrieb von Müllkippen klassischen Zuschnitts. Das Planfeststellungsverfahren wurde für die Genehmigung von Abfallanlagen verbindlich, womit sich der Planungsaufwand deutlich erhöhte. Zur Genehmigung mussten umfangreiche Unterlagen erstellt werden, in denen nachzuweisen war, dass die Auswirkungen auf Anwohner und die Trinkwassergewinnung gering waren. Gleichzeitig wurden Partizipationsmöglichkeiten eröffnet. Nachbarkommunen, andere öffentliche Bauträger und Bürger konnten damit erstmalig Einwände gegen Planungen vorbringen.

Durch die neue gesetzliche Lage, die jedoch wiederum eine Reaktion auf den ständig anwachsenden Wohlstandsmüll und die offensichtlich gewordenen Gefährdungen war, entstand einerseits ein hoher Handlungsdruck zur Errichtung neuer Kapazitäten, andererseits gab es nur wenig Erfahrungswissen über das Verhalten der neuen Großanlagen.

Die geordneten Ablagerungen bestimmter Fraktionen von Müll sowie deren raumsparende Verdichtung bei – aus späterer Sicht – immer noch völlig unzulänglichen Techniken der Abdichtung und Sickerwasserführung beruhten auf Einschätzungen, die eher als ungeprüfte Hypothesen denn als gesichertes Erfahrungswissen einzustufen sind. Die in den 1970er Jahren entstandene Abfallwissenschaft stellte sich diesen Wissensdefiziten. In den Fachzeitschriften und auf wissenschaftlichen Konferenzen wurden die offenen Fragen angesprochen und gefordert, nicht von einer sicheren Technik auszugehen, sondern stattdessen das Risiko von Deponien systematisch zu erforschen. Ein Zitat aus der Zeit belegt diese Aufdeckung des Unwissens und die Formulierung der Forschungsaufgaben, die sich bei der Beobachtung bestehender und neu errichteter Anlagen stellen:

»Abschließend lässt sich sagen, dass der aktuelle Kenntnisstand der Abfallforschung die widersprüchlichsten Auffassungen widerspiegelt, daß noch sehr viele Fragen offen sind und damit einen rational und verantwortungsbewusst denkenden Fachmann dazu zwingen, vor Abschluss der Forschungen so vorsichtig wie nur möglich zu handeln« (Cube 1975: 47).

Der erhoffte »Abschluss der Forschung« war offensichtlich an Beobachtungen gebunden, die sich aus neuen Installationen ergaben. Damit rückten diese in den Mittelpunkt der »widersprüchlichen Auffassungen« der Forscher und die übliche Kaskade zwischen wissenschaftlich erprobtem und anerkanntem Wissen und seiner Implementierung in technischen Anlagen wird in ihrem Gefälle umgedreht. Was immer seitdem an Maßnahmen zur Vermeidung von Grundwasserbelastungen vorgeschlagen wurde, unterlag dem Vorbehalt ›offener Fragen‹. Diese erstreckten sich auf die Abdichtungsqualitäten von verschiedenen Bodenarten, auf mechanische Verdichtungsmöglichkeiten, auf die Reaktionen synthetischer Materialien, auf Eigenschaften von Dichtungsfolien unter mechanischer Belastung und chemischen Wechselwirkungen. Die Forschung an den Deponiekörpern war eröffnet.

Die Abfallwissenschaft machte insofern zwei Schritte zeitgleich: die so genannte Primärverwissenschaftlichung, in der die Anwendung der Wissenschaft auf Natur, Mensch und Gesellschaft durch Anwendungserfolge legitimiert wird und die Sekundärverwissenschaftlichung, in der die Wissenschaft sich den Folgen der Wissensverwendung stellt, begannen gleichzeitig (Beck 1982). Die beteiligten Wissenschaftler waren sich nicht nur der Grenzen des verfügbaren Wissens bewusst, sondern auch der Risiken, die mit dessen Anwendung verbunden waren. Da wegen der unvermeidlich steigenden Müllmengen die Situation eine Option auf Nichthandeln nicht zuließ, war der einzige Ausweg, technische und organisatorische Maßnahmen zu treffen, um unbeabsichtigte

Nebenfolgen bis hin zu Unfällen wenigstens gut beobachten und mit technischen Eingriffsreserven reagieren zu können. Wichtigste Legitimationsgrundlage für den Aufbau dieser rekursiven Lernstruktur war die Überzeugung, dass bei allen ungelösten Problemen die Risiken der neuen Technik mit Sicherheit geringer waren als die der alten. Die geordnete Deponierung wurde als eine entwicklungsfähige Technik eingeführt und die mit ihr verbundenen Wissensunsicherheiten wurden an die Praxis verwiesen. Die mit der geordneten Deponie verbundenen Erwartungen an eine geregelte Entsorgung ohne Neben- und Langzeitfolgen waren – so kann man überspitzt formulieren – Hypothesen, deren Bewährung allein durch den Dauerbetrieb der Deponien erwiesen werden kann. Die Hypothesen bezogen sich auf das Abbauverhalten im Deponiekörper ebenso wie auf die Abkapselung der Deponien, vor allem zur Vermeidung von Kontaminationen des Grundwassers durch Sickerwasser. Eine frühe und naheliegende Maßnahme in dieser Richtung bestand darin, Deponien nur auf einem dichten Untergrund zu errichten. Aber die unterstellte Eignung bestimmter Bodenformationen stellte eine Hypothese dar, die sich in einer Reihe von Fällen als falsch herausstellte, damit dann freilich den Forschungsstand bereicherte.

Als großes Hindernis bei dieser Verkoppelung von Deponietechnik und Deponieforschung erwies sich allerdings das Fehlen umfassender Dokumentationen der Einträge, standardisierter Untersuchungsmethoden und gleich bleibender Versuchsbedingungen. Ohne Kenntnis der Einträge, also der Anfangsbedingungen der biochemischen Prozessdynamik, sind spätere Messungen kaum nutzbar. Dies macht übrigens auch die Sanierung von Altlasten so schwierig. Von den Wissenschaftlern wurden in den 1970er Jahren Forderungen an den Deponiebau gestellt, der sie zu realexperimentellen Anlagen machen sollten. Einer der stärksten Befürworter war Werner Schenkel, der erste Direktor und Professor am Umweltbundesamt Berlin, der dort den Fachbereich Abfallwirtschaft und Wasserwirtschaft leitete. Er formulierte:

> »Es zeigt sich nun, dass dazu völlig neue Anforderungen an Lebensdauer und Funktionsfähigkeit entwickelt werden müssen. [...] Vor allem fehlt es an der konsequenten und systematischen Sammlung von Kenntnissen über das Langzeitverhalten von abgelagerten Abfällen. Es hat sich gezeigt, dass in F&E-Vorhaben nur erste Hinweise erhalten werden können. Der Nachweis obliegt jedem einzelnen Deponiebetreiber bzw. dem Eigentümer. Die so gesammelten Informationen, so wichtig sie für den Einzelfall sind, wären vergeudet, würde man sie nicht wissenschaftlich auswerten und vergleichen. Um das zu erreichen, bemühen wir uns, die Langzeituntersuchungen an Deponien zu initiieren« (Schenkel 1980: 343).

Die Einrichtung von Realexperimenten ist auf Netzwerke von Akteuren angewiesen, zu denen im Bereich der Deponien die planenden kommunalen Träger, die Genehmigungsbehörden, die tatsächlichen Betreiber und das Personal und nicht zuletzt wissenschaftliche Experten und Forscher zählten. Wissenschaftliche Einrichtungen und Projektträger wie das Umweltbundesamt stellten die finanziellen Mittel für den zusätzlichen Aufwand zur Verfügung. Aber neben der finanziellen Abdeckung des Mehraufwands ist es nötig, das Personal zu schulen, die Kommunikationsprobleme zwischen Wissenschaftlern und Praktikern zu lösen und den Betreibern Furcht davor zu nehmen, sich in die Karten gucken zu lassen. Auf dieser Basis wuchs das Wissen über die Deponiebautechnik und ihre Risiken.

Es ging neben der Auswertung der Deponien in dieser Phase auch um die Erprobung neuer Technologien. Avancierte Technik zu nutzen bedeutet nahezu unvermeidlich den Bau von Anlagen mit Pilotcharakter, die Komponenten enthalten, deren Dauerbelastung nicht hinreichend bekannt ist. So wurden unterschiedliche Materialien zur Basisabdichtung von Deponien entwickelt, die Dicke von Abdichtungsfolien variiert und Versuche mit Oberflächenabdichtungen durchgeführt, die verhindern sollten, dass Niederschlagswasser ungehindert einsickern konnte. Auf einer Reihe von Deponien wurde für das Sickerwasser ein Rücklauf installiert, der es ständig in den Deponiekörper wieder einführte. Zum einen konnte so die Menge an kontaminiertem Wasser begrenzt werden, zum anderen bestand die Erwartung, dass sich hierdurch die Abbauprozesse in Richtung einer chemischen Sättigung stabilisieren würden. Dahinter standen Beobachtungen an bereits rekultivierten Deponien, dass der unkontrollierte Abbau der organischen Abfälle nach mehreren Jahren nachgelassen hatte, aber nicht abgeschlossen war. Die Beobachtungen berechtigen wiederum allenfalls zu einer Hypothese, die dann von den eingerichteten Systemen der Sickerwasser-Kreislaufführung widerlegt wurde.

Der Einstieg in den realexperimentellen Aufbau von Deponien hat neben der Dokumentation und der technischen Ausrüstung zur Beobachtung und Messung zwei weitere Implikationen.

Erstens müssen Deponien über lange Zeiträume überwacht werden, die mit den Betreiberzeiten nicht übereinstimmen. Zweitens müssen bei der Entdeckung von Fehlfunktionen und Fehlentwicklungen Eingriffe erfolgen. Erst dadurch wird ein rekursiver Lernprozess möglich. Um dafür die technische Basis zu schaffen, wurden neue Standards formuliert: Durchgängige Beobachtbarkeit des Geschehens, Reparierbarkeit des Bauwerks sowie der Rückholbarkeit der Inhaltsstoffe. Dadurch sollten Eingriffsreserven zur Bewältigung der Deponierisiken geschaffen werden. Derartige Deponienkonzepte, die bisher nur für den Bereich der Sonderabfälle umgesetzt worden sind, verkörpern die Strategie rekursiver Lernschritte, indem sie das Eingeständnis von Wissensdefiziten, die Offenheit für Überraschungen und die Begrenzung negativer Folgen miteinander koppeln. Es kann festgehalten werden, dass die Abfallwissenschaft wesentliche Erkenntnisse über das Verhalten von Deponien durch Realexperimente gewonnen hat.

Dennoch gelang es zunächst nicht, die von der Wissenschaft und der wissenschaftlich orientierten Technologie angestrebten Bedingungen umzusetzen. Die bestehenden Deponien waren in Aufbau, Betrieb und Sicherheitsmerkmalen kaum miteinander vergleichbar und die lokalen Unterschiede durch das Deponiegelände, die meteorologischen und wasserwirtschaftlichen Gegebenheiten sowie durch die unterschiedliche Zusammensetzung der Abfälle waren erheblich. Ein ›Stand der Technik‹ für den Deponiebau wurde erst mit den Technischen Anleitungen Abfall (1991) und Siedlungsabfall (1993) festgelegt. Das Multibarrierenkonzept wurde verpflichtend; die Abfälle sollten, von der Umwelt durch Abdichtungen abgekapselt, eine eigene Barriere darstellen. Über die genutzte Technik hinausgehend wurde festgelegt, dass nach einer Übergangsfrist spätestens im Jahre 2005 nur noch Abfälle abgelagert werden dürfen, die bestimmten Anforderungen an die Vorbehandlung genügen. Danach sind nur Abfälle zur Ablagerung zugelassen, die praktisch nicht mehr brennbar sind und nicht weiter chemisch abgebaut werden können. Überdies wurde die Sickerwasserkreislaufführung verboten.

Im Ergebnis bedeutete dies, dass seit 2005 nur jene Abfälle abgelagert werden dürfen, die durch die Müllverbrennung vorbehandelt worden sind. Politisch ist diese Festlegung, wie die Technik der Müllverbrennung selbst, umstritten. Auch innerhalb der Abfallwissenschaft fand die Lösung keine einheitliche Zustimmung. Einige Fachleute vertraten die Meinung, dass die Möglichkeiten der Steuerung des biologischen Abbaus des Deponiekörpers noch nicht ausgeschöpft waren und entwickelten die mechanisch-biologische Vorbehandlung (siehe hierzu Kap. III.V). Jedoch setzte sich die systemische Lösung aus Verbrennung und Ablagerung durch, da mit dieser Standardisierung schädliche Umweltauswirkungen verringert werden können. Zudem sind in den technischen Anleitungen und dem Kreislaufwirtschaftsgesetz von 1994 Regelungen zur Dokumentation und Überwachung von Deponien in der Betriebs- und Nachsorgephase enthalten, die vergleichbare Ergebnisse ermöglichen sollen. So wurde die Entwicklung der geordneten Deponie mit Hilfe gesetzlicher Normierungen mit einer Forschungsstrategie koordiniert, der sie im Realmaßstab zur Wissenserzeugung diente. Gegenläufig sind Forschungsergebnisse in die Anpassung technischer Komponenten und Anlagekonzeptionen eingeflossen. Im langfristigen Ergebnis hat dieser Lernprozess dazu geführt, die ursprünglich intendierte Großdeponie für die sichere Ablagerung des Hausmülls vollständig zu ersetzen durch eine Deponie, die nur noch mit vorbehandeltem, thermisch und chemisch inaktivem Müll beschickt wird. Mit Ausnahme der hoch belasteten Filterstäube, die als Sondermüll entsorgt werden müssen, gibt es neben diesen Aschen nur noch Stoffe, die durch Recycling eine Wiederverwertung erfahren.

Kalte Vorbehandlung: Technische Lösung durch experimentelle Politik

Für die meisten Fachleute war der durch die Technischen Anleitung Siedlungsabfall 1993 definierte Stand der Technik mit der Perspektive auf eine durchgängige Vorbehandlung aller Abfälle durch Verbrennung (festgelegte Grenzwerte für Glühverlust und Restkohlenstoffanteil) im Jahre 2005 die Lösung der Wahl. Die Müllverbrennung war und ist allerdings gesellschaftlich umstritten, wie sich immer wieder bei Genehmigungsverfahren für diese Anlagen zeigte. Rauchgase enthielten Schwermetalle, Furane und Dioxine, für die in den 1970er und 1980er Jahren mangelhafte Filtertechniken bestanden. Erhebliche Gesundheitsprobleme und Belästigungen sowie bedenkliche Messergebnisse durch von Betroffenen engagierte Experten führten in kommunalpolitische Konfliktlagen, in denen immer wieder eine ganz andere Strategie der Entsorgung propagiert wurde: die Veränderung gesellschaftlichen Konsumverhaltens in Richtung der Verringerung des anfallenden Hausmülls (Keller 1998).

Ähnlich wie in anderen Umweltbereichen fand diese Strategie, der im Prinzip nur Appelle zur Verfügung standen, in der allgemeinen Bevölkerung und in der Politik wenig Resonanz. Die heute noch sichtbaren Auswirkungen sind vielleicht die Jutetasche und das heftig umstrittene Einwegpfand. Anders verhält es sich, wenn konkrete Angebote für umweltfreundliches Verhalten gemacht werden, die nur geringe Verhaltensänderungen erfordern. Darauf zielte die Einführung erster kommunaler Verwertungssysteme zur besonderen Erfassung von Glas und Papier in den 1980er Jahren ab. Die Bereitschaft zur Sortierung ist in der Bevölkerung so groß gewesen, dass die bei der Einführung des Dualen Systems 1990 aufgestellten Prognosen von Beginn an übertroffen wurden. Für die trotz dieser Erfolge entstehenden Restmüllmengen, darüber bestand auch unter den Kritikern der Müllverbrennung Konsens, mussten auch weiterhin Beseitigungsmöglichkeiten bereitgestellt werden. Der ökologisch motivierte Widerstand gegen die Verbrennung brauchte, wenn er nicht unglaubwürdig werden wollte, eine Alternative. Als technisches Verfahren mit hohem ökologischem Kredit bot sich die mechanisch-biologische Abfallbehandlung (MBA) an, die in den 1990er Jahren weiterentwickelt wurde. Nach einer mechanischen Sortierung des Restmülls, bei der Schad- und Wertstoffe ausgeschleust werden, erfolgt eine gesteuerte biologische Behandlung in geschlossenen Behältern. Mit dem Verfahren wird eine Volumenreduktion von 40

Prozent erreicht, das biologisch weitgehend inaktive Endprodukt wird deponiert. Die Investitionen in die MBA liegen deutlich unter denen einer Müllverbrennungsanlage, so dass auch mancher kommunaler Träger Interesse an der Entwicklung dieser Alternative hatte. Die rechtliche Situation der MBA ist allerdings lange Zeit prekär gewesen. Die verbindliche Technische Anleitung Siedlungsabfall ließ nur Ausnahmen zu, die Forschungszwecken dienten: »Vom Anwendungsbereich dieser technischen Anleitung ausgenommen sind Anlagen, die ausschließlich oder überwiegend der Entwicklung und Erprobung neuer Verfahren dienen« (Technische Anleitung Siedlungsabfall Ziffer 1.2 Satz 4). Wie wären nun Realexperimente mit MBA-Technmologie zu klassifizieren? Von Befürwortern wurde argumentiert, dass neue Technik Entwicklungsspielräume benötigt. Ein im Auftrag des Landes Schleswig-Holstein 1996 erstelltes Gutachten hat z. B. herausgestellt, dass Anlagen im großtechnischen Maßstab zur Technikentwicklung unverzichtbar sind. Ähnlich wurde auch die Ablagerungsgenehmigung für Reststoffe der drei in Niedersachen gebauten Anlagen begründet (Meyer 1997). Die Schlussfolgerung ist, dass Ablagerungen der MBA-Reststoffe auch nach dem in der Technischen Anleitung genannten Stichtag vorgenommen werden dürfen. Genau dies ist aber rechtlich angezweifelt worden. Die Fragestellung ist in der Folge Gegenstand einer Reihe von Gutachten und Zeitschriftenartikeln gewesen, ohne dass eine einheitliche Bewertung erreicht werden konnte.

Auch politisch war die MBA umstritten: Auf Bundesebene wurde bis zur Bundestagswahl 1998 die Verbrennungslösung favorisiert. Auf Länderebene war das Bild uneinheitlich, insbesondere die durch rot-grüne Koalitionen regierten Länder Niedersachsen und Nordrhein-Westfalen unterstützten die Vorhaben finanziell und institutionell. In diesen Bundesländern wurden bereits vor 1998 Anlagen gebaut, die die Leistungsfähigkeit im großtechnischen Maßstab nachweisen sollten. Wissenschaftlich wurde die Technologie ab 1995 durch ein groß angelegtes, mit sieben Millionen Euro vom BMBF gefördertes Verbundprojekt untersucht, das das langfristige Deponieverhalten der Rückstände untersuchen und geeignete Parameter ermitteln sollte (Soyez 2001). Anders als für die Rückstände der Müllverbrennung fehlten hier die entsprechenden Kenntnisse, die durch kombinierte Untersuchungen an Labor-, Versuchs- und großtechnischen Anlagen gewonnen wurden. In mehreren Phasen hat das im Jahr 2000 abgeschlossene Projekt auf der Basis von Zwischenergebnissen Optimierungen durchgeführt.

Das Vorgehen der Kommunen, die sich für die Einführung der MBA-Technologie engagierten, kann man mit einer Ausdrucksweise aus der Politikwissenschaft als »experimentelle Politik« (Hellstern und Wollmann 1983) bezeichnen. Die probeweise Einführung der MBA-Technologie wurde mit dem zu erwartenden Erkenntnisgewinn begründet, der erst die Basis für eine Entscheidung über die definitive Einführung schafft. Mitte der 1990er Jahre sind eine ganze Reihe von MBA als Versuchsanlagen in Betrieb genommen worden. Die Betreiber gingen damit ein nicht unerhebliches finanzielles und technisches Risiko ein. Der Wissenschaft kam dabei primär die Rolle zu, die Begleitforschung durchzuführen, sekundär auch die, Einfluss auf die Politik auszuüben:

»Obwohl die Bundesregierung in ihrer Stellungnahme vom 28.12.1995 zur Technischen Anleitung Siedlungsabfall deutlich gemacht hat, dass sie derzeit nicht daran denkt, diese zu ändern, werden die Ergebnisse der weiteren fachlich geprägten Bearbeitung dieses Themas auch von der Politik berücksichtigt werden müssen« (Freding et al. 1999: 152).

Die Kontroverse über die rechtspolitische Einordnung und wissenschaftliche Bewertung dieser technischen Alternative ist ein Beleg dafür, dass Realexperimente immer in die Interessenkonstellationen einer Mehrzahl von Akteuren eingebunden sind und der wissenschaftliche Kern der Wissensbeschaffung einem Spannungsfeld von Erwartungen ausgesetzt ist. Nach der gewonnenen Bundestagswahl im September 1998 legte die rot-grüne Regierungsmehrheit in der Koalitionsvereinbarung von Oktober 1998 fest, dass die kalte Vorbehandlung dann als Alternative zur Müllverbrennung zugelassen werden sollte, wenn sie ähnlich hohe Anforderungen erfüllt. Es folgte eine Phase politischer und wissenschaftlicher Auseinandersetzungen. Die Umweltministerkonferenz entschied im November 1998, an den hohen technischen Anforderungen der Deponierbarkeit festzuhalten und erteilte gleichzeitig einen Prüfauftrag zur Ermittlung alternativer Parameter der Ablagerungsfähigkeit (Umweltministerkonferenz 1998). Der Umweltrat reagierte in seinem Jahresgutachten vom Februar 1998 auf die Entwicklung mechanisch-biologischer Verfahren und forderte die Beibehaltung des Stands der Technik und wiederholte diese Forderung im Jahresgutachten 2000 (Rat von Sachverständigen für Umweltfragen 1998 und 2000). Das Umweltbundesamt legte 1999 einen Bericht zur »Ökologischen Vertretbarkeit« der Kombination aus MBA und Deponierung vor und stellte dabei deutlich heraus, dass keine mit der Verbrennung vergleichbaren Ergebnisse zu erzielen sind: »Die von der Umweltministerkonferenz geforderte ›gesicherte Gleichwertigkeit der Vorbehandlungsprodukte‹ ist ... prinzipiell nicht gegeben« (Umweltbundesamt 1999: 10). Der Abschlussbericht des BMBF-Verbundvorhabens wurde ebenfalls 1999 veröffentlicht und empfahl unter anderem einen Grenzwert für den Restkohlenstoffanteil, »um bei wirtschaftlich vertretbarer Prozessdauer in hochwertigen Anlagen zu gewährleisten, dass bei der Ablagerung keine unzulässigen Umweltwirkungen auftreten« (Soyez 2001: 277). Im März 2001 trat schließlich die Ablagerungsverordnung in Kraft, die die Deponierung von MBA-Rückständen zulässt. Begründet wurde dies damit, dass bei der Abfassung der Technischen Anleitung Siedlungsabfall im Jahre 1993 keine andere technische Möglichkeit der Vorbehandlung von Restabfällen zur Verfügung gestanden hätte als die Verbrennung. Diese Situation habe sich mit der großtechnischen Einführung durch mehrere Anlagen geändert, die Ergebnisse des Verbundprojektes hätten überdies die Leistungsfähigkeit der Technologie und die Ablagerungsfähigkeit der Rückstände belegt.

Zusammenfassend lässt sich festhalten, dass vor dem Hintergrund ökologischer und ökonomischer Interessen mit der MBA die Entwicklung, Erforschung und Durchsetzung einer Technologie vorgenommen worden ist, die in großen Teilen in der Gesellschaft auf geringen Widerstand trifft. Die Leistungsfähigkeit der Müllverbrennung, die nach Ansicht vieler Fachleute weitgehend technisch beherrschbar ist und zudem verwertbare Reststoffe erzeugt, wird mit dem Verfahren allerdings nicht erreicht. Es werden weiterhin Deponien benötigt, deren Bau auf erhebliche lokale Widerstände trifft. Ob die Kombination aus BMA und Deponierung als Konfliktlösung der gesellschaftlichen Auseinandersetzungen um die Entsorgungstechnologie dienen kann, kann ebenso bezweifelt werden wie der ökologische Nutzen. Unabhängig davon wird an dem Beispiel deutlich, dass experimentelle Implementationen neben der Erzeugung neuen Wissens im Rahmen politisch-gesellschaftlicher Auseinandersetzungen immer auch eine legitimatorische Funktion entwickeln.

Sortiersysteme:
Technische Maßstabsvergrößerungen und Übergangsrisiken

Die Sortierung in Abfallfraktionen durch die Haushalte gilt als die wesentliche Vorbedingung der stofflichen Verwertung. Die Trennung von Glas und Papier ist bereits seit den frühen 1980er Jahren eingespielt, die Sammlung der Verpackungsmaterialien ist mit der Gründung des Dualen Systems Deutschland (DSD) im Jahre 1990 hinzugekommen, die flächendeckende Einführung der Bioabfallsammlung erfolgte noch später. Der Ausweitung der Trenntiefe sind allerdings Grenzen gesetzt. Beispielsweise wird auf die Trennung unterschiedlicher Papiersorten durch die Haushalte in Deutschland verzichtet, da nach Einschätzung von Fachleuten damit die Trennbereitschaft der Bevölkerung überfordert würde. Laien verfügen nicht über ausreichendes Wissen, um die Verpackungsleichtfraktion weiter aufzutrennen. Bei dieser Abfallgruppe werden deshalb Mischungen in Kauf genommen, die erst nach der Sammlung in Fraktionen aufgespalten werden. Dieses Verfahren ist noch immer personalintensiv, es wird deshalb versucht, die so genannte »händische Sortierung« durch mechanische Verfahren zu ersetzen.

Der zentrale Akteur im Bereich der Verpackungsverwertung ist das Duale System Deutschland (DSD), eine Aktiengesellschaft im Besitz von Handel und Industrie. Es wurde als Reaktion auf die Verpackungsverordnung gegründet, die eine Rücknahme von Packungen durch die Produzenten vorschreibt. Das System ist über Lizenzen für den Grünen Punkt organisiert. Die Kosten werden nach Materialart und Produktionsmengen berechnet. Das DSD steht unter einem permanenten Preisdruck durch die eigenen Lizenznehmer und durch neue Anbieter, die auf diesen Markt drängen. Hinzu kommt, dass die rechtlich festgelegte Verwertungsquote für Kunststoffe durch die herkömmlichen Verfahren der Sortierung nur deshalb eingehalten werden kann, weil die Verbrennung eines Großteils dieser Stoffe als energetische Verwertung klassifiziert wird. Allerdings verdreifachen sich dabei die Kosten des sortierten Verpackungsabfalls im Vergleich zur direkten Entsorgung durch Verbrennung über die Restmülltonne (Bild der Wissenschaft 2002). Die Optimierung der Sortierung war deshalb aus wirtschaftlichen und ökologischen Gründen und zur gesellschaftlichen Legitimation für das DSD von hoher Bedeutung.

Zum Verfahren der mechanischen Sortierung der DSD-Leichtfraktion ist in den Jahren 1994-98 ein mit 1,8 Millionen Euro durch das Bundesforschungsministerium gefördertes Pilotprojekt durchgeführt worden. Daran waren die *Ingenieurgesellschaft für Aufbereitungstechnik Aachen*, das *Institut für Aufbereitungstechnik an der RWTH Aachen* und die *Abfallwirtschaft Stadt und Kreis Aachen* als öffentlicher Träger beteiligt. Das Ziel bestand darin, die Technologie der Kunststoffaufbereitung zu verbessern. Anders als bei der händischen Sortierung, bei der nur die großvolumigen Gegenstände aussortiert werden können und die kleineren der energetischen Verwertung zugeführt werden, wurde damit die sortenreine Trennung möglich. Der wirtschaftliche Vorteil dieses Verfahren besteht darin, dass die Tonne gewonnenen PE- und PS-Granulats für mehr als 250 Euro am Markt gehandelt wird. Das patentierte Verfahren hat den Umweltschutzpreis des BDI 1998 erhalten.

Das DSD hat auf der Basis der Forschungsergebnisse und mit Unterstützung der Projektteilnehmer die nach eigenen Angaben »weltweit erste großtechnische Anlage zur automatischen Sortierung von Leichtverpackungen« im Jahre 1999 in Betrieb genommen. Die ursprünglichen Investitionskosten lagen bei 9 Millionen Euro. Die Anlage mit einer Jahreskapazität von 240.000 t sollte die auf der Expo 2000 anfallenden Verpackungsabfälle sortieren, sie wurde also als Demonstrationsanlage konzipiert: Das Expoprojekt stellte den hohen Stand des deutschen Anlagenbaus im Umweltschutzbereich unter Beweis. Anschließend sollte sie in das System der Verpackungsentsorgung integriert werden, wo der Dauerbetrieb den Funktionsnachweis dieser Technologie leisten würde.

Für die erste Betriebsphase im Jahre 2000 wurde eine Sicherheitsreserve eingeplant – die Entsorgung der Weltausstellung beanspruchte nur knapp die Hälfte ihrer Kapazität –, danach sollte die Entsorgung des Großraums Hannover mit mehr als 1,1 Mio. Einwohnern im Normalbetrieb erfolgen. Die Absatzchancen der Technologie im In- und Ausland schätzte das DSD als sehr gut ein, allein in Deutschland wurde mit einem Bedarf von einhundert Anlagen gerechnet (Sohn 2001). Nach dem Ende der Weltausstellung in Hannover ist die Anlage in den Normalbetrieb gegangen. Offensichtlich hat es dabei unangenehme Überraschungen, mit denen die Experten nach der erfolgreichen Demonstrationsphase nicht mehr gerechnet hatten. Das DSD macht dafür das Sortierverhalten der Haushalte verantwortlich, anstelle eines Papieranteils von 8 Prozent sind es 18 Prozent. Daraufhin wurde die Anlage angepasst und nahm Mitte 2002 ihren regulären Betrieb wieder auf. Der Prozess des rekursiven Lernens lief weiter.

Fazit

Die Entwicklung von Technologien unter Beteiligung von Laborexperimenten, Pilotprojekten und großtechnischen Umsetzungen ist ein Wechselspiel zwischen idealisiertem Modellwissen und der Dekontextualisierung von Wissensbeständen unter Realbedingen. Die Sonderwelt Labor bietet die Möglichkeit, über die Kontrolle von Randbedingungen jeweils interessierende Problemlagen zu fokussieren. Die damit verbundenen Idealisierungen sind zugleich das zentrale Problem für den Wissenstransfer. Mit der Übertragung des Wissens in Verwendungskontexte sind Anpassungen an Umstände verbunden, die nicht vollständig überschaubar sind. Sie umfassen die Funktionsfähigkeit komplexer Technologien (Unfälle), Gesundheits- und Umweltschäden und nicht zuletzt Interessenkonflikte. Technik muss erst »robust« gemacht werden; dem dienen Pilotprojekte. Offensichtlich ist es den Betreibern der Sortieranlage über einen Zeitraum von fast zwei Jahren nicht gelungen, einen störfreien Betrieb zu ermöglichen. Dies barg für die Betreiber ein hohes Risiko. Denn eine nicht funktionierende Demonstrationsanlage führt zum Verlust an Glaubwürdigkeit bei potentiellen Kunden, den Lizenznehmern und in der Öffentlichkeit. Der Wiedereintritt in die Experimentierphase, die durch das nicht ausreichend modellierte Sortierverhalten der Haushalte verursacht war, aber freilich nicht offen eingestanden wurde, zeigt, dass der Entwicklungspfad einer komplexen Technologie nicht immer als eine lineare Schrittfolge, sondern als ein rekursiver Prozess zu verstehen ist, in dem Unwissen und Überraschungen ihre Rollen spielen. Im Falle Sortec wurden Zweifel an der prinzipiellen Leistungsfähigkeit der Technik geäußert. In der Kunststoffbranche, die ein großes Interesse an der Anlage hat, wurde gar vom Ende des »Sortec-

Wunders« gesprochen (Flury 2001: 4). Mit einer Reihe von technischen Änderungen wurde die Krise schließlich überstanden. Die Pilotanlage blieb ohne Nachfolger, die Erfahrungen trugen zur Konstruktion neuer Anlagen bei, die ökonomisch und stofflich überlegen waren.

Realexperimentelle Strategien der Wissensgenerierung operieren immer unter den Kontextbedingungen der Anwendung von Wissen. Sie nehmen die epistemischen Belastungen in Kauf, wenn auch nach Wegen gesucht wird, einige Vorteile der Laborsituation im Realmaßstab einzubeziehen. Realexperimentelle Lernprozesse entstehen entweder, weil in einer Innovationsdynamik (häufig zu spät) entdeckt wird, dass sie mit Zügen des Nichtwissens belastet ist, die gefährlich sind. Durch den nachträglichen Aufbau eines quasi-experimentellen Beobachtungsinstrumentariums kann der Prozess über rekursive Lernschritte modifiziert werden. Der Beginn des Brandschutzes und die Nachkriegsphase des Entsorgungssystems stehen dafür als Beispiele. Oder Realexperimente werden von vornherein als solche geplant, weil angesichts der hohen Komplexität des experimentellen Systems eine theoretische Durchdringung aussichtslos erscheint. In beiden Fällen steht nicht theoretischer Erkenntniserwerb im Vordergrund, sondern eine pragmatische Orientierung an der Entwicklung robuster Verfahren. Realexperimente sind Formen geplanten Lernens, mit denen die Risiken von Innovationen entweder *ex post* oder besser *ex ante* reduziert werden sollen. Allerdings werfen sie ihre eigene Risikostruktur auf. Denn Realexperimente belasten die Gesellschaft mit der Unsicherheit offener Forschungsprozesse. Wie alle Experimente vermeiden sie direkte Versprechen auf Sicherheit, sondern stellen Sicherheit bestenfalls als Erfolg kollektiven Lernens in Aussicht.

III.4 Modelle als Bausteine angewandter Wissenschaft

Das Vorherrschen einer pragmatischen Haltung in der angewandten Forschung könnte im Bereich der Theorienstrukturen zu einem Übergewicht lokaler oder phänomenologischer Modelle führen, bei denen die theoretische Prägung zugunsten von Anpassungen an die Daten zurücktritt. Dabei zeigt sich zunächst, dass auch in der Grundlagenforschung die Verknüpfung von Theorie und Erfahrung auf Modelle zurückgreifen muss, die neben theoretischen Prinzipien Verallgemeinerungen anderer Herkunft und Tatsachenangaben enthalten. Auch in epistemisch orientierter Forschung werden die Theorienstrukturen jedoch nicht von umfassenden Naturprinzipien beherrscht, sondern stellen sich als Netzwerke von lokalen Modellen dar. Die Theorienstrukturen in der angewandten Forschung passen sich in dieses Bild ein und leiden daher nicht unter einer drastisch vermehrten Lückenhaftigkeit oder erhöhten Oberflächlichkeit.

III.4.1 Theorienstrukturen im Anwendungsbereich

Instrumentalistische Computersimulationen, die nicht mit dem Anspruch der Wiedergabe der jeweils zugrunde liegenden Prozesse operieren, oder Realexperimente, die auf die Untersuchung der einschlägigen Objekte während ihres praktischen Einsatzes angewiesen sind, können *prima facie* als provisorische Erkenntnisstrategien gewertet werden (s. o. Kap. III.1). Auch auf der Ebene der *Theorienstrukturen* könnte sich die Dominanz einer pragmatischen Haltung ausdrücken. Diese zeigte sich dann etwa in der Vorherrschaft bloß *phänomenologischer Modelle*, die zur Gänze aus den Daten abgelesen sind, oder *lokaler Modelle*, bei denen neben einer Prägung durch theoretische Prinzipien auch eine Vielzahl von Parameteranpassungen zu finden sind (s. o. Kap. III.1). Allerdings weisen die Befunde aus der angewandten Forschung durchaus in unterschiedliche Richtungen. In der angewandten Forschung wird unter Umständen durchaus auf die theoretische Einbindung der Resultate Wert gelegt. Zum Beispiel setzt man in der Arzneimittelforschung nach Möglichkeit auf ein »rationales«, also theoretisch untermauertes Wirkstoffdesign, und die Entwicklung von Plasmabildschirmen oder von Leuchtdioden unterschiedlicher Farben, die eine der technologischen Herausforderungen der Gegenwart bilden, stützt sich maßgeblich auf physikalische Gesetzmäßigkeiten. Technologieentwicklungen sind häufig durch einen theoretischen Rahmen geprägt. Die Frage ist also, welche *Theorienstrukturen* typisch bzw. charakteristisch für angewandte Forschung sind.

Wir wollen jetzt genauer betrachten, von welcher Art diese theoretische Einbindung sein kann. Wie einleitend skizziert, sind zwei Extreme denkbar (s. o. Kap. III. 1): Auf der einen Seite steht das Kaskadenmodell, demzufolge Innovationen in der angewandten Forschung abhängig von Grundlagentheorien sind (wofür sich – wie gesagt – durchaus Beispiele finden). Es behauptet die einseitige Abhängigkeit der Technologieentwicklung vom Grundlagenwissen. Danach stützt sich auch angewandte Forschung auf übergreifende Erklärungsansätze; die praktisch relevanten Erklärungen besitzen eine theoretische Basis.

Andere Beobachtungen sprechen hingegen dafür, dass sich Ansätze in der Technologieentwicklung stärker an den Spezifika der jeweiligen Sachumstände orientieren und angewandte Forschung entsprechend in größerer Distanz zu Grundlagentheorien voranschreitet.

Verfährt angewandte Forschung gleichsam auf eigene Rechnung und ist durch eher lokale Modelle bestimmt, dann sollte die Wissenschaft im Anwendungsbereich durch eine vergleichsweise parzellierte Theorienlandschaft gekennzeichnet sein. Solche Unterschiede in den Theorienstrukturen, die in der angewandten Forschung verbreitet sind, haben spürbare Auswirkungen darauf, wie praktisch fruchtbare Forschungsanstrengungen am besten zu gestalten sind. Trifft nämlich das Kaskadenmodell zu, so besteht der richtige Weg zu praktischem Erfolg in breit angelegter Grundlagenforschung. Nur durch Erarbeitung neuer theoretischer Grundlagen lassen sich langfristig technologische Innovationen sicherstellen, da sich die praktische Relevanz theoretischer Erkenntnisse im Vorhinein schwer einschätzen lässt. Oft ergeben sich unvorhergesehene Konsequenzen von technologischer Bedeutung aus theoretischen Prinzipien, und nicht selten führt erst die Kombination solcher theoretischer Grundsätze zu einem praktisch verwertbaren Resultat. Aus diesen beiden Gründen würde die Fokussierung auf besondere Anwendungen das Potential für künftigen technologischen Fortschritt vermindern. Durch die Konzentration auf praktische Probleme verlöre die Wissenschaft letztendlich ihre Fähigkeit zur Lösung praktischer Probleme.

Treten umgekehrt übergreifende Naturgesetze und theoretische Prinzipien bei der Bearbeitung technologischer Herausforderungen in den Hintergrund, und sind stattdessen die genannten provisorischen Erkenntnisstrategien von Belang (s. o. Kap. III. 1), dann bestünde der vielversprechendste Weg zur Behandlung eines praktischen Problems in dessen direkter Bearbeitung. Die Konzentration auf die Spezifika der Situation und die Besonderheiten der Umstände, nicht auf übergreifende theoretische Zusammenhänge, ließe praktische Durchbrüche und technologische Innovationen erwarten.

Für diese Klärung charakteristischer Theorienstrukturen im Anwendungsbereich ist eine Vorüberlegung wesentlich. Es ist nämlich zunächst genauer zu bestimmen, von welcher Art diese Theorienstrukturen in der *erkenntnisorientierten* Wissenschaft sind. Traditionell herrschte die Vorstellung abstrakter, übergreifender, naturgesetzlicher Prinzipien vor, bei denen einzelne Elemente mit Beobachtungs- und Messverfahren verknüpft waren, die einem weiten Bereich von Erfahrungen durch Ableitung empirischer Konsequenzen auf zusammenhängende Weise Rechnung tragen. Erkenntnisorientierte Wissenschaft schien durch die theoretische Vereinheitlichung von Erfahrungsbereichen durch Rückführung auf übergreifende naturgesetzliche Zusammenhänge gekennzeichnet (vgl. Friedman 1974). Dagegen kreist die neuere wissenschaftsphilosophische Diskussion dieses Problems vor allem um den *Begriff des Modells*. Dieser Begriff wird zur Charakterisierung des Verhältnisses von Theorie und Erfahrung herangezogen (nachdem Modellen zuvor eine eher illustrative und eine heuristische Rolle zugeschrieben worden war). Die Unterschiede in dieser Charakterisierung betreffen die Frage, ob Modelle eher in einheitliche Theorien eingebettet und von universellen Gesetzen abhängig sind, oder ob sich umgekehrt eher eine Pluralität von problemspezifischen Modellen findet. Diese Positionen drücken sich in der Unterscheidung zwischen »Modellen einer Theorie« auf der einen Seite und »lokalen Modellen« oder »phänomenologischen Modellen« auf der anderen aus.

III.4.2 Ein Überblick über die neuere Modelldebatte

Typischerweise spezifiziert eine wissenschaftliche Theorie eine Vielzahl von Modellen. Die Modelle einer Theorie fungieren als Vermittler zwischen den Ansprüchen dieser Theorie und der Erfahrung. Sie verknüpfen theoretische Prinzipien oder grundlegende Naturgesetze mit konkreten Erklärungen. Dabei geht es zunächst darum, dass Modelle Angaben zu Anfangs- und Randbedingungen enthalten, die für die Erklärung und Vorhersage besonderer Phänomene durch universelle Gesetzmäßigkeiten erforderlich sind. Solche Gesetzmäßigkeiten allein sind zunächst ohne Aussagekraft für konkrete Problemstellungen. Darüber hinaus sind Informationen über die jeweils vorliegenden Bedingungen und Sachumstände erforderlich. Die Gesetze der Himmelsmechanik beinhalten für sich selbst keinerlei spezifische Konsequenzen für die Bewegungen von Himmelskörpern. Um konkrete Aussagen etwa über die Planetenbewegungen im Sonnensystem zu erhalten, sind Angaben zu den Massenverhältnissen der beteiligten Himmelskörper und zu deren Positionen zu gegebenen Zeitpunkten erforderlich. Erst der Bezug auf konkrete Situationsumstände macht die Konsequenzen einer Theorie für die betreffende Sachlage explizit. Die Gesetze der Himmelsmechanik zusammen mit solchen Anfangs- und Randbedingungen bilden ein Modell des Sonnensystems. Andere Modelle der klassischen Teilchenmechanik sind der ›freie Fall‹ oder der ›harmonische Oszillator‹. Modelle schließen also neben ihrer universellen, naturgesetzlichen Komponente einen Bezug auf besondere Sachverhalte ein und sind wesentlich durch diesen lokalen Aspekt bestimmt. Die Gültigkeit von Modellen ist folglich auf eine spezifische Klasse von Sachverhalten eingeschränkt.

In dieser Zugangsweise werden die Modelle einer Theorie durch ihren Bezug auf einen gemeinsamen Korpus von Gesetzen miteinander verknüpft. Diese starke Theorienprägung von Modellen steht im Hintergrund der sogenannten *semantischen Theoriensicht*. Der Begriff des Modells wird zur Bezeichnung derjenigen Objekte herangezogen, auf die die betreffende Theorie zutrifft. Die Identifikation der Modelle erfolgt durch theoretisch bestimmte Prädikate wie »ist ein Pendel« oder »ist ein dominanter Erbgang«. Ein Bezug auf Gesetze ist nicht erforderlich. Das traditionelle Ideal eines einheitlichen und deduktiv organisierten Systems ist zugunsten einer Pluralität familienähnlicher Modelle aufgegeben. Gleichwohl ist es die Theorie, die über die Charakterisierung der relevanten Prädikate die Auszeichnung der zugehörigen Modelle wesentlich leitet. Auch in der semantischen Theoriensicht geht es um Modelle einer Theorie.

Gegen eine solche theoretische Strukturierung von Modellen richtet sich der Einwand, dass nur selten die Modelle eines Sachbereichs so umfassend durch eine einheitliche höherstufige Theorie geprägt sind. Dieser Einwand bringt einen Primat des Besonderen gegenüber dem Allgemeinen zum Tragen und zielt darauf ab, dass solche Modelle einer Theorie von nur begrenzter Tragweite für die Erfassung und Darstellung konkreter Phänomene sind. Nach dieser auf Nancy Cartwright zurückgehenden »anti-fundamentalistischen« oder »emergentistischen« Position sind die Gesetze der Physik so stark idealisiert, dass sie den Zugriff auf weite Teile der physikalischen Welt verfehlen. Cartwright stützt sich dafür unter anderem auf ein Beispiel Otto Neuraths, der auf das peinliche Schweigen hingewiesen hatte, das die Newtonsche Mechanik angesichts der Frage befällt, an welcher Stelle ein Geldschein zur Ruhe kommt, der auf dem Wiener Stephansplatz vom Wind davongetragen wird (Cartwright 1994: 318).

Cartwright zielt dabei darauf ab, dass das empirische Versagen von Modellen einer Theorie häufig nicht dadurch beseitigt werden kann, dass man theoriegestützte Korrekturen hinzufügt oder andere Einzelheiten berücksichtigt, die von der Theorie nahegelegt werden. Stattdessen wird die empirische Leistungskraft von Modellen in der Regel durch Rückgriff auf theoretisch unfundierte Näherungen, Hilfsannahmen und Korrekturen verbessert. Wenn man einen Laser herstellt oder komplizierte Verstärkerschaltungen baut, dann sind wichtige Konstruktionsmerkmale von den betreffenden theoretischen Rahmenwerken unabhängig. Wesentliche Bestimmungsstücke der zugehörigen

Modelle sind nicht durch die grundlegenden Theorien der betreffenden Disziplin festgelegt, sondern Ergebnis von Plausibilitätsschätzungen, Ad-hoc-Anpassungen und Daumenregeln. Die Erklärungslast wird von solchen problemspezifischen Annahmen getragen, nicht von übergreifenden Theorien (Cartwright 1983: Kap. 2, 3, 6, 8; Cartwright 1997, 1998; vgl. Ramsey 1997).

In Cartwrights Vorstellung einer gleichsam gescheckten Wirklichkeit (*dappled world*) dominiert das Besondere vor dem Allgemeinen, und die einzige Möglichkeit, der Phänome habhaft zu werden, besteht in der Angabe phänomenologischer Modelle, die sich eng an besondere Problemstellungen anschließen und durch die im Einzelfall vorliegenden Sachumstände geprägt werden. Nur gleichsam kleinformatige Erklärungen sind genügend passgenau für einen empirisch hinreichend präzisen Zugriff auf die Phänomene; großformatige, übergreifende Theorien verlieren den Kontakt zu den konkreten Erfahrungen. Der Flickenteppich, nicht die Pyramide, ist das Symbol für die Beschaffenheit wissenschaftlichen Wissens (Cartwright 1994: 322 f.).

Der Physiker und Wissenschaftshistoriker Silvan Schweber befürwortet ein ähnliches Bild der Struktur der Wirklichkeit – wenn auch aus anderen Gründen. Schweber spricht von einer Schichtenstruktur der Wirklichkeit, wobei jede Schicht aus der komplexen Organisation von Gebilden der darunter liegenden Schicht entsteht. Zwischen den Eigenschaften, die sich jeweils auf diesen Schichten finden, besteht nicht selten die Beziehung »objektiver Emergenz«. Dies besagt, dass es sich jeweils um grundlegende Eigenschaften handelt, deren Beschaffenheit nicht aus der wissenschaftlichen Analyse der Eigenschaften der Bestandteile abgeleitet werden kann. Nach dieser Ansicht sind die Theorien der unterschiedlichen Organisationsstufen der Materie weitgehend von einander entkoppelt. Die Elementarteilchenphysik bleibt weitgehend folgenlos für die Atomphysik oder die Festkörperphysik (Schweber 1993: 35 f., 38).

Im emergentistischen Verständnis ist die Grundlagenforschung für die Lösung angewandter Fragen von weit geringerer Relevanz, als im Rahmen des Kaskadenmodells vorgesehen. Stattdessen liegt das Schwergewicht auf lokalen Modellierungen (s. o. Kap. III.1). Erkenntnisse über die Bausteine von komplex zusammengesetzten Objekten haben nur einen geringen Nutzwert für die Erklärung oder Vorhersage von Eigenschaften dieser Objekte. Wahrheiten der Grundlagentheorien bleiben in der Regel technologisch unfruchtbar (Carrier 2004b: Sec. 4). Als Vorgehensweise für die Forschung empfiehlt sich infolgedessen, praktische Probleme ohne den Umweg über fundamentale Erklärungsansätze anzugehen.

Cartwrights starke Akzentuierung des bloß Lokalen, Situationsspezifischen und ihre Marginalisierung des Generalisierbaren, Situationsübergreifenden ist jedoch vielfach als überzogen eingestuft worden. In einer moderaten, auf Margaret Morrison zurückgehenden Version des Emergentismus wird im Einklang mit Cartwright festgestellt, dass es konkrete Modelle sind, und nicht abstrakte Theorien, die das Verhalten physikalischer Systeme erklären. Gegen Cartwright wird jedoch geltend gemacht, dass höherstufige Theorien durchaus eine wesentliche Rolle bei der Strukturierung dieser Modelle spielen und Optionen zur Erklärung der Phänomene eröffnen. Danach bilden theoretische Prinzipien einen unverzichtbaren Teil der betreffenden Modelle und tragen aus diesem Grund auch einen wichtigen Teil der Erklärungslast. Darüber hinaus wird eingewandt, dass lokale, von phänomenologischen Anpassungen beherrschte Modelle keineswegs immer präzisere Beschreibungen liefern als theoretische Modelle. Häufig lässt erst ein theoriegestützter Ansatz die wesentlichen begrifflichen Merkmale der Situation hervortreten und können die Messungen dann die in diesem Rahmen offen gebliebenen Parameterwerte festlegen. Ein ausschließlich phänomenologischer Zugang ist hingegen oft außerstande, diese begriffliche Strukturierungsleistung zu erbringen. Andererseits beziehen Modelle auch Verallgemeinerungen ohne theoretische Grundlage ein (neben Angaben über die Situationsumstände), sodass für den moderaten Emergentismus Modelle zwar wesentlich von Theorien abhängen – aber nur zum Teil (Morrison 1998: 70; Morrison 1999: 39, 61 f.; vgl. Winsberg 2003: 106).

Modellbildungen der vorgenannten Art ergeben sich zum Beispiel durch Anwendung so genannter semi-empirischer Methoden, die bei verwickelten Grundlagenproblemen zum Tragen gebracht werden. Zwar sollte ein Fundamentalgesetz wie die Schrödinger-Gleichung eigentlich geeignet sein, Probleme wie die Berechnung der Bindungsenergie des Wasserstoffmoleküls unter einer Reihe von äußeren Zwangsbedingungen zu lösen. Tatsächlich scheitert eine solche *ab-initio*-Lösung jedoch an der Komplexität der Verhältnisse. Resultate werden gleichwohl dadurch erzielt, dass bestimmte Kenngrößen, die auf theoretischer Grundlage ableitbar sein sollten, aus den Daten abgelesen und in der theoretischen Behandlung vorgegeben werden. Solche semi-empirischen Verfahren gehen nicht insgesamt von den Daten aus; es werden keine phänomenologischen Modelle formuliert. Es wird aber auch keine Deduktion aus ersten Prinzipien erreicht. Zwar strukturieren demnach höherstufige Theorieansätze die Beschaffenheit der Modelle und legen insbesondere fest, welche Daten überhaupt von Belang sind. Die Modelle enthalten jedoch freie Parameter, die nur durch Bezug auf die Daten ermittelt werden können; es handelt sich um lokale Modelle (Ramsey 1997: 631 ff.).

Diese wissenschaftsphilosophische Diskussion legt insgesamt die Schlussfolgerung nahe, dass die Anwendung einer Theorie auf die

Erfahrung ein komplexer Prozess ist. Die theoretische Behandlung empirischer Probleme bedarf der Bildung von Modellen, die sich in unterschiedlichem Ausmaß auf theoretische Prinzipien, andere naturgesetzliche Annahmen und Tatsachenangaben stützen. Da Modelle typischerweise Verallgemeinerungen unterschiedlicher Herkunft und eine Zahl außertheoretischer Elemente enthalten, handelt es sich nicht um Modelle einer Theorie. Das heißt, sie können nicht ausschließlich auf der Basis einer übergreifenden Theorie konstruiert werden. Die zusätzlich erforderlichen Hilfsannahmen können anderen Theorien entstammen oder auf die Besonderheiten der jeweiligen Sachumstände Bezug nehmen. Sie überbrücken den Graben zwischen der Grundlagentheorie und den Daten. In diesem Sinn vermitteln Modelle zwischen Theorie und Erfahrung (Morrison und Morgan 1999: 10, 18; Winsberg 2003: 210).

Morrison unterscheidet zwischen zwei Verfahren zur Entwicklung von Modellen. Die Modellbildung beginnt typischerweise mit der Untersuchung einer Idealisierung des betreffenden Phänomens. Zunächst wird eine vereinfachte Darstellung einer Situation in Betracht gezogen. Störende Einflüsse oder komplizierte Aspekte werden außer Acht gelassen. Daran schließt sich ein Prozess der »De-Idealisierung« an, in dessen Verlauf vermehrt Einzelheiten in die Erklärung einbezogen werden. Dabei werden theoriegestützte Korrekturen durchgeführt, die zunehmend die vorliegenden Störfaktoren berücksichtigen. Dieser Prozess kann im Grundsatz zweierlei Gestalt annehmen. Erstens könnte sich eine konvergente Reihe von Modellen ergeben, sodass sich ein eindeutiges Bild herauskristallisiert. Morrisons Beispiel ist Bewegung eines Pendels in der klassischen Mechanik. Dabei beleuchtet die Theorie mögliche Störeinflüsse und stellt die Mittel zu ihrer Korrektur bereit. Die Ausdehnung der Pendelmasse, das Gewicht des Fadens, die Luftreibung und viele andere Faktoren können – oft unter Rückgriff auf einschlägige Materialkonstanten – in ihrer Tragweite abgeschätzt werden. Durch Einbeziehung solcher Korrekturfaktoren kommt die zugehörige Reihe von Modellen einer kohärenten Erklärung der Pendelbewegung immer näher. Das heißt, die Durchführung solcher theoriegestützter Verbesserungen ergibt ein einheitliches und zunehmend genaueres Bild des Phänomens.

In einem zweiten Typus von Fällen gibt es hingegen keine hinreichend mächtige Rahmentheorie. Die Reihe der theoretischen Korrekturen führt nicht zu einer kohärenten Erklärung. Es bleibt stattdessen bei einer Mehrzahl gegensätzlicher Modelle. Eines von Morrisons Beispielen betrifft den Atomkern. Das so genannte Tröpfchenmodell behandelt den Atomkern mit den Mitteln der klassischen Mechanik als Kollektion von Teilchen in einem Flüssigkeitstropfen. Diese Teilchen bewegen sich schnell und kollidieren häufig miteinander. In diesem Rahmen kann man die absoluten Werte der Bindungsenergie von Kernen samt ihrer ungefähren Abhängigkeit von der Kernmasse ableiten (und entsprechend die Gewinnung von Energie bei der Kernspaltung erklären). Dagegen nimmt das so genannte Schalenmodell an, dass die Teilchen im Kern quantenmechanische Eigenschaften besitzen und in quantenmechanischer Wechselwirkung miteinander stehen. Auf dieser Grundlage erhält man Werte für den Kernspin sowie kleinere Korrekturen zur Bindungsenergie, wie sie sich im Tröpfchenmodell ergibt. Das Schalenmodell kann erklären, warum Kerne mit ganz bestimmter Zusammensetzung besonders stabil sind. Der wesentliche Punkt besteht darin, dass Quanteneigenschaften wie der Spin nicht einfach dem Tröpfchenmodell hinzugefügt werden können; beide Ansätze enthalten unverträgliche Eigenschaftszuschreibungen. Die Folge ist, dass sich kein einheitliches Bild des Atomkerns ergibt; es bleibt bei inkompatiblen Modellen für verschiedene Erklärungszwecke. Entsprechend bilden solche Modelle eine *partielle Repräsentation* einer Klasse von Phänomenen. Die Modelle geben nur einen Teil der relevanten Aspekte wieder und können nicht zu einem einzigen, umfassenden Bild der Phänomene vervollständigt werden (vgl. Cartwright 1983: 104; Morrison 1998: 68, 74 f.; Morrison 1999: 48 ff.; vgl. Carrier 2004c: Sec. 1).

Damit wird zugleich deutlich, dass die Konstruktion von Modellen unter Umständen eine eigenständige und kreative Leistung ist. Modelle ergeben sich in aller Regel nicht durch schematisches Ausarbeiten theoretischer Grundsätze. Die Artikulation von Prinzipien zu aussagekräftigen Konsequenzen verlangt zusätzliche begriffliche Strukturierungsleistungen, die sich nicht durch Deduktion oder schematische Konkretisierungsprozesse ergeben. Modellbildung ist eine Herausforderung, die neben die Formulierung von Theorien tritt und eine Aufgabe eigener Art darstellt (Winsberg 2003: 118 ff.).

III.4.3 Lokale Modellierung und partielle Repräsentation in der angewandten Forschung

Diese kurz skizzierte Debatte ist auf die Analyse der Theorienstrukturen der erkenntnisorientierten Wissenschaft gerichtet. Die emergentistische Position der begrenzten Tragweite theoretischer Prinzipien ist primär anhand der Untersuchung der Grundlagenforschung entwickelt worden. Es stellt sich damit die Frage, ob Theorienstrukturen in der angewandten Forschung eine ähnliche Beschaffenheit aufweisen. Die Untersuchung einiger Beispiele wird dabei zeigen, dass die Rahmentheorie, ähnlich wie in der epistemischen Forschung, ohne zusätzliche, situationsspezifische Anpassungen keine Basis für konkrete Anwendungen bereitstellt. Erst die Einbindung von lokalen Modellen in den

Theorienrahmen eröffnet Eingriffsoptionen. Diese These zu verbreiteten Theorienstrukturen in der angewandten Forschung soll an zwei Beispielen näher erläutert werden: Wir gehen zunächst auf den sogenannten Riesenmagnetowiderstand ein und betrachten anschließend Flüssigkeitsströmungen in Rohren.

Der 1988 entdeckte Riesenmagnetowiderstand tritt bei Systemen auf, die aus einer Abfolge dünner Schichten aus ferromagnetischen Filmen und nicht-ferromagnetischen Leitern bestehen. Der elektrische Widerstand solcher Systeme unterliegt vergleichsweise großen (»riesigen«) Schwankungen und hängt dabei von der Ausrichtung der Magnetisierung der beteiligten ferromagnetischen Schichten ab. Diese Magnetisierungsrichtung kann durch ein äußeres Magnetfeld beeinflusst werden, das seinerseits eine Änderung des elektrischen Widerstands des Systems herbeiführen kann. Deshalb funktioniert das Gesamtsystem als Sensor für Magnetfelder. Eine wichtige Anwendung des Riesenmagnetowiderstands bilden Leseköpfe für Computerfestplatten. Dabei wird die variable Magnetisierung von Festplattenbereichen in unterschiedliche Stromstärken umgesetzt.

Der für diesen Effekt verantwortliche Mechanismus war schnell durchschaut. Ein stark theoriegeprägtes Modell für den Elektronentransport in Ferromagneten legte für ein geschichtetes System der skizzierten Zusammensetzung nahe, anzunehmen, dass die Elektronenstreuung von der Orientierung des Elektronenspins zur Richtung des Magnetfelds abhängig sei. Streuereignisse sind aber eine der Ursachen des elektrischen Widerstands, sodass sich der genannte Zusammenhang zwischen Magnetisierung und Widerstand ergibt. Qualitativ liegt dem Riesenmagnetowiderstand damit die spinabhängige Streuung von Elektronen zugrunde, aber seine quantitative Ausprägung ist damit noch nicht bestimmt. Tatsächlich ist die Kenntnis quantitativer Abhängigkeiten gerade für die praktische Nutzung des Effekts unerlässlich. Wenn ein Lesekopf gebaut werden soll, dann muss der Einfluss von Schichtdicken, Temperaturschwankungen oder Änderungen des Magnetfelds genau bekannt sein. Diese Charakteristika konnten aber durch die theoretischen Modelle nicht vorhergesagt werden; vielmehr handelt es sich um freie Parameter, die durch empirische Untersuchungen ermittelt werden müssen (Wilholt 2004: Abs. 2).

In diesem Beispiel aus der angewandten Forschung finden sich gerade die kennzeichnenden Merkmale lokaler Modellierungen im moderaten Sinn (Morrisons). Einerseits prägt der theoretische Hintergrund aus Quantenmechanik und Festkörperphysik die Struktur der Modelle, andererseits ist die präzise Erfassung des Effekts nur durch situationsspezifische Anpassungen und die Berücksichtigung theoretisch nicht bestimmter Sachumstände zu leisten.

Ein Beispiel aus der Hydrodynamik verdeutlicht ein weiteres Charakteristikum von Modellbildungen, das *prima facie* für die angewandte Forschung kennzeichnend ist. Die Grundlagentheorie für eine theoretische Behandlung von Flüssigkeiten bilden die so genannten Navier-Stokes-Gleichungen. In deren Rahmen werden Flüssigkeiten als Kontinua aufgefasst und können deshalb durch Differentialgleichungen beschrieben werden. Reale Flüssigkeiten bestehen zwar aus Molekülen, sodass der kontinuumstheoretische Navier-Stokes-Ansatz mit Idealisierungen operiert, aber diese Geltungseinschränkungen der Grundlagentheorie wirken sich empirisch nicht stark aus. Schwierigkeiten bereitet hingegen der Umstand, dass die Navier-Stokes-Gleichungen nicht-lineare Differentialgleichungen sind, und dass es folglich bei diesen keine allgemeinen analytischen Lösungen und keine universell anwendbaren numerischen Verfahren zur Gewinnung approximativer Lösungen gibt. Um die Konsequenzen dieser Gleichung auszuloten, bedarf es problemspezifischer Vereinfachungen und geeigneter Näherungen – selbst bei Einsatz leistungsfähiger Großrechner (s. o. Kap. III.2). Anders als im genannten Beispiel des mathematischen Pendels gibt die Rahmentheorie jedoch selbst nicht vor, wie solche Anpassungen vorzunehmen sind und liefert keine störungstheoretische Kontrolle ihrer Güte. Tatsächlich sind es spezifische Modellbildungen, die bestimmte Vereinfachungen nahelegen und auf diesem Wege die theoretische Behandlung überhaupt erst ermöglichen.

Aufgrund des technischen Fortschritts wurde es gegen Ende des 19. Jahrhunderts immer wichtiger, das Verhalten von strömenden Flüssigkeiten möglichst adäquat zu erfassen, um z. B. die Reibungsverluste in einem industriellen Rohrleitungsnetz gering zu halten. Die angewandten Physiker standen vor dem Problem, einerseits über eine Theorie zur Beschreibung idealer, also reibungsfreier Flüssigkeiten zu verfügen und die zu erwartenden Reibungsverluste exakt zu quantifzieren zu können. Die Resultate erwiesen sich jedoch empirisch als viel zu niedrig. Andererseits berücksichtigten die Navier-Stokes Gleichungen Reibungseffekte und sollten daher zu genaueren Vorhersagen führen, aber aufgrund der Unlösbarkeit dieser Gleichungen erhielt man aus ihnen keine verwertbaren Angaben.

Ludwig Prandtl führte 1904 eine begriffliche Unterscheidung zwischen zwei Bereichen strömenden Wassers ein, nämlich zwischen einer dünnen Schicht nahe der Oberfläche von Körpern (wie den Wänden eines Strömungskanals oder Hindernissen in einem solchen Kanal) und den übrigen Teilen der Strömung. Nahe der Oberfläche, so die Annahme, besteht kein Fluss. Wasser verhält sich dort wie eine Flüssigkeit hoher innerer Reibung oder Viskosität. Im Inneren des Strömungskanals soll dagegen die innere Reibung vernachlässigbar sein. Dort verhält sich Wasser wie eine so genannte ideale Flüssigkeit. Beide Annahmen sind falsch. Wasser besitzt eine mittlere Viskosität, die entsprechend weder hoch noch verschwindend klein ist. Prandtl entwarf demnach zwei idealisierte Fälle, die er durch eine ebenfalls unrealistische scharfe Grenzziehung von einander absetzte. Diese beiden Grenzfälle konnten mathematisch behandelt werden. Die Navier-Stokes-Gleichungen werden unter derart vereinfachenden Annahmen lösbar (Morrison 1999: 46, 53 ff.). Prandtls Vorgehen stellte aber keinen bloßen Rechentrick dar. Vielmehr konnte er im Strömungskanal aufweisen, dass eine strömende Flüssigkeit augenscheinlich der vom Modell hervorgehobenen Zweiteilung nahe kam und sich in der Strommitte ähnlich einer reibungsfreien Flüssigkeit verhielt, an den Wänden aber eine dünne reibungsdominierte Grenzschicht besaß. Prandtls Ansatz stellte demnach eine Verbindung zwischen Theorie und Empirie her. Die hierfür herangezogene Zweiteilung stützte sich nicht auf die Theorie, sondern auf Beobachtungen im Strömungskanal. Die Hydrodynamik legte von selbst keineswegs Vereinfachungen der mathematischen Formulierung nahe, die zu dieser doppelten Idealisierung geführt hätten. Prandtls Weg zur Lösung der Navier-Stokes-Gleichungen für Flüssigkeiten mit innerer Reibung war nicht begrifflich durch diese Gleichungen vorgezeichnet, sondern durch empirische Untersuchung von Flüssigkeitsströmen bestimmt (Morrison 1999: 59). Sein Ansatz zeichnete sich daher durch eine beträchtliche konzeptionelle Selbstständigkeit gegenüber der Theorie aus. Erst diese kreative Artikulation der Theorie stellte die Verbindung ihrer Prinzipien mit der Erfahrung her. Prandtls Modell vermittelte auf eigenständige Weise zwischen den Navier-Stokes-Gleichungen und den Experimenten am Strömungskanal.

III.4.4 Ein Repräsentationsmodell in der Fusionsforschung

Einige der am Beispiel der Hydrodynamik erzielten Ergebnisse gewinnen durch eine Einbeziehung der Magnetohydrodynamik, die etwa für den Bau eines Fusionsreaktors von großer Bedeutung ist, ein markanteres Profil. Ende der 1940er Jahre entstand im Gefolge der Entwicklung des Kernspaltungsreaktors und der Wasserstoffbombe das Projekt, elektrische Energie durch Fusion leichter Atomkerne zu gewinnen. Verlockend waren vor allem die im Vergleich zur Spaltung schwerer Kerne wesentlich höhere maximale Energieausbeute sowie die Tatsache, dass die erforderlichen Brennstoffe, insbesondere Deuterium (schweres Wasser), nahezu unbegrenzt zur Verfügung standen. Als in späteren Jahren das Problem der Endlagerung von Spaltabfällen immer drängender wurde, konnten die Forscher darauf verweisen, dass die Fusion keine radioaktiven Brennstoffabfälle produzieren würde, lediglich der Reaktor selbst wäre zu entsorgen.

MODELLE ALS BAUSTEINE ANGEWANDTER WISSENSCHAFT

Eine der technischen Herausforderungen stellt sich dadurch, dass der Fusionsprozess nur dann stattfindet, wenn die elektrische Abstoßung zwischen den Kernen überwunden wird. Dies tritt nur dann ein, wenn beide Kerne einander hinreichend nahe kommen. Es wurde schnell klar, dass dies nur unter hohen Drücken und Temperaturen gelingt, die den im Sonneninneren durch die Schwerkraft geschaffenen Bedingungen nahe kommen. Fusionsreaktoren verlangen sehr heiße und dichte Fusionsplasmen. Diese können auf unterschiedliche Weise hergestellt werden; die heute dominierende Methode bedient sich geeignet geformter Magnetfelder, die in mehreren Reaktorgrundtypen eingesetzt werden. Der reine Fusionsprozess ist theoretisch und experimentell gut verstanden. Das Anwendungsproblem stellt sich nicht auf der Ebene der Kernreaktionen, sondern auf der des Plasmaverhaltens. Insbesondere stellen die Beherrschung von Plasmainstabilitäten und unerwünschter Energieflüsse im Plasma zentrale Herausforderungen dar. Das Plasmaverhalten wird im Rahmen der sog. Magnetohydrodynamik beschrieben, deren einschlägige Prinzipien den genannten Navier-Stokes-Gleichungen ähneln (s. o. Kap. III.4.3), jedoch weitaus komplexer sind als diese. An eine analytische Lösung oder eine numerische Bearbeitung des gesamten Gleichungssystems ist also nicht zu denken. Es bedarf ausgeklügelter Modellannahmen, um aussagekräftige Konsequenzen zu erhalten.

Es waren die Forscher selbst, die der Politik die Machbarkeit des Fusionsprogramms nahelegten (vgl. Küppers 1977). Allerdings stellte sich nach einigen Jahren heraus, dass das angestrebte Ziel weitaus schwieriger zu erreichen war, als zunächst vermutet. Insbesondere gelang es nicht, die auftretenden Plasmainstabilitäten unter Kontrolle zu bekommen. Solche Instabilitäten beinhalten plötzliche Dichte- und Temperaturschwankungen, durch die lokal die Fusion zum Stillstand kommen könnte. Auf diese Krise der Entwicklung der Fusionstechnik folgte zunächst eine Phase breit angelegter Grundlagenforschung zum Verhalten heißer Plasmen, die Anfang der 1970er Jahre wieder in eine stärkere Konzentration auf die beiden Reaktortypen als den beabsichtigten Anwendungen mündete. Mittlerweile laufen die Planungen des letzten Großexperiments, des sog. ITER-Tokamak, der – auch wenn er selbst noch nicht der Prototyp eines Fusionskraftwerks ist – dessen prinzipielle Machbarkeit erweisen soll. Einige der Effekte in einem solchen Kraftwerk können in verkleinertem Maßstab nur sehr schwer studiert werden. Der ITER-Tokamak hat in dieser Hinsicht also den Charakter eines Realexperiments (s. o. Kap. III.3). Wenn die heutigen Schätzungen über den Verlauf von ITER stimmen, dann wird die Entwicklung der Fusionstechnologie letztlich ein ganzes Jahrhundert gedauert haben, weit mehr als die zwei Jahrzehnte, von denen man in der Frühphase ausgegangen war.

Die heutige reaktororientierte Fusionsforschung ist wesentlich von maschinenspezifischen Computersimulationen und deren experimenteller Überprüfung geprägt. Man kann dies als eine enge, anwendungsorientierte Interaktion von physikalischer und mathematischer Modellierung betrachten (s. o. Kap. III.2).

Auch in der Fusionsphysik gibt es Modelle, die sowohl eine Mittlerrolle zwischen Theorie und Daten als auch eine eigenständige Repräsentationsfunktion haben. Ein Beispiel hierfür ist die Unterteilung zwischen heißem Plasmakern und kaltem Plasmarand. Sie folgt in gewisser Weise dem Prandtlschen Vorbild der Unterteilung einer Flüssigkeit in Zentrum und Rand. Allerdings ist die Magnetohydrodynamik aufgrund der zusätzlichen elektrodynamischen Wechselwirkungen weitaus schwieriger zu handhaben als die Navier-Stokes-Gleichungen. Außerdem ist der Plasmarand nicht durch einen Festkörper (die Rohrwand bzw. Hindernisse im Flüssigkeitsstrom) gegeben, an dem Reibung entsteht, sondern weitaus komplexer. Der Kontakt zwischen Plasma und Reaktorwand ist auf jeden Fall zu vermeiden, weil dadurch der Plasmaeinschluss abreißt und der Reaktor zerstört werden kann.

Während im Innenbereich des Reaktors extrem hohe Drücke und Temperaturen herrschen, fallen deren Werte nach außen stark ab. Im Plasmarandbereich liegt nurmehr ein Niedertemperaturplasma vor. Niedertemperaturplasmen werden in vielen Laboratorien als eigenständige Phänomene untersucht, nicht als Rand eines Reaktors. Hochtemperaturkern und Niederenergiebereich sind sowohl der theoretischen Behandlung als auch der disziplinären Geschichte und Organisation nach streng von einander getrennt. Erstens sind für die theoretische Behandlung beider Bereiche ganz unterschiedliche Lösungen der magnetohydrodynamischen Gleichungen einschlägig. Zweitens hat sich die Niedertemperaturplasmaphysik aus der Gasentladungsphysik des frühen 20. Jahrhunderts entwickelt. Anwendungsrelevant ist sie heute vor allem bei der Herstellung von Lampen oder der Entwicklung von Oberflächenbeschichtungen. Die Hochtemperaturplasmaphysik ist dagegen Kernstück des Fusionsprogramms, das seinerseits eines der wenigen verbliebenen staatlichen Großforschungsvorhaben ist (Bundesministerium für Bildung und Wissenschaft 2004).

Hinsichtlich der Strukturen der zur Beschreibung des Plasmas eingesetzten Modelle besteht eine interessante Analogie zum Ansatz Prandtls. Tatsächlich gehen Hoch- und Niedertemperaturplasma allmählich ineinander über, aber die theoretische Behandlung zieht eine scharfe Grenze zwischen beiden und schafft auf diese Weise strikt getrennte Bereiche unterschiedlichen Typus. Dadurch ergeben sich zwei Modelle, die jeweils auf diese Bereiche zutreffen. In der theoretischen Gesamtdarstellung des Reaktors werden beide Teilmodelle gleichsam additiv zusammengefügt. Sie werden in ihrer Verschiedenartigkeit an den Schnittstellen einfach aneinander geheftet und sind trotz dieses Anscheins des Unfertigen und Vorläufigen empirisch erfolgreich (Stöltzner 2004).

Auch die numerische Behandlung von Schockwellen zeigt das gleiche Muster eines Zusammenstückelns unterschiedlicher Teillösungen (Winsberg 2003: 122 f.). Schockwellen sind von großer Bedeutung in vielen praktischen Bereichen, aber sie stellen auch eine theoretische Herausforderung dar. Auch bei diesen kommt das genannte Verfahren zum Tragen, verschiedenartige Theorieansätze auf benachbarte Bereiche anzuwenden. Zwar erreicht man auf diese Weise empirisch aussagekräftige Resultate, zugleich bleibt aber die theoretische Behandlung aus inkongruenten Gegenstücken zusammengesetzt.

III.4.5 Modellnetzwerke in der angewandten Forschung

Diese Untersuchung einiger Beispiele von Modellbildungen in der angewandten Forschung führt demnach zu dem Ergebnis, dass solche Modelle partiell theorieabhängig sind, aber nicht schematisch aus Theorien gewonnen werden können, und dass sie nicht selten heterogene begriffliche Bausteine enthalten.

Erstens zeigt sich, dass in der angewandten Forschung Modelle herangezogen werden, deren Struktur von Theorien oder Naturgesetzen geprägt ist, die aber erheblichen Spielraum für die Anpassung durch empirische Befunde lassen. Die Modelle der angewandten Forschung sind partiell autonom. Das bedeutet im Umkehrschluss, dass angewandte Forschung nicht von stark phänomenologisch orientierten Ansätzen dominiert ist, die exklusiv auf empirische Anpassungen setzen. Angewandte Forschung wird nicht durch Zugangsweisen geprägt, wie sie die Vorhersage des Gezeitenwechsels bestimmen (s.o. Kap.III.1). Tatsächlich ist die mangelnde Ausstrahlungskraft dieses Beispiels durchaus plausibel. In ihm ist nämlich die Natur des fraglichen Phänomens unstrittig, und es gibt einen Algorithmus für dessen phänomenologische Behandlung. Im einzelnen stellt die Gravitationstheorie die Natur und Ursache des Gezeitenwechsels klar, und die Fourier-Analyse ermöglicht aussagekräftige Vorhersagen ohne Bezug auf diese Grundlagentheorie. Insbesondere diese zweite Voraussetzung der Vorhersagbarkeit ohne Bezug auf die Grundlagentheorie ist für typische Herausforderungen angewandter Forschung nicht erfüllt.

Das Beispiel des Riesenmagnetowiderstands führt die Beschaffenheit typischer angewandter Forschungsprobleme deutlicher vor Augen. Wie erwähnt, hängt die Ausprägung des Effekts im Kern von zwei Bestimmungsgrößen ab, nämlich von den Eigenschaften der verwendeten Materialien und von den Abmessungen und Anordnungen der Schichten.

Aber allein durch Veränderungen in diesen beiden Hinsichten ergibt sich eine völlig unüberschaubare Vielzahl von möglichen Vorrichtungen. Es ist mühsam und teuer, alle diese Kombinationen durchzuprobieren, um ihre Tauglichkeit für den praktischen Einsatz zu ermitteln. Theoretische Abschätzungen verkleinern den Raum der Möglichkeiten und sind deshalb gerade aus praktischen Gründen von Bedeutung (Wilholt 2004: Abs. 4).
Noch wichtiger werden Theorien, wenn es darum geht, die relevanten Kenngrößen erst einmal zu identifizieren. Theorien, Hypothesen und Modelle erbringen eine wichtige Leistung bei der Strukturierung von Daten, indem sie deutlich machen, welche Art von Befunden überhaupt in Betracht zu ziehen ist. Beim Riesenmagnetowiderstand ist es der Rückbezug auf die qualitative theoretische Erklärung des Effekts, der die beiden Kenngrößen »Material« und »Geometrie« als wesentlich hervorhebt; in der Hydrodynamik wird die innere Reibung als zentrale Größe ausgezeichnet. Es sind solche Erklärungsansätze für Phänomene, die den begrifflichen Raum der einschlägigen Kenngrößen konstituieren und damit die Formulierung sinnvoller Untersuchungsfragen ermöglichen. Mit einer hinreichenden Zahl empirisch frei anpassbarer Parameter lässt sich jeder Prozess darstellen. Gerade wegen der beliebigen Anpassbarkeit erhält man auf diese Weise jedoch keine aussagekräftigen Verallgemeinerungen. Theoriengeprägte Modelle rücken bestimmte Einflussfaktoren in den Vordergrund und leiten dadurch den Prozess der empirischen Prüfung an.

Eingangs war als eine Erwartung formuliert worden, dass die für Forschung in Verwertungskontexten erhöhte Komplexität tendenziell zu einer Abwendung von anspruchsvoller Theoriebildung führt und den Einsatz oberflächlicher, phänomenologisch geprägter Denkansätze favorisiert (s. o. Kap. III.1). Unsere Untersuchung hat dagegen zu Tage gefördert, dass naturgesetzliches Wissen bei der begrifflichen und empirischen Erschließung komplexer Sachverhalte eine wichtige Rolle behalten. Gerade verwickelte Zusammenhänge sind durch eine ausschließlich phänomenologische Modellierung und durch eine Konzentration auf experimentelles Herumprobieren kaum zu entschlüsseln.

Es ist daher die empirische Strukturierungsleistung der Theorien, die diese zu einem wichtigen Instrument auch der angewandten Forschung werden lässt. Andererseits ist die Tragweite von Theorien für die Modellbildung begrenzt. Vielfach bleibt eine große Zahl freier Parameter zurück, die allein durch empirische Anpassung festgelegt werden kann. Modelle sind also in der angewandten Forschung zwar durch Theorien geprägt, dies aber nur zum Teil.

Des weiteren haben die Beispiele vor Augen geführt, dass Modelle nicht schematisch aus den einschlägigen Theorien unter Berücksichtigung der Situationsumstände zu gewinnen sind. Die Fälle aus Hydrodynamik und Magnetohydrodynamik haben erkennen lassen, dass die Struktur der Modelle nicht durch die zugehörige Theorie nahegelegt wird und nicht als Vereinfachung der betreffenden Gleichungen aufgefasst werden kann. Modellbildung ist eine Herausforderung von begrifflicher Eigenständigkeit, ist kreativer Prozess.

Schließlich lassen die Beispiele die begriffliche Heterogenität von Modellen der angewandten Forschung erkennen. Die nomologischen Bestandteile solcher Modelle entstammen oft ganz unterschiedlichen Theorieansätzen. Die Modelle zum Riesenmagnetowiderstand behandeln zum Beispiel die Transportelektronen zum einen wie punktförmige, ballistischen Vorgängen unterworfene Teilchen, zum anderen greifen sie auf damit unvereinbare quantenmechanische Beschreibungen zurück, wenn es um die Abschätzung der spinabhängigen Streuwahrscheinlichkeiten geht. Heterogenität in einem anderen Sinne charakterisiert die bereichsspezifischen Modelle in Hydrodynamik und Magnetohydrodynamik. Dabei werden verschiedenartige Modelle unterschiedlicher Grenzfälle gleichsam aneinander geheftet. Sie fügen sich daher nicht zu einem kohärenten Gesamtbild zusammen.

Diese drei Bestimmungsstücke der partiellen Autonomie von Modellen, der Kreativität der Modellbildung und der Heterogenität der begrifflichen Beschaffenheit von Modellen legen daher das Bild von Netzwerken lokaler Modelle nahe. Modelle in der angewandten Forschung sind durch eine begrenzte Unabhängigkeit von universellen Theorien gekennzeichnet. Modelle werden durch theoretische Grundsätze unterschiedlicher Beschaffenheit und Herkunft geprägt, stellen sich aber nicht als Ableitungen aus einem festen Satz universeller Prinzipien dar. Daneben besteht eine Abhängigkeit der Modellstrukturen von situationsspezifischen Einflussfaktoren, die die beschränkte Reichweite solcher Prinzipien vor Augen führen.

Dieses Bild passt gut zu der Modelllandschaft, wie sie sich im Zusammenhang der Computersimulationen des globalen Klimawandels darstellt (s.o. Kap. III.2). Charakteristisch für diese Modelllandschaft ist, dass eine Zahl konzeptionell selbstständiger Teilmodelle durch teils übereinstimmende, teils verschiedenartige begriffliche Querverstrebungen miteinander verknüpft werden. Es sind keine das Ganze überwölbenden Prinzipien, die diese Modelle miteinander verbinden, sondern ein Netzwerk von Beziehungen zwischen einzelnen Modellen.

Erstens sind die Modelle zum Teil konzeptionell selbstständig. Die Luftströmungen in der Atmosphäre, das ozeanische Zirkulationssystem, die geologischen Prozesse, die Treibhausgase entweder freisetzen oder binden, werden jeweils durch unterschiedliche Grundsätze dargestellt. Zweitens finden sich nomologische Gemeinsamkeiten zwischen den Modellen; so sind die Gesetze der Thermodynamik sowohl für atmosphärischen als auch für ozeanischen Wärmetransport von Belang. Aber kein solches Prinzip durchzieht alle Teilmodelle; die Thermodynamik ist ohne Relevanz für die Erklärung des Herauswaschens kohlenstoffhaltiger Substanzen aus Gesteinen als Folge von Verwitterungsprozessen. Insgesamt besteht damit bezogen auf die naturgesetzlichen Bestandteile im Kern die Beziehung der sog. *Familienähnlichkeit* zwischen den Modellen. Jedes Modell des Netzwerks teilt mit mindestens einem weiteren Modell des Netzwerks einen naturgesetzlichen Grundsatz, aber kein solcher Grundsatz ist in allen Modellen enthalten. Neben diese nomologischen Bindungen treten Kopplungen durch faktischen Abgleich. Wärmeflüsse oder Stofftransporte müssen jeweils derart aneinander angepasst werden, dass Verluste des einen Teilsystems mit Gewinnen eines anderen übereinstimmen.

Netzwerke lokaler Modelle werden also durch eine solche Vielfalt nomologischer und faktischer Verstrebungen zwischen heterogenen, in den Einzelheiten durch die Daten geprägten Modellen gebildet. Solche Charakteristika könnten *prima facie* als Merkmale von Modellen angewandter Forschung gelten. Sie sind aber tatsächlich auch kennzeichnend für Modellbildungen der erkenntnisorientierten Forschung. Aus der Skizze der Modelldebatte, wie sie für die epistemischen Disziplinen geführt wurde (s. o. Kap. III.4.2) hat sich schließlich ein gleichartiges Bild ergeben. Die skizzierte Mittelposition zwischen Modell-Universalismus und Modell-Partikularismus, wie sie sich etwa bei Morrison findet, hat den Akzent genau auf diese partielle Autonomie der Modelle von Theorien gelegt.

Beispiele für die Strukturierung der Daten durch theoretische Annahmen finden sich in der Grundlagenforschung nicht weniger als in der Anwendungsforschung. Die Wissenschaftsgeschichte stellt Beispiele dafür bereit, dass scheinbar offenkundige Muster in den Daten erst wahrgenommen wurden, nachdem man unter der Anleitung einer Hypothese das Augenmerk gezielt darauf gerichtet hat. Erst als John Daltons Atomtheorie von 1808 das Gesetz der multiplen Proportionen vorhersagte, wurden die betreffenden Beziehungen registriert. Dieses Gesetz bezieht sich auf mehrfache Verbindungen der gleichen Stoffe (wie CO und CO_2, N_2O, NO und NO_2) und postuliert, dass die Reaktionsgewichte eines der beteiligten Stoffe bezogen auf ein festes Reaktionsgewicht des anderen im Verhältnis kleiner ganzer Zahlen stehen. Bei CO und CO_2 bildet etwa das Gewicht des Sauerstoffs mit Bezug auf ein festes Gewicht des Kohlenstoffs ein Verhältnis von eins zu zwei. Vor der Formulierung von Daltons Theorie war die Zusammensetzung von Verbindungen stets über die Gewichtsanteile der Elemente am Gesamtgewicht bestimmt worden, und in diesen Angaben finden sich keine ganzzahligen Verhältnisse. Erst die Theorie zeigte, dass das Verhältnis der Gewichte der Bestandteile zueinander und nicht deren Anteil am Gesamtgewicht der entscheidende Parameter war.

MODELLE ALS BAUSTEINE ANGEWANDTER WISSENSCHAFT

Eine weitere Beobachtung ist, dass sich die Praxis des Aneinanderheftens heterogener Teilmodelle ähnlich in den epistemischen Wissenschaften findet. Zunächst erscheint gerade diese umstandslose Verknüpfung disparater Ansätze als Hinweis auf eine pragmatisch geprägte und epistemisch unzulängliche Strategie. Homogene Materialien mit einem allmählichen Eigenschaftswechsel wie Wasserströmungen und Fusionsplasmen werden als Verknüpfung verschiedenartiger Grenzfälle mit abrupten Änderungen der Kenngrößen dargestellt. Aber auch hier gilt, dass das gleiche Muster in der erkenntnisorientierten Forschung auftritt. Es handelt sich nämlich darum, dass Modellreihen bei wachsender De-Idealisierung und entsprechend zunehmender Berücksichtigung von Störeinflüssen und Einzelheiten nicht gegen ein einheitliches Bild des betreffenden Sachbereichs konvergieren. Stattdessen bleibt es bei einer Mehrzahl kontrastiver Modelle. Morrisons Beispiel betrifft die Modellierung von kernphysikalischen Charakteristika (s. o. Kap. III.4.2). Auch diese *prima facie* provisorische Erkenntnisstrategie ist nicht auf die angewandte Forschung beschränkt.

Als Ergebnis ist festzuhalten, dass sich die Theorienstrukturen in angewandter Forschung und Grundlagenforschung stärker als erwartet gleichen. Die Beschränkungen in der empirischen Tragweite von Theorien entstehen nicht erst durch den Verwertungsdruck. Es ist generell schwierig für höherstufige Theorien, sei es in grundlagenorientierter, sei es in angewandter Wissenschaft, die Ebene konkreter Beobachtungen zu erreichen. Übergreifende theoretische Prinzipien lassen allgemein beträchtliche Lücken bei der Erklärung konkreter Phänomene, welche durch Verallgemeinerungen anderen Ursprungs und anderer Beschaffenheit gefüllt werden müssen (Winsberg 2003: 120). In der erkenntnisorientierten Wissenschaft manifestiert sich dies in der Schwierigkeit, Theorien und Erfahrungen in den Details miteinander zu verbinden; in der angewandten Wissenschaft drückt sich dies in der Schwierigkeit aus, generelle Einsichten in funktionierende Geräte zu übertragen. Ohne weitere Hilfe erstrecken sich universelle Prinzipien oft nicht bis zu den facettenreichen und verwickelten Erfahrungsbefunden. Deshalb bleiben Erklärungen sowohl in der erkenntnisorientierten als auch in der angewandten Wissenschaft manchmal hinter dem Ideal der Vereinheitlichung zurück. Darum muss die Entwicklung von Modellen auf Strategien zurückgreifen, die den Eindruck des Provisorischen vermitteln (Carrier 2004c: Sec. 4). Die partielle Autonomie der Modelle ist somit Anzeichen einer Zwangslage der Wissenschaft überhaupt.

III.5 Dimensionen der Veränderung der Disziplinenlandschaft

Eine der dramatischeren Thesen zur zukünftigen Wissensordnung ist, dass wissenschaftliche Disziplinen ihre Funktion verlieren und verschwinden werden. Eine detaillierte Analyse verschiedener Dimensionen der Disziplinen, der Fachgesellschaften und des Fächerkanons der DFG, über den die Fördeurng im Normalverfahren gesteuert wird, zeigt ein komplexeres Bild. Zu beobachten ist eine zunehmende Spezialisierung und eine parallele Integration unterschiedlicher disziplinärer Perspektiven. Das Bild der Entwicklung der Fachgesellschaften bestätigt keinesfalls die These, dass die Disziplinen ihre Funktion verlieren und transdisziplinäre Netzwerke an ihre Stelle treten.

Es ist unklar, warum Medizin und Biologie sich durch Gründung neuer, unabhängiger Fachgesellschaften differenzieren, während in den übrigen Naturwissenschaften das vorherrschende Muster die Binnendifferenzierung ist.

Das Fehlen interdisziplinärer Fachgesellschaften ist ebenfalls erklärungsbedürftig. Trotz vielfältiger internationaler Bemühungen um Koordinierung der Klimaforschung und einer deutlichen Zunahme der Publikationen in diesem Bereich gibt es bis heute keine entsprechende Fachgesellschaft in Deutschland.

Das Klassifikationssystem der DFG hat sich nur punktuell und im Sinn der Ausdifferenzierungen der bestehenden disziplinären Ordnung verändert. Umstrukturierungen, die als Reaktionen auf eine zunehmende Bedeutung interdisziplinärer Forschung gedeutet werden könnten, finden sich dagegen kaum. Die steigende Zahl der Sondergutachten weist aber auch darauf hin, dass die Gliederung der Fachausschüsse den (inter-)disziplinären Profilen der eingehenden Anträge bereits seit längerer Zeit nicht mehr entspricht.

Die Einzelfallanalyse zu den Nanowissenschaften zeigt schließlich, dass diese in vielen Bereichen noch stark von einzelnen Disziplinen dominiert werden, während in anderen Teilbereichen die stärker multidisziplinär geprägten Forschungscluster Indizien für ein partielles Aufweichen des disziplinären Definitionsmonopols liefern.

Nach Jahrzehnten der geradezu litancihaft wiederholten wissenschaftspolitischen Forderungen nach mehr Interdisziplinarität (und seit kürzerer Zeit gar Transdiziplinarität) beginnen nun auch einige Beobachter der Wissensgesellschaft daran zu glauben. Mit der gesellschaftsweiten Verteilung der Orte der Wissensproduktion und dem Monopolverlust der Universitäten wird zugleich das Ende der Disziplinen konstatiert. An deren Stelle treten, so die These, fluide Netzwerke opportunistischer Forscher, die nicht mehr durch Disziplinengrenzen gebunden sind (Gibbons et al. 1994). Diese These erscheint auf den ersten Blick plausibel, wenn man des weiteren berücksichtigt, dass die Wissenschaft der Wissensgesellschaft in sehr viel stärkerem Maß anwendungsorientiert ist. Gerade die Anwendungsorientierung steht hinter den politischen Forderungen nach Interdisziplinarität, weil die Überschreitung von Disziplinengrenzen zu Recht als eine Voraussetzung erfolgreicher praktischer Umsetzung wissenschaftlichen Wissens gilt. In der vorangegangenen Diskussion des Disziplinenbegriffs (s. Kap. II.2) hatte sich allerdings gezeigt, dass er mehrdimensional ist. Disziplinen umfassen die Definition der Gegenstandsbereiche wissenschaftlicher Forschung, die Bezeichnungen von Fachgesellschaften, die Abgrenzung von Studienabschlüssen, die Benennung von Fakultäten, sowie die Fächerkataloge der Förderorganisation, und die jeweiligen Grenzen sind keineswegs deckungsgleich. Über die Bezeichnung von Disziplinen, so das Ergebnis, werden sowohl die Kommunikationsprozesse der Forschung als auch die der Lehre, sowohl die Förderentscheidungen der Ministerien und Stiftungen als auch die Qualifikationsanforderungen des Arbeitsmarktes (innerhalb und außerhalb der Wissenschaft) strukturiert und gesteuert. Angesichts dieser Mehrdimensionalität des Disziplinenbegriffs, das war das Ergebnis, sind aber keine einfachen generalisierenden Aussagen über die Veränderung der Disziplinenlandschaft zu erwarten. Die Beobachtungen müssen sich auf die unterschiedlichen Ebenen richten, auf denen sich Disziplinen manifestieren.

Im folgenden werden zuerst die Veränderungen der Fachgesellschaften in Deutschland seit 1900 sowie speziellere Entwicklungen seit Mitte des 20. Jahrhunderts nachgezeichnet. Darauf folgt eine Analyse der Veränderungen der Fächersystematik der Deutschen Forschungsgemeinschaft, der wichtigsten staatlichen Förderorganisation, die als Selbstverwaltungsorganisation der Wissenschaft verstanden werden kann und insofern auf der Ebene der Forschungsförderung sehr nahe an der Entwicklung der Wissenschaft selbst ist. Schließlich wird ein spezieller Fall näher betrachtet: die Nanoforschung. Dabei handelt es sich um ein Forschungsgebiet, von dem erwartet wird, dass es ein besonders ausgeprägtes Beispiel für interdisziplinäre bzw. transdisziplinäre Strukturen ist.

Je genauer die Beobachtung, desto mehr Daten erhält man, desto unübersichtlicher wird aber das Gesamtbild. Das ist auch bei der Feinanalyse der Disziplinenlandschaft nicht anders. Die Darstellung muss notgedrungen hoch selektiv sein, um verständlich und übersichtlich zu sein.

III.5.1 Entwicklungsmuster wissenschaftlicher Fachgesellschaften

Funktionen der Fachgesellschaften

Als unabhängige Institutionen der wissenschaftlichen Selbstorganisation sind die Fachgesellschaften aufgrund ihres Selbstverständnisses und ihrer Zielsetzung eng mit der Ausdifferenzierung des Systems der disziplinären Wissensproduktion verbunden. Es ist also davon auszugehen, dass Veränderungen der Disziplinenstruktur mit qualitativen oder quantitativen Veränderungen der wissenschaftlichen Fachgesellschaften einhergehen. Wir wollen die Rolle der Fachgesellschaften und ihre Entwicklung in Deutschland insbesondere im Hinblick auf den (Bedeutungs-)Wandel des disziplinären Systems beschreiben.

Wissenschaftliche Fachgesellschaften sind Zusammenschlüsse von Fachwissenschaftlern mit dem Ziel, deren fachspezifische Interessen in Wissenschaft und Gesellschaft zu vertreten und die Entwicklung der Disziplin, des Faches oder des Spezialgebietes zu fördern (Wissenschaftsrat 1992; s.a. Kap.II.2). Art und Vielfalt dieser Interessen ergeben sich aus den spezifischen Bedingungen der unterschiedlichen Wissenschaftsbereiche wie Anwendungsbezug oder Entwicklungsstand des Faches, aus den wissenschaftspolitischen Rahmenbedingungen, aber zum Teil auch aus den Berufsinteressen der außerhalb der Universitäten beschäftigten Mitglieder. Zu den wichtigsten Funktionen der Fachgesellschaften gehören:

- die *Förderung der Forschung* durch die Etablierung bzw. Stärkung einer Kommunikationsinfrastruktur, aber auch durch die Initiierung und Koordinierung von Forschungsvorhaben,
- die *Nachwuchsförderung und -integration* in die wissenschaftliche Fachgemeinschaft
- die *Repräsentation des Faches* nach außen, innerhalb der Wissenschaft, aber auch gegenüber der Gesellschaft (Wissenschaftsrat 1992).

Die typischen Aktivitäten wissenschaftlicher Fachgesellschaften sind daher: die Organisation von Tagungen, die Herausgabe von Zeitschriften oder Mitteilungsblättern, die Auslobung von Wissenschaftspreisen, die Vergabe von Stipendien, die Zusammenarbeit mit wissenschaftspolitischen Organisationen und die Ausarbeitung von Empfehlungen zu Studiengängen.

Die Fachgesellschaften sind damit wichtige Instanzen zur Stützung des Systems der disziplinären Wissensproduktion. Für bestehende Disziplinen sind sie die zentralen Organisationen zur Koordination in der Auseinandersetzung um Definitionsmacht, ob nun in Konkurrenz mit anderen Disziplinen oder neuerdings auch in Bereichen transdisziplinärer Wissensproduktion.[15] Sie leisten einen Beitrag zur Integration, indem sie eine Plattform für die innerdisziplinäre Abstimmung und Koordination von Forschung (Themen, Projekte und Standards) bilden und zur Festigung der disziplinären Identität des einzelnen Forschers beitragen. Durch die Formulierung von Zielvorstellungen und Empfehlungen für die akademische Lehre unterstützen sie deren disziplinäre Orientierung und sind somit an der Reproduktion der Disziplinen beteiligt.

Die Fachgesellschaften haben in Deutschland eine lange Tradition. Sie sind aber hinsichtlich wichtiger Strukturmerkmale sehr heterogen. Vor allem gibt es zwischen den Wissenschaftsbereichen große Unterschiede hinsichtlich der Größe und des Alters, des Organisationsgrads, der finanziellen Ausstattung, der typischen Mitgliederstruktur und des Aufgabenprofils (Wissenschaftsrat 1992: 15 ff.).

Für entstehende Disziplinen bzw. subdisziplinäre oder interdisziplinäre Forschungsbereiche ist die Gründung einer Fachgesellschaft oder einer Sektion innerhalb einer bestehenden Gesellschaft ein wichtiger Schritt zu ihrer Institutionalisierung. Die Gründung einer eigenen Fachgesellschaft oder einer Sektion innerhalb einer existierenden Fachgesellschaft setzt die Verständigung innerhalb einer hinreichend großen Gruppe von Wissenschaftlern mit gleichen Forschungsinteressen, ausreichender Kommunikationsdichte und -intensität über die Notwendigkeit bzw. Nützlichkeit einer eigenen Organisation voraus. Die Neugründung von Fachgesellschaften ist somit ein Indikator für die inhaltliche Weiterentwicklung eines abgrenzbaren Forschungsgebietes und damit auch ein Hinweis auf mögliche Veränderungen der disziplinären Struktur. Die Art dieser Veränderungen kann unterschiedliche Formen annehmen. Es kann sich dabei um weitere Ausdifferenzierungen bzw. Bedeutungsverschiebungen innerhalb des bestehenden disziplinären Gefüges handeln oder auch um interdisziplinäre Forschungsbereiche, deren Problemstellungen unterschiedliche disziplinäre Sichtweisen integrieren. Fachgesellschaften mit explizit inter- oder multidisziplinärem Anspruch könnten einen Hinweis auf mögliche Veränderungen der disziplinär organisierten Wissenschaft liefern.

Eine genauere Betrachtung der Entwicklung der wissenschaftlichen Fachgesellschaften in Deutschland soll zeigen, ob und in welchen Teilbereichen Hinweise auf derartige Veränderungen der Disziplinenstruktur zu finden sind.

15 Wenn Modus 2 parallel zur disziplinär orientierten Wissenschaft an Bedeutung gewinnt, so sollten in den relevanten Bereichen gerade in den klassischen Institutionen der disziplinären Wissenschaft Reaktionen zu beobachten sein, da Zuständigkeitsmonopole der Disziplinen gefährdet sind. (s. Gibbons et al. 1994: 147 ff.)

Strukturelle Veränderungen der Fachgesellschaften[16]

Die Anzahl der Fachgesellschaften ist im Verlauf des 20. Jahrhunderts von etwa 35 auf 275 im Jahr 1999 angestiegen (s. Abbildung III.5-1).[17] Erst seit 1991 schwächt sich das bis dahin stetige Wachstum etwas ab.[18]

Ein erster überraschender und interpretationsbedürftiger Befund ist ein auffälliger Unterschied: In den Ingenieurwissenschaften und den Naturwissenschaften, aber auch in der Mathematik gibt es wenige große Gesellschaften, die nahezu das gesamte Spektrum dieser Wissen-

16 Um die Fachgesellschaften in Deutschland möglichst vollständig zu erfassen, wurden mehrere unabhängige Quellen ausgewertet. Die in der Studie vom Wissenschaftsrat aus dem Jahr 1992 gelisteten Fachgesellschaften wurden vollständig einbezogen. Darüber hinaus lieferten die Mitgliederlisten der großen Dachverbände AMWF (Arbeitsgemeinschaft der Wissenschaftlichen Medizinischen Fachgesellschaften) und VDBIOL (Verband der biologischen Fachgesellschaften) zusätzliche wissenschaftliche Fachgesellschaften. Die in diesen Dachverbänden organisierten Gesellschaften wurden ebenfalls vollständig erfasst. Teilweise in die Erhebung einbezogen wurden die Mitglieder des DAF (Dachverband wissenschaftlicher Gesellschaften der Agrar-, Forst-, Ernährungs-, Veterinär- und Umweltforschung). Gesellschaften wurden nur einbezogen, wenn ihre Rolle als wissenschaftliche Fachgesellschaft aufgrund der auf ihren Internetseiten verfügbaren Informationen (Selbstbeschreibung, Mitgliederstruktur, Funktionen) deutlich wurde. Ebenso wurde mit weiteren über eine abschließende Internetrecherche gefundenen Kandidaten verfahren. Auf diese Weise konnten Informationen für insgesamt 275 wissenschaftliche Fachgesellschaften zusammengestellt werden. Alle gefundenen Fachgesellschaften wurden dann aufgrund ihrer Selbstbeschreibung und anderen Informationen (Zugehörigkeit zu Dachverbänden, Vorschlagsrecht bei DFG-Fachgutachterwahl, Einordnung von eigenen Publikationsorganen etc.), soweit eindeutig möglich, den Fachgebieten und Fachausschüssen der DFG zugeordnet, um die verschiedenen Bereiche des Disziplinenspektrums hinsichtlich des hier betrachteten Aspekts ihrer Selbstorganisation vergleichen zu können.

17 Der in der Studie vom Wissenschaftsrat konstatierte Rückgang der Gründungen seit Beginn der 90er Jahre bestätigt sich aufgrund der Zahlen unserer Erhebung nicht.

18 In die Auswertung von 1992, die der Studie vom Wissenschaftsrat zugrunde lag, wurden 188 wissenschaftliche Fachgesellschaften einbezogen. Die Differenz von 63 Fachgesellschaften ergibt sich u.a. aus der Nichtbeteiligung an einer Vorerhebung, dem Ausschluss von Gesellschaften aufgrund der ersten Befragung im Rahmen der WR-Studie sowie den Neugründungen seit 1990 (s. Wissenschaftsrat 1992: 93f.).

DIMENSIONEN DER VERÄNDERUNG DER DISZIPLINENLANDSCHAFT

Abbildung III.5-1

schaftsbereiche abdecken. Die Differenzierung in Einzel- oder Teildisziplinen bilden diese Gesellschaften in ihrer Binnenstruktur ab. Im Bereich der Medizin dagegen sind die medizinischen Fachrichtungen und viele Spezialgebiete mit eigenen Fachgesellschaften vertreten, und auch für den Bereich der Biologie existiert keine große Fachgesellschaft mit umfassendem Zuständigkeitsanspruch. Medizin und Biologie differenzieren sich also vor allem durch die Gründung neuer Fachgesellschaften (Abbildung III.5-2). In den Jahren von 1975 bis 1999 wurden in der Medizin allein 42 neue wissenschaftliche Fachgesellschaften errichtet, (eine Steigerung um 48 Prozent auf 126). In der Biologie wurden sogar

Abbildung III.5-2

ca. 50 Prozent der 35 Fachgesellschaften nach 1974 gegründet. Der Anstieg in den anderen Fachgebieten liegt durchweg deutlich niedriger oder tendiert gegen Null. Ein Vergleich der Fachgebiete untereinander ist allerdings aufgrund der sehr unterschiedlichen Traditionen und der damit verbundenen Organisationsstrukturen problematisch. In den unter der Kategorie »Mathematik, weitere Naturwissenschaften« zusammengefassten Fachgebieten Physik, Chemie, Geowissenschaften und Mathematik (Abbildung III.5-2) gibt es zwar nur wenige Fachgesellschaften, aber diese sind zum Teil sehr stark binnendifferenziert. So finden sich in den vier o.g. Fachgebieten insgesamt 15 Fachgesellschaften mit insgesamt 126 Untergliederungen (Sektionen, Fachbereiche, Arbeitskreise). Vor allem in der Physik und der Chemie bestehen mit der Deutschen Physikalischen Gesellschaft sowie der Gesellschaft Deutscher Chemiker große Fachgesellschaften, die nahezu alle Bereiche der beiden Disziplinen *innerhalb* ihrer Binnenstruktur umfassen.

Abbildung III.5-3 zeigt den Ausdifferenzierungsprozess *innerhalb* der Deutschen Physikalischen Gesellschaft von ihrer Gründung 1951 bis 2001. Von den insgesamt 29 Untereinheiten der Deutschen Physikalischen Gesellschaft wurden 7 nach 1974 gegründet. Ein ähnliches Bild zeigt die Entwicklung der Binnenstruktur der Gesellschaft Deutscher Chemiker (Abbildung III.5-4: 7 von 21 Fachgruppen nach 1974). Auch in den Ingenieurwissenschaften besteht mit dem VDI eine große, in sich differenzierte Fachgesellschaft. Der VDI nimmt allerdings in mehrfacher Hinsicht eine Sonderstellung ein. Er ist fächerübergreifend, versteht sich auch als Berufsverband und erfüllt wichtige Funktionen im

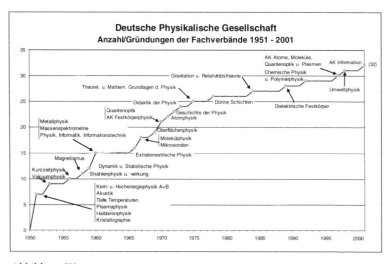

Abbildung III.5-3

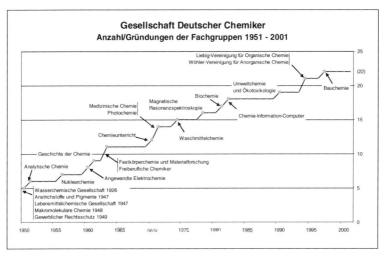

Abbildung III.5-4

Zusammenhang mit dem System der Normung. Mit seinen 21 Fachgliederungen hat er sich seit 1975 noch weiter ausdifferenziert. Sieben der Fachgesellschaften und Kompetenzfelder sowie ein Normenausschuss wurden nach 1975 gegründet[19], darunter allein drei Kompetenzfelder nach 1998: *Betrieblicher Umweltschutz und -management* sowie *Nanotechnik* (1999) und *Optische Technologien* (2000).

Eine genauere Betrachtung der einzelnen neu gegründeten Einheiten zeigt, dass die Ursachen und Umstände ihrer Bildung nicht immer im Zusammenhang mit der Ausdifferenzierung eines neuen eigenständigen subdisziplinären Fachgebietes stehen. Neben gebietsübergreifenden Einheiten, die der Geschichte der Disziplin oder ihrer Didaktik gewidmet sind, finden sich einige Sektionen, die auf eine Bedeutungszunahme oder -verschiebung eines bereits lange bestehenden Fachgebietes hinweisen. So ist zum Beispiel die Biochemie innerhalb der Chemie kein neuer Bereich. Die Gründung der Fachgruppe Biochemie in der Gesellschaft Deutscher Chemiker erfolgte aber erst in den 1980er Jahren, lange nach der Entstehung des Fachgebietes. Die Notwendigkeit der Gründung einer Fachgesellschaft wird in diesem Fall mit der gewachsenen Bedeutung des Gebietes auch innerhalb sozialer Kontexte und seiner

19 Das vor dem Hintergrund der Fragestellung relevante Gründungsdatum der Untereinheiten war im Falle des VDI in vielen Fällen nicht ohne weiteres klar zu bestimmen, da die oft zahlreichen Vorläuferorganisationen jeweils leicht abweichende Bereiche abdeckten, so dass der Zeitpunkt der Etablierung des bezeichneten Fachgebietes als eigenständige organisatorische Einheit nicht mit einem einzelnen Datum bestimmt werden kann.

zunehmenden Interdisziplinarität erklärt.[20] Ein anderes Beispiel ist die Fachgruppe Bauchemie, deren Gründung weniger auf die Entstehung eines neuen zusammenhängenden Forschungsgebietes verweist, sondern im Zusammenhang mit unterschiedlichen Entwicklungen zu sehen ist, die den Abstimmungs- und Regulierungsbedarf im Umfeld eines wichtigen Anwendungsfeldes der Chemie betreffen. Gestiegene Ansprüche an Umwelt- und Gesundheitsverträglichkeit von Baustoffen und komplexere Baustoffkombinationen erhöhen die Ansprüche an und den Druck auf Hersteller, Anwender und Regulierungsbehörden. Dadurch ergibt sich laut Selbstbeschreibung der Fachgruppe der Bedarf,

»bauchemische Kenntnisse zu bündeln, zum Informationsaustausch beizutragen und neue Impulse zu geben, um damit das Wissen der Hersteller und Anwender zu verbessern, aber auch, um gesetzliche und behördliche Vorgaben im Sinne einer chemisch und technisch verhältnismäßigen und vernünftigen Lösung zu beeinflussen« (bis 2002 unter http://www.gdch.de/strukturen/fg/bau.htm).

Die Beispiele zeigen, dass die Ausdifferenzierung der Binnenstruktur von Fachgesellschaften nicht immer ausschließlich im Zusammenhang mit einer weiteren Spezialisierung zu sehen ist. Zu den Anlässen gehören auch Veränderungen in Verwendungskontexten des Wissensbereichs, wie deren ökonomischer Entwicklung, oder rechtlicher Rahmenbedingungen, aber auch die Konkurrenz benachbarter Disziplinen und Spezialgebiete um Nachfrage nach Expertise. Weitere Gründe ergeben sich aus fachgebietsübergreifenden Querschnittsaufgaben innerhalb von Fachgesellschaften wie Didaktik oder Geschichte der Disziplin, deren Gründung als eigenständige Binnenorganisation von der Größe und Reife der Disziplin bzw. der Dachorganisation abhängig sein dürfte.

Ähnliches gilt auch für die Gründung der eigenständigen Fachgesellschaften. Von den 78 Fachgesellschaften, die im Beobachtungszeitraum von 1975 bis 2000 neu gegründet wurden[21] (Tabelle III.5-1), fallen allein 42 auf die Medizin und 18 auf die Biologie. Die anderen Fachgebiete weisen nur wenige Neugründungen auf: vier bzw. drei Neugründungen in den Fachgebieten *Gesellschaftswissenschaften* und *Psychologie, Pädagogik, Philosophie, Theologie,* keine in den großen naturwissenschaftlichen Disziplinen Chemie und Physik, nur zwei in den Ingenieurwissenschaften. Wie die Betrachtung der großen Fachgesellschaften (DPG, GDC) gezeigt hat, spielt sich aber auf der Ebene ihrer Binnengliederung eine vergleichbare Dynamik ab.

20 http://www.gdch.de/fachgrup/biochem.htm
21 Für 14 der insgesamt 275 Fachgesellschaften konnte kein Gründungsdatum ermittelt werden.

DIMENSIONEN DER VERÄNDERUNG DER DISZIPLINENLANDSCHAFT

Tabelle III.5-1: Von 1975 bis 1999 neugegründete Fachgesellschaften

Jahr	Gebiet	Fachgesellschaft
1975	Biologie	Die Gesellschaft für Entwicklungsbiologie (GfE)
		Deutsche Gesellschaft für Zellbiologie e.V. (DGZ)
	Medizin	Deutsche Gesellschaft zum Studium des Schmerzes e.V. (DGSS)
	Psychologie, Pädagogik, Philosophie, Theologie	Gesellschaft für Didaktik der Mathematik (GDM)
1976	Biologie	Deutsche Gesellschaft für allgemeine und angewandte Entomologie e.v. (DGaaE)
	Medizin	Gesellschaft für Neonatologie und Pädiatrische Intensivmedizin
	Ohne Zuordnung	Deutsche Vereinigung für Sportwissenschaft e.v. (DVS)
1977	Ohne Zuordnung	Gesellschaft für Klassifikation
	Medizin	Deutsche Interdisziplinäre Vereinigung für Intensiv- und Notfallmedizin (DIVI)
1978	Medizin	Gesellschaft für medizinische Ausbildung (GMA)
		Deutsche Gesellschaft für Suchtforschung und Suchttherapie e.V. (DG-Sucht)
		Deutsche Gesellschaft für Biologische Psychiatrie
	Gesellschaftswissenschaften	Gesellschaft für Programmforschung
1979	Biologie	Ethologische Gesellschaft e.V.
	Medizin	Deutsche Gesellschaft für Medizinische Psychologie (DGMP)
		Deutsche Migräne- und Kopfschmerzgesellschaft (DMKG)
	Sprach- und Literaturwissenschaften	Deutsche Gesellschaft für Sprachwissenschaft (DGfS)
1980	Elektrotechnik und Informatik	Gesellschaft f. Informatik in der Land-, Forst- und Ernährungswirtschaft e.V. (GIL)
	Biologie	Deutsche Gesellschaft für Meeresforschung (DGM)
	Geschichts- und Kunstwissenschaften	Verband der Osteuropahistorikerinnen und -historiker (VOH)
1981	Biologie	Deutsche Gesellschaft für Protozoologie e.v.
	Medizin	Deutsche Gesellschaft für Ernährungsmedizin
		Deutsche Gesellschaft für Psychosomatische Frauenheilkunde und Geburtshilfe (DGPFG)
		Deutsche Gesellschaft für Senologie
		Deutsche Gesellschaft für Lasermedizin e.V. (DGLM)

NEUE FORMEN DER WISSENSPRODUKTION

Jahr	Gebiet	Fachgesellschaft
1982	Medizin	Deutsche Gesellschaft für Medizinrecht e.V. (DGMR)
	Psychologie, Pädagogik, Philosophie, Theologie	Deutsche Gesellschaft für Psychophysiologie und ihre Anwendung (DGPA) e.v.
1983	Gesellschaftswissenschaften	Deutsche Gesellschaft für Politikwissenschaft (DGfP)
1984	Biologie	Deutsche Gesellschaft für Limnologie e.v. (DGL)
	Medizin	Deutsche Gesellschaft für Gefäßchirurgie
		Deutsche Gesellschaft für Phoniatrie und Pädaudiologie (DGPP)
		Deutsche Gesellschaft für Osteologie e.v.
1985	Biologie	Deutsche Elektrophorese Gesellschaft DEG
	Medizin	Deutsche Gesellschaft für Geriatrie
		Gesellschaft für pädiatrische Gastroenterologie und Ernährung e.v. (GPGE)
		Deutsche Adipositas-Gesellschaft
1986	Medizin	Gesellschaft für Tauch- und Überdruckmedizin e.v.
1987	Medizin	Die Deutsche Gesellschaft für Schlafforschung und Schlafmedizin (DGSM)
		Deutsche AIDS-Gesellschaft e.v. (DAIG)
1988	Biologie	Gesellschaft für Primatologie e.V. (GfP)
	Medizin	Deutsche Gesellschaft für Humangenetik e.v. (gfh)
1989	Geschichts- und Kunstwissenschaften	Deutsche Gesellschaft für Geschichte der Nervenheilkunde (DGGN)
1990	Agrar- und Forstwissenschaften	Arbeitsgemeinschaft für Tropische und Subtropische Agrarforschung e.v. (ATSAF)
	Biologie	Gesellschaft für Technische Biologie und Bionik (GTBB)
		Deutsche Gesellschaft für Zytometrie
	Medizin	Deutsche Gesellschaft für Krankenhaushygiene e.v.
		Gesellschaft für Virologie (GfV)
	Psychologie, Pädagogik, Philosophie, Theologie	Gesellschaft für Analytische Philosophie (GAP)
1991	Agrar- und Forstwissenschaften	Gesellschaft für Pflanzenzüchtung e.v. (GPZ)
	Biologie	Deutsche Gesellschaft für Geschichte und Theorie der Biologie e.V. (DGGTB)
		Neurowissenschaftliche Gesellschaft

Jahr	Gebiet	Fachgesellschaft
	Medizin	GHU – Gesellschaft für Hygiene und Umweltmedizin
		Deutsche Gesellschaft für Pädiatrische Infektiologie (DGPI)
		Deutsche Gesellschaft für Schädelbasischirurgie e.V.
		Deutsche Gesellschaft für Thoraxchirurgie
		Arbeitsgemeinschaft für Angewandte Humanpharmakologie
		Deutsche Gesellschaft für Handchirurgie (DGH)
1992	Biologie	Gesellschaft für Anthropologie (GfA) e.V.
	Medizin	Deutsche Gesellschaft für Gerontopsychiatrie und -psychotherapie (DGGPP)
		Deutsche Gesellschaft für Psychotherapeutische Medizin e.V. (DGPM)
		Deutsche TransplantationsGesellschaft e.V. (DTG)
1993	Medizin	Deutsche Gesellschaft für Immungenetik
1994	Medizin	Deutsche Gesellschaft für Palliativmedizin (DGP)
		Deutsche Gesellschaft für Pneumologie (DGP)
		Deutsche Gesellschaft für Neurogenetik
	Ohne Zuordnung	Deutsche Arbeitsgemeinschaft für Gentherapie e.V. (DAG-GT)
1995	Medizin	Deutsche Gesellschaft für Radioonkologie (DEGRO)
		Deutsche Ärztliche Gesellschaft für Verhaltenstherapie
1996	Elektrotechnik und Informatik	VDE/VDI-Gesellschaft Mikroelektronik, Mikro- und Feinwerktechnik (GMM)
	Ohne Zuordnung	Gesellschaft für Dermopharmazie
	Biologie	Arachnologische Gesellschaft e.V.
1997	Biologie	Gesellschaft für Mykotoxinforschung e.V.
	Gesellschaftswissenschaften	Gesellschaft für Wissenschaftsforschung
1998	Biologie	Gesellschaft für Signaltransduktion
	Medizin	Deutsche Gesellschaft für Viszeralchirurgie e.V. (DGVC)
	Gesellschaftswissenschaften	Gesellschaft für Operations Research e.V. (GOR)
1999	Biologie	Gesellschaft für klinische Biologie und Bioanalytik e.V. (GkBB)

Geht man zunächst nur von der Anzahl der Neugründungen aus, so könnte man für viele Bereiche auf eine fortschreitende Tendenz zur weiteren Spezialisierung und damit verbundener Ausdifferenzierung schließen.

Entwicklung interdisziplinärer Fachgesellschaften

Eine genauere Betrachtung der einzelnen neu gegründeten Fachgesellschaften zeigt jedoch, dass mit der Spezialisierung in vielen Fällen auch die Integration unterschiedlicher disziplinärer Perspektiven verbunden ist. So konnten allein unter den 78 Neugründungen innerhalb des Beobachtungszeitraumes 30 Fachgesellschaften identifiziert werden, die aufgrund der Selbstbeschreibungen auf ihren Homepages explizit inter- oder multidisziplinär ausgerichtet sind.[22] Diese »inter- oder multidisziplinären« Fachgesellschaften stammen aus den Fachgebieten Agrar- und Forstwissenschaften, Medizin, Biologie und Gesellschaftswissenschaften (vier Fachgesellschaften wurden aufgrund ihres interdisziplinären Charakters keinem Fachgebiet zugeordnet). Dieser Anteil der Neugründungen mit explizit inter- oder multidisziplinärem Anspruch bleibt seit 1975 relativ konstant, während in den Jahrzehnten davor deutlich weniger Fachgesellschaften dieses Typs entstanden sind. Damit haben wir mit Blick auf die Fragestellung dieses Kapitels ein weiteres interessantes Ergebnis: *Der Anteil der Fachgesellschaften, die ihre Aufgaben und Ziele gebietsübergreifend definieren, stieg von 7 Prozent im Jahr 1975 bis heute auf ca. 15 Prozent.* Die Fachgesellschaften der Medizin haben mit 18 »inter- oder multidisziplinären« Neugründungen daran einen leicht überproportionalen Anteil. In den meisten Fällen handelt es sich um Problemfelder, die ausschließlich oder überwiegend medizinische Fachgebiete betreffen, während in sieben Fällen Anwendungsbereiche im Mittelpunkt der jeweiligen Forschungsbereiche auch für diverse andere Fachgebiete außerhalb der Medizin von Interesse sind. Beispiele für den letztgenannten Typ sind die Radioonkologie und die Lasermedizin mit ihren sowohl medizinischen als auch natur- und ingenieurwissenschaftlichen Aspekten, die Krankenhaushygiene, deren Fragestellungen verschiedene medizinische und technische Disziplinen, aber auch Pflegeforschung, Ökonomie, Rechtswissenschaft und Architektur betreffen, sowie die Neurogenetik, ein Forschungsgebiet, an dem neben Neurologen, Neuroanatomen, -pathologen, -biochemikern und -chirurgen auch Biophysiker, Humangenetiker, Zellbiologen und Psych-

---

22 Es wurde hier nur eine grobe Klassifikation ausschließlich aufgrund der Selbstbeschreibungen auf den Internet-Seiten der Gesellschaften vorgenommen. In der Tabelle III.5-1 wurden diese Fachgesellschaften grau unterlegt.

iater beteiligt sind. Da es sich bei der Medizin um eine originär und nahezu durchgängig anwendungsorientierte Disziplin handelt, sind deren Fachgebiete im Hinblick auf Zuschnitt, Institutionalisierung, aber auch forschungsleitende Paradigmen und vorherrschendes Ethos stark von den praktischen Erfordernissen und Problemen der Gesundheitsversorgung geprägt. Sie nimmt deshalb als wissenschaftliche Disziplin eine Sonderstellung ein. Es ist erwartbar, dass die an fachgebietsübergreifenden Problemstellungen wie Krankheitsbildern und medizintechnischen Verfahren orientierte Forschung bei entsprechender Kontinuität ihren Niederschlag auf der Institutionalisierungsebene der wissenschaftlichen Fachgesellschaften findet.

Das zweite Fachgebiet mit einer größeren Zahl gebietsübergreifender Fachgesellschaften ist die Biologie. Mit 6 Organisationen ist diese an den seit 1975 neugegründeten *interdisziplinären* Fachgesellschaften in etwa proportional zu ihrem Anteil an der Gesamtheit der betrachteten Neugründungen vertreten. Die Hälfte dieser Gesellschaften wurde in den Jahren vor 1981 gegründet (Gesellschaft für Entwicklungsbiologie, Deutsche Gesellschaft für Zellbiologie, Deutsche Gesellschaft für Meeresforschung), die anderen drei (Deutsche Gesellschaft für Zytometrie, Neurowissenschaftliche Gesellschaft, Gesellschaft für Signaltransduktion) in den 1990er Jahren. (Die Gründung der im Jahre 2001 entstandenen Deutschen Gesellschaft für Proteomforschung im Bereich der Biologie liegt außerhalb des hier betrachteten Zeitraums.)

Die restlichen inter- oder multidisziplinären Fachgesellschaften verteilen sich auf die Gesellschaftswissenschaften, die Agrar- und Forstwissenschaften und den Bereich Elektrotechnik und Informatik, welche jeweils mit einer Gesellschaft vertreten sind, oder sie waren keinem der DFG-Fachgebiete zuzuordnen (Deutsche Arbeitsgemeinschaft für Gentherapie, Deutsche Vereinigung für Sportwissenschaft, Gesellschaft für Klassifikation, Gesellschaft für Dermopharmazie).

Spezialisierung oder Interdisziplinarität?

Der wachsende Anteil dieser Organisationen, die innerhalb einer Domäne disziplinärer Organisation der Wissenschaft zumindest programmatisch die disziplinäre Gliederung durchbrechen, könnte zumindest in bestimmten Bereichen auf einen Bedeutungsverlust der Disziplinstruktur hinweisen. Die »interdisziplinären Fachgesellschaften« finden sich, soweit dies aus den Selbstbeschreibungen hervorgeht, größtenteils im Bereich der beiden großen klassischen Disziplinen Biologie und Medizin. Die Mathematik und die beiden großen naturwissenschaftlichen Disziplinen Physik und Chemie werden nur am Rande berührt. In den großen, stark differenzierten Fachgesellschaften der naturwissenschaftlichen oder ingenieurwissenschaftlichen Disziplinen gibt es allerdings auf der Ebene der Untereinheiten vereinzelt Überschneidungen mit anderen Fachgesellschaften. So ist z.B. die Fachgruppe Physik – Information – Informatik eine gemeinsame Untereinheit der Gesellschaft für Informatik, der Deutschen Physikalischen Gesellschaft und der Informationstechnischen Gesellschaft im VDE. Die Gesellschaft für Informatik, die Deutsche Mathematikervereinigung und die Gesellschaft für angewandte Mathematik »teilen« sich die Fachgruppen Computeralgebra und Numerische Software.

Sieht man die Neugründungen von Fachgesellschaften allgemein als Indikator für eine Veränderung des disziplinären Systems, kann aus den o.g. Ergebnissen gefolgert werden, dass sich über den gesamten beobachteten Zeitraum eine weitere Auffächerung der Disziplinen bzw. Fachgebiete ergibt. Betrachtet man die Selbstbeschreibungen der neugegründeten Fachgesellschaften hinsichtlich ihres disziplinären Profils und ihres Aufgabenspektrums, so zeigt sich, dass die Veränderungen dieser wichtigen institutionellen Basis des disziplinären Systems ihre Ursachen nicht nur in einer *zunehmenden Spezialisierung*, sondern auch in einer *parallelen Integration unterschiedlicher disziplinärer Perspektiven* haben. Das Bild der Entwicklung der Fachgesellschaften bestätigt aber keinesfalls die These, dass die Disziplinen ihre Funktion verlieren und transdisziplinäre Netzwerke an ihre Stelle treten. Drei Gründe sprechen für eine wesentlich vorsichtigere und differenziertere Deutung der Ergebnisse. 1) Die beobachteten ›interdisziplinären‹ Neugründungen beruhen auf *Selbstbeschreibungen*. Diese müssen vor dem Hintergrund der derzeit von der Wissenschaftspolitik auf ›Inter-‹ und ›Transdisziplinarität‹ ausgesetzten Prämien gesehen werden, die zu inflationären Verwendungen der Begriffe als ›Etikett‹ geführt haben. 2) Es ist unklar, warum Medizin und Biologie sich durch Gründung neuer, unabhängiger Fachgesellschaften differenzieren, während in den übrigen Naturwissenschaften das vorherrschende Muster die Binnendifferenzierung ist. Eine Vermutung ist, dass es vor allem in der Medizin um die Abgrenzung von ›Märkten‹ geht, an denen jeweils viel Geld verteilt wird. Zu einem etwas geringeren Maß könnte dies auch für die anwendungsorientierte oder -relevante Biologie gelten. Diese ›externen‹ Einflüsse sprechen aber sowohl gegen eine Auflösung disziplinenförmiger Strukturen und ihrer Ablösung durch lose Netzwerke als auch gegen ein Ende der Spezialisierung und Differenzierung. 3) Aufschlussreich ist neben den bisher untersuchten Gründungen neuer Fachgesellschaften auch das Fehlen solcher Entwicklungen in bestimmten Bereichen. So gibt es trotz zahlreicher internationaler Bemühungen um Koordinierung und Förderung der Klimaforschung seitens der Politik, einer großen Medienpräsenz der Klimaproblematik und einer deutlichen Zunahme der Publikationen im Bereich Klimaforschung bis heute keine entsprechende Fachgesellschaft in Deutschland. Auch die Bereiche Materialforschung, Umweltforschung und Gesundheitsforschung sind, trotz zum Teil bereits längerer Geschichte, nicht mit eigenen Fachgesellschaften vertreten.

III.5.2 Institutioneller ›Konservatismus‹ – Die Fächersystematik der DFG 1975-2000
Aufbau und Funktion der Fächersystematik

Die Bedeutung der Fächersystematik der DFG für die Wissenschaftssteuerung ist evident: Sie bildet die Basis der Forschungsförderung im Normalverfahren Auf der untersten Ebene sind die Fächer den Fachausschüssen zugeordnet. Die beiden höheren Ebenen finden sich vollständig erst 1985 als Gliederungsebenen in den DFG-Jahresberichten und sind in erster Linie als Ordnungskategorien zu sehen. Die Veränderungen des Systems betreffen denn auch bis auf wenige Ausnahmen die für die Organisation der DFG-Förderung unmittelbar relevanten Ebenen der Fachausschüsse und Fächer. Es sind Erweiterungen einzelner Fächer, Umordnungen von Fächern, Differenzierungen der Fach- und Fachausschussgliederung, aber auch Zusammenlegungen sowohl von Fächern als auch von Fachausschüssen vorgenommen worden. Für die einzelnen Fächer der untersten Gliederungsebene werden alle vier Jahre Gutachter gewählt, denen die Forschungsanträge ihrer jeweiligen Fachkollegen zur Begutachtung zugewiesen werden. Eine adäquate Begutachtung der eingehenden Forschungsanträge nach den Standards des Fachs hängt von der Übereinstimmung zwischen Fachgliederung und der tatsächlichen Struktur des Gebietes ab. Um eine möglichst gute Entsprechung zu gewährleisten, sollte die Fächersystematik also auf Veränderungen in den Disziplinenstrukturen, wenn auch mit Zeitverzögerung, reagieren. Diese Weiterentwicklung der Fächergliederung kann z. B. aufgrund von Anträgen neu entstehender Fachgesellschaften auf Zulassung zusätzlicher Gutachter in bestehenden Fächern oder in neuen Fächern erfolgen.[23]

---

23 Über Anträge zur Zulassung von Fachgutachtern oder Einrichtung eines neuen Faches entscheidet der Hauptausschuss der DFG unter Hinzuziehung gewählter Fachgutachter und weiterer Fachleute und nach Stellungnahme des sachlich nächststehenden Ausschussmitgliedes (Markl 1989: 75).

Tabelle III.5-2: DFG-Fachausschüsse 1975

- Rechtswissenschaft
- Geographie
- Wirtschafts- und Sozialwissenschaften
- Altertumswissenschaft
- Kulturen des Orients
- Geschichte
- Kunstwissenschaften
- Völkerkunde
- Geschichte der Naturwissenschaften, der Medizin und der Technik
- Sprachwissenschaften, Literaturwissenschaften und Volkskunde (Gruppe A)
- Sprachwissenschaften, Literaturwissenschaften und Volkskunde (Gruppe B)
- Evangelische Theologie
- Katholische Theologie
- Philosophie und Pädagogik
- Psychologie
- Theoretische Medizin
- Praktische Medizin
- Veterinärmedizin
- Biologie
- Landwirtschaft und Gartenbau
- Forst- und Holzwissenschaft
- Mathematik
- Physik
- Chemie
- Geologie und Mineralogie
- Allgemeine Ingenieurwissenschaften
- Maschinenwesen
- Architektur, Städtebau und Landesplanung
- Bauingenieurwesen
- Bergbau und Hüttenwesen
- Elektrotechnik
- Informatik

DIMENSIONEN DER VERÄNDERUNG DER DISZIPLINENLANDSCHAFT

Die wichtigsten Veränderungen im Überblick

Die Veränderungen der Fächersystematik, die auf eine Ausdifferenzierung von bestehenden oder der Etablierung von neuen Forschungsgebieten hinweisen, werden in diesem Abschnitt für die vier Wissenschaftsbereiche zusammengefasst.[24]

Geisteswissenschaften

Die bedeutendsten Veränderungen in den Geisteswissenschaften sind Ausdifferenzierungen auf der Ebene der Fachausschüsse während der ersten beiden Fünfjahresabschnitte sowie innerhalb des Fachausschusses *Psychologie* von 1985 nach 1990. Die Pädagogik wurde als eigener Fachausschuss mit zwei Fächern von der Philosophie abgespalten (1975 bis 1980) und die *Wirtschafts- und Sozialwissenschaften* (1980) wurden auf die nun eigenständigen Fachausschüsse *Wirtschaftswissenschaften* sowie *Sozialwissenschaften* in 1985 verteilt. Die innerhalb des Fachausschusses *Psychologie* in der Systematik von 1985 durch zwei Fächer abgedeckten Bereiche sind 1990 durch vier Fächer repräsentiert. Innerhalb der letzten zwei Fünfjahreszeiträume wurden die *Kriminologie* im Fachausschuss *Rechtswissenschaft* und die *Theater-, Film- und Fernsehwissenschaften* im Fachausschuss *Sprachwissenschaften, Literaturwissenschaften und Volkskunde (Gruppe A)* neu geschaffen.

Biowissenschaften

In den Biowissenschaften (siehe Tabelle III.5.-1) kommt es neben der Neugründung einiger Fächer der theoretischen und der praktischen Medizin vor allem zur Neubildung des neuen Fachausschusses *Biologische Chemie und Biophysik* innerhalb der Biologie (1975-1980), in dem bisher sowohl der Chemie als auch der theoretischen Medizin zugeordnete Bereiche zusammengefasst sind. Die Molekularbiologie wird als eigenständiges Fach innerhalb dieses Ausschusses etabliert. Die weiteren Veränderungen in den beiden folgenden Zeitabschnitten sind Ausdifferenzierungen von Fächern bei gleichzeitiger Aufteilung

---

24 Nicht berücksichtigt wurden Änderungen der Fachbezeichnungen, die keine inhaltliche Erweiterung der Kategorie, sondern eher eine Spezifikation der Fachbezeichnung darstellen (Bsp. Erweiterung *Klinische Strahlenkunde* in *Klinische Strahlenkunde: Röntgendiagnostik, Perkutane Strahlentherapie, Nuklearmedizin*) sowie alternierende Veränderungen (Bsp. *Indogermanistik, medizinische Psychologie*). Im Anhang sind die Veränderungen für die Wissenschaftsgebiete in tabellarischen Übersichten zusammengefasst. Siehe Tabellen III.5.-1 und III.5.-2

auf unterschiedliche Fachausschüsse. Aus *Physiologie, Pathophysiologie und Anästhesiologie*, 1980 im Fachausschuss *Theoretische Medizin*, wird die Anästhesiologie zusammen mit der Intensivmedizin als Fach der praktischen Medizin geschaffen, während Physiologie und Pathophysiologie im Fachausschuss *Theoretische Medizin* verbleiben. Von 1985 nach 1990 wird die Humangenetik aus dem Fach *Anthropologie und Humangenetik* ausgegliedert und der theoretischen Medizin zugeordnet. In den letzten beiden Fünfjahreszeiträumen bleibt die Fachsystematik im Bereich der Biowissenschaften stabil.

Naturwissenschaften

Die einzigen nennenswerten Veränderungen im Bereich der Naturwissenschaften betreffen die Geowissenschaften und beschränken sich auf den Zeitraum von 1975 bis 1980. Der Fachausschuss *Geologie und Mineralogie* wurde neu geordnet, erweitert und in *Wissenschaften der festen Erde* umbenannt. Aus dem Fachausschuss *Mathematik* wurde die Geodäsie dem neuen Fachausschuss zugeordnet und aus der Physik wurden Teile der Geophysik als neues Fach *Physik des Erdkörpers* integriert. Die restlichen Bereiche des aufgelösten Faches *Geophysik* verbleiben als *Physik der Atmosphäre und physikalische Ozeanographie* im Fachausschuss *Physik*. In den folgenden Zeitabschnitten kommt es lediglich von 1995 nach 2000 zur Bildung des Faches *Analytische Chemie*.

Ingenieurwissenschaften

Die meisten Änderungen der Fachsystematik für den Bereich der Ingenieurwissenschaften wurden, abgesehen von zwei neuen Fächern im ersten Fünfjahreszeitraum (*Arbeitswissenschaft* und *Hochfrequenztechnik*), gegen Ende des Beobachtungszeitraumes vollzogen. Im Vergleich der Jahre 1990 und 1995 zeigt sich eine Aufteilung des Fachausschusses *Maschinenwesen* in *Maschinenbau und Verfahrenstechnik* sowie *Produktionstechnik* und innerhalb des Fachausschusses *Elektrotechnik* eine Neuordnung des Faches *Elektrische Energietechnik*, aus dem die Fächer *Energieerzeugung und -übertragung* sowie *Energieanwendung* hervorgehen.

Im letzten Zeitabschnitt werden die drei Fächer des Fachausschusses *Maschinenbau und Verfahrenstechnik* in acht Fächer aufgeteilt. Darüber hinaus entsteht im Fachausschuss *Allgemeine Ingenieurwissenschaften* das Fach *Mikro- und Feinwerktechnik*.

Das Klassifikationssystem der DFG hat sich, das zeigt der Überblick, seit 1975 überwiegend nur punktuell und im Sinn der Ausdifferenzierungen der bestehenden disziplinären Ordnung verändert. Umstrukturierungen, die als Reaktionen auf eine zunehmende Bedeutung interdisziplinärer Forschung gedeutet werden könnten, finden sich dagegen kaum. Angesichts dieser Trägheit des Klassifikationssystems sind die tatsächlichen kleineren Veränderungen möglicherweise umso bedeutender. Es kann sich dabei um Anzeichen dauerhafter Verschiebungen im disziplinären Gefüge handeln, jenseits von aktuellen Themen und Trends. So sind die biochemischen und biophysikalischen Forschungsgebiete, die bisher den beiden Fachausschüssen *Theoretische Medizin* sowie *Chemie* zugeordnet waren, in einem eigenen neuen, der Biologie zugeordneten Fachausschuss mit vier Fächern vertreten. Möglicherweise ist das ein Hinweis auf die zunehmende Bedeutung und Eigenständigkeit der Biochemie. Unklar bleibt jedoch, auf welche konkreten Entwicklungen in und zwischen den beteiligten Disziplinen und mit welchem Zeitverzug diese Veränderungen im Klassifikationssystem reagierten. Eine Institutionalisierung der entsprechenden Fachgemeinschaften als Fachgesellschaften fand mit der Gründung der Gesellschaft für Biochemie und Molekularbiologie im Jahre 1947[25] und der Deutschen Gesellschaft für Biophysik im Jahre 1961 statt, also lange vorher.

Eine zweite Veränderung gab es in den Biowissenschaften von 1985 nach 1990 mit der Abspaltung der Humangenetik aus dem Fach *Anthropologie und Humangenetik* und der Einordnung als eigenständiges Fach im Fachausschuss *Theoretische Medizin*. Sie ist darauf zurückzuführen, dass die Genetik sich als Methode gegenüber der physischen Anthropologie durchgesetzt hat. Es handelt sich um einen Modernisierungsprozess, der die Abkehr von der Eugenik und die Medikalisierung der Humangenetik involvierte. Diese Entwicklung findet ihren Niederschlag auch in der Gründung der Deutschen Gesellschaft für Humangenetik 1988.

Das einzige Beispiel für eine Veränderung auf der Ebene der Fachausschüsse im Bereich Naturwissenschaften ist die Umbenennung und Erweiterung des Fachausschusses *Geologie und Mineralogie* bei gleichzeitiger Aufspaltung des ehemaligen Fachs *Geophysik* von 1975 nach 1980. Inwieweit Bedeutungsverschiebungen innerhalb des disziplinären Systems, möglicherweise auch aktuelle Entwicklungen im Zusammenhang mit den interdisziplinären Forschungsbereichen Meeres- und Klimaforschung den Hintergrund für diese Veränderungen bilden, lässt sich nur aufgrund weiterer detaillierterer Untersuchungen klären. In den Naturwissenschaften blieb dies die einzige nennenswerte Neuordnung des Klassifikationssystems bis in das Jahr 2000. Weitere Veränderungen sind im wesentlichen Ausdifferenzierungen des bestehenden Systems,

---

25 Gegründet als Gesellschaft für Physiologische Chemie, bis 1995 Gesellschaft für Biologische Chemie

NEUE FORMEN DER WISSENSPRODUKTION

wie die weitere Auffächerung des Fachausschusses *Psychologie* 1985-1990, der *Praktischen Medizin* 1975-1985 und einiger ingenieurwissenschaftlicher Fachausschüsse 1990-2000, sowie die Schaffung einzelner neuer Fächer. Im einzelnen zeigen sich also kleinere Veränderungen, die als Indizien für zugrunde liegende Verschiebungen innerhalb des Systems wissenschaftlicher Disziplinen angesehen werden können. Insgesamt gesehen bleibt das Klassifikationssystem aber weitgehend stabil.

Laut Satzung der DFG hat das Begutachtungssystem »dafür Sorge zu tragen, dass die gesamte Wissenschaft durch die Fachausschüsse erfasst und dass in den Fachausschüssen den wissenschaftlichen Interessen jedes Faches gebührend Rechnung getragen wird«.[26] Mit Blick darauf stellt sich die Frage, warum seit langem bedeutende interdisziplinäre Forschungsgebiete wie Umweltforschung, Gesundheitsforschung, Neurowissenschaften oder Nanowissenschaften noch keinen Niederschlag in der Fächersystematik gefunden haben. Stattdessen haben sich bei der Begutachtung Verfahren eingebürgert, die gewählten Fachgutachter im Falle von interdisziplinären oder stark spezialisierten Anträgen durch Sondergutachter zu unterstützen oder Gutachtergruppen zu bilden. *Die Zahl der Sondergutachten erreichte 1999 die der gewählten Fachgutachter!*[27] Die Etablierung dieser Praxis zeigt also, dass *die Gliederung der Fachausschüsse den (inter-)disziplinären Profilen der eingehenden Anträge bereits seit längerer Zeit nicht mehr entspricht.*

Die u. a. im Zielkatalog der geplanten Reform des Begutachtungssystems geforderte Anpassung und Flexibilisierung der Fächersystematik wäre prinzipiell auf der Basis der bestehenden Satzung möglich gewesen. Tatsächlich sind im Lauf der Entwicklung auch mehrere Förderinstrumente neu geschaffen worden, die zum Teil programmatisch Interdisziplinarität propagieren und einige der im Klassifikationssystem des Normalverfahrens nur schwer einzuordnenden neue fachübergreifende Forschungsbereiche abdecken. Es bleibt also die Frage, ob die Trägheit des Klassifikationssystems einzig aus dem Beharrungsvermögen des Verwaltungsapparats erklärbar ist, oder ob Widerstände des disziplinären Systems, vermittelt über die beteiligten Wissenschaftler oder (fehlende) Einflussnahmen seitens der Fachgesellschaften, dafür verantwortlich sind. Die Internationale Kommission zur Systemevaluation der DFG spricht in ihrem Bericht von einem »inhärent konservative[n] Grundtenor«, der durch die disziplinär orientierte, auf den Vorschlägen der etablierten Fachgesellschaften aufbauende Rekrutierung der Fach-

---

26 Aus § 9 der Satzung der DFG, http://www.dfg.de/organisation/satzung.html
27 Reform des Begutachtungssystems, http://www.dfg.de/organisation/fachgutachter/reform.html

gutachter entstehe, nur »durch die fallweise Herbeiziehung von Sondergutachten korrigiert« würde und zu »tendenziell geringe[n] Toleranzen gegenüber Innovationen, insbesondere in kleinen Fächern, sowie Akzeptanzprobleme[n] für inter- bzw. transdisziplinäre Forschungsvorhaben« führe.[28]

Dieser Konservatismus der wichtigsten Selbstverwaltungsorganisation der Wissenschaft in Deutschland ist im Grunde nicht überraschend. Die Fächersystematik der DFG ist letztlich die Abbildung einer Kommunikationsstruktur, in der es sachlich um die Definition und Abgrenzung von Prüfstandards geht. Sie dient eben der sachgerechten Prüfung (*peer review*) von Forschungsprojekten und den daraus sich ergebenden Entscheidungen der Mittelvergabe. Die Standards sind Konventionen über erfolgreiche Forschung, d.h. sie sind zeitlich Ergebnisse längerfristiger Kommunikationen, die sich sozial als Anerkennung von Kompetenzen absetzen. Innovationen der Forschung werden also immer erst mit einiger zeitlicher Verzögerung auf der Ebene der Organisationsstruktur der DFG (und vergleichbarer Fördereinrichtungen) ankommen. Gleichwohl bleibt festzuhalten, dass die dominanten Veränderungen in der Fächersystematik solche der Differenzierung und Spezialisierung sowie des semantischen Bedeutungswandels sind, und auch bei ihnen handelt es sich um Innovationen in der Forschung. Wir sehen hier also das gleiche Muster des strukturellen Wandels wie auf der Ebene der Fachgesellschaften.

III.5.3 Kommunikationsstrukturen in interdisziplinären Forschungsfeldern: Fallanalyse Nanowissenschaften

Untersuchungsmethode

Die uneinheitlichen Ergebnisse der quantitativen Analysen zu wichtigen strukturellen Merkmalen disziplinärer Organisation wie die Fachgesellschaften und die Fächerstruktur der DFG lassen noch offen, ob die Diagnosen eines fundamentalen Wandel der Wissensordnung zutreffen. Da die Beobachtung bislang jedoch auf bestehende Formen disziplinärer Organisation gerichtet war, können abweichende Muster der Institutionalisierung in der Forschungslandschaft möglicherweise verdeckt bleiben. In der folgenden Fallanalyse wird ein Forschungsgebiet möglichst umfassend im Hinblick auf seine disziplinären Aspekte untersucht. *Im Unterschied zu den Analysen der Veränderungen der*

---

28 Forschungsförderung in Deutschland. Bericht der internationalen Kommission zur Systemevaluation der Deutschen Forschungsgemeinschaft und der Max-Planck-Gesellschaft, S. 21 ff.

Fächerstrukturen werden jetzt die Kommunikationsbeziehungen auf der Ebene der Wissensproduktion untersucht. Damit kommen die Strategien der Formierung und Organisation wissenschaftlicher Gebiete in den Blick. Dabei ist insbesondere der Zusammenhang zwischen der inhaltlichen Entwicklung und ihrer politischen und organisatorischen Einbettung von Interesse. Eine Möglichkeit, diese Beziehung zu untersuchen, ergibt sich mit der Ko-Zitationsanalyse. Mit dieser bibliometrischen Methode können Kommunikationsmuster auf der Basis von Publikationen unter kognitiv-sozialen Aspekten analysiert werden. Die Visualisierung dieser Muster steht im Zentrum der Fallstudie und wird durch Informationen aus unterschiedlichen Quellen ergänzt. Mit den *Nanowissenschaften* wird ein sehr stark wachsendes interdisziplinäres aber auch heterogenes Forschungsfeld untersucht, das von hohen Nutzenerwartungen seitens der Politik und der Ökonomie geprägt ist und dessen Entwicklung durch große nationale und internationale Programme mitbestimmt wird

Ergebnisse zu den Nanowissenschaften

Die Nanowissenschaften sind in den letzten Jahren durch zahlreiche Förderinitiativen und -programme zu einem der wichtigsten Forschungsschwerpunkte in den Natur- und Ingenieurwissenschaften avanciert. Diese Einschätzung ergibt sich zumindest aus der Vielzahl von nationalen und internationalen Bemühungen von Forschungspolitikern, Wissenschaftsmanagern und Wissenschaftlern, die über die Medien auch gezielt die Öffentlichkeit erreichten. Weitreichende Visionen stehen dabei seit den ersten entscheidenden technischen Durchbrüchen im Zentrum der Darstellung des Gebietes in der Öffentlichkeit. Die Argumentation auf der politischen Ebene im Zusammenhang mit der Durchsetzung und Rechtfertigung der Fördermaßnahmen und den Gründungen von Instituten und Forschungszentren greift nach wie vor auf relativ allgemeine Versprechungen einer Nanorevolution zurück, die eine breite Palette neuer Produktionstechnologien, Materialien und Instrumente liefern wird. Im Gegensatz dazu sind die konkreten technischen Entwicklungspotentiale bislang noch begrenzt und auf wenige Anwendungsbereiche beschränkt. In vielen Bereichen fehlt noch grundlegendes Wissen, um die Schwierigkeiten der verschiedenen technologischen Ziele zu überwinden. Dieses Grundlagenwissen ist im Fall der Nanotechnologie in den meisten Fällen, so die Einschätzung von Experten und Forschungspolitikern, nur durch gezielte interdisziplinäre Anstrengungen zu erlangen, wobei sich die Forschungsprogramme an den jeweiligen Anwendungsproblemen orientieren. Wenn diese Strategie nicht nur die forschungspolitische Agenda, sondern auch auf der Ebene der tatsächlichen Wissensproduktion den Forschungsprozess bestimmt, könnten die Nanowissenschaften als ein transdisziplinäres Forschungsfeld beschrieben werden. Dagegen sprechen möglicherweise die weiterhin bestehenden disziplinären Orientierungen, vermittelt durch institutionelle Strukturen des Wissenschaftssystems. Disziplinär ausgebildete Wissenschaftler, überwiegend disziplinäre Kommunikationskanäle und die an die disziplinären Gemeinschaften gebundenen Reputationssysteme sind Barrieren für interdisziplinäre oder transdisziplinäre Forschungsprogramme. Die Nanotechnologie müsste also ein guter Testfall für die Ausgangsfrage unserer Untersuchung sein, insofern sie als inter- und transdisziplinäres Forschungsgebiet gleichsam für die neue Form der Wissenschaft steht.

Ein Grundproblem der empirisch-quantitativen Betrachtung der Nanowissenschaft bzw. der Nanotechnologie ist die Unschärfe des Gegenstandsbereichs. Es ist weder ein einzelner Phänomenbereich, eine bestimmte Methode oder ein Theorieprogramm, noch ein wissenschaftsexternes Problem, das zur Definition des Gebietes herangezogen werden könnte. So verwundert es nicht, dass auch unter Experten Uneinigkeit über die Abgrenzung des Gebietes herrscht. Die Bezeichnung ›Nanotechnologie‹ geht zurück auf das griechische Wort »nanus« – der Zwerg, und wurde 1974 von Norio Taniguchi geprägt. Das charakterisierende Kriterium ist allein die Größendimension. Die Vorsilbe ›Nano‹ bezeichnet den Bereich zwischen dem millionsten und dem tausendsten Teil eines Millimeters (0,1-100 nm), ein Größenbereich zwischen großen Atomen und Makromolekülen. Die besonderen Phänomene, die das Verhalten von Objekten oder Systemen in dieser Dimension bestimmen, sind nur zum Teil schon seit längerem bekannt. So wurden Eigenschaften von Nanopartikeln lange vor der Entstehung des Gebiets, z.B. mit der Verarbeitung von Rußteilchen und Kautschuk zu Reifengummi, technisch genutzt. Sie bestimmen die grundlegenden Eigenschaften der Stoffe und werden daher in einzelnen Anwendungsbereichen in ihren Auswirkungen in der »Makro-Welt« bereits gezielt technisch eingesetzt. Die neuen technologischen Möglichkeiten und damit verbundene grundlegende Fragestellungen ergaben sich aber erst mit der Entdeckung oder Erfindung von Instrumenten zur Manipulation von Materie im Nanomaßstab. Solchen »Nanowerkzeugen« und der darauf aufbauenden Nanostrukturanalytik kommen im Hinblick auf neue Technologien eine entscheidende Bedeutung zu. Erst mit ihrer Hilfe lassen sich Systeme und Materialien im Nanobereich in ihren physikalischen und chemischen Eigenschaften kontrollieren, um so letztlich das Verhalten von aus ihnen zusammengesetzten größeren Gebilden zu manipulieren.

Eine Definition der Nanotechnologie ist dementsprechend die Beschäftigung »mit Materialien und Systemen, die folgende Schlüsseleigenschaften zeigen:

- Sie messen in mindestens einer Dimension zwischen einem und hundert Nanometer;
- sie werden durch Prozesse erzeugt, durch die man die physikalischen und chemischen Eigenschaften von Strukturen molekularer Größe manipulieren kann;
- sie lassen sich zu größeren Gebilden zusammensetzen.«[29]

Mindestens der letzte Punkt schließt theoretisch einige der bestehenden Anwendungsbereiche aus, wenn die funktionalen Einheiten einzelne Nanopartikel sind. Weiter gefasst werden muss das Gebiet, wenn die natur- und ingenieurwissenschaftliche Grundlagenforschung einbezogen wird, die nötig ist, um fundamentale Gesetzmäßigkeiten in der Nanodimension zu verstehen. Die Grenzen sind jedoch auch hier nur schwer zu bestimmen. Im Bereich der wichtigen Basisdisziplinen Physik und Chemie, aber auch in den Materialwissenschaften gibt es Forschungsrichtungen, deren Ziele und Fragestellungen auf die Nanodimension zielen, die aber jeweils eher in disziplinäre (Theorie-)Programme eingebunden sind, als von den Visionen der Nanotechnologie motiviert oder sogar integriert zu sein. Für die Nanowissenschaften gibt es keine integrierende Theorie, kein identitätsstiftendes einzelnes Problem, oder eine einzelne paradigmatische Lösung. Diese Heterogenität des Feldes zeigt auch die Vielzahl der realisierten oder erhofften zukünftigen Anwendungsbereiche, zum Beispiel:
- Analytik in Molekularbiologie, Zellphysiologie: Nanostrukturanalytik, Markermoleküle, Nanoinstrumente in der Mikrofluidik;
- Pharmakologie und Medizin: Einsatz funktionaler Nanostrukturen in Diagnostik und Therapie als Wirkstoffe, Marker, Trägermaterialien, Reparaturbausteine;
- Biotechnologie: nanobiotechnologische Verfahren zur Herstellung organischer, aber auch anorganischer und kombinierter Materialsysteme, Biokatalyse;
- Kosmetik: Zinkoxid in Sonnenschutzcremes;
- Umwelttechnik, Messtechnik: bio- und biochemische Sensoren mit Empfindlichkeiten bis hin zum Einzelmolekülnachweis;
- Nano(bio)elektronik: molekulare Funktionselemente (Schalter, Transistoren, Dioden etc.) Nanochips, Datenspeicherelemente;
- neue Materialien: Oberflächenbeschichtungen, Werkstoffdesign nanostrukturierte Materialien;
- molekulare Fabrikation: Herstellung von Werkstoffen durch Nanoroboter, die sich durch Selbstreplikation vermehren.

In den meisten der o. g. Anwendungsfelder ist die Forschung noch weit von der Markteinführung entfernt, und es ist in vielen Fällen noch nicht

---

29 Mihail C. Roco, zitiert nach *Scientific American* (deutsche Ausgabe), Spezial 2: Nanotechnology 2001: 8.

absehbar, ob die grundlegenden Probleme in den nächsten Jahrzehnten gelöst werden können. Daher ist in verschiedenen disziplinären Bereichen Grundlagenforschung notwendig. In den forschungspolitischen Programmen findet sich vielfach die Idee, durch interdisziplinäre und an konkreten Anwendungsbereichen orientierte Forschungsanstrengungen Innovationen zu beschleunigen.

Forschungsförderung/Institutionen

Die Nanowissenschaften sind aufgrund ihres multidisziplinären Charakters im Kategoriensystem der DFG auch nach der Umstrukturierung nicht mit einem eigenen Fachkollegium vertreten. Neben der möglichen Zuordnung kleinerer nanorelevanter Einzelprojekte unter veschiedene Fachkollegien finden sich allerdings zahlreiche größere Vorhaben, die mit anderen Instrumenten der DFG gefördert werden. So gibt es seit 2001 ein DFG-Forschungszentrum für funktionale Nanostrukturen an der Universität Karlsruhe, mindestens fünf Schwerpunktprogramme mit direktem Bezug zu den Nanowissenschaften und insgesamt sieben Forschergruppen, überwiegend mit stark interdisziplinärem Charakter.

Darüber hinaus wird die Forschung im Bereich Nanowissenschaften vom BMBF durch die institutionelle Förderung der großen Forschungsgemeinschaften finanziert – Max-Planck Institute im Bereich der Grundlagenforschung, Institute der Wissenschaftsgemeinschaft G.W. Leibniz (WGL) und der Helmholtz Gemeinschaft (HGF) mit stärkerem Anwendungsbezug, sowie Fraunhofer Institute, die industrienah und mit konkreten Anwendungszielen forschen. Zusammen mit den DFG-Fördermitteln belief sich die institutionelle Förderung des BMBF im Bereich Nanotechnologie 2004 auf ca. 145 Mio. Euro. Darüber hinaus fördert das BMBF eine große Zahl von Verbundprojekten der Nanotechnologie. Die öffentliche Förderung der Nanotechnologie in Deutschland erreichte 2004 einschließlich des Anteils des Ministeriums für Wirtschaft und Arbeit 290 Mio. Euro.[30] Im Rahmen der Verbundprojekte zur gezielten Unterstützung von Technologien mit Innovationspotential fördert das BMBF einzelne Anwendungsfelder der Nanotechnologie mit konkretem Marktpotential bereits seit Anfang der 90er Jahre. Seit 1998 wird mit der Förderung von Nano-Netzwerken

30 http://www.nanotruck.net/pdf/folien/pdf-screen/Teil3/Teil3Gesell-Polit13.pdf
http://www.nanotruck.net/pdf/folien/pdf-screen/Teil3/Teil3Gesell-Polit12.pdf
http://www.nanotruck.net/pdf/folien/pdf-screen/Teil3/Teil3Gesell-Polit14.pdf

die Entwicklung einer Infrastruktur unterstützt, die dem multidisziplinären Charakter, sowie der Bedeutung der Nanowissenschaften von der Grundlagenforschung bis hin zu konkreten technischen Entwicklungen gerecht werden soll.[31] Im europäischen Vergleich wird Deutschland als Vorreiter in der Nanotechnologie wahrgenommen. International gesehen ist das Gesamtvolumen der Förderung für die Nanotechnologie in den USA am höchsten, deren National Nanotechnology Initiative (NNI)[32] im Jahr 2004 über ein Budget von ca. 800 Mio. US-Dollar verfügte. Ein seriöser internationaler Vergleich wird jedoch durch die unterschiedliche Definition des Feldes und die Intransparenz der industriellen Förderung erschwert. Im Bericht für das BMBF gehen Bachmann und Rieke von Aufwendungen in vergleichbarer Höhe in Japan und Europa aus. In den USA wurde der Förderung der Nanowissenschaften 2001 von Präsident Clinton oberste Priorität eingeräumt. Die damit verbundenen jährlichen Ausgaben wurden seitdem nochmals verdoppelt. Seit 2004 wird außerdem von der NSF ein Verbund aus 13 Universitätsstandorten gefördert, der vor allem auch Nutzern aus außeruniversitären Bereichen offen stehen soll.

Der Blick auf die Förderstrukturen in den Nanowissenschaften zeigt, dass sie von der Forschungspolitik als interdisziplinäres Feld mit hohem Innovationspotential und großer volkswirtschaftlicher Bedeutung wahrgenommen werden. Insbesondere die Infrastrukturförderung zielt auf eine Beschleunigung konkreter marktfähiger Entwicklungen durch Verschränkung von Grundlagenforschung und anwendungsorientierter Forschung unterschiedlicher Disziplinen ab. Inwieweit aber die beteiligten Disziplinen verschiedene Teilbereiche der Nanoforschung prägen oder interdisziplinäre Zusammenarbeit tatsächlich stattfindet, muss unabhängig von der forschungspolitischen Rhetorik betrachtet werden.

Eine Möglichkeit, das disziplinäre und thematische Profil der Nanowissenschaften zu untersuchen, ist der Zugang über die formale Kommunikation. Mit der Publikation von Forschungsergebnissen werden

---

31 Zunächst wurden sechs Zentren mit einer Förderung von jährlich ca. zwei Mio. Euro eingerichtet. In einer dritten Phase ab Herbst 2003 wurden neun thematische Netzwerke mit regionalen Clustern gefördert. In den Netzwerken sind insgesamt 440 Akteure organisiert, die neben dem öffentlich geförderten Bereich zur Hälfte der Industrie, mittleren Unternehmen oder Verbänden angehören (Bachmann und Rieke 2004). Laut Evaluierungsbericht wurde durch diese Infrastrukturförderung u. a. eine Integration verschiedener Teilbereiche zu einer Nano-Fachszene erreicht, ein gemeinsames Forum für Wissenschaft und Industrie etabliert und der Innovationsprozess beschleunigt. Inwieweit diese Diagnose zutrifft, kann hier nicht überprüft werden.

32 http://www.nano.gov/index.html

diese in den Wissenkanon der Disziplin(en) eingeordnet, der wissenschaftlichen Gemeinschaft zur Überprüfung und Weiterentwicklung zugänglich gemacht, aber auch sozial und zeitlich eindeutig verortet. Abgesehen von grundsätzlichen oder zeitlichen Einschränkungen im Bereich der militärischen und industriellen Forschung werden Forschungsergebnisse relativ schnell in wissenschaftlichen Zeitschriften sichtbar. Der Zugriff auf bibliographische Daten über große multidisziplinäre Literaturdatenbanken ermöglicht die Analyse eines Feldes im Hinblick auf unterschiedliche Parameter mit Bezug sowohl zur sozialen als auch zur kognitiven Dimension. Insbesondere mit der Ko-Zitations-Clusteranalyse lassen sich Strukturen innerhalb des Gebietes entdecken, die nicht auf einer von außen vorgegebenen Klassifikation beruhen, sondern aus den Verweisen in den einzelnen Arbeiten berechnet werden. Aufbauend auf dieser inhärenten Binnenstruktur der Nanowissenschaften werden dann vergleichende bibliometrische Analysen für einzelne Teilbereiche möglich, und die relative Bedeutung, sowie die Beziehung der Bereiche zueinander können unabhängig von subjektiven Einschätzungen dargestellt werden

Kommunikationsstrukturen in den Nanowissenschaften – bibliometrische Analyse

Die bisher zu den Nanowissenschaften als interdisziplinärem Feld aufgeführten Informationen betrafen die Fördermittel und die institutionellen Rahmenbedingungen, bzw. die Bemühungen um die Schaffung einer optimalen Infrastruktur zur Entwicklung des Gebiets. Diese Daten spiegeln also in erster Linie die Bewertung des Feldes seitens der Politik und den Erfolg der Darstellungen der Nanotechnologie als zukünftiger Schlüsseltechnologie. Mit der bibliometrischen Analyse werden die tatsächlichen Forschungsaktivitäten in den Blick genommen. Ein erster Schritt besteht in der Analyse der Wissensproduktion in Form von Publikationen. Auch wenn die Vielfalt der Publikationen hinsichtlich Qualität, Umfang und Relevanz nicht durch quantitative Analysen erfasst werden kann, liefern Publikationsanalysen dennoch objektive Angaben zu verschiedenen kognitiven und sozialen Aspekten des Prozesses der Wissensproduktion. Insbesondere zur Bedeutung disziplinärer Strukturen lassen sich aus multidisziplinären Literaturdatenbanken Informationen gewinnen, da die bibliographischen Daten zu den Zeitschriften, die Schlüsselwörter *(keywords)* in Titeln und *abstracts* sowie die Adressen der Autoren wichtige disziplinenbezogene Daten enthalten.

Die im folgenden vorgestellten Ergebnisse beruhen auf einer bewusst einfach gehaltenen Gebietsdefinition. Es wurden alle Publikationen jeweils eines Datenbankjahrgangs des *Science Citation Index* (SCI) einbezogen, die in einer kleinen Anzahl von unmittelbar einschlägigen

Zeitschriften[33] veröffentlicht wurden oder in ihrem Titel Begriffe mit dem Wortstamm »Nano«[34] enthalten. Dem Vorgehen liegt die Annahme zugrunde, dass so ein wichtiger Ausschnitt der Publikationen zu unmittelbar nanowissenschaftlich relevanten Themen erfasst wird.

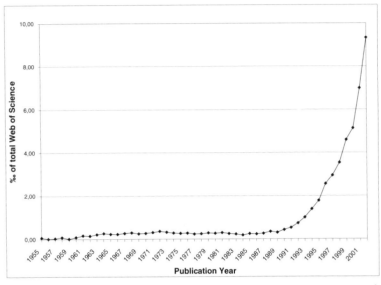

Abbildung III.5-5: *Relative Häufigkeit der Publikationen mit »Nano« im Titel, Web of Science 1955-2001*

Ein Indiz für die wachsende Bedeutung der »Nano«-Publikationen innerhalb der Wissenschaft insgesamt zeigt sich am schnellen Wachstum der Anzahl an Publikationen mit den abgeleiteten Begriffen im Titel (Abb. III.5-5). Seit den frühen 1990er Jahren bis 2004 steigt der Anteil dieser Publikationen am Gesamtvolumen der im SCI erfassten Publikationen mit nahezu stetig zunehmender Tendenz. Tatsächlich finden sich keine vergleichbaren Felder, die einen derartigen Anstieg über einen längeren Zeitraum zeigen. Die Funktion der Nano-Begriffe als Schlüsselwörter im Titel wird dadurch im doppelten Sinne bestätigt. Die Entwicklung kann als Indiz für die Attraktivität dieser Begriffe aus der Sicht der Autoren gesehen werden und stützt unsere Annahme ihrer Eignung als Suchbegriff für die Datenbankrecherche.

33 Nanotechnology, Nano Letters, Journal of Nanoscience and Nanotechnology, Journal of Nanoparticle Research.
34 Begriffe, die ausschließlich Maßeinheiten bezeichnen, wurden ausgeschlossen.

Für eine detaillierte Analyse wurde in erster Linie der Datenbankjahrgang 2001 bearbeitet und für einige Fragestellungen zum Entwicklungsverlauf durch Ergebnisse der Jahre 1999 und 2000 ergänzt. Die einfache Gebietseingrenzung wurde jeweils durch eine Suche über hochzitierte Publikationen erweitert, um zusätzliche wichtige Publikationen zu erfassen. Mit dieser erweiterten Gebietsdefinition wurden 5652 Publikationen für 2000 gefunden, 8428 in 2001 und 11277 mit dem Datenbankjahr 2002. Die Verteilung der Publikationen auf die wichtigsten Zeitschriften zeigt die Abbildung III.5-6.

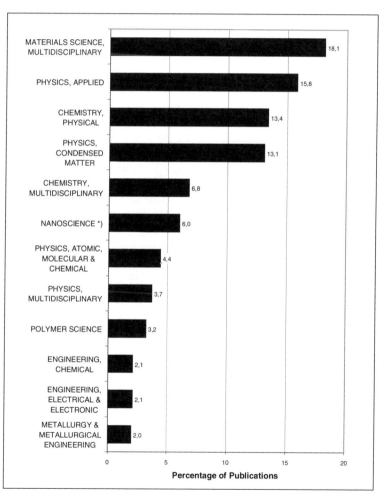

Abbildung III.5-6: Disziplinäres Profil Nanowissenschaften 2002

Neben den voll erfassten Journalen mit Bezug zur Nanowissenschaft bzw. -technologie finden sich vor allem Journale aus den disziplinären Bereichen Chemie und Physik sowie dem seinerseits multidisziplinären Feld Materialwissenschaften an der Spitze der Liste. Insgesamt verteilen sich die Publikationen auf mehr als 900 Zeitschriften, von denen 174 mit mehr als zehn Publikationen vertreten sind. Alle Zeitschriften sind in der verwendeten Datenbank einer oder mehreren Gebietskategorien zugeordnet, so dass eine Art »Disziplinenprofil« dargestellt werden kann, das Hinweise auf die Verankerung der nano-relevanten Forschungsarbeiten in *disziplinären* Gemeinschaften gibt.

In der Abbildung III.5-6 sind die ISI-Gebietskategorien nach der Anzahl der Publikationen aus ihnen zugeordneten Zeitschriften aufgeführt. Die Abbildung zeigt damit die wichtigsten Gebiete, in denen nanorelevante Themen diskutiert werden. In erster Linie sind Forschungsfelder der beiden großen naturwissenschaftlichen Disziplinen Chemie und Physik sowie die Materialwissenschaften vertreten. Die Häufigkeit der Spezifikation »Multidisciplinary« in den Gebietskategorien zeigt, dass die »Nano«-Publikationen sich eher in Zeitschriften mit breiterem Themenprofil finden. Zudem zeigen die zum Teil seit einigen Jahren am Markt vertretenen speziellen Nano-Zeitschriften, dass es eine Nachfrage nach eigenen Kommunikationskanälen und damit eine Tendenz zur Herausbildung einer speziellen Fachgemeinschaft gibt. Allerdings ist die Anzahl dieser Zeitschriften noch relativ gering und die Fluktuationen sind relativ gross, so dass noch nicht eindeutig auf eine entsprechende Entwicklung geschlossen werden kann. Ihr Anteil an den Publikationen insgesamt machte 2002 ca. 6 Prozent aus; zur Verdeutlichung wurden die Zeitschriften neben der ISI-Klassifikation unter »Nanoscience« zusammengefasst.

Das Bild der disziplinären Struktur des Forschungsbereichs Nanowissenschaften bestätigt die Erwartung, dass es sich bei den Nanowissenschaften um ein multidisziplinäres Feld handelt. Es wird allerdings von den beiden großen Disziplinen Chemie und Physik, insbesondere von deren gemeinsamen Grenzbereichen, sowie von den Materialwissenschaften dominiert. Die Ingenieurwissenschaften, Pharmazie und Randgebiete der Biologie spielen eine untergeordnete Rolle. Es stellt sich daher die Frage, ob die Multidisziplinarität und das dargestellte disziplinäre Profil auch in den wichtigen Teilbereichen zu finden sind.

Eine Möglichkeit, darauf eine Antwort zu geben, bietet die Ko-Zitations-Clusteranalyse, die auf den Verweisen zu wichtigen früheren Arbeiten basiert, die jeweils durch die Argumentation in den aktuellen Publikationen verknüpft werden. Von den aktuellen Publikationen häufig zitierte ältere Arbeiten werden zu Clustern zusammengefasst. Zitationen in diese Cluster können dann wiederum zur Strukturierung des aktuellen Datenbankjahrgangs genutzt werden. Darüber hinaus lässt sich das Verfahren analog auch für die gebildeten Cluster anwenden, so dass hierarchisch gestaffelte Ebenen von Clusterstrukturen unterschiedlich detaillierte und weitreichende Einblicke in das Feld erlauben.

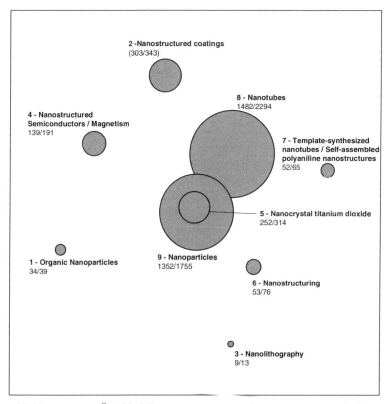

Abbildung III.5-7: Überblickskarte Ko-Zitations-Cluster Nanowissenschaften 2002

Die Abbildung III.5-7 zeigt eine Überblicksdarstellung basierend auf den Clustern der höchsten Aggregationsebene. Die Kreisflächen symbolisieren die Cluster mit häufig zusammen zitierten Publikationen, die damit einen zusammenhängenden Bereich von Wissenselementen repräsentieren. Ihre Relationen zueinander werden durch die Anordnung in der Darstellungsfläche wiedergegeben, d. h. die Relation der Distanzen entsprechen möglichst genau dem jeweiligen Anteil an kozitierenden Publikationen. Die Symbole sind annotiert mit einer Clusternummer[35],

35 Die Titel für die durch die Cluster repräsentierten Forschungsgebiete wurden über die Sichtung der am häufigsten ko-zitierenden Publikationen vergeben. Aufgrund grundsätzlicher Zielkonflikte zwischen formalen und

einem Clustertitel, sowie der Anzahl der ›geclusterten‹ hochzitierten Publikationen und der Anzahl der kozitierenden Publikationen (zweiter Wert in der Klammer).

Die beiden großen Cluster *Nanoparticles* und *Nanotubes* markieren die großen und zentralen, in ihren Zitationsmustern relativ kohärenten inhaltlichen Teilbereiche der Nanowissenschaften. Das Cluster *Nanocrystal Titanium dioxide* ist aufgrund seiner starken Bezüge zu *Nanoparticles* als ein abgrenzbares, aber inhaltlich stark verknüpftes Spezialgebiet des Bereichs Nanoparticles anzusehen. Es handelt sich dabei um Forschungsarbeiten zu den in der Kosmetikindustrie bereits seit längerem in Sonnenschutzpräparaten eingesetzten Nanoteilchen. Auch die anderen auf dieser Clusterebene sichtbaren größeren Gebiete in der Peripherie sind Forschungsfelder mit Bezug zu konkreteren Anwendungen wie Oberflächenbeschichtungen (*Nanostructured Coatings*) oder Halbleitertechnologie (*Nanostructured Semiconductors/Magnetism*). Darüber hinaus gibt es zahlreiche weitere große Cluster der darunterliegenden Aggregationsebene mit schwächeren Verbindungen zu anderen Bereichen des hier als Nanowissenschaften definierten Feldes, die aufgrund des Clusteralgorithmus auf der dargestellten Ebene nicht sichtbar werden.[36]

Für alle Cluster können über die Analyse der ko-zitierenden Publikationen unterschiedliche Merkmale miteinander verglichen werden. Dies betrifft in erster Linie die Verteilungen der Publikationen auf die Zeitschriften und die an den Forschungsarbeiten beteiligten Institutionen, die Informationen zur disziplinären Struktur der Forschungsgebiete liefern. Dabei zeigt sich, dass die für die Cluster gebildeten Disziplinenprofile von der für die Nanowissenschaften insgesamt festgestellten disziplinären Struktur abweichen. Die Abbildungen III.5-8 und III.5-9 weisen die Disziplinenprofile für die beiden großen zentralen Cluster aus. Das Cluster *Nanotubes* (Abbildung III.5-10) zeigt im Vergleich zu den Nanowissenschaften insgesamt einen deutlich stärkeren Schwer-

inhaltlichen Ansprüchen, aber auch der beschränkten Laienperspektive bleiben sie im Einzelfall ungenau.

36 Beispiele für solche nicht sichtbaren Cluster sind *Polymer/clay nanocomposites* – Nano-Verbundmaterialien aus Keramik und Polymeren, *Si/Ge nanostructures* – Nanostrukturen aus Silizium und Germanium, die als Photodektoren mit neuartigen Eigenschaften zum Einsatz kommen sollen, *Nanocapsule technology* – Nanostrukturen als Träger für pharmazeutische Wirkstoffe, die deren gezielten Einsatz in einem bestimmten Gewebe oder einer Region erlauben, *Silicon nanoclusters* – Siliziumbasierte Nanostrukturen für den Einsatz als optische Sensorsysteme in der Mikrosystemtechnik oder zur schnellen optischen Kommunikation auf und zwischen Chips, jeweils mit 100 bis 250 ko-zitierenden Publikationen des analysierten Jahrganges.

punkt im Bereich der Physik, aber auch die Arbeiten aus Zeitschriften der Materialwissenschaften und der physikalischen Chemie sind etwas stärker vertreten. Im Unterschied dazu sind die Publikationen des Clusters *Nanoparticles* (Abbbildung III.5-6) deutlich stärker in Zeitschriften der Chemie, insbesondere der physikalischen Chemie vertreten. Es zeigt sich also schon auf dieser Ebene im Vergleich zweier eng miteinander verbundener Cluster, dass in der Bedeutung der drei wichtigsten disziplinären Bereiche Physik, Chemie und Materialwissenschaften Unterschiede erkennbar sind. Die Beschreibungen des Feldes in Politik und Medien, wonach es sich um ein eher heterogenes multidisziplinäres Feld handelt, wird also nur zum Teil bestätigt. Wir finden einen relativ großen und zusammenhängenden Kernbereich, dessen Zeitschriftenprofil auf die Beteiligung verschiedener disziplinärer Bereiche hindeutet. Die weniger zentralen Cluster auf der dargestellten Ebene sowie die dort nicht sichtbaren Bereiche der darunterliegenden Aggregationsebene zeigen überwiegend stärkere Schwerpunkte in bestimmten disziplinären Bereichen. So sind die kozitierenden Forschungsarbeiten des Clusters *Nanostructured Coatings* ganz überwiegend in Zeitschriften der Materialwissenschaften publiziert, während das Zeitschriftenprofil des Clusters *Nanostructured Semiconductors/Magnetism* überwiegend von der Physik und die anderen kleineren Gebiete von der Chemie dominiert werden.

Dieses Ergebnis auf der höchsten Aggregationsebene ist nur ein erster Hinweis. So ist die Zuordnung der Zeitschriften zu den Gebietskategorien nicht immer trennscharf, da einerseits viele Zeitschriften mehreren Gebieten zugeordnet sind und andererseits auch in den Zeitschriften mit relativ klarer disziplinärer Ausrichtung Publikationen aus Grenzbereichen oder auch mit interdisziplinärer Ausrichtung veröffentlicht werden. Die in der Datenbank verfügbaren bibliographischen Daten bieten aber mit den institutionellen Adressen der Autoren weitere Informationen über die disziplinäre Struktur der identifizierten Bereiche der Nanowissenschaften. Die Adressen liefern Informationen über die institutionelle Einbindung der Forschung und damit indirekt über die disziplinäre Orientierung der beteiligten Wissenschaftler. Wegen der unterschiedlichen Genauigkeit der Adressangaben, dem unterschiedlichen Grad ihrer Spezifizierung und der Schwierigkeit ihrer disziplinären Einordnung kann jedoch auch die auf Adressen beruhende Analyse nur als ein weiterer Indikator für die disziplinäre Struktur des betrachteten Feldes dienen. Wie bei den ISI-Gebietskategorien im Falle der Zeitschriften wurden Adressen mehreren Feldern zugeordnet, wenn eine Bezeichnung nicht eindeutig war.

In der Abbildung III.5-8 (S.216) symbolisieren die Farben relativ grobe disziplinäre Kategorien. (Farbabbildungen finden Sie unter www.velbrueck-wissenschaft.de bei den Informationen »zu diesem Buch«.)

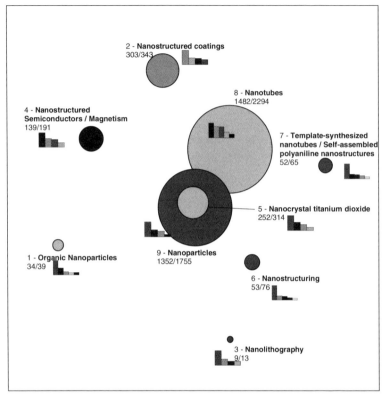

Abbildung III.5-8: Ko-Zitations-Cluster Nanowissenschaften 2002 mit disziplinären Profilen aufgrund der institutionellen Adressen der ko-zitierenden Publikationen

Die annotierten Histogramme zeigen die beteiligten Disziplinen mit ihren Anteilen. Um vorhandene disziplinäre Schwerpunkte zu kennzeichnen, sind Cluster mit einer Farbe gefüllt, wenn der entsprechenden Disziplin als einziger mehr als ein Drittel der ko-zitierenden Publikationen zugeordnet werden konnte. Sind dagegen mehrere disziplinäre Bereiche an jeweils mehr als einem Drittel der Publikationen beteiligt, ist das Cluster durch eine graue Füllung gekennzeichnet. Die beiden großen Cluster zeigen auch hinsichtlich der Ausrichtung der beteiligten Institutionen eine multidisziplinäre Zusammensetzung, jedoch mit deutlich unterschiedlichem Profil. Während an den Publikationen des Clusters *Nanotubes* die Forschungsinstitutionen aus den Bereichen Physik, Materialwissenschaften und Chemie einen ähnlich großen Anteil haben, ist das Cluster *Nanoparticles* stärker von der Chemie dominiert. Auch innerhalb der großen, mit der Ko-Zitationsanalyse identifizierten Ge-

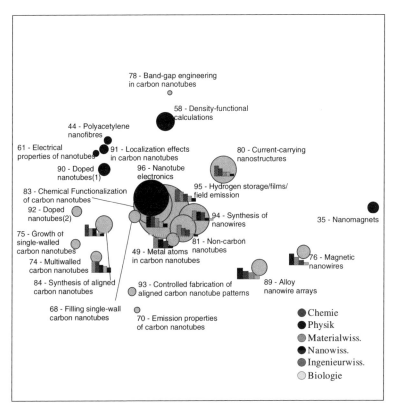

Abbildung III.5-9: Ko-Zitations-Cluster Nanotubes 2002 mit disziplinären Profilen aufgrund der institutionellen Adressen der ko-zitierenden Publikationen

biete finden sich sowohl Bereiche, die nach wie vor relativ klar von einer einzelnen Disziplin geprägt sind, als auch solche mit multidisziplinärem Charakter. So sind innerhalb des Clusters Nanoparticles einige größere Bereiche erkennbar, an deren Publikationen überwiegend Institutionen aus dem Bereich Chemie beteiligt sind, aber neben »multidisziplinären« Forschungsbereichen auch ein Cluster, das von der Physik bestimmt ist (Abbildung III.5-9).

Die Einblicke mit Hilfe der Ko-Zitationsanalyse zeigen also, dass auch die Nanowissenschaften in vielen Bereichen noch stark von einzelnen Disziplinen dominiert werden, während in anderen Teilbereichen die stärker multidisziplinär geprägten Forschungscluster Indizien für ein partielles Aufweichen des disziplinären Definitionsmonopols liefern.

NEUE FORMEN DER WISSENSPRODUKTION

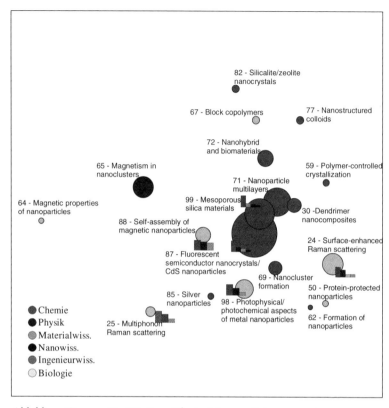

Abbildung III.5-10: Ko-Zitations-Cluster Nanoparticles 2002 mit disziplinären Profilen aufgrund der institutionellen Adressen der ko-zitierenden Publikationen

III.5.4 Das Ende der Disziplinen?

Zu Beginn hatten wir festgestellt, dass die multidimensionale Natur der wissenschaftlichen Disziplinen es schwer vorstellbar erscheinen lässt, dass sich allgemeine Aussagen über die Veränderung von Disziplinen treffen lassen. Dies umso weniger, als die unterschiedlichen Dimensionen dessen, was in der Politik und der Öffentlichkeit als Disziplinen gilt und wahrgenommen wird, nicht einmal deckungsgleich sind. ›Disziplinen‹ sind offensichtlich Objekte, die von verschiedenen Seiten mit unterschiedlichen Bedeutungen belegt werden und unterschiedliche Funktionen erfüllen. Die wagemutige These, dass die Disziplinen ihre steuernde Funktion für die Wissenschaft verlieren, lässt sich in der Allgemeinheit nicht bestätigen. Die Lage ist, das ließ sich erwarten, sehr viel komplexer. Es ist allerdings auch ganz unwahrscheinlich, dass ein Ordnungsprinzip wie das der Disziplinen sich ersatzlos auflöst. Auf der anderen Seite ist unübersehbar, dass sich Disziplinen verändern. Das tun sie seitdem sie entstanden sind, und das vorrangige Entwicklungsmuster ist das der *Differenzierung*, d. h. also der *Spezialisierung*. Die Belege dafür haben die Analysen zur Entwicklung der Fachgesellschaften und der Fächersystematik der DFG ergeben. Selbst die Fallanalyse der Nanowissenschaft, also eines Testfalls mit häufig beschworener geradezu paradigmatischer Interdisziplinarität, zeigt keineswegs das Ende der Disziplinen. Vielmehr lassen sich alle möglichen Muster in diesem Gebiet finden: traditionelle disziplinäre Strukturen, Differenzierung und Rekombination von spezialisierten Forschungsgebieten.

Will man eine Aussage darüber wagen, wie sich die wissenschaftlichen Disziplinen weiter entwickeln werden, welche Form der Organisation des Wissens die zukünftige Wissensordnung kennzeichnen wird, dann ist die wahrscheinlichste Entwicklung ein eher undramatisches Nebeneinander von sich weiter differenzierenden Forschungsgebieten und einer Vielzahl von Rekombinationen, für die der Begriff der Interdisziplinarität streng genommen unpassend ist. Wenn damit jedoch die größere Durchlässigkeit disziplinärer Grenzen gemeint ist, dann ist diese durchaus schon erkennbar.

III.6 Praktischer Nutzen und theoretische Durchdringung

Nimmt man das Verhältnis von Grundlagenerkenntnis und technologischem Erfolg zusammenfassend in den Blick, ergibt sich erstens, dass die Erkenntnis von Sachzusammenhängen zwar nicht ausnahmslos, aber doch in vielerlei Hinsicht Voraussetzung technologischer Innovation ist und zweitens, dass diese Erkenntnisleistung nicht selten im Kontext angewandter Forschung erbracht wird. Neben die Abhängigkeit angewandter Forschung von der Grundlagenforschung (Kaskadenmodell) und ihrer wechselseitigen Unabhängigkeit (Emergentismus) tritt ein interaktiver Zusammenhang zwischen beiden, der sich insbesondere in der sog. Anwendungsinnovativität niederschlägt. Im Ergebnis bedeutet dies eine begrenzte epistemische Rehabilitierung angewandter Forschung.

III.6.1 Erkenntnis und Kontrolle in der angewandten Forschung

Zuvor wurden zwei Konzeptionen des Zusammenhangs von theoretischer Richtigkeit und praktischer Nutzbarkeit skizziert, die unterschiedliche Forschungsheuristiken und gegensätzliche Strategien der Forschungsförderung nahelegen. Das Kaskadenmodell sieht in der epistemischen Durchdringung von Sachverhalten die Grundlage praktischer Innovation. Danach setzt die Gewinnung praktisch relevanten Wissens die theoretische Erschließung der relevanten Sachverhalte voraus, also Eingliederung der betreffenden Verallgemeinerungen in das Erkenntnisgebäude der Wissenschaft oder die Entschlüsselung der zugehörigen Kausalmechanismen. Theoretische Erkenntnis ist die Basis technischer Kontrolle (s. o. Kap. III.1).

Das emergentistische Modell setzt dagegen auf die Unabhängigkeit der Technologieentwicklung von der Grundlagenforschung. Dafür spricht unter anderem, dass kontextualisierte Kausalbeziehungen zumindest zeitweise erfolgreich sind. Werden etwa die Geltungsgrenzen kontextualisierter Beziehungen zwischen Genen und Zelleigenschaften anerkannt, dann können solche Zusammenhänge durchaus die Grundlage gentechnischer Eingriffe bilden (s. o. Kap. III.1). In die gleiche Richtung weist die Beobachtung, dass eine Zahl von unverstandenen oder falsch verstandenen Verfahren ausgezeichnet funktioniert. Die Impfung gegen Pocken mit dem Kuhpockenerreger war zwischen Edward Jenner und Louis Pasteur (oder eigentlich noch über diesen hinaus) ebenso wirksam wie unerklärlich. Aspirin wurde ein volles Jahrhundert lang nutzbringend medizinisch eingesetzt, bevor vor einigen Jahren der Wirkmechanismus entschleiert wurde. Zudem hat dieser Erklärungserfolg keineswegs zur Erhöhung der Wirksamkeit des Medikaments beigetragen. Der praktische Nutzen von Computersimulationen wird nicht selten durch instrumentalistische Modellierungen, also mit kontrafaktischen Annahmen erreicht (s. o. Kap. III.2). Realexperimente stellen praktisch relevante Verallgemeinerungen ohne theoretische Durchdringung bereit (s. o. Kap. III.3). Es steht also außer Zweifel, dass sich die Kontrolle oder Nutzbarkeit eines Effekts und die Korrektheit seiner theoretischen Durchdringung jedenfalls nicht stets wechselseitig bedingen.

Das Beispiel der Computersimulationen zeigt weitergehend, dass auch eine Beschränkung des Kaskadenmodells auf fortgeschrittene Technologien oder komplizierte Nutzungen diesen Gegensatz nicht aus der Welt schaffen kann. Es trifft eben nicht zu, dass allein im niedertechnologischen Bereich instrumentalistische Modellierungen oder schematische Durchmusterungen weiterhülfen. Die Klimamodellierung verdeutlicht, dass sich auch in komplexen Zusammenhängen unter Umständen praktische Erfolge ohne wissenschaftliche Durchdringung oder mit explizit unrealistischen theoretischen Mitteln erzielen lassen (s. o. Kap. III.2).

III.6.2 Die Strukturierung von Daten durch Theorien

Allerdings spielt eine theoretische Erschließung bei anwendungsdominierter Forschung an zwei Stellen eine wichtige Rolle, nämlich bei der Strukturierung von Datenbeständen und bei der Sicherung von Eingriffsoptionen trotz des Auftretens von Störungen. Theorien, Hypothesen und Modelle tragen dazu bei, die relevanten Kenngrößen überhaupt erst zu identifizieren; sie lassen erkennen, welche Art von Erfahrungsbefunden von Relevanz ist (s. o. Kap. III.4.5). Erklärungsansätze konstituieren den begrifflichen Raum der relevanten Faktoren und ermöglichen damit die Formulierung sinnvoller Untersuchungsfragen. Eingangs war es zu den *prima facie*-Erwartungen der methodologischen Auswirkungen von Verwertungsdruck auf die Forschung gezählt worden, dass vermehrter Komplexitätsdruck tendenziell zu einer Abwendung von anspruchsvoller Theoriebildung führt und den Einsatz oberflächlicher Denkansätze favorisiert (s. o. Kap. III.1). Die Untersuchung hat dagegen umgekehrt zutage gefördert, dass naturgesetzliche Beziehungen und Modellnetzwerke bei der begrifflichen und empirischen Erschließung komplexer Sachverhalte eine wichtige Rolle behalten. Gerade verwickelte Zusammenhänge sind durch eine ausschließlich phänomenologische Modellierung und durch eine Konzentration auf experimentelles Herumprobieren kaum zu entschlüsseln. Nicht selten ermöglicht erst die Strukturierungsleistung von Theorien die Figur-Grund-Unterscheidung bei den Beobachtungen, die diesen Signifikanz und Tragweite zumisst. Allerdings liefert der Erfolg einer Theorie bei der Strukturierung des Erfahrungsraums keinen überzeugenden Grund für deren Richtigkeit. Zwar benötigt man eine Theorie, die die richtigen Beobachtungsgrößen herausgreift, aber diese Leistung kann auch eine unzutreffende Theorie erbringen. Bei der Formulierung der Grundgleichungen der Elektrodynamik, die bis zum heutigen Tag eine wesentliche Errungenschaft der Physik bilden, ging James C. Maxwell (1831-1879) von Modellen aus, die sich bereits kurze Zeit später als wenig tragfähig erwiesen. Wesentliche Schritte auf dem Weg zu diesen Gleichungen stützten sich auf mechanische Modelle von Ätherzuständen, die als Überträger elektromagnetischer Wirkungen fungieren sollten. Solche Wirkungen sollten sich über die Fortpflanzung von Druckdifferenzen im Äther ausbreiten, die ihrerseits als durch Molekularwirbel erzeugt gedacht wurden (Maxwell 1861/1862: 5 ff., 23 f.). Nichts davon hat den Test der Zeit bestanden. Auch sachlich fehlgehende Ansätze können zu wichtigen konzeptionellen Innovationen beitragen (Carrier 2006: Abs. 8).

III.6.3 *Theoretische Durchdringung und Nachhaltigkeit des praktischen Eingriffs*

Hingegen erlangt in der finalen Phase der Geltungssicherung von empirischen Zusammenhängen die epistemische Tragfähigkeit der herangezogenen theoretischen Grundsätze besondere Bedeutung. Die Kontrolle von Komplikationen und Störfaktoren mit einer für die Verlässlichkeit der Nutzung hinreichenden Präzision ist ohne zutreffende theoretische Durchdringung der einschlägigen Sachzusammenhänge nur selten möglich. Es ist die Aufrechterhaltung der Wirksamkeit eines Verfahrens oder dessen Verbesserung, bei der angewandte Forschung durch die Anbindung an übergreifende Grundlagentheorien und realistische theoretische Rahmenwerke am meisten profitiert. Wenn es um die Nachhaltigkeit des praktischen Eingriffs geht, entfalten Theorien ihre größten Stärken.

Die Geschichte der Antibiotika führt die einschlägigen Zusammenhänge vor Augen. Alexander Fleming entdeckte 1928 die antibiotische Wirkung von Penicillin durch Zufall. Er registrierte, dass Staphylokokkenkulturen, die unbeabsichtigt mit dem Schimmelpilz *Penicillium notatum* verunreinigt waren, abstarben. Fleming fiel also auf, dass es sich bei einer solchen Wachstumshemmung von Bakterienkulturen um ein unerwartetes, der weiteren Untersuchung würdiges Phänomen handelte. Diese Auszeichnung eines Sachzusammenhangs als relevant stellte den Schlüssel für Flemings Entdeckung dar; ein Verständnis der zugehörigen biologischen Vorgänge war nicht erforderlich. Die antibiotische Wirksamkeit von Penicillin ist eine kontextualisierte Kausalbeziehung und eröffnet als solche erste Eingriffsoptionen. Aber der nachfolgenden Komplikation der Resistenzbildung konnte man nicht mehr ohne profundes biologisches Wissen Herr werden. Bei Auftreten von Störungen oder Komplikationen sind die Geltungsgrenzen solcher kontextualisierter Kausalbeziehungen überschritten. Die Resistenzbildung geht auf die Selektion von Bakterienvarianten zurück, bei denen die molekulare Struktur der Zellwand weniger anfällig für den Einfluss des Medikaments ist. Erst die Entschlüsselung des Wirkmechanismus eines Antibiotikums und des Prozesses der Resistenzbildung erlaubt die Entwicklung von Gegenmaßnahmen. Man modifiziert nämlich die Wirkstoffmoleküle auf solche Weise, dass die betreffenden Schutzmechanismen in der Zelle blockiert werden. Eine solche Wiederherstellung der Wirksamkeit eines Verfahrens bei Auftreten von Störfaktoren erfordert die theoretische Durchdringung der zugehörigen Kausalmechanismen (Carrier 2004a: 176f.).

Zwar greift unter Umständen bereits die Entwicklung neuer Medikamente auf fortgeschrittenes Wissen über die zugrunde liegenden Zellprozesse zurück. Aber in erster Linie ist es die Steigerung der Wirksamkeit von neuen Arzneimitteln oder die Sicherung ihrer Wirksamkeit bei Auftreten von Komplikationen, welche Einsichten in die molekularen Grundlagen des betreffenden Krankheitsgeschehens verlangen. In solchen Fragen ist medizinischer Fortschritt nicht selten eine Folge der Aufklärung der molekularen Mechanismen, deren Fehlfunktion der Krankheit zugrunde liegt.

Die ersten Schritte bei der Entwicklung einer Technologie können folglich auch ohne fortgeschrittene theoretische Hilfsmittel getan werden. Aber die nachfolgende Verbesserung der Technologie ist häufig auf theoretische Analyse angewiesen. Für die Beherrschung von Komplikationen ist in der Regel ein vertieftes Verständnis unerlässlich. Es sind die fortgeschrittenen Erklärungsleistungen komplexer Zusammenhänge, wie sie in finalen Phasen angewandter Forschung erforderlich werden, die am ehesten einen korrekten Theorieansatz verlangen und damit die angewandte Forschung mit epistemischer Tragweite ausstatten. Wenn es um die Sicherung des verlässlichen Funktionierens einer Technologie trotz des Einflusses von Störfaktoren geht, dann ist ein zutreffender Theorienrahmen oftmals Voraussetzung des praktischen Erfolgs (Carrier 2006: Abs. 9).

III.6.4 Anwendungsinnovativität

Die vorangehenden Erörterungen waren darauf gerichtet, die Tragweite bereits verfügbaren Grundlagenwissens für die Gewinnung applikativen Neulands abzuschätzen. Aber auch der umgekehrte Zusammenhang ist von großer Bedeutung. Nicht selten beeinflussen technische Innovationen auch das wissenschaftliche Verständnis, sodass insgesamt ein interaktiver Zusammenhang zwischen wissenschaftlichem und technischem Fortschritt besteht (vgl. Gibbons et al. 1994: 19; Stokes 1997: 87). Insbesondere wird unter Umständen das für technologische Neuerungen erforderliche Grundlagenwissen erst im Anwendungskontext produziert. Herausforderungen der angewandten Forschung können Grundlagenfragen aufwerfen und sind dann ohne deren Behandlung nicht angemessen zu bewältigen. Daher ist Grundlagenforschung auch eine – in der Regel unbeabsichtigte – Folge erfolgreicher angewandter Forschung. Innovative Erklärungsansätze mit Grundlagenrelevanz werden auch von der angewandten Forschung hervorgebracht (Rosenberg 1990: 169; Stokes 1997: 87f.). Bei solchen *Anwendungsinnovationen* werden im Zuge der Formulierung nutzungsrelevanter Ansätze als ungeplante Nebenwirkung theoretisch signifikante Neuerungen entwickelt. Bei anwendungsinnovativer Forschung führt die Steigerung des Interventionsvermögens zu vertieften Einsichten in den Naturzusammenhang (Carrier 2004b: Sec. 8).

Ein Beispiel aus der biomedizinischen Forschung bildet die Konzeption der Retroviren, die im praktischen Kontext der Aufklärung von Infektionsketten entwickelt wurde und insbesondere bei den Versuchen zur Beherrschung von AIDS eine wichtige Rolle spielt, die aber zugleich tiefgreifende Auswirkungen auf das biologische Verständnis hatte. Die Aktivität von Retroviren beinhaltet ein Umschreiben von RNA in DNA; diese Konzeption trug entsprechend dazu bei, das sog. »zentrale Dogma der Molekularbiologie« einzuschränken, das ursprünglich einen einseitigen Informationsfluss von der DNA über die RNA zum Protein vorgesehen hatte. Ebenso umfasste die Entwicklung von Diode und Transistor in den 1960er Jahren die Ausarbeitung der für die Festkörperphysik hochbedeutsamen theoretischen Konzeption der Dotierung.

Hintergrund der Anwendungsinnovativität ist letztlich ein Zusammenhang zwischen Grundlagen und Anwendungen, wie er dem Kaskadenmodell zugrunde liegt. Die angewandte Forschung drängt zu den Grundlagen, weil deren vertieftes Verständnis die technologischen Chancen verbessert. So eröffnet die Entschlüsselung von Kausalmechanismen in der Regel einen weit größeren Spielraum für Eingriffe als kontextualisierte, also stark voraussetzungsgebundene Kausalbeziehungen. Ebenso erschließt eine theoretisch vereinheitlichte Behandlung eines Prozesses Querverbindungen zu weiteren Prozessen und eröffnet dadurch zusätzliche Interventionsoptionen. Die Formulierung einer übergreifenden Theorie verbessert die Aussichten, diejenigen Stellen einer Ursachenkette zu identifizieren, an denen ein zielführender, gegen Störeinflüsse abgesicherter und nebenwirkungsarmer technischer Eingriff ansetzen kann. Wenn man angewandte Fragen optimal behandeln will, darf man sie nicht allein als angewandte Fragen behandeln – und deshalb wird die praktisch wichtige Voraussetzung der theoretischen Durchdringung erforderlichenfalls in anwendungsorientierten Untersuchungen geschaffen.

Aber neben die Behauptung der sachlichen Abhängigkeit der Anwendungen von den theoretischen Grundlagen tritt im Kaskadenmodell auch die These, dass der Forschungsheuristik nach der Primat bei der Grundlagenforschung liegt. Die Lösung praktischer Probleme ist sowohl der Sache nach als auch der konkreten Vorgehensweise nach auf Grundlagenforschung angewiesen. Wird ein Forschungsprojekt zu früh auf konkrete Nutzungen ausgerichtet, ist mit dessen Scheitern zu rechnen. Die Empfehlung des Bush-Reports zur Steigerung der praktischen Nützlichkeit der Wissenschaften lautete entsprechend, breit angelegte Grundlagenforschung zu fördern (s. o. Kap. III.4.1). In dieser Hinsicht ergibt sich jedoch aus den hier vorgestellten Untersuchungen ein anderes Bild. Anwendungsinnovativität macht deutlich, dass grundlagenrelevante Ergebnisse auch eine *Folge* angewandter Forschung sein können. Grundlagenforschung kann auch aus dem Anwendungskontext erwachsen.

Auf ein ähnliches Muster trifft man in Teilen der neueren pharmazeutischen Forschung. Ein Beispiel ist die Entwicklung der ersten Betablocker Anfang der 1960er Jahre, die eine Senkung des Sauerstoffbedarfs des Herzens durch Verminderung des Pulsschlags ohne gleichzeitige Beeinflussung des Blutdrucks erreichten. Diese Entwicklung ging klar von praktischen Herausforderungen aus, brachte aber zugleich grundlegende Erkenntnisse über das körpereigene System der Adrenalinrezeptoren hervor. Die Entwicklung der Betablocker stützte sich auf theoretische Hypothesen, die zum betreffenden Zeitpunkt neuartig waren und keineswegs allgemein geteilt wurden. Diese Hypothesen besagten unter anderem, dass Menschen über zwei unabhängig ansprechbare Typen sog. adrenerger Rezeptoren verfügen, Alpha- und Betarezeptoren, und dass die physiologische Wirkung durch zwei unabhängig variierbare Einflussfaktoren, nämlich das Ausmaß und die Intensität der Bindung des Wirkstoffs an den Rezeptor bestimmt ist. Diese innovativen Ansätze waren von zentraler Bedeutung für den letztendlichen praktischen Erfolg der Entwicklung neuer Therapieoptionen, vertieften aber zugleich das Verständnis des adrenergen Systems im menschlichen Körper. Tatsächlich wurden die betreffenden physiologischen Hypothesen erst aufgrund der Therapieerfolge in der wissenschaftlichen Gemeinschaft angenommen. Bei diesem Erkenntnisfortschritt erwachsen also sowohl die Fragestellung als auch die empirische Stützung aus dem Anwendungszusammenhang; Hypothesenbildung und Hypothesenbestätigung stehen im Anwendungskontext, besitzen aber epistemische Tragweite (Adam 2004: 64 ff.; Adam 2005: 519 ff., 533 f.). Angewandte Forschung bringt also unter Umständen selbst diejenigen grundlagenrelevanten Erkenntnisse hervor, die für fruchtbare und neuartige Anwendungen benötigt werden. Obgleich angewandte Forschung ihrer Zielsetzung nach ohne epistemische Ambitionen ist, leistet sie unter Umständen auch Erkenntnisbeiträge (Carrier 2006: Abs. 10).

III.6.5 Schlussfolgerung

Ergebnis ist damit erstens, dass der Zusammenhang zwischen Grundlagen- und Anwendungsforschung uneinheitlich ist und dreierlei Ausprägung besitzt. Sowohl das Kaskadenmodell mit seiner Betonung universeller Naturgesetze, als auch der mit dem Leitbild der lokalen Modellierung operierende emergentistische Ansatz mit seiner Akzentuierung spezifischer Hypothesen, als auch die interaktive Sicht, die den Einfluss der Grundlagenforschung auf die Technologieentwicklung ebenso anerkennt wie umgekehrt die epistemische Prägungswirkung praktischer Fragen, lassen sich in der Praxis angewandter Forschung auffinden. Angewandte Forschung tritt sowohl als Wirkung von Grundlagenforschung auf als auch als deren Ursache sowie auch ohne engen Zusammenhang mit dieser (Carrier 2006: Abs. 11; Adam, Carrier und Wilholt 2006).

Das Kaskadenmodell behält seine Gültigkeit in der initialen, vor allem aber in der finalen Phase angewandter Untersuchungen. In der initialen Phase tragen Theorien zur begrifflichen und inhaltlichen Strukturierung des Sachbereichs bei und befördern daher die Aufdeckung signifikanter Zusammenhänge zwischen praktisch relevanten Kenngrößen. In der finalen Phase sind es theoretische Grundsätze, die die Geltungssicherung von Zusammenhängen gewährleisten und entsprechend die Zuverlässigkeit von Vorrichtungen zu garantieren vermögen. Der emergentistische Ansatz schöpft seine Tragweite daraus, dass der jeweils zugehörige theoretische Rahmen Raum für Anpassungen durch die Daten lässt. Die Reichweite des epistemischen Zugriffs ist oftmals geringer als vom Kaskadenmodell nahegelegt. Die Lösungsansätze der angewandten Forschung besitzen eine partielle Autonomie; sie sind durch Theorien geprägt, aber nicht zur Gänze festgelegt.

Das interaktive Modell macht deutlich, dass Naturerkenntnis unter Umständen aus der Meisterung technischer Herausforderungen hervorgeht. Grundsätzlich können sich praktisch relevante Neuerungen aus angewandter Forschung ergeben, bedürfen also nicht stets des Wegs über Grundlagenerkenntnisse. Andererseits erbringt angewandte Forschung aber auch Einsichten in grundlagenrelevante Zusammenhänge. Daraus ergeben sich Konsequenzen für die Forschungsheuristik im angewandten Bereich. Anders als es der Bush-Report empfahl, ist dann nämlich keineswegs stets die Förderung der Grundlagenforschung das wirksamste Mittel zur Gewinnung nutzbringender Resultate. Vielmehr kann die angemessene Forschungsheuristik zur Lösung praktischer Probleme gerade darin bestehen, diese praktischen Probleme direkt zu untersuchen und hinreichend viel Spielraum für die Entwicklung grundlagenrelevanter Hypothesen zu lassen.

Anwendungsinnovativität führt daher in markanter Form vor Augen, dass sich erkenntnisorientierte und nutzenorientierte Forschung zwar hinsichtlich ihrer Zielvorgaben unterscheiden, dass aber ein gegebenes Forschungsvorhaben ohne Widerspruch beide Ziele verfolgen kann. Zwar besteht zwischen Grundlagenforschung, die auf Naturverstehen gerichtet ist, und anwendungsorientierter Forschung, die auf konkrete praktische Erfolge setzt, eine begriffliche Dichotomie. Diese Dichotomie begründet aber keine empirische Scheidung von Forschungsvorhaben in zwei getrennte Teilgruppen. Unter Umständen kann man auch zwei Herren dienen.

Zweitens finden sich in der angewandten Forschung zwar Anzeichen für provisorische Erkenntnisstrategien, aber diese bleiben in ihrer Tragweite begrenzt. Auch praktische Ziele werden nicht selten mit den Mitteln der theoretischen Durchdringung und der Entschlüsselung von Kausalketten verfolgt. Umgekehrt finden sich lokale Modellierungen nicht allein in angewandter Forschung, sondern auch in der Grundlagenforschung, und ihnen kommt eine wichtige Rolle bei der theoretischen Erschließung eines Phänomenbereichs zu.

Insgesamt zeigt sich, dass epistemisch akzentuierte Forschung auch im Anwendungskontext einen bedeutenden Stellenwert behält. Der Anwendungsdruck auf die Wissenschaft ist danach von geringeren Auswirkungen auf den Erkenntnisanspruch der Wissenschaft begleitet, als es die Betrachtung der institutionellen Verschiebungen in der Wissenschaft nahelegen könnte. Zwar ist Anwendungserfolg nicht ausnahmslos, wohl aber in mehrerlei Hinsicht von wissenschaftlicher Erkenntnisgewinnung abhängig, und angewandte Forschung trägt unter Umständen zum wissenschaftlichen Verstehen bei. Insgesamt schließt sich damit angewandte Forschung in nicht geringem Ausmaß an epistemische Wissenschaft an. Mit diesem Ergebnis verbunden ist eine begrenzte methodologische Rehabilitierung angewandter Forschung. Das Verstehen von Naturzusammenhängen und der gezielte Eingriff in diese sind oftmals wechselseitig aufeinander angewiesen.

IV Forschung im gesellschaftlichen Kontext

Kennzeichen der Wissensgesellschaft ist eine neue Zentralität wissenschaftlichen Wissens. Sie dokumentiert sich in verschiedenen Bereichen der Gesellschaft und auf unterschiedliche Weise. Wissen informiert nicht nur, sondern legitimiert auch politische Entscheidungen. Gleichzeitig veranlassen Diagnosen der Wissenschaft (z.B. zur Verbreitung von Pandemien oder zur Bedrohung des Klimawandels) die Politik in jedem Fall zu einer Reaktion. Wissenschaft ist auch zu einem zentralen Faktor der wirtschaftlichen Innovationsdynamik geworden. Gerade seine Zentralität lässt wissenschaftliches Wissen aber auch zu einem Gegenstand ethischer Konflikte werden. Diese Konflikte haben eine neue Qualität insofern erlangt, als die institutionelle Trennung zwischen einer relativ abgeschotteten Grundlagenforschung und ihren vielfältigen gesellschaftlichen Anwendungen aufgeweicht worden ist.

In Reaktion darauf kommt es zu Kontrollen der Wissenschaft mit der Tendenz, immer näher an die Quellen der Forschung zu gelangen, um schon die Gestaltung neuer Techniken oder gar des Wissens selbst zu beeinflussen.

Die neue ›Nähe‹ der gesellschaftlichen Umwelt im Verhältnis zur Wissenschaft hat Rückwirkungen auf diese selbst. Sie richtet ihre Kommunikationen verstärkt an ein externes Publikum (die Politik, die Wirtschaft, die Medien), und sie muss dabei einen höheren Aufwand betreiben.

IV.1 Wissenschaft als Gegenstand politischer, wirtschaftlicher und ethischer Konflikte

Die zuvor konstatierte Zentralität wissenschaftlichen Wissens in modernen Gesellschaften, derentwillen diese auch als Wissensgesellschaften bezeichnet werden, hat zu neuen Konstellationen zwischen der Wissenschaft und der Politik, der Wirtschaft, den Medien und den Organisationen der Zivilgesellschaft geführt. Der Kern dieser Entwicklung muss in der Anerkenntnis des Umstands gesehen werden, dass wissenschaftliches Wissen die Grundlage politischer Problemlösungen ebenso wie technischer Innovation und wirtschaftlichen Wachstums ist. Wissenschaftliches Wissen ist aber auch in dem Sinn der Motor gesellschaftlichen Wandels, dass es fortlaufend institutionalisierte Werte untergräbt und verändert.

Es legitimiert Politik wenigstens in dem eingeschränkten Sinn, dass diese nicht eklatant gesichertem Wissen zuwider handeln kann (siehe

Kap. II.5). Regierungen setzen Expertenkommissionen ein und berufen sich auf deren Rat, wenn sie breiten Konsens für unbequeme Entscheidungen suchen. (In der gleichen Logik liegt es, wenn sie versuchen, den politisch ungeliebten Rat von Experten zu verheimlichen oder seine Bedeutung herunterzuspielen.) Nichtregierungsorganisationen (NGOs) berufen sich auf wissenschaftliches Wissen und halten sich eigene Beraterstäbe, um die Politik der jeweiligen Regierung in bestimmten Politikfeldern (z. B. Umweltpolitik) zu kritisieren und die von ihnen bevorzugten Alternativen zu begründen (Jamison 2001). Diese Schlüsselfunktion des Wissens für die Politik gilt ungeachtet aller Beteuerungen von Politikern, dass sie der Berater nicht bedürften und dass diese im komplizierten Spiel der Politik bestenfalls eine untergeordnete Rolle spielen. Es gilt auch trotz der vielfältigen Erfahrungen seitens der Experten, die genau dieser Einschätzung entsprechen. In beidem dokumentiert sich gerade die instrumentelle Bedeutung des Wissens. Wissenschaftliches Wissen ist der Politik nicht mehr gleichgültig, sondern sie muss sich zu ihm verhalten. Die Ankündigungen von Wissenschaftlern, dass eine Pandemie wie z. B. AIDS sich vorbehaltlich entsprechender Vorsichtsmaßnahmen ausbreiten oder dass der Klimawandel unvermeidlich eintreten wird, wenn die Menschen nicht ihren Energieverbrauch drosseln, veranlasst die Politik in jedem Fall zu einer Reaktion. Sie kann sich direkt zu diesem Wissen verhalten, indem sie es ernst nimmt, ggf. überprüfen lässt, um Gewissheit zu erhalten und dann angemessen zu reagieren. Sie kann aber auch versuchen, die Informationen der Wissenschaftler zu unterdrücken oder durch Gegenexpertise die Unsicherheiten des Wissens aufzudecken oder die Experten unglaubwürdig erscheinen zu lassen. In dem Augenblick, in dem das Wissen Relevanz für politische Entscheidungen erlangt, weil es letztlich verteilungsrelevante Implikationen hat, wird es unweigerlich zum Gegenstand politischer Konflikte.

Analoges gilt für wissenschaftliches Wissen im Kontext der Wirtschaft (s. Kap. II.3). Zwar hat wissenschaftliches Wissen lange Zeit nur eine untergeordnete Rolle für die Wirtschaft gespielt. Die Herstellung marktfähiger Güter oder die Entwicklung neuer Produkte beruhte oft vor allem auf technischem Erfahrungswissen ohne enge Beziehung zum wissenschaftlichen Erkenntnisstand. Dies gilt zum Teil bis zum heutigen Tag (s. Kap. III.4, III.6). Gleichwohl ist die Wissenschaft zu einem zentralen Faktor der wirtschaftlichen Innovationsdynamik geworden (s. Kap. III.1).

Die in den vergangenen zwei Jahrzehnten zu beobachtende ›Ökonomisierung‹ der universitären Forschung ist ein deutliches Indiz dafür, dass die Wirtschaft eine stärkere Kontrolle über den gesamten Prozess der Erkenntnisproduktion gewinnen möchte, um schon die Prioritäten (d.h. die Forschungsfelder) mit zu beeinflussen und frühzeitig wirtschaftlich relevante Entwicklungen zu identifizieren und zu

WISSENSCHAFT ALS KONFLIKTGEGENSTAND

fördern. Auch dabei treten Konflikte auf. Zum einen steht das Interesse der Wirtschaft an der Kontrolle der Erkenntnisse den Interessen der Wissenschaft an der freien Kommunikation des Wissens entgegen (s. Kap. IV.2). Ein exemplarischer Fall der jüngeren Zeit für diesen Konflikt war die Auseinandersetzung zwischen der von verschiedenen Staaten öffentlich geförderten Forschung zur Entschlüsselung des menschlichen Genoms und dem Vertreter der privat finanzierten Humangenomforschung, Craig Venter, der bezeichnenderweise von den Regierungschefs der zwei maßgeblich involvierten Länder, Bill Clinton und Tony Blair, zugunsten der öffentlichen Forschung beeinflusst wurde (Eliot 2000: 1903). Die Konflikte entstehen aber nicht nur um die Kontroll- und Verwertungsrechte. Seit der Entwicklung und dem Bau von Kernkraftanlagen ist eine Diskussion um die Sicherheit dieser Technik und schließlich um die zum Teil unbekannten Folgen neuer Techniken für die Umwelt allgemein entstanden. Technikfolgenabschätzung und Umweltschutz sind zu einem eigenständigen Politikbereich geworden. Noch immer werden die Ziele der Umweltpolitik und der Technikfolgenabschätzung als denen der Wirtschaft entgegenstehend verstanden, wenngleich sie als allgemeine Rahmenbedingungen der technischen Entwicklung inzwischen weitgehend akzeptiert sind. Als solche können sie wiederum Anlass zur Entwicklung neuer Technologien werden, wie das Beispiel der Forschungen zu Mülldeponien eindrücklich illustriert (s. Kap. III.3).

Schließlich kann wissenschaftliches Wissen Gegenstand ethischer Konflikte werden. Ethisch begründete Konflikte um neues wissenschaftliches Wissen sind keinesfalls neu. Sie haben die moderne Wissenschaft seit ihren Anfängen im 17. Jahrhundert begleitet. Gleichwohl stechen die rezenten Fälle hervor: die Entwicklungen in der Biomedizin wie die sich eröffnende, aber derzeit noch utopische Möglichkeit des Klonierens von Menschen oder die ganz reale Perspektive der Stammzellforschung, die die Erzeugung und zerstörende Verwertung menschlicher Embryonen impliziert, wird zum Teil als Verstoß gegen institutionalisierte Werte der Menschenwürde und der Unversehrtheit menschlichen Lebens wahrgenommen.

Alle diese Konflikte sind, wie gesagt, nicht prinzipiell neu. Sie haben jedoch eine neue Qualität insofern erlangt, als die institutionelle Trennung zwischen einer relativ abgeschotteten Grundlagenforschung und ihren vielfältigen gesellschaftlichen Anwendungen aufgeweicht wird. Das Konzept der ›Realexperimente‹ macht das deutlich (s. Kap. III.3; IV.4). Idealtypisch gesprochen bezeichnet es den Endpunkt einer Entwicklung, an deren Anfang die Isolierung wissenschaftlicher Experimente durch die Mauern des Labors steht. Hinter deren Schutz kann die Natur folgenlos für die Gesellschaft manipuliert werden, bis die Sicherheit besteht, dass mögliche schädliche Folgen für die Umwelt bekannt und kontrollierbar sind. Inzwischen wagt sich die Wissenschaft aber an Probleme, die sich nicht mehr im Labor bearbeiten bzw. lösen lassen, und wo immer das der Fall ist, operiert sie unter dem Risiko der Folgen des Experimentierens für die Gesellschaft. Der neue Wagemut kommt nicht von ungefähr. Neue Methoden des Modellierens und der Simulation – letztere verdanken sich vor allem der dramatisch gestiegenen Rechenleistungen – machen es möglich, Aufgaben von viel größerer Komplexität zu lösen als zuvor (s. Kap. III.2).

Die erhöhte Problemlösungskapazität ist aber nicht der einzige Grund für das Verlassen der schützenden Labormauern. Die Erwartungen der Gesellschaft an die Wissenschaft, drängende Aufgaben zu lösen, sind ebenfalls gestiegen. Die Wissenschaft steht unter der Dauerbeobachtung der Medien, die über Erfolge ebenso wie über Misserfolge berichten und inzwischen überdies ein großes Interesse an der ›richtigen‹ Funktionsweise der Wissenschaft haben. Nachrichten über Betrug in der Wissenschaft werden mit moralischen Urteilen belegt und mit Forderungen nach Sanktionen untermauert (Weingart 2005: Kap. 9). Ebenso verbreiten die Medien vermeintlich gesellschaftlich geteilte ethische Bewertungen von Forschungslinien. Selbst wenn im konkreten Fall gar nicht ausgemacht ist, ob sich die Öffentlichkeit, würde sie befragt werden, gegen ein konkretes Forschungsprogramm ausspräche, wird durch die mediale Erörterung des möglichen Widerspruchs der Konflikt hervorgerufen.

Die Beobachtung durch die Medien, die Kommentierung ethischer Probleme oder der Risiken der Forschung haben zur Folge, dass diese politisiert wird. Dies gilt zwar längst nicht für alle Forschungsgebiete, aber für all jene, die in irgendeiner Weise relevant für die menschliche Gesundheit sind, die grundlegende ethische Werte betreffen, oder die im Konflikt mit starken Interessen stehen. ›Politisierung‹ der Wissenschaft in diesem weit gefassten Sinn heißt dann, dass gesellschaftliche Akteure Einfluss auf die Forschung zu nehmen versuchen, und dass diese ›Kontrollzumutungen‹ auch innerhalb der Wissenschaft gespiegelt werden und dort zu Konflikten führen. Die Dynamik dieser Kontrollversuche manifestiert sich auf vielfältige Weise, und sie verdankt sich dem wechselseitigen Lernen. Fördereinrichtungen begnügen sich zum Beispiel nicht mehr damit, die Wissenschaftler selbst vorschlagen zu lassen, worüber sie forschen wollen, sondern sie formulieren detaillierte Programme, die dazu dienen sollen, die Forschung zu steuern. Regierungen und Parlamente etablieren, nachdem NGOs und andere zivilgesellschaftliche Akteure dies gefordert haben, Kontrollen der Forschung und der durch sie ermöglichten neuen Technologien in Form von Risikoabschätzungen. Mit ihrer Hilfe werden die Bedingungen festgesetzt, unter denen die Forschungen weitergeführt bzw. die Techniken implementiert werden dürfen. Kontrollen dieser Art werden mit der Tendenz erarbeitet, immer näher an die Quellen der Forschung zu

WISSENSCHAFT ALS KONFLIKTGEGENSTAND

gelangen, um schon die Gestaltung von neuen Techniken oder gar des Wissens selbst zu beeinflussen (Nowotny et al. 2001; Jasanoff 2003). Diese Entwicklung ist am weitesten fortgeschritten, wo in Gestalt von Bürgerkonferenzen oder ähnlichen Formen öffentlicher Erörterung Wissenschaftler und Laien in einen Dialog zu bestimmten Themen treten. Ganz unabhängig davon, ob mit diesen Methoden tatsächlich das Ziel erreicht wird, die Forschung und die Technikentwicklung in eine den Vorstellungen der Beteiligten entsprechende Richtung zu lenken und so Konflikte mit deren Interessen und Werten zu vermeiden, ist damit in der Sache ein weiterer neuer Bedingungsrahmen geschaffen, an dem sich die Wissensproduktion orientieren muss.[1]

Diese neue ›Nähe‹ oder Unmittelbarkeit der gesellschaftlichen Umwelt im Verhältnis zur Wissenschaft hat, wie nicht anders zu erwarten, Rückwirkungen auf diese selbst. Sie richtet ihre Kommunikationen verstärkt an ein externes Publikum (die Politik, die Wirtschaft, die Medien), und sie muss dabei einen höheren Aufwand betreiben, weil diese Kommunikationen nicht nur mit anderen außerhalb der Wissenschaft konkurrieren, sondern die Wissenschaft selbst vielstimmig um Gehör konkurriert. Damit werden aber auch die darauf beruhenden innerwissenschaftlichen Reputationszuweisungen und Selektionsmechanismen berührt, die die Verlässlichkeit des wissenschaftlichen Wissens bisher gewährleistet haben. Die Konzentration (zum Teil durch bloße Umetikettierung der Forschung, zum Teil durch tatsächliche Verlagerung) auf politisch bevorzugte und daher besonders großzügig finanzierte Forschungsgebiete (z. B. Bio- oder Nanotechnologie), oder propagandistische Dramatisierung von Forschungsergebnissen mit entsprechenden Handlungsanweisungen für die Politik, um Aufmerksamkeit für ein bestimmtes Forschungsgebiet zu erlangen (Klimawandel), sind Anzeichen einer derartigen Adressierung der politischen und medialen Öffentlichkeit.

In den folgenden Kapiteln werden drei Konfliktfelder näher betrachtet: das Verhältnis zwischen freier Forschung und wirtschaftlichen Verwertungsinteressen, die Funktionsweise von Ethikkommissionen, die zwischen Forschungsinteressen und gesellschaftlichen Werten vermitteln sollen, sowie die Konflikte, die sich aus Realexperimenten ergeben. Damit ist keineswegs das gesamte Spektrum möglicher Konflikte abgedeckt, aber es handelt sich doch um die markanten Arenen, in denen derzeit das Verhältnis der Wissenschaft zu ihrer gesellschaftlichen Umwelt als konfliktbeladen erscheint.

---

1 Zur sogenannten Partizipativen Technikfolgenabschätzung und ihren Grenzen s. Abels und Bora 2004.

IV.2 Unparteilichkeit und wirtschaftliche Interessen

In der Forschung gerät die traditionelle Forderung nach Unparteilichkeit zunehmend unter Druck. Wie viele Untersuchungen belegen, werden Forschungsergebnisse insbesondere in der klinischen Forschung oft beträchtlich von ökonomischen Interessen beeinflusst. Daher gehen Studien zu neuen Arzneimitteln überproportional häufig zu Gunsten derjenigen Firmen aus, die die Studien finanziert haben. Dies untergräbt die Glaubwürdigkeit und Verlässlichkeit der Forschungsergebnisse. Zugleich wird die Norm der Unparteilichkeit von vielen Seiten auch grundsätzlich in Frage gestellt. So wird argumentiert, dass verlässliche Ergebnisse keine Unparteilichkeit der Forscher erfordern, sondern auch aus einem wissenschaftlichen Wettbewerb unterschiedlicher Interessen hervorgehen können. Entsprechend zielen Regulierungen der klinischen Forschung vielfach stärker auf die Funktionsfähigkeit des Interessenwettbewerbs als auf die Eindämmung von Parteilichkeit ab. Dennoch zeigt sich bei näherer Untersuchung, dass Unparteilichkeit weiterhin als moralische Norm für Forschung erforderlich ist.

IV.2.1 Ethische Normen der Wissenschaften

Es ist auffällig, dass seit einiger Zeit verstärkt wissenschaftsethische Normen diskutiert und als bedeutsam für das Allgemeinwohl aufgefasst werden. Diese Normen lassen sich grob drei Gruppen zuordnen. Eine Gruppe bezieht sich darauf, dass Wissenschaftler die Rechte der Objekte wissenschaftlicher Forschung zu beachten haben. Wenn Versuche an Menschen, an menschlichen Embryonen oder an Tieren durchgeführt werden, gelten beispielsweise Pflichten der Information, des Lebensschutzes oder der Minimierung des Leidens. Zwar ist der genaue Umfang dieser Rechte etwa bei Stammzellen umstritten, aber der Kern der Probandenrechte ist mittlerweile sowohl rechtlich als auch standesethisch fest etabliert, etwa durch gesetzlich vorgeschriebene Ethikkommissionen an klinischen Forschungszentren und in internationalen Richtlinien für klinische Forschung (CIOMS 2002).

Eine zweite Gruppe von Normen fordert von wissenschaftlicher Forschung, dass absehbare Folgen und Anwendungen der Forschungsergebnisse berücksichtigt werden. Wenn überwiegend schädliche Folgen zu erwarten sind, soll die Forschung demnach unterbleiben. Der Umfang solcher ethischer Pflichten hängt entscheidend daran, in welchem Verhältnis wissenschaftliche Forschung und deren Anwendung stehen. Wenn aus der Forschung selbst nicht absehbar ist, welche Konsequenzen sie hat, oder ihre Ergebnisse zum Nutzen wie zum Schaden eingesetzt werden können, so eine verbreitete Entgegnung, kann die

Forschung selbst als ethisch neutral gelten, und nur ihre Anwendungen sind moralisch zu bewerten. Allerdings rücken in vielen Bereichen grundlegende Forschung und Anwendungsentwicklung immer näher zusammen (Kap. III; Adam 2005). Daher wird ein immer größerer Bereich der Wissenschaft von der Verantwortung für absehbare Folgen der Forschung erfasst.

Während in den beiden vorgenannten Bereichen die ethischen Ansprüche an wissenschaftliche Forschung ausgeweitet wurden und deren Implementierung zum Teil weit fortgeschritten ist, geraten traditionelle wissenschaftsethische Normen wie die Forderung nach Unparteilichkeit von Forschung und die Pflicht zur Veröffentlichung von Forschungsergebnissen zunehmend unter den Druck entgegenstehender wirtschaftlicher und gesellschaftlicher Interessen. Diese Normen lassen sich einem dritten Teilbereich der Wissenschaftsethik zuordnen, da sie im Gegensatz zu den beiden ersten Normentypen gleichzeitig als erkenntnistheoretische und als moralische Normen aufgefasst werden können.

Die Norm der Unparteilichkeit (bzw. Unvoreingenommenheit) kann auf alle Phasen wissenschaftlicher Forschung, von der Festlegung einer Forschungsagenda über die Durchführung der Forschung und die Interpretation der Ergebnisse bis zu deren Verbreitung und Umsetzung, angewendet werden. Sie ist dabei einerseits von erkenntnistheoretischem Wert, wenn sie beispielsweise den Einfluss sachfremder Erwägungen oder Interessen auf die Auswahl der Forschungsfragen, die Interpretation empirischer Befunde oder die Kommunikation der Ergebnisse ausschließt. Andererseits ist Unparteilichkeit aber auch eine ethische Forderung, denn Objektivität ist für Wissenschaftler auch eine moralische Pflicht. Sie ergibt sich nicht nur aus dem allgemeinen Gebot der Aufrichtigkeit und dem entsprechenden Verbot von absichtlicher Täuschung, die für alle gelten. Sie kann vielmehr auch mit der besonderen Stellung begründet werden, die Wissenschaft in der Gesellschaft einnimmt. Da Wissenschaftler Wissen und Fähigkeiten besitzen, die ihnen praktisch ein Monopol bei der Bearbeitung und Beantwortung von Fragen und Problemen sichert, die für die Allgemeinheit oft von großer Bedeutung sind, haben sie auch die Verpflichtung, diese Fähigkeiten zum allgemeinen Nutzen einzusetzen. Diese Pflicht wird noch dadurch verstärkt, dass dem Berufsstand der Wissenschaft bei weitreichender Finanzierung durch öffentliche Mittel insgesamt eine ziemlich weitreichende Autonomie zugestanden wird. Freiheiten wie diejenige, oft ihre Forschungsschwerpunkte selbst festlegen sowie Mitgliedschaft und Zugang zu wissenschaftlichen Positionen durch die Verleihung akademischer Grade und durch Berufungen weitgehend selbst steuern zu können, führen im Verbund mit der großen gesellschaftlichen Bedeutung wissenschaftlichen Wissens zu der Verpflichtung, sich so zu organisieren, dass die gesellschaftlich wichtigen Leistungen auch tatsächlich erbracht werden.

Insoweit Unvereingenommenheit die Objektivität wissenschaftlicher Ergebnisse verbessert, wird sie somit zu einer sowohl erkenntnistheoretischen als auch ethischen Norm der Wissenschaft (Merton 1942; Bayles 1989; Shrader-Frechette 1994: Kap. 3).
Ähnliches lässt sich von der Pflicht zur Veröffentlichung sagen. Es gilt (oder galt lange) als Norm, dass wissenschaftliche Erkenntnisse veröffentlicht und damit anderen Wissenschaftlern für ihre eigenen Forschungen zur Verfügung gestellt werden müssen. Die Geheimhaltung wird demgegenüber als egoistisch und damit als moralisch verwerflich bewertet. Da die Veröffentlichung gleichzeitig wissenschaftliche Leistungen nachweist, mit der akademische Positionen, Forschungsmittel oder Wissenschaftspreise verbunden sein können, besteht neben der wissenschaftsethischen Pflicht zugleich ein individueller Anreiz zur Veröffentlichung. Angesichts des hohen Maßes an Arbeitsteilung in den Wissenschaften ist diese Praxis für die Wissensgewinnung wie auch für den effizienten Einsatz von Ressourcen von hohem Nutzen, da nur durch eine weitgehende und rasche Veröffentlichung Verdopplungen in der Forschung vermeidbar sind und Forschung überall auf den aktuellen Stand des Wissens aufbauen kann (Merton 1942).

Gerade die Normen der Unparteilichkeit und der Öffentlichkeit geraten aber durch jüngere Entwicklungen zunehmend unter Druck. In vielen Bereichen der Forschung rücken Nutzungsinteressen immer mehr in den Vordergrund, weil zum einen ein steigender Anteil der Forschung und Entwicklung privatwirtschaftlich und nicht öffentlich finanziert, zum anderen auch öffentliche Forschung verstärkt als Motor wirtschaftlicher Entwicklung verstanden wird (Kap. II.2). Gleichzeitig wird immer wieder die Forderung erhoben, dass die wissenschaftspolitischen Entscheidungen über Prioritäten der Forschung für eine stärkere demokratische Teilhabe geöffnet werden müssen. Diese Entwicklungen betreffen den Status der wissenschaftsethischen Normen von Unvoreingenommenheit und Veröffentlichung unmittelbar. Die Auswirkungen der zunehmenden Ökonomisierung der Wissenschaft auf die Offenheit und Bereitschaft zur Veröffentlichung wurden schon in Kapitel II.2 analysiert. Deshalb konzentriert sich die Diskussion an dieser Stelle auf die Norm der Unvoreingenommenheit (wird aber Probleme der Einseitigkeit von Veröffentlichungen einschließen).

Der Status der wissenschaftsethischen Norm der Unparteilichkeit kann von den skizzierten Entwicklungen auf zwei Weisen berührt werden. Einerseits kann in Zweifel gezogen werden, dass Unparteilichkeit angesichts legitimer Nutzungsinteressen und Teilhabeansprüche überhaupt noch moralisch geboten ist. Wie ausgeführt, ist die Norm der Unparteilichkeit durch ihren Beitrag zu den gesellschaftlich wichtigen Leistungen der Wissenschaft begründet. Soweit der Einfluss gesellschaftlicher und wirtschaftlicher Interessen diesen Leistungen nicht abträglich oder ihm sogar förderlich ist, muss die Forderung nach Unparteilichkeit dann gar nicht aufrechterhalten werden. Wenn die Forschung etwa in der Biomedizin klare Anwendungsziele hat, ist die Wissenschaft verpflichtet, Rücksicht auf die drängenden Probleme zu nehmen und nicht ›unparteiisch‹ von allen Nutzungsinteressen abzusehen und etwa nur auf die Erfassung fundamentaler wissenschaftlicher Zusammenhänge zu zielen. Auch eine letztlich wirtschaftliche Motivation von Nutzungsorientierung steht dem grundsätzlich nicht entgegen. Wenn ein Unternehmen die Möglichkeiten neuer oder verbesserter Arzneimittel erforscht, wird die Forschung nicht schon dadurch ethisch problematisch, dass mit dem angestrebten therapeutischen Nutzen auch wirtschaftliche Ziele verfolgt werden, denn ohne die wirtschaftlichen Anreize könnten die erforderlichen Ressourcen oft nicht mobilisiert werden, um die insgesamt gesellschaftlich nutzbringende Forschung überhaupt durchzuführen.

Andererseits kann der Einfluss wirtschaftlicher oder politischer Interessen zu Verstößen gegen das Gebot der Unparteilichkeit führen, die wissenschaftsethisch problematisch sind. Wenn diese Interessen selbst nicht ausreichend berechtigt oder ausgewogen sind, kann es zu einer einseitigen Festlegung der Forschungsagenda, zu unausgewogenen oder unberechtigten Schlussfolgerungen aus empirischen Daten oder zu parteiischer Verwendung wissenschaftlicher Befunde kommen. In diesen Fällen hat die Einflussnahme auf wissenschaftliche Forschung und die Beanspruchung des Nutzwerts von Wissenschaft zur Folge, dass Wissenschaft ihren Aufgaben als verlässliche und glaubwürdige Instanz und als Impulsgeber für gesellschaftlich wertvolle Technologieentwicklung nicht mehr gerecht zu werden droht. Insbesondere in der pharmazeutischen Forschung und Entwicklung lassen sich solche ethisch problematischen Verstöße gegen das Gebot der Unparteilichkeit nachweisen. Zugleich werden im Arzneimittelbereich seit einiger Zeit vielfältige Gegenmaßnahmen diskutiert und umgesetzt. Dieser Bereich eignet sich daher besonders gut, um Stand und Status der wissenschaftsethischen Norm der Unparteilichkeit genauer zu analysieren.

IV.2.2 *Nutzungsinteressen und Unparteilichkeit von Forschung*

Im Zentrum der Debatte um den Einfluss wirtschaftlicher Interessen in der Pharmaforschung stehen klinische Studien, in denen die Wirksamkeit und die Unbedenklichkeit neuer Arzneimittel durch deren Erprobung an Patienten ermittelt werden. Vielfältige Befunde legen nahe, dass klinische Studien oft auf ethisch problematische Weise durch wirtschaftliche Interessen beeinflusst sind. So haben Untersuchungen gezeigt, dass neue Arzneimittel mit höherer Wahrscheinlichkeit positiv beurteilt werden, wenn eine Studie von der Industrie anstatt mit öffentlichen Mitteln finanziert wird (Davidson 1986; Djulbegovic et al. 2000; Als-Nielsen et al. 2003; Lexchin et al. 2003). In einer Untersuchung von insgesamt 370 klinischen Studien aus allen Therapiebereichen stellte sich heraus, dass von denjenigen Studien, die von nicht gewinnorientierten Organisationen finanziert wurden, 16 Prozent das neue Arzneimittel als beste Wahl empfahlen. Demgegenüber beurteilten 51 Prozent der industriell finanzierten Studien neue Arzneimittel als die beste verfügbare Therapie (Als-Nielsen et al. 2003). Ähnliche Auswirkungen der Quelle der Finanzierung der Studien, und das heißt der hinter ihnen stehenden Interessen, lassen sich auch bei pharmakoökonomischen Bewertungen nachweisen, bei denen die Kosteneffizienz von Therapien verglichen wurde. Von 20 Industriestudien über neue Krebsmedikamente kam nur eine (5 Prozent) zu einer negativen Einschätzung des Kosten-Nutzen-Verhältnisses, wohingegen von den 24 unabhängig finanzierten Studien derselben Medikamente 9 (38 Prozent) negativ ausfielen. In allen Fällen industrieller Finanzierung hatte der jeweilige Hersteller der bewerteten Medikamente die Studie bezahlt (Friedberg et al. 1999).

Die Ergebnisse klinischer Studien sind auf vielfältige Weise manipulierbar. Schon das Design der Studie hat große Auswirkungen auf die Wahrscheinlichkeit positiver Ergebnisse. So können Studien auf die Umstände oder Patientenpopulationen beschränkt werden, die am meisten Erfolg versprechen, auch wenn eigentlich ein größerer Anwendungskreis vorgesehen ist. Außerdem ist gezeigt worden, dass Standardtherapien in Vergleichsstudien mit neuen Medikamenten unzureichend dosiert werden, was den neuen Medikamenten einen Vorsprung verschafft (Montaner et al. 2001; Lexchin et al. 2003). Des weiteren bietet die Datengewinnung viele Eingriffsmöglichkeiten. In vielen Fällen werden mehrere klinische Zentren gleichzeitig mit der Studie beauftragt, um genügend Probanden für Studien zu gewinnen, während das finanzierende Unternehmen selbst die Daten kumuliert und auswertet. In solchen Situationen haben die klinischen Forscher oft keinen Überblick über die Gesamtheit der gewonnenen Daten und können daher letztlich nicht kontrollieren, ob ihre eigenen Beiträge angemessen verarbeitet und interpretiert wurden (Montaner et al. 2001; Collier und Iheanacho 2002). Schließlich stellen sich bei der Veröffentlichung der Studienergebnisse Fragen. Viele Studienergebnisse bleiben unveröffentlicht (vgl. Kap. II.2). Pharmaunternehmen begründen dies damit, dass nicht alle Ergebnisse wissenschaftlich oder medizinisch relevant sind und viele Studien nur explorativen Charakter haben (Hirsch 2002). Demgegenüber legen Beobachtungen die Vermutung nahe, dass positive Ergebnisse bevorzugt veröffentlicht werden. Gerade zur Markteinführung werden gehäuft positive Studienergebnisse publiziert, während negative Ergebnisse erst mit zeitlicher Verzögerung oder gar nicht veröffentlicht werden. Indem die Ergebnisse bestimmter Studien einzeln oder nur zusammen mit den Ergebnissen weiterer Studien veröffentlicht werden, kann jedoch sowohl die Gesamtaussage der Veröffentlichung als auch die Aufmerksamkeit, die einer Studie zufällt, beeinflusst werden. Dies belegt ein Vergleich zwischen veröffentlichten und der Zulassungsbehörde vorgelegten klinischen Studien zu fünf neuen Antidepressiva. Da Zulassungsbehörden in der Regel Einsicht in alle Studienergebnisse erlangen, zeigt der Vergleich, welche der vorliegenden Ergebnisse auf welche Weise veröffentlicht werden. Von den insgesamt 21 Studien, die zu einer signifikanten positiven Einschätzung der neuen Medikamente gelangten, wurden 19 einzeln veröffentlicht, die anderen beiden zusammen mit weiteren Ergebnissen. Dagegen wurden von den ebenfalls 21 Studien, die keinen signifikanten Effekt zeigten, nur sechs Studien einzeln veröffentlicht, elf zusammen mit weiteren Ergebnissen und vier überhaupt nicht (Melander et al. 2003).

Bei Entscheidungen über die Veröffentlichung von Ergebnissen sind den beteiligten klinischen Forschern oft die Hände durch vertragliche Regelungen gebunden, denen zufolge das Unternehmen dem Zeitpunkt und dem Inhalt einer Veröffentlichung zustimmen muss. In einzelnen Fällen haben Unternehmen bei Verstößen gegen diese Regelungen Schadensersatzklagen angedroht oder auf die klinische Forschungseinrichtung Druck ausgeübt, damit der Forscher entlassen wird. Unabhängig von der Finanzierungsquelle einer Studie trägt zur Einseitigkeit bei, dass negative Ergebnisse von wissenschaftlichen Zeitschriften seltener akzeptiert werden, dass sie eher in weniger renommierten Zeitschriften erscheinen und dass sie im Vergleich zu positiven Beiträgen seltener zitiert werden (Collier und Iheanacho 2002).

Schließlich steht der Gebrauch klinischer Studienergebnisse für Werbezwecke in der Kritik. So wurde gefunden, dass Werbeprospekte, mit denen bei Ärzten für Medikamente geworben wird, häufig medizinische Aussagen enthalten, die nicht an der klinischen Literatur überprüfbar sind oder inhaltlich nicht mit den zitierten Quellen übereinstimmen (Kaiser et al. 2004).

Die wissenschaftsethische Pflicht zur Unparteilichkeit erstreckt sich nicht nur auf die Durchführung von Forschung, auf die Veröffentlichung von Resultaten und auf deren Gebrauch für Werbezwecke, sondern auch auf die Auswahl von Forschungsprojekten. Forschung kann aufgrund wirtschaftlicher Interessen parteiisch sein, ohne dass die Forschungsergebnisse als solche einseitig oder verfälscht sind. Eine Schieflage pharmakologischer Forschung liegt in dem Umstand, dass die meisten industriellen Forschungsanstrengungen sich auf Krankheiten konzentrieren, die in den Industrieländern weit verbreitet sind und bei denen sich medikamentöse Therapien daher zu rentieren versprechen. Demgegenüber bleiben seltene, oft schwere Krankheiten, insbesondere aber die in Entwicklungsländern weit verbreiteten Krankheiten in der Industrie wenig erforscht. Einer Abschätzung der Weltgesundheitsorganisation zufolge fließen nur 10 Prozent der Forschungsmittel in die Bereiche, in denen 90 Prozent der Gesundheitsprobleme (vor allem in den Entwicklungsländern) liegen (Ramsay 2001). Zwar können Medikamente für seltene Krankheiten in den USA und Europa öffentliche Förderung erhalten, wenn sie als sogenannte *orphan drugs* anerkannt werden, und die öffentliche Forschung ist auch in den Industrieländern durchaus mit Tropenkrankheiten wie Malaria befasst. Dennoch spielt die Pharmaindustrie eine so wichtige Rolle in der Entwicklung und der dauerhaften Bereitstellung von Arzneimitteln, dass deren Entwicklung und Produktion ohne ausreichende Wirtschaftlichkeit vor hohe Hürden gestellt sind. Die Entwicklungsgeschichte des Medikaments Nitazoxanide illustriert einige der Konsequenzen dieser Schwierigkeiten.

Nitazoxanide ist eine Substanz, die gegen Durchfallerkrankungen eingesetzt wird, die von Protozoen der Arten *Cryptosporidium parum* und *Gardia lambia* verursacht werden. Solche Durchfallerkrankungen stellen in vielen Entwicklungsländern ein beträchtliches medizinisches Problem dar, und die Sterblichkeit insbesondere bei schlecht ernährten Kindern ist hoch. Trotzdem vergingen seit der Entdeckung von Nitazoxanide in den frühen 1970er Jahren durch eine Arbeitsgruppe um Jean-François Rossignol am Pariser Institut Pasteur 30 Jahre, bevor die Substanz 2002 für den klinischen Gebrauch zugelassen wurde. Die klinische Entwicklung wurde erst richtig in Angriff genommen, als Rossignol 1993 eine eigene Firma gegründet hatte. Erste klinische Studien in den USA konzentrierten sich auf protozoale Durchfallerkrankungen bei AIDS-Patienten und damit auf ein medizinisches Problem, das insbesondere vor der Einführung antiretroviraler Substanzen auch in den Industrieländern bestand. Erst nachdem die Studien an Schwierigkeiten bei der Gewinnung von Probanden scheiterten, wurden kontrollierte Untersuchungen bei an Durchfall erkrankten Kindern in Ägypten, Sambia und Peru durchgeführt und Nitazoxanide auf deren Grundlage zugelassen (Rossignol und Cavier 1975; White 2003; Food and Drug Administration 2004; Romark Laboratories 2004).

IV.2.3 Ausschaltung wirtschaftlicher Interessen oder Interessenpluralismus?

Angesichts solcher zum Teil eklatanter Verstöße gegen das Gebot der Unparteilichkeit mit der Folge einseitiger, verschwiegener oder gar verfälschter wissenschaftlicher Befunde liegt es nahe, eine von wirtschaftlichen Interessen freie, unabhängige Pharmaforschung zu fordern. James Robert Brown hat besonders weitreichende Maßnahmen in diese Richtung vorgeschlagen. Brown zufolge sollte die medizinische und pharmakologische Forschung *vollständig* öffentlich finanziert werden. Dies soll dadurch erreicht werden, dass Patente auf pharmazeutische Innovationen abgeschafft werden, was der industriellen Pharmaforschung die wirtschaftliche Grundlage entziehen würde. Die Mittel, die in öffentlichen Gesundheitssystemen mit der einhergehenden Verbilligung von Arzneimitteln eingespart werden, sollten dann für die Finanzierung öffentlicher Forschung aufgewendet werden (Brown 2002; Brown 2007).

Eine konkrete Umsetzung dieses Vorschlags wirft allerdings eine große Zahl von Fragen auf. Einerseits müssten pharmazeutische Patente in *allen* wichtigen Pharmamärkten abgeschafft und die Pharmaforschung öffentlich finanziert werden, denn sonst würden patentgeschützte nationale Pharmamärkte bestehen bleiben, auf denen aufgrund des globalen Wettbewerbs staatliche und private Anbieter konkurrieren. Damit wäre auch die staatliche Forschung letztlich wieder wirtschaftlichen Zwängen unterworfen. Andererseits ist *nirgendwo* der politische Wille zu solchen weitreichenden Veränderungen erkennbar. Selbst wenn man den Vorschlag als reine Utopie versteht, sind grundlegende Schwierigkeiten erkennbar. Eine verstaatlichte, nicht auf Gewinn abzielende Pharmaforschung und -entwicklung müsste auf die Allokations- und Koordinationsleistungen des globalen Marktes verzichten. Es wird damit unklar, wie die Forschungsausgaben nicht nur national beispielsweise auf private und öffentliche Krankenkassen, sondern auch international auf die verschiedenen nationalen Gesundheitssysteme umzulegen wären. Ebenso müssten die Forschungsprioritäten, die von Unternehmen bisher mit Blick auf die weltweite Konkurrenz und die Aussichten der Refinanzierung durch patentgeschützte Neuentwicklungen festgelegt werden, international neu koordiniert werden.

Ein noch grundsätzlicheres Problem scheint aber schon in der Idee einer unabhängigen, von Interessen freien biomedizinischen Forschung zu liegen, denn auch öffentlich finanzierte biomedizinische Forschung soll therapeutisch nützlich und damit bestimmten Interessen dienlich sein. Es kann daher gerade nicht das Ziel sein, den Einfluss von Interessen auf die biomedizinische Forschung völlig auszuschalten. Vielmehr muss die Forschung den dringlichsten medizinischen Problemen und damit den *berechtigten* Interessen gerecht werden. Es ist jedoch unklar, warum gerade eine öffentliche Finanzierung dazu führen soll, dass diese Interessen in der Forschung besser repräsentiert sind und auch wirksam implementiert werden. Bei genauerem Hinsehen scheinen vielmehr die wesentlichen in Frage kommenden Akteure einer staatlichen Forschung – in Deutschland vor allem akademische Forscher, Ärzteorganisationen und öffentliche Krankenkassen – starke eigene Interessen zu besitzen. So honoriert die Wissenschaft vor allem grundlegende wissenschaftliche

Leistungen und in der Regel viel weniger die Entwicklung neuartiger oder verbesserter praktischer Anwendungen. Es wäre daher zu befürchten, dass eine sich selbst überlassene akademische Wissenschaft sich vor allem wissenschaftlich reizvollen und nicht vorwiegend medizinisch gebotenen Problemen zuwendet. Die Krankenkassen ihrerseits stehen untereinander im Wettbewerb und müssen daher vor allem ihren Mitgliedern einen erkennbaren Vorteil bieten, der nicht unbedingt in gemeinnützigen Beiträgen zur Entwicklung neuer, wirksamer Therapien liegen muss. Die Debatten um Reformen im Gesundheitswesen zeigen vielmehr, dass die Krankenkassen oft auf eine Beschränkung der Behandlungskosten dringen, um Beitragssätze stabil halten zu können, wohingegen Ärzteorganisationen dadurch auffallen, dass sie Beschränkungen der Mittel für ärztliche Therapien ablehnen.

Dies legt nahe, dass eine von ›einseitigen‹ Interessen völlig freie pharmazeutische Forschung nicht zu haben sein wird. Die Alternative könnte stattdessen sein, den dominierenden Einfluss bestimmter Interessen dadurch zu verhindern, dass die Akteure mit unterschiedlichen Interessen im wissenschaftlichen Wettstreit stehen und so die jeweilige Voreingenommenheit wechselseitig kontrollieren (Resnik 2000; Carrier 2007). Hinter dieser Vorstellung steht ein pluralistisches Verständnis wissenschaftlicher Objektivität, wonach nicht die Unparteilichkeit des einzelnen Forschers, sondern die effektive gegenseitige Kontrolle einer eventuellen Voreingenommenheit zu den besten wissenschaftlichen Ergebnissen führt (Woodward und Goodstein 1996).

Tatsächlich lässt sich ein großer Teil der Maßnahmen, die zur Vermeidung der dargestellten Verzerrungen pharmazeutischer Forschung diskutiert und implementiert werden, als an diesem interessenpluralistischen Modell orientiert verstehen. So wird eingestanden, dass pharmazeutische Forschung und Entwicklung ohne die umfassenden Beiträge von Unternehmen nicht möglich sind und diese daher für ihre Innovationen Patentschutz erhalten sollten. Zugleich wird aber gefordert, dass *mehr* öffentlich finanzierte Forschung stattfindet, damit mehr Ergebnisse gewonnen werden, die nicht von wirtschaftlichen Motiven beeinflusst sind. Als Träger solcher öffentlich finanzierter Forschung sind sowohl öffentliche klinische Zentren (etwa Universitätskliniken) als auch Zulassungsbehörden (wie die U.S.-amerikanische Food and Drug Administration) aktiv. Gerade in den USA finanzieren zunehmend auch private Stiftungen oder Patientenorganisationen klinische Studien (Resnik 2000). In Deutschland soll das von Ärzteorganisationen und Krankenkassen getragene *Institut für Qualität und Wirtschaftlichkeit im Gesundheitswesen* eine von wirtschaftlichen Interessen unabhängige Bewertung von Therapien vornehmen (IQWiG 2004). Die Position der Regulierungsbehörden wird in Europa schließlich durch ein zentrales Register gestärkt, an das alle klinischen Studien zu melden sind. Eine

Behörde kann dann bei einem Zulassungsantrag die ihr vorgelegte Evidenz besser beurteilen, da sie einen Überblick über alle Studien erhält, die von dem beantragenden Unternehmen oder anderen geplant oder durchgeführt wurden. Allerdings wird in diesem Fall der Pluralismus der Interessen dadurch eingeschränkt, dass nur Zulassungsbehörden, nicht aber akademische und klinische Forscher oder die breite Öffentlichkeit Zugang zu den registrierten Daten erhalten (Albrecht 2004).

Die medizinischen Fachzeitschriften besetzen eine Schlüsselposition in der klinischen Forschung und Praxis, da sie die zentralen Organe der Kommunikation klinischer Resultate sind. Sie sind damit für die akademische Wissenschaft, die medizinische Praxis und die Pharmaindustrie von großer Bedeutung, denn die Veröffentlichung einer Studie in einer angesehenen und weit verbreiteten Zeitschrift trägt nicht nur den Autoren wissenschaftliches Renommee ein, sondern kann auch die medizinische Praxis nachhaltig beeinflussen. Daher sind positive Bewertungen von Medikamenten in diesen Zeitschriften von besonders großem wirtschaftlichem Wert für die Arzneimittelhersteller. Medizinische Fachzeitschriften haben dies wiederholt dazu genutzt, um eine bessere Kontrolle wirtschaftlicher Interessen durchzusetzen. Die Herausgeber führender medizinischer Fachzeitschriften haben unter anderem beschlossen, dass Autoren Interessenkonflikte offen legen müssen. Der Sponsor der klinischen Studien ist zu benennen und die Autoren müssen erklären, ob sie durch persönliche Honorare oder durch Aktienbesitz finanziell mit den Herstellern bewerteter Medikamente verbunden sind (Davidoff et al. 2001). Zudem werden die Studien nur dann veröffentlicht, wenn sie bereits vor Beginn der Probandenregistrierung in einem öffentlichen Register für Arzneimittelstudien angemeldet wurden (DeAngelis et al. 2004).

Die Zeitschriften selbst sind jedoch auch nicht frei von wirtschaftlichen Abhängigkeiten. In Einzelfällen wurde berichtet, dass Artikel abgelehnt wurden, weil Journale befürchteten, dass deren Inhalt wichtige Werbekunden verärgern würde (Dyer 2004). Der höchste Wert einer Fachzeitschrift liegt jedoch in ihrer Glaubwürdigkeit, sodass einseitige, von wirtschaftlichen Interessen bestimmte Veröffentlichungen ihre Geschäftsgrundlage bedrohen. Aus der Perspektive des interessenpluralistischen Modells kann man daher die Maßnahmen der Zeitschriften zur Offenlegung von Interessenkonflikten im Zusammenhang mit klinischen Studien als Versuch bewerten, auch die eigene Position als Forum für glaubwürdige und verlässliche wissenschaftliche Information zu erhalten.

Die wachsende Zahl von Untersuchungen zu Umfang und Ursachen der Einflussnahme auf klinische Studien wird mitunter schon als »Epidemiologie industriefinanzierter Forschung« bezeichnet und ist bereits zu einem eigenen, wissenschaftlich akzeptablen Untersuchungsbereich geworden, in dem sich wissenschaftliches Ansehen gewinnen lässt. Diese Entwicklung lässt sich als Reaktion der Wissenschaft verstehen, das eigene Interesse an Glaubwürdigkeit zu wahren (Montaner et al. 2001). Da die entsprechenden Studien häufig in führenden Fachzeitschriften veröffentlicht und zudem in den populären Medien aufgegriffen werden, erhöht sich der öffentliche Druck, die Missstände zu beheben (z. B. von Lutterotti 2003; Paulus 2004).

Die Arzneimittelindustrie in Deutschland hat ihrerseits mit der Gründung eines Vereins zur freiwilligen Selbstkontrolle der eigenen Marketingmaßnahmen auf ihren schlechten Ruf reagiert. In einem Kodex wird beschrieben, welcher Art Vorteile für Ärzte bei Fortbildungen und welche Vergütungen für ärztliche Leistungen im Rahmen von Anwendungsbeobachtungen und für Vorträge unzulässig sind. Durch eine Schiedsstelle mit zwei Instanzen können bei Verstößen Bußgelder verhängt oder öffentliche Rügen ausgesprochen werden. Diese Selbstkontrolle kann jedoch nicht nur als Versuch der Wahrung (oder Wiederherstellung) der Glaubwürdigkeit des Pharmamarketing verstanden werden. Das System der freiwilligen Selbstkontrolle ist auch eine Maßnahme, den fairen wirtschaftlichen Wettbewerb zwischen den Unternehmen zu sichern, der Firmen nicht zu illegalen oder unmoralischen Marketingstrategien drängt. Sie wurde deshalb auch vom Bundeskartellamt als Wettbewerbsregel anerkannt (FS Arzneimittelindustrie 2004).

IV.2.4 Voraussetzungen einer pluralistischen Kontrolle wirtschaftlicher Interessen

Die vielfältigen vorgeschlagenen und realisierten Maßnahmen sind also auf verschiedenen Ebenen angesiedelt. So gibt es Reaktionen wie die von den Zeitschriften erlassenen Richtlinien für Veröffentlichungen. Zugleich hat der Gesetzgeber mit regulatorischen Eingriffen reagiert. Krankenkassen und Ärzteverbände wurden im Rahmen der Gesundheitsreform 2003 gesetzlich dazu verpflichtet, das erwähnte Institut für Qualität und Wirtschaftlichkeit im Gesundheitswesen zu gründen. Schließlich gibt es Fälle von Selbstregulierung, zu denen die Marketingrichtlinien in der Pharmaindustrie, aber auch die ›epidemiologische‹ Erforschung des Einflusses wirtschaftlicher Interessen gezählt werden können. Da es von vielen Umständen abhängt, welche Maßnahmen den verschiedenen Akteuren offen stehen und ob sie erfolgreich sind, lässt sich deren Erfolg sicherlich nicht pauschal beurteilen. Sie legen jedoch nahe, dass es generelle Bedingungen dafür gibt, damit das pluralistische Modell der Kontrolle und Minimierung wirtschaftlicher Interessen wirksam sein kann.

Eine Reihe der Maßnahmen zielt darauf ab, sowohl die Interessen als auch die Evidenzlage transparenter zu machen. Zwar wird durch die Offenlegung von möglichen Konflikten zwischen dem Inhalt einer Veröffentlichung und den finanziellen Interessen des Autors noch keine Unparteilichkeit sichergestellt. Die Leser erhalten aber Hinweise auf mögliche Einflüsse und können damit den Artikel in Kenntnis dieser möglichen Abhängigkeit beurteilen. Auf ähnliche Weise wird durch die Offenlegung aller klinischen Studien die Möglichkeit geschaffen, die vorgelegten Daten vor dem Hintergrund umfassenderer Informationen einzuordnen. Die genaue Kenntnis von Ursprung und Umfang wissenschaftlicher Evidenz ist demnach eine wichtige Voraussetzung der gegenseitigen Kontrolle von Interessen im interessenpluralistischen Modell.

Doch auch wenn alle Daten und Interessen offen liegen, muss daraus noch kein echter Interessenwettbewerb folgen, denn die Teilnahme am Wettbewerb erfordert Kompetenzen und Ressourcen, über die nicht alle interessierten Parteien unbedingt ausreichend verfügen. Eine wichtige Maßnahme zielt deshalb darauf ab, die Ressourcen öffentlicher und von Regulierungsbehörden in Auftrag gegebener klinischer Forschung zu erhöhen. Es ist zwar nicht erforderlich, dass allen Parteien ungefähr gleiche Mittel zur Verfügung stehen. Schließlich ist unter den Bedingungen von Transparenz die Quelle möglicher Beeinflussung der Informationen für alle erkennbar. Dennoch sollten alle Parteien über ausreichende Mittel verfügen, dann eigene Studien in Auftrag geben zu können, wenn sie den Verdacht hegen, dass die von anderer Seite veröffentlichten Daten einseitig sind. Erst unter dieser Bedingung ist eine gleichwertige Teilnahme am Interessenwettbewerb möglich.

Selbst wenn Gleichwertigkeit der Mittel und Transparenz gegeben sind, scheint noch keineswegs ein Wettbewerb gesichert, der zu erhöhter Verlässlichkeit medizinischen Wissens und zugleich zur Lösung der dringlichsten medizinischen Probleme führt. Akteure, die aus wirtschaftlichen (oder anderen) Motiven über berechtigte medizinische Interessen hinweggehen, müssen zwar nun damit rechnen, dass die Einseitigkeit ihrer Interessen kritisiert wird, doch ist denkbar, dass die Reaktion darauf nicht in einer angemessenen Berücksichtigung konkurrierender Interessen, sondern in verstärkten Anstrengungen propagandistischer Rhetorik und des Marketing liegen werden. Solche Reaktionen sind nur dann nicht zu erwarten, wenn alle Akteure selbst zu einem gewissen Grad die Glaubwürdigkeit wissenschaftlicher Ergebnisse und die Berücksichtigung berechtigter Interessen in medizinischer Forschung als solche wertschätzen und sich der größeren Legitimität neutraler Forschung bewusst sind. Nur dann werden sie in der Verfolgung ihrer Interessen nicht auf eklatante Verstöße gegen diese Normen setzen, sondern in einen fairen Wettstreit mit anderen eintreten. Eine zusätzliche

Voraussetzung des interessenpluralistischen Modells ist daher, dass die wissenschaftsethische Norm der Unvoreingenommenheit im oben diskutierten Sinn als Streben nach objektiver, den berechtigten Interessen dienlicher wissenschaftlicher Erkenntnis zumindest in gewissem Umfang tatsächliche Wirkung entfaltet. Die wissenschaftsethische Geltung der Norm wird damit durch das interessenpluralistische Modell bekräftigt. Es bleibt dabei jedoch dahin gestellt, ob die etablierten oder diskutierten Mechanismen der Interessenkontrolle und der Durchsetzung moralischer Normen wirkungsvoll genug sind, um Glaubwürdigkeit und Zuverlässigkeit der pharmazeutischen Forschung zu sichern.

IV.3 Nationale Ethikkommissionen: Funktionen und Wirkungsweisen

Nationale Ethikkommissionen haben Aufklärungs-, Beratungs-, Informations- und Warnfunktionen insbesondere hinsichtlich der lebenswissenschaftlichen und medizinischen Forschung. Sie sind Symbole dafür, dass sich die Politik des die menschliche Integrität betreffenden und daher gesellschaftlich besonders sensiblen Wissenschaftsfortschritts in verstärktem Maße annimmt. Ihre Arbeitsweise und die Akzeptanz ihrer Resultate in der Wissensgesellschaft zeigen die gesteigerte Bedeutung von disziplinenübergreifenden Lösungsansätzen. Die Kombination von Aufarbeitung wissenschaftlicher Grundlagen und Folgenbewertung, expliziter Einbeziehung gesellschaftlicher Wertvorstellungen und Informationsfunktion für die Gesellschaft macht sie zu Expertengremien eigener Art.

Die Anwendungsperspektiven insbesondere der lebenswissenschaftlichen und medizinischen Forschung haben zu neuen Institutionen geführt. Als Schnittstelle zwischen Wissenschaft, Politik und Öffentlichkeit ist ihre Aufgabe die Moderation von Auseinandersetzungen um die Verantwortbarkeit der Umsetzung wissenschaftlichen Wissens. Es handelt sich um die seit den 1980er Jahren in vielen Ländern entstandenen sog. nationalen Ethikkommissionen. Ihre Gründung folgt der Nachfrage nach Orientierungswissen angesichts wissenschaftlicher Entwicklungen, die im Konflikt mit gesellschaftlichen Moralvorstellungen stehen. Sie zeigen einen neuen Bedarf an ethischer Beratung vor dem Hintergrund rasanter wissenschaftlicher Entwicklungen. Ihre Arbeitsweise illustriert, dass sich adäquate Problemlösungen oftmals nicht innerhalb von einzelnen Disziplinen finden lassen. Mit Blick auf ihre typischen Aufgaben, ihre Zusammensetzung und den Ertrag ihrer Tätigkeit lässt sich sagen, dass sie neuartige Strukturen der Wissensgesellschaft abbilden. Dies sind in erster Linie die *Ethisierung* von Wissenschaft und Technik (s. Kap. IV.1), *Interdisziplinarität* als Überschreitung der Problemlösungsansätze einzelner Fachrichtungen (s. Kap. III.5) und teilweise *Transdisziplinarität* durch die Einbeziehung nichtwissenschaftlicher Akteure. Zu den Neuerungen gegenüber herkömmlichen Sachverständigengremien gehört eine besondere Art der Expertise, die sich durch einen expliziten Wertbezug und die Betonung einer Informations- und Anregungsfunktion auszeichnet (s. allgemein zum Charakter von Forschung für die Politik, Kap. II.5). Ihre breite internationale Streuung zeigt, dass es sich bei den nationalen Ethikkommissionen nicht um hier und da auftretende Zufallserscheinungen handelt. In Europa existieren sie in knapp zwanzig Staaten, hinzukommen die USA, Kanada, Australien, einige südamerikanische Länder sowie Teile des asiatischen Raums.[2] Die Vorschläge der Ethikkommissionen haben teilweise erheblichen Einfluss auf die öffentliche Diskussion und politische Willensbildung gehabt. In der Wissensgesellschaft hat sich mit ihnen eine neue Institution herausgebildet, in der Wissenschaft und Politik aufeinander treffen und die unter Bezug auf geltende Werte die Kontrolle über bestimmte Wissensbereiche sicherstellen soll. Der darin zu sehende Versuch, wertbezogene Reflexion zu institutionalisieren, trifft jedoch auf einen gesellschaftlichen Wertepluralismus. Auf der einen Seite wollen die Ethikkommissionen diesen abbilden, während sie auf der anderen Seite Stellung beziehen wollen. Damit laufen sie Gefahr, den Pluralismus durch die Festlegung auf eindeutige Entscheidungen unberücksichtigt zu lassen. Soll die Wissenschaft in den gesellschaftlichen Wertekanon eingebettet sein und die Wissensproduktion verantwortungsvoll sein, sind spezielle Verfahren der Entscheidungsfindung erforderlich.

IV.3.1 Ethikkommissionen – Ziele und Funktionen eines neuen Institutionentyps

Bereits zu Beginn der 1970er Jahre waren institutionelle Ansätze zu einer Neubestimmung des Verhältnisses der Wissenschaft zu gesellschaftlichen Werten mit der Einrichtung sogenannter medizinischer

2 Die empirische Grundlage für die folgenden Betrachtungen stellt insbesondere eine von *Endres* im Jahr 2003 unter 20 nationalen Ethikkommissionen durchgeführte Umfrage dar. Dabei handelt es sich um das *Australian Health Committee* (1993), das *Comité Consultatif de Bioéthique de Belgique* (1997), den dänischen *Det Etiske Rat* (1988), den deutschen *Nationalen Ethikrat* (2001), das finnische *National Advisory Board on Research Ethics* (1991), die britischen *Nuffield Council on Bioethics* (1991) und die *Human Genetics Commission* (1999), das isländische *National Bioethics Committee* (1997), die luxemburgische *Commission consultative nationale d'éthique pour les sciences de la vie et de la santé* (k. Ang.), das *Malta Bioethics Consultative Committee* (1989), das niederländische *Standing Committee on Medical Ethics and Health Law of the Health Council* (1977), die drei norwegischen Ethikkommissionen für Forschungsethik: *National Committee for Medical Research Ethics, for Research Ethics in Science and Technology, for Research Ethics in the Social Sciences and the Humanities* (1990), die österreichische *Bioethikkommission beim Bundeskanzleramt* (2001), den *Philippine Council for Health Research and Development* (1985), die *Eidgenössische Ethikkommission für die Biotechnologie im außerhumanen Bereich* (1998) und die schweizerische *Nationale Ethikkommission im Bereich der Humanmedizin* (2001), das tunesische *Comité national d'éthique médicale* (1994) sowie den amerikanischen *President`s Council on Bioethics* (2001).

Ethikkommisionen an vielen medizinischen Fakultäten und Ärztekammern in den USA und später auch in anderen Ländern erkennbar. Diese in der Regel interdisziplinär zusammengesetzten Gremien entscheiden seitdem über einzelne Forschungsvorhaben insbesondere an Patienten und Probanden. In ihren Ursprüngen waren sie noch freiwillige Formen der Selbstkontrolle, durch die sich wissenschaftliche Institutionen, Einrichtungen der Forschungsförderung und einzelne Berufsgruppen möglichst frei von staatlichen Reglementierungen halten konnten (vgl. Nocke 1995: 359 ff.). Später haben sie etwa in Deutschland durch die Einbindung in das Arzneimittel- und das Medizinproduktegesetz auch auf rechtsvollziehender Ebene Bedeutsamkeit erlangt (dazu Sommermann 2003: 82 f.). Inzwischen werden jedoch die Anwendungsoptionen einzelner Wissenschaftsbereiche zunehmend als ein Problem empfunden, das grundsätzlichere Reflexionen und Regelungen verlangt. Der Grund dafür liegt vor allem in der Sensibilität der betroffenen Güter wie Leben, Gesundheit und Menschenwürde, sowie in Fragen der Autonomie und Verteilungsgerechtigkeit. Hinzu kommt die Befürchtung vor unumkehrbaren Folgen biowissenschaftlicher Forschung. Entsprechend richten sich die Forderungen nach Regulierung vornehmlich an die Politik. Für die Politik wäre es riskant, angesichts der schnellen Fortschritte in den einschlägigen Forschungsbereichen keine angemessenen Regulierungsmöglichkeiten zeitnah präsentieren zu können. Es kommt erschwerend hinzu, dass es sich um Problemstellungen handelt, für deren Lösung eine persönliche Kompetenz bei den politischen Entscheidern nicht erwartet werden kann (vgl. Kuhlmann 2002: 26).

Die Politik hat zur Bearbeitung des Problems nicht auf die konventionellen Typen der Beratung, wie Ad-hoc Gremien oder parlamentarische Enquetekommissionen zurückgegriffen. Stattdessen schaffte sie mit den nationalen Ethikkommissionen eine Institution eigener Art für die Reflexion der Bezüge, die wissenschaftliches Wissen zu gesellschaftlichen Werten hat. Dabei dürfte die Hoffnung mit ausschlaggebend gewesen sein, dass diese Kommissionen durch ihre dauerhafte Einsetzung und ihr Recht auf eigenständige Auswahl der zu behandelnden Fragen eher in der Lage sein würden, auf aktuelle Entwicklungen zu reagieren als beispielsweise Enquetekommissionen. Das Problem der Politik ist, dass sich der gesetzliche Regelungsbedarf häufig erst sehr spät zeigt, wenn nämlich bestimmte Forschungsrichtungen in Vorbereitung sind bzw. bereits eingeschlagen wurden. Die Diskussion um eine gesetzliche Regelung des Imports humaner embryonaler Stammzellen z. B. wurde in Deutschland erst akut, als bereits entsprechende Anträge bei der Deutschen Forschungsgesellschaft (DFG) eingereicht worden waren. Durch die nationalen Ethikkommissionen soll nunmehr sichergestellt werden, dass die rasanten Entwicklungen in den Wissenschaften umgehend diskutiert und deren Folgen reflektiert werden.

FORSCHUNG IM GESELLSCHAFTLICHEN KONTEXT

Von den in unserer Umfrage näher untersuchten Kommissionen (s. Anm. 2) sind fast alle auf Initiativen insbesondere von Regierungen, teilweise in Verbindung mit dem Parlament (Schweiz) zurückzuführen. Ausnahmen sind der *Dänische Ethikrat*, der allein vom Parlament angeregt wurde, sowie der einflussreiche britische *Nuffield Council on Bioethics*, der innerhalb einer Bürgerstiftung gegründet wurde. Zu weiteren Akteuren, die nach Auskunft der Ethikkommissionen die Gründung vorantrieben, gehören etwa in Finnland die Akademie der Wissenschaften und in Norwegen der Forschungsrat sowie Berufsorganisationen.

Hinsichtlich der konstitutiven Aufgaben der Ethikkommissionen zeigt ein Vergleich entsprechender Vorschriften bestimmte, immer wiederkehrende Übereinstimmungen. Ihre zentrale Aufgabe wird in der Regel mit ethischer Beratung und der Evaluation neuer Entwicklungen in Biologie, Medizin oder Lebenswissenschaften beschrieben. Teilweise wird ausdrücklich gefordert, dass naturwissenschaftliche, juristische und gesellschaftliche Fragen berücksichtigt werden sollen. Die amerikanische und die philippinische Ethikkommission sollen sich zusätzlich mit den Verhaltenswissenschaften (*behavioral science*) befassen. Bei einigen nationalen Ethikkommissionen finden sich thematische Begrenzungen, deren Begründung in der Arbeitsteilung mit bereits bestehenden Gremien zu finden ist. Dies ist in Österreich die Beschränkung auf die Humanmedizin und -biologie mit Blick auf die Gentechnikkommission (dazu Gmeiner und Körtner 2002: 166). In der Schweiz widmet sich die 1998er-Kommission der Biotechnologie im außerhumanen Bereich, während die 2001 gegründete Ethikkommission für Fragen der Humanmedizin zuständig ist. Die thematisch breiteste Auffächerung von Ethikkommissionen findet sich in Norwegen. Gemäß dem sog. norwegischen Modell existiert dort eine Kommission für Ethik der medizinischen Forschung, eine weitere für Forschungsethik in Wissenschaft und Technik, und die dritte nationale Ethikkommission befasst sich mit Forschungsethik in den Sozial- und Geisteswissenschaften.

Die politische Beratung der Ethikkommissionen zeigt verschiedene Abstufungen der Wirkung. In den USA und in Österreich beraten sie primär die Regierungsspitzen. Der deutsche nationale Ethikrat und die schweizerische Kommission für Humanmedizin können ausdrücklich sowohl von den Regierungen als auch von den Parlamenten um Rat ersucht werden. Die dänische Kommission und die britische *Human Genetics Commission* beraten vor allem die Gesundheitsminister. In Australien und den Niederlanden richtet sich die Tätigkeit in erster Linie auf Entscheidungen von Behörden wie die nationalen Gesundheitsräte. Einige Kommissionen üben zusätzlich Kooperationen und Beratungen für medizinische Ethikkommissionen aus. Entstehungsgeschichtlich sind zwar fast alle Ethikkommissionen auf den konkreten Beratungsbedarf der Politik zurückzuführen, wobei ihnen auch Unabhängigkeit in der Entscheidungsfindung zugesichert wurde; inzwischen hat sich die institutionelle Stellung der nationalen Ethikkommissionen jedoch dadurch weiter verfestigt, dass sie übereinstimmend auch selbständig Themen wählen können.

Es geht den Kommissionen jedoch nicht nur um Politikberatung. In den Gründungsdokumenten wird durchgehend die Information und auch die Einbindung der Öffentlichkeit hervorgehoben. Nahezu alle untersuchten Ethikkommissionen sehen es ausdrücklich als ihre Aufgabe an, die öffentliche Debatte anzuregen. Laut Satzung des Nationalen Ethikrates in Deutschland gehört es zu seinen Hauptaufgaben, der Öffentlichkeit Informations- und Diskussionsangebote zu unterbreiten und öffentliche Konferenzen zu ethischen Fragen im Bereich der Lebenswissenschaften durchzuführen. In den USA gehört *public education* zur expliziten Aufgabe des President's Council. Im Gegensatz zu konventionellen Expertengremien, auch zu den medizinischen Ethikkommissionen oder den mit der Ethik der Patientenversorgung befassten klinischen Ethik-Komitees sowie zu den bei Interessenverbänden oder Kirchen angesiedelten ethisch orientierten Beratungsgremien, lässt sich daher von »gesellschaftsorientierten« Ethikkommissionen sprechen (so Taupitz 2003: 818).

Als Ertrag der Beratungsbemühungen sind typischerweise Gutachten oder Empfehlungen vorgesehen, die teilweise einzelne Anfragen beantworten, hauptsächlich aber Leitlinien für politische Entscheidungen liefern sollen. Etwa ein Drittel der befragten Kommissionen evaluiert dabei konkrete Gesetzesvorlagen. Lediglich ein Viertel sieht es als Aufgabe an, von sich aus Gesetzesvorschläge zu entwickeln. Hier wirken sich auch politisch-kulturelle Besonderheiten aus: Die beiden Ethikkommissionen in der traditionell direktdemokratisch geprägten Schweiz erarbeiten Gesetzestexte. Auch die österreichische Kommission befasst sich mit der Erarbeitung von Gesetzestexten, wobei sich bei ihr die enge organisatorische und räumliche Anbindung an das Bundeskanzleramt zeigt. Im übrigen geben die meisten Ethikkommissionen an, dass sie auch als Konsultationsgremien für Forschungseinrichtungen, z.B. bezüglich der Richtlinien für medizinische Forschung, und für die Öffentlichkeit fungieren.

Wenn damit auch die im internationalen Vergleich festzustellenden Aufgaben nicht vollständig bezeichnet sind – hinzufügen lassen sich etwa die Zusammenarbeit mit anderen nationalen Ethikkommissionen und Ethikgremien sowie die Initiierung internationaler Regelungen – so liegt das übergreifende Hauptziel in der ›Einbettung‹ wissenschaftlichen Wissens aus dem Bereich der Lebenswissenschaften in den politischen und gesellschaftlichen Raum unter Berücksichtigung seiner ethischen Bedeutsamkeit.

IV.3.2 Inter- und Transdisziplinarität als Grundlagen der ethischen Beratung

In ihrer Funktion der Politikberatung liefern die Ethikkommissionen eine neue Art der Expertise. Ihre Arbeit entspricht nicht der anderer Expertenkommissionen, die jeweils auf ein bestimmtes wissenschaftliches Instrumentarium zurückgreifen und daraus eindeutige Lösungen abzuleiten versuchen. Der deutsche Ethikrat sieht seine Arbeit vielmehr ausdrücklich in der *Bündelung* des interdisziplinären Diskurses von Naturwissenschaften, Medizin, Theologie, Sozial- und Rechtswissenschaften. Zudem soll er die gesellschaftliche und politische Debatte unter Einbeziehung verschiedener Gruppen organisieren. Ähnlich soll der 2001 gegründete amerikanische *President's Council on Bioethics* u. a. ein »Forum für die nationale Diskussion über bioethische Themen« darstellen. Die *Human Genetics Commission* will einen Überblick über die einschlägigen Regelungen bereitstellen und Lücken, Überschneidungen, Fragmentierungen und andere Probleme prüfen. Dadurch soll eine größere Transparenz hergestellt werden, um das Vertrauen der Öffentlichkeit und betroffener Berufsgruppen in die neuen Wissensbereiche herzustellen. Außerdem soll sichergestellt werden, dass ethische Fragen *vollständig* in Betracht gezogen werden.

Die Aufgabenstellung der Ethikkommissionen erfordert eine personelle Besetzung, die verschiedene Wissensbereiche integriert. Grundsätzlich sind zunächst die wissenschaftlichen Disziplinen repräsentiert, die nach Auffassung der Kommissionen bzw. deren Gründern einen identifizierbaren Beitrag zum Thema leisten können. Die in der Regel zwischen 10 und 25 Mitglieder sollen in erster Linie das systematische Wissen abbilden, das die gekennzeichneten Bereiche betrifft. Zu den üblicherweise vertretenen Berufsgruppen gehören einschlägig forschende oder praktizierende Mediziner und Biologen sowie Juristen mit Schwerpunkten auf dem Verfassungs- und Medizinrecht. Typischerweise sehen die Arbeitsrichtlinien der Kommissionen außerdem die Präsenz von Vertretern aus weiteren Gebieten der Natur- und den Sozialwissenschaften vor. Anders als es die Selbstbezeichnungen der Gremien vermuten ließen, sind Philosophen und Theologen als einschlägige Vertreter moralbezogener Wissenschaften nur eine Gruppe unter anderen, deren Anteil bei den Beispielkommissionen im Durchschnitt zwischen 10 und 20 Prozent liegt. In Frankreich werden fünf von den 38 Mitgliedern so ausgewählt, dass die Leitphilosophien und verschiedene religiöse Einstellungen vertreten sind. Beim dänischen Ethikrat und bei der Ethikkommission in Malta finden sich unter den Mitgliedern jeweils sieben Personen aus dem medizinischen Bereich, aber kein Philosoph. Eine Ausnahme ist die schweizerische Ethikkommission für den außerhumanen Bereich, in der die Mitglieder alle als Experten für Ethik ausgewiesen werden, auch wenn sie aus verschiedenen Fachbereichen kommen. Tatsächlich sind sieben der 12 Kommissionsmitglieder und der Präsident Philosophen. Fast alle Ethikkommissionen greifen überdies auf externe Experten zurück.

Außerdem lassen sich die Ethikkommissionen als transdisziplinäre Organisationen begreifen. Für die Kommissionen gilt ein Verständnis von Transdisziplinarität als Adressatenorientierung durch Partizipation z. B. von Politikern oder Verbandsvertretern. Allein aufgrund des Wertbezugs ihrer Tätigkeit betonen sie die Abbildung verschiedener Moralvorstellungen durch die Einbeziehung außerwissenschaftlicher Beiträge. Häufig wird offensiv vertreten und auch durchgesetzt, dass Laien mit zu den Kommissionsmitgliedern gehören. Dazu werden häufig Philosophen oder *Elder Statesmen* gezählt, aber auch Menschen, die sich in ihrer praktischen Tätigkeit mit ethischen Problemen konfrontiert sehen, z. B. Krankenhauspersonal. Der Versuch der Einbeziehung unterschiedlicher gesellschaftlicher Strömungen und einer gewissen politischen Repräsentation zeigt sich vor allem an der belgischen Ethikkommission. Diese möchte eine ausgeprägte transdisziplinäre Zusammensetzung dadurch sicherstellen, dass neben »wissenschaftlichen Milieus« auch »ideologische und philosophische Tendenzen«, Männer und Frauen und sprachliche Einheiten repräsentiert sein sollen. Zu den Mitgliedern des deutschen Ethikrats gehören zudem Vertreter des DGB und gemeinnütziger Vereine, die sich mit Behindertenhilfe oder einer bestimmten Krankheit befassen. Eine weitere Gruppe sind in einigen Ländern z. B. in Frankreich Vertreter von Regierung und Parlament, während z. B. in Deutschland eine Inkompatibilitätsregelung mit Blick auf politische Funktionen eingeführt wurde. Andere Berufsgruppen, die jedoch nur gelegentlich erscheinen, sind Lehrer und Psychologen. Ökonomen sind nur marginal in nationalen Ethikkommissionen vertreten (beim Stand der Untersuchung lediglich in Dänemark und Norwegen), was darauf hindeuten mag, dass die wirtschaftlichen Aspekte der Erkenntnisse der Lebenswissenschaften eine untergeordnete Rolle bei der ethischen Beratung spielen. Einige Kommissionen beziehen auch Vertreter nichtakademischer Berufe ein, wie z. B. das *Australian Health Ethics Committee* medizinisches Hilfspersonal und Vertreter sozialer Dienste. In Dänemark wird als weitere Variante die Mitgliedschaft von Laien betont.

Besonders an der Mitgliedschaft von Theologen zeigt sich das Bemühen der Kommissionen um eine möglichst breite Repräsentation nicht nur von Vertretern der Wissenschaften, sondern auch sozialer Gruppen. In fast allen Kommissionen gehört mindestens ein Mitglied einer der Hauptreligionen des jeweiligen Landes an. Aufgrunddessen kommt es auch zu Mischformen zwischen Inter- und Transdisziplinarität, zumal zum einen theologischer Sachverstand eingebunden werden soll, die jeweiligen Vertreter jedoch zugleich in der Regel verschiedene Kirchen als gesellschaftliche Kräfte repräsentieren. Die heterogene Zusammensetzung ermöglicht den nationalen Ethikkommissionen eine neue Art der Beratung. Die Besonderheit ihrer Expertise besteht darin, dass sie mittels dieser Mitgliederstruktur wissenschaftliche Sachinformationen, ethische und normative Diskussionen miteinander in Beziehung setzen. Im Kontext der Beratung werden zunächst die naturwissenschaftlichen, juristischen, sozialwissenschaftlichen und weiteren einschlägigen Grundlagen geklärt. Darüberhinaus soll aber auch dem Wertepluralismus Rechnung getragen werden. Der dafür notwendige Sachverstand kommt nicht Vertretern einer bestimmten wissenschaftlichen Disziplin zu. Vielmehr kann er nur im Zusammenspiel von Experten verschiedener Fach- und Lebensbereiche gemeinsam entwickelt werden.

In ihren Stellungnahmen befassen sich die Ethikkommissionen beispielsweise mit reproduktivem und therapeutischem Klonen, pränatalem Screening, künstlicher Reproduktion, dem Import von menschlichen embryonalen Stammzellen, Biobanken, der Patentierung von menschlichen Genen und Stammzellen, den Ungleichheiten im Zugang zu medizinischen Einrichtungen, mit Abtreibung und Sterbehilfe. Angesichts der Vielfalt dieser Materien liegt es auf der Hand, dass erst eine differenzierte Betrachtungsweise eine wohlbegründete ethische Beratung hervorbringen kann.

Wie die typischen Zusammensetzungen der Kommissionen zeigen, kommen die zur Beratung dieser Probleme eingesetzten Personen primär aus dem Bereich der Wissenschaft. Den Naturwissenschaftlern kommt dabei die Aufgabe zu, eine realistische Einschätzung der Zukunftsszenarien zu geben, die im Zusammenhang mit den geplanten Forschungsvorhaben entworfen werden. Insbesondere sollen sie mögliche Missbrauchsmöglichkeiten benennen und sagen, welche positiven Anwendungsmöglichkeiten sich eröffnen könnten. Rechtswissenschaftler sind in der Lage, mögliche gesetzliche Regelungen auf ihre rechtsdogmatische Passung hin zu untersuchen und einen konkreten Regelungsbedarf anzugeben. Von Soziologen verspricht man sich einen Hinweis darauf, welche Konsequenzen die neuen Techniken und Verfahren und die durch sie hervorgebrachten Verhaltensweisen auf die Gesellschaft haben können. Dabei bedarf das Aufeinandertreffen verschiedener Wertvorstellungen seinerseits einer ordnenden Diskussion, ehe die Kommissionen ihre Arbeit zu Stellungnahmen kondensieren können. Insbesondere von den professionellen Ethikern wird daher erwartet, dass sie ihre Kenntnisse über ethische Theorien einbringen und auf konkrete Problemfälle anwenden, systematisch zeigen, welche Werte aus welchen Prämissen abgeleitet werden können, und Widersprüchlichkeiten und Gemeinsamkeiten verschiedener Positionen aufdecken

NATIONALE ETHIKKOMMISIONEN

(vgl. Birnbacher 1999: 270f.). Die Aufgabe der Theologen besteht darin, wichtiges religiöses Gedankengut in die Arbeit der Kommission hineinzutragen. Ihnen kommt damit auch die Aufgabe zu, dafür Sorge zu tragen, dass religiösen Wertvorstellungen genügend Aufmerksamkeit gewidmet wird. Die Vertreter aus Politik und Gesellschaft ergänzen die ethisch-normativen Diskussionen und können Erfahrungen aus den eigenen Tätigkeitsbereichen einbeziehen, wie z. B. die Frage der politischen Durchsetzbarkeit bestimmter Techniken.

Tatsächlich stößt das Vorgehen der Ethikkommissionen auf positive Resonanz. Sofern die befragten Kommissionen Angaben darüber machten, wie vielen ihrer Vorschläge später gefolgt wurde, bezifferten sie den Anteil mit über 75 Prozent (so Australien, Philippinen, Luxemburg und Niederlande). Bei der schweizerischen Ethikkommission von 1998 und dem Dänischen Ethikrat lag er um 50 Prozent, und in Österreich wurden ebenfalls etwa 50 Prozent der Stellungnahmen von der Politik ernsthaft in Betracht gezogen. Für die französische Ethikkommission lässt sich feststellen, dass die Gesetzgebung einigen ihrer Voten folgte, einigen ausdrücklich widersprach und einige gar nicht erst behandelte (Fuchs 2002: 4).

Hinsichtlich ihrer Hauptfunktion, der politischen Beratung, liegt der wichtigste Ertrag der Ethikkommissionen in den Empfehlungen für die Gesetzgebung und weitere Rechtssetzungsentscheidungen, auch wenn sich vor allem im angloamerikanischen Raum ein erheblicher Teil der Tätigkeit auf die Behandlung konkreter Einzelprojekte bezieht. In unserer Studie zeigt sich im internationalen Vergleich, dass es kein Wesensmerkmal nationaler Ethikkommissionen ist, auf einen Konsens hinzuarbeiten. Vielmehr haben sie unterschiedliche Verfahren entwickelt, verschiedene Meinungen darzustellen oder zu einer gemeinsamen Position zu gelangen. Ein Beispiel für die Vorgehensweise des deutschen Nationalen Ethikrates ist seine Stellungnahme zu Fragen der Pränatal- und Präimplantationsdiagnostik (PID). Nach kommissionsinternen Diskussionsrunden unter Einbeziehung der entsprechenden Literatur und der Betrachtung von Empfehlungen anderer Ethikgremien zum gleichen Thema sowie Anhörungen von Vertretern von Behindertenverbänden und Wissenschaftlern legte er im Januar 2003 eine Stellungnahme vor. Diese befasst sich in ihrem deskriptiven ersten Teil mit den medizinischen und naturwissenschaftlichen Grundlagen sowie sozialwissenschaftlichen Aspekten und der geltenden Rechtslage. Der zweite, normative Teil fordert zwar einheitlich die Schaffung eines Fortpflanzungsmedizingesetzes, jedoch existieren zwei unterschiedliche Empfehlungen hinsichtlich der ethischen Bewertung der PID. Der eine Teil der Ethikratsmitglieder plädiert für die Aufrechterhaltung des strikten Verbots der PID, der andere setzt sich für eine begrenzte Zulassung ein. Die Stellungnahme des französischen Ethikkomitees zu einer ähnlichen Frage enthält zwar auch viele deskriptive Anteile, darunter eine Gesamtschau über die einschlägige internationale Gesetzgebung, kommt jedoch zu einer einheitlichen ethischen Bewertung. Eine weitere Variante, die vom amerikanischen *President's Council on Bioethics* der USA praktiziert wird, liegt darin, ganz auf eine Empfehlung zu verzichten und sich auf die Darstellung verschiedener ethischer Positionen über einzelne Problemstellungen zu beschränken (s. für eine Bewertung dieser Verfahren unten Kap. IV.3.3 *(a)*).

IV.3.3 Die Rolle der Ethikkommissionen in der Wissensgesellschaft

Bereits im Vorfeld der Gründung zeigte sich bei einigen Kommissionen, dass ihr wissenschaftlicher Anspruch, die Betonung ihrer Unabhängigkeit und ihre Bemühungen um die Repräsentation verschiedener Strömungen eine grundlegende Kritik nicht verhindern konnten. Die Einwände kommen typischerweise aus politischer, staatsrechtlicher und philosophischer Richtung. Ein Haupteinwand richtet sich auf die mögliche Instrumentalisierung der Ethikkommissionen, sei es mit Blick auf politisch gewünschte Arbeitsresultate, sei es, dass durch die Einbindung von bestimmten Interessenvertretern deren Vernachlässigung an anderer Stelle im politischen Prozess kompensiert werden soll. Außerdem werden die Präsenz oder das Fehlen bestimmter Gruppen, wie z. B. Interessenverbände oder Laien, kritisiert. Geradezu routinemäßig wird der Vorwurf erhoben, die Kommissionen seien ein »Feigenblatt der Politik«, die ihre Entscheidungen mit entsprechenden Kommissionsvoten verziere oder sich ihrer Verantwortung durch solch ein schillerndes Gremium entledige (s. entsprechende Zitate bei Gmeiner und Körtner 2002: 167f.; Weber-Hassemer 2002: 1). In diesem Kontext stehen auch Bedenken hinsichtlich der von der Verfassung statuierten Formen demokratischer Willensbildung. Der Präsident des deutschen Bundesverfassungsgerichts warnte unter ausdrücklicher Nennung des Nationalen Ethikrates davor, dass ein ausgewählter Kreis durch Vorstrukturierung oder sogar Vorentscheidung über gesamtgesellschaftlich bedeutsame Fragen einen in seiner Legitimität fragwürdigen Einfluss gewinnen könne. Danach besteht die Gefahr, dass wichtige politische Weichenstellungen außerhalb des dafür bestimmten Parlaments vorgenommen werden und dieses letztlich nur der Form nach eine eigene Sachentscheidung fällt (Papier 2003).

Auch die Integration der akademischen Disziplin Ethik in Gremien mit staatlichem Auftrag hat Gegenstimmen hervorgerufen. Es ist bereits umstritten, ob es in einer pluralistischen Gesellschaft überhaupt ethische Fachberatung geben kann. Selbst wenn man dies bejaht, steht noch nicht fest, in welcher Form nationale Ethikkommissionen ihre Ergebnisse formulieren sollen. Die Vorstellung, eine Ethikexpertenkommission könne eindeutige Antworten auf schwierige ethische Fragen geben, die sich im Zusammenhang mit den Entwicklungen in den modernen Lebenswissenschaften stellen, hat sich zumindest als naiv herausgestellt. Die Fragen, mit denen sich die Kommissionen befassen, sind nicht nur innerhalb der Bevölkerung und der Politik höchst umstritten, sondern werden auch von den Kommissionsmitgliedern kontrovers diskutiert. Außerdem wird vorgebracht, dass durch die »Quasi-Verstaatlichung« von Ethikdiskursen und die Bildung eines schlichten »Ethik-Managements« die Moralphilosophie letztlich trivialisiert werde (Sommermann 2003: 86). Hinsichtlich ihrer proklamierten Expertenrolle für den Bereich des Moralischen liegt der Einwand auf der Hand, dass gerade für diesen Bereich allen Personen und nicht nur bestimmten Sachverständigen Kompetenz zukommt.

Die Legitimität der nationalen Ethikkommissionen als Schnittstelle zwischen Wissenschaft, Politik und Gesellschaft wird also trotz des Bemühens um Repräsentation verschiedener Gruppen und politischer Zurückhaltung von großen Teilen ihrer Adressaten immer noch bezweifelt. Ihre Beratungsfunktion wird häufig schon im Vorfeld ihrer Errichtung politisch untergraben, und die Wissenschaft ist sich nicht über die berufenen Repräsentanten der Wissenslandschaft einig. In den folgenden Abschnitten werden wir die Einwände aufnehmen und darlegen, wie die nationalen Ethikkommissionen mit ihnen umgehen bzw. umgehen sollten, um den positiven Beitrag zu verdeutlichen, den sie für die notwendige ethische Reflexion der genannten Wissenschaftsbereiche leisten können. Es gilt herauszustellen, dass die wertbezogene Tätigkeit der Kommissionen geeignet ist, pluralistischen Gesellschaften gerecht zu werden. Es lassen sich sehr wohl Formen ethischer Expertise finden, die den Eindruck einer verbindlichen Vorzeichnung des parlamentarischen Willensbildungsprozesses vermeiden.

(a) Möglichkeit ethischer Expertise in der pluralistischen Gesellschaft

War es noch vor einigen Jahrhunderten kein Problem, die ethischen Experten in einer Gesellschaft zu identifizieren (z.B. den Klerus), werden im Zusammenhang mit den Ethikkommissionen entsprechende Fragen akut, nämlich ob ethische Expertise in einer pluralistischen Gesellschaft überhaupt möglich sein kann und wenn ja, wer denn über diese Expertise verfügt (vgl. dazu näher Caplan 1992; Birnbacher 1999). Bereits aufgrund der Tatsache, dass jeder Person ethische Kompetenz zugeschrieben werden kann, wird die Frage nach der Möglichkeit ethischer Expertise ein Streitpunkt sein. Der Pluralismus stellt die Kommissionen dabei vor ein Legitimationsproblem grundsätzlicher Natur. Politiker versprechen sich von den Kommissionen, dass sie ihnen maßgeblich bei moralisch problematischen Entscheidungen helfen können. Der Pluralismus aber legt nahe, dass es auf die Fragen, mit denen sich die nationalen Ethikkommissionen befassen, keine eindeutigen Antworten gibt.

Für die Bezeichnung der Arbeit der Ethikkommissionen als »Expertise« lässt sich anführen, dass sich die Urteile der Kommissionsmitglieder gegenüber den Urteilen anderer Personen meist dadurch auszeichnen, dass sie besonders sorgfältig durchdacht sind. Die Mehrzahl der Kommissionen arbeitet länger als ein halbes Jahr an einer Stellungnahme. In dieser Zeit tagen die Gremien monatlich. Zusätzlich werden häufig Arbeitsgruppen gebildet, die bestimmte Teilaspekte der Thematik genauer betrachten. Die Mitglieder haben sich daher über einen längeren Zeitraum intensiv mit einer moralischen Frage auseinandergesetzt und die Argumente für und gegen bestimmte moralische Bewertungen diskutiert. Allerdings wird vorausgesetzt, dass die Mitglieder offen gegenüber Argumenten sind und nicht auf vorgefassten Meinungen beharren. Die Arbeitsergebnisse der Ethikkommissionen haben in jedem Fall den Vorzug, dass sie die Öffentlichkeit über moralische Probleme informieren und den Politikern eine Entscheidung auf der Basis guter Gründe bereitstellen. Sind die Politiker gut informiert, lassen sich Unsachlichkeit und Polemik eher vermeiden, und das Diskussionsniveau kann angehoben werden. Dies zeigte beispielsweise die Debatte über die Regelung des Imports embryonaler humaner Stammzellen im deutschen Bundestag (vgl. Plenarprotokoll des Deutschen Bundestags 14/214 vom 30.1.2002).

Für eine multidisziplinäre Zusammensetzung der Kommissionen wird in diesem Zusammenhang vorgetragen, dass sie die Voraussetzung zur Erstellung wohlbegründeter und ausgezeichneter moralischer Beurteilungen der höchst komplexen (naturwissenschaftlichen) Sachverhalte sei. Neben den Qualifikationen, die sich aus dem Fachwissen der Mitglieder ergeben, soll durch die möglichst breite Zusammensetzung einer Kommission sichergestellt werden, dass viele verschiedene Wertvorstellungen in die Arbeit der Kommission eingehen werden. Dem liegt die Annahme zugrunde, dass die moralischen Wertvorstellungen einer Person auch von vielen persönlichen Erlebnissen geprägt sind, die beispielsweise ihr Beruf, ihre Zugehörigkeit zu einer bestimmten gesellschaftlichen Gruppe und ihre Lebensweise mit sich bringen. Danach ist es wichtig, dass die Mitglieder der Kommissionen möglichst viele verschiedene persönliche und professionelle Hintergründe haben. Einerseits können die Kommissionen durch die gemischte Zusammensetzung einen hinreichend großen Teil der vielfältigen und kontroversen Standpunkte vertreten, die in der Gesellschaft eingenommen werden. Andererseits wird es den Kommissionen jedoch gerade dadurch unmöglich oder zumindest sehr schwer gemacht, zu einer einstimmigen Einschätzung der kontroversen Themen zu gelangen. Dies verweist auf die besondere Bedeutung der Entscheidungsfindung in nationalen Ethikkommisionen, von deren Ausgestaltung ihre zukünftige Rolle in der Wissensgesellschaft maßgeblich bestimmt werden wird.

(b) Formen ethischer Expertise

Neben der grundsätzlichen Frage nach der Möglichkeit ethischer Expertise und der Zusammensetzung der Ethikkommissionen wird auch darüber gestritten, was ethische Expertise ausmacht. Ist ethische Expertise das Anraten einer bestimmten Handlung bzw. die ethische Beurteilung einer Handlung oder ist sie nur die neutrale Angabe von Argumenten und das Einsortieren der Handlung in verschiedene Bewertungsschemata? Wenn ethische Expertise auch einen empfehlenden Charakter haben sollte, wie sollen Ethikkommissionen dann mit ihrer Uneinigkeit umgehen? Auf dreierlei Weise bestimmen Ethikgremien ihre Aufgabe. Entweder versuchen sie, (1) möglichst neutral und vollständig die moralische Landschaft zu skizzieren, oder (2) durch Abstimmungen zu einer ethischen Bewertung zu gelangen, oder sie raten (3) zu verschiedenen (konträren) Sichtweisen. Jede dieser Vorgehensweisen hat ihre Berechtigung und natürlich auch ihre Schwächen.

Der amerikanische Bioethik-Rat des Präsidenten ist ein Beispiel für (1). Er soll laut seiner Einsetzungsurkunde die bioethischen Debatten in ihrer Komplexität möglichst neutral darstellen und ausdrücklich nicht nach einem Konsens streben. Solch eine kartographische Arbeit, neutral möglichst umfangreich moralische Positionen darzustellen, sollte auf keinen Fall unterschätzt werden. Die Arbeit ist wertvoll, wenn es der Kommission gelingt, die Öffentlichkeit über moralische Probleme aufzuklären. Auch für den politischen Entscheidungsprozeß kann diese Arbeit wichtig sein, wenn dadurch Politiker umfassend informiert werden und ihre Entscheidungen auf der Basis guter Gründe treffen können. Dennoch würden sich nationale Ethikkommissionen von allen anderen politischen Beratungsgremien unterscheiden, wenn sie sich auf neutrale Darstellung und Unparteilichkeit beschränken würden. Von Beratungsgremien wird im allgemeinen erwartet, dass sie eine Einschätzung einer bestimmten Sachlage geben bzw. zu einer oder mehreren Handlungsstrategien angesichts bestimmter Umstände raten. Kommissionen, die ausschließlich alle vernünftigen und vertretbaren moralischen Positionen zusammentragen und neutral in einer übersichtlichen und verständlichen Weise darstellen, käme eher eine Service- denn eine Beratungsfunktion zu.

Politiker monieren zuweilen, dass das Skizzieren vieler möglicher moralisch vertretbarer Positionen auch nicht das sei, was sie sich vorgestellt haben. Von einem Beratungsgremium würden eindeutige Ratschläge erwartet werden. Politiker erwarten also von den Kommissionen eine Kundenorientierung: Nationale Ethikkommissionen sollen die Politik beraten. Andererseits wird empfehlenden Ratschlägen von Ethikkommissionen insbesondere in den Medien mit Skepsis begegnet. Ein häufig erhobener Vorwurf lautet, es sei bei moralischen Fragen paternalistisch, anderen vorzuschreiben, was getan werden solle. Jeder sei selbst ebenso gut in der Lage, die Situation zu beurteilen. Das Hauptproblem derjenigen, die annehmen, dass ethische Expertise einen empfehlenden Charakter haben sollte, besteht demnach in einem praktischen und einem normativen Problem. Wie können die Kommissionen ihre Uneinigkeit überwinden und zu einer einheitlichen Einschätzung gelangen? Warum sollte der Ansicht einer Kommission bzw. der ihrer Mitglieder besondere Autorität zukommen?

Kommissionen, die zu einer gemeinsamen Einschätzung gelangen wollen bzw. einen Ratschlag geben möchten, haben besondere Strategien entwickelt, um die Uneinigkeiten unter den Kommissionsmitgliedern zu überwinden. Insbesondere werden zwei Wege eingeschlagen: Es werden Konsense gebildet (s. u.), und es wird abgestimmt. Genauer gesagt wird ermittelt, welche der moralischen Bewertungen von den meisten Mitgliedern geteilt werden, und diese werden dann als die Einschätzung der Kommission ausgewiesen. Dieses Vorgehen scheint aber aus zweierlei Gründen fragwürdig zu sein. Erstens ist zu fragen, was im Bereich des Ethischen Abstimmungen besagen könnten; und zweitens kann vorgetragen werden, dass die Wertvorstellungen der Bürger pluralistischer Gesellschaften immer nur unvollständig von einer Kommission repräsentiert werden können. Wenn es gelänge, die Kommissionen so zusammenzusetzen, dass die Wertvorstellungen einigermaßen passend repräsentiert werden, dann wäre es möglich, von dem Mehrheitsvotum auf das Ergebnis einer Abstimmung der Bevölkerung über bestimmte Optionen zu schließen. Die Kommissionen ähneln aber in ihrer Zusammensetzung nicht den Gesellschaften, in denen sie errichtet wurden. Bisher gehören die Mitglieder fast ausschließlich dem gehobenen Mittelstand an, sind hoch qualifiziert, gebildet und meistens über 50 Jahre alt. Ihr Mehrheitsvotum lässt daher keinen Rückschluss auf Abstimmungen der Bevölkerung zu.

Es ist aber durchaus fraglich, ob es gegen das Urteil einer Ethikkommission spricht, dass ihre Zusammensetzung nicht repräsentativ für die Zusammensetzung der Bevölkerung ist. Generell gilt von Expertenkommissionen, dass sie nicht die Bevölkerung, sondern den aktuellen Sachverstand und Wissensstand repräsentieren sollen. Sie müssen daher die relevanten Expertengruppen repräsentieren und nicht die Bevölkerung. Die Konfusion im Zusammenhang mit den Ethikkommissionen entsteht dadurch, dass der zu beurteilende Sachverhalt nicht rein sachlicher Natur ist. Es gilt nicht nur zu sagen, welche Anwendungsmöglichkeiten sich aus einem bestimmten Verfahren eröffnen können, sondern es soll auch beurteilt werden, ob diese Anwendungsmöglichkeiten moralisch und gesellschaftlich wünschenswert sind. Diese Verquickung von Sach- und Wertfragen führt zu dem Anschein, dass es sich bei den Ethikkommissionen um politische Repräsentationen handeln soll. Dabei wird zuweilen sogar übersehen, dass den Kommissionen keine Entscheidungsaufgaben zukommen, sondern sie reine Beratungsfunktionen haben. Repräsentativ sind Ethikkommissionen demnach, wenn ihre Mitglieder das Wechselspiel aus Vertretern der einschlägigen Wissenschaften, der Werte und Interessen widerspiegeln. Dabei ist es durchaus die Regel, dass eine Person zugleich bestimmte Werte und Interessen sowie eine wissenschaftliche Disziplin repräsentiert.

Warum erscheinen Abstimmungen im Bereich des Ethischen merkwürdig? Außerhalb ethischer Kontexte ist es üblich und unter halbwegs vernünftigen Voraussetzungen auch sinnvoll, der Meinung zu folgen, von der die meisten annehmen, sie sei richtig. Aus diesem Grund wird beispielsweise der Mehrheitsmeinung einer Gruppe von Experten besondere Bedeutung zuerkannt. Bei ethischen Fragestellungen allerdings kann ernsthaft bezweifelt werden, dass einer Beurteilung deshalb moralische Autorität zukommt, weil sie von der Mehrheit geteilt wird. Adäquater erscheint die Ansicht, dass moralische Autorität einer Beurteilung angesichts der angeführten Gründe zukommt oder eben nicht. Mehrheits- und Minderheitsvoten in Ethikkommissionen besagen nur, dass von Personen, die sich längere Zeit ernsthaft und offen mit einer bestimmten Fragestellung auseinandergesetzt haben, mehr Personen die eine Ansicht vertreten als die andere. Abstimmungen können allerdings einen Wert haben, wenn die Funktionalität der Kommissionen in politischen Entscheidungsprozessen behindert oder gar aufgehoben wird, wenn diese nicht zu *einem* Urteil gelangen können. Eine besondere Aussagekraft von Mehrheiten lässt sich aber nicht erklären (vgl. Endres 2002).

Andere Kommissionen versuchen, durch Bildung von Konsens ihre Uneinigkeit zu überwinden. Nach Konsens streben beispielsweise die Kommissionen in Finnland, Großbritannien, Island, den Niederlanden und auf den Philippinen. Im internationalen Vergleich zeigt sich, dass sie sich nur in den seltensten Fällen auf *einen* Konsens einigen können. Eine Ausnahme stellt die französische Kommission dar, der es sehr häufig gelingt, einen Konsens zu finden. In der überwiegenden Zahl von Fällen werden aber mindestens zwei ethische Einschätzungen genannt, auf die sich jeweils zwei Gruppen der Mitglieder verständigt haben. Es liegt auch nahe zu glauben, dass eine Kommission, sofern sie sich nicht auf eine Empfehlung einigen kann, möglichst für zwei Sichtweisen eintreten sollte. Diese Ansicht wäre überzeugend, wenn die ethischen Beurteilungen letztlich nur ja/nein Antworten auf die Frage wären: Ist eine bestimmte Handlungsweise moralisch erlaubt? Empfehlungen im

Bereich des Moralischen werden aber gerade dann als Bevormundung verstanden, wenn nicht gesagt wird, welche Argumente für sie sprechen. Nach ihrem eigenen Selbstverständnis legen alle Kommissionen ihre Gründe und Begründungen offen. Aus den angeführten Argumenten können sich jedoch Konsequenzen ergeben, die weit über die zu verhandelnde Frage hinausgehen und zu denen die Mitglieder wiederum kontroverse Ansichten haben können. Selbst wenn sich die Mitglieder einer Kommission, beispielsweise im Hinblick auf den Import embryonaler Stammzellen, grob in zwei Lager aufteilen, heißt das nicht, dass sich ihre Ansichten sinnvoll auf eine den Import befürwortende und eine ihn ablehnende Option reduzieren oder zusammenfassen lassen. Wer beispielsweise mit Rücksicht auf die gegebene Rechtslage für den Import argumentiert, wird nicht unbedingt auch für eine Änderung des Embryonenschutzgesetzes eintreten wollen, wie jemand, der annimmt, dass frühen menschlichen Entwicklungsformen nur eingeschränkter Lebensschutz zukommt. Da zu den ethischen Beurteilungen auch ihre Begründungen gehören sollten und dies meist verhindert, dass sich eine Kommission lediglich auf zwei Sichtweisen verständigt, ist die Forderung sinnvoll, eine Kommission sollte mehrstimmig für genau so viele Einschätzungen votieren, wie notwendig sind, damit die Ansichten jedes Mitglieds von mindestens einer Sichtweise repräsentiert werden können.

Durch ein solches mehrstimmiges Verfahren kann auch der Eindruck vermieden werden, die Ethikkommission sei ein das allgemeinverbindliche Ethos durchsetzender Weisenrat, wie er von der philosophisch-utopischen Literatur häufig propagiert wurde (vgl. die Beispiele bei Pieper 1998: 30 ff.). Außerdem können die nationalen Ethikgremien auf diese Weise Befürchtungen der politischen Befangenheit entgegentreten, wie es z. B. dem deutschen Nationalen Ethikrat in seiner ersten, mehrstimmigen und auf verschiedene Optionen hinweisenden Empfehlung zum Import menschlicher embryonaler Stammzellen gelungen ist (vgl. Nationaler Ethikrat 2002). Aus pragmatischen Gründen sollte jedoch nicht für sehr viele Beurteilungen votiert werden, weil sonst der Einfluss der Berichte sowohl im Hinblick auf die öffentliche Debatte als auch auf politische Entscheidungen gering sein wird.

IV.3.4 *Die Sonderstellung der Ethikkommissionen*

Die Kommissionen stehen vor einem Dilemma: Einerseits sollten sie keine ›faulen Kompromisse‹ schließen, indem sie beispielsweise die kontroversen Begründungen weglassen. Andererseits dürfen sie nicht unübersichtlich viele Beurteilungen nennen, damit sie politischen und öffentlichen Einfluss haben. Die Forderung, eine Kommission solle sich

NATIONALE ETHIKKOMMISIONEN

bei mehrstimmigen Voten auf wenige Optionen beschränken, hat oft zur Folge, dass eine Auswahl getroffen werden muss. Die Priorität sollte auf gut begründeten Optionen liegen, da nur dann deren Autorität gewährleistet ist. Der Auftrag einer Kommission besteht nicht darin, der Arbeit der Politiker vorzugreifen.

Ein Grundsatzproblem für die Arbeit der nationalen Ethikkommissionen besteht deshalb auch darin, ob bei der Auswahl der Optionen die Aussicht der Mehrheitsfähigkeit im Parlament eine Rolle spielen sollte. Die Vorgabe ist, dass eine Kommission ein unabhängiges Urteil geben und gerade nicht auf Anfrage eine »moralische Rechtfertigung« geben soll. Zugleich aber soll das Urteil der Kommission auch Einfluss auf politische Entscheidungen haben. Wenn sich z. B. die Anzahl der Optionen nicht auf eine hinreichend übersichtliche Menge reduzieren lässt, spricht einiges dafür, die politische Attraktivität zu berücksichtigen. Der Einfluss einer Kommission auf politische Entscheidungen wird größer sein, wenn sie für Optionen votiert, die im Parlament und in der Bevölkerung breite Zustimmung finden. Entscheidend ist hierbei, dass es leichter ist, Politiker und Öffentlichkeit davon zu überzeugen, dass Bewertungen, die sie bereits teilen, vernünftig und wohlbegründet sind. Allerdings kann daraus nicht auf die Güte der Argumente geschlossen werden. Daher darf die politische Attraktivität auch nicht Vorrang vor der vernünftigen Begründung einer Option haben, sondern sollte nur dann in Betracht gezogen werden, wenn sich eine Kommission zwischen mehreren wohlbegründeten Optionen entscheiden muss.

Die Entstehung der nationalen Ethikkommissionen ist ein Indiz dafür, dass die Wissenschaft zu einem Problem für die Gesellschaft geworden ist. Gleichzeitig zeigen die große Bandbreite ihrer Zusammensetzung, ihre Arbeitsweise und die Akzeptanz ihrer Resultate deutlich die in der Wissensgesellschaft gesteigerte Bedeutung von disziplinenübergreifenden Lösungsansätzen und der Einbeziehung gesellschaftlicher Gruppen.

Die Kombination von Aufarbeitung wissenschaftlicher Grundlagen und Folgenbewertung, expliziter Einbeziehung gesellschaftlicher Wertvorstellungen und ausdrücklicher Informationsfunktion für die Gesellschaft macht sie zu Sachverständigengremien eigener Art. Primärer Adressat ist die Politik, die aufgrund der Entwicklungen in den neuen Lebenswissenschaften vor einer großen neuen Herausforderung steht. Die Ursache dafür liegt insbesondere in den vorstellbaren und teilweise äußerst problematischen Anwendungsszenarien biomedizinischer Forschung. Anders als etwa die Enquetekommission des deutschen Bundestages »Ethik und Recht der modernen Medizin« sind die nationalen Ethikkommissionen kein Ausdruck der politisch-parteilichen Willensbildung, sondern sie sollen ihre Legitimität durch unabhängige

Fachberatung, durch die Transparenz der Entscheidungen und die Einbeziehung der Öffentlichkeit erhalten. Eine zusätzliche Aufwertung erhalten die Kommissionen durch ihre auf Dauer angelegte, in der Regel mit eigenem Verwaltungsapparat ausgestattete Einrichtung, die sie von den wissenschaftlichen Ad-hoc Kommissionen oder den gängigen Expertenanhörungen im Rahmen von Gesetzgebungsprozessen unterscheidet. Neben ihrer Aufklärungs-, Beratungs-, Informations- und möglichen Warnfunktion stellen sie somit auch Symbole dafür dar, dass sich die Politik des die menschliche Integrität betreffenden und daher gesellschaftlich besonders sensiblen Wissenschaftsfortschritts in verstärktem Maße annimmt.

Mit den nationalen Ethikkommissionen hat die Wissensgesellschaft ein Instrument, das die Anwendungsoptionen wissenschaftlicher Forschung seinerseits mit Hilfe einer besonderen Zusammenstellung von Wissensressourcen reflektiert. Für die Erzeugung von notwendigem Orientierungswissen bietet ihre inter- und transdisziplinäre Zusammensetzung die Möglichkeit, möglichst viele Aspekte und Argumente zu sammeln und zu prüfen. Um ihrer Rolle im Diskurs mit der Öffentlichkeit und der Politik gerecht zu werden, sollten die Stellungnahmen der nationalen Ethikkommissionen neben einem klärenden auch einen empfehlenden Charakter haben. Durch ihre Beratungstätigkeit sollen die Kommissionen die moralische Entscheidungsfindung in bestimmte Richtungen lenken, und die meisten Kommissionen entsprechen dieser Erwartung auch. Zweifellos liegt bereits ein Informations- und Erkenntnisgewinn in der allgemeinverständlichen Darstellung des wissenschaftlichen Gegenstands, der Entfaltung der Handlungsoptionen und der ethischen Angriffspunkte. Es ist überdies nicht zu vernachlässigen, dass Institutionen mit Namen wie *Comitato Nazionale per la Bioetica* (Argentinien) oder *The Irish Council for Bioethics* die Chance haben, über die Medien Breitenwirkung zu erzielen. Die Gefahr von Missverständnissen oder gar Fehlentwicklungen wie z. B. die Machteinbuße des Parlaments lässt sich durch die verfassungsrechtlich gebotene Begrenzung ihres Einflusses einschränken. Es besteht Einigkeit, dass zwar Stellungnahmen geliefert werden sollen, jedoch keine Entscheidungsbefugnis über grundsätzliche Fragen eingeräumt wird. Die von den Medien häufig kritisch beäugten Kommissionen würden ihre Akzeptanz schnell einbüßen, wenn ihre Unabhängigkeit durch eine offenkundige politische Beeinflussung oder Instrumentalisierung unterlaufen werden würde. Enthalten die Stellungnahmen wie bei den meisten nationalen Ethikkommissionen moralische Handlungsrichtlinien, so muss bereits auf Grund des Pluralismusproblems davon ausgegangen werden, dass die Stellungnahme ihrerseits als zwar gewichtiger, jedoch unverbindlicher Beitrag zum gesellschaftlichen Diskurs angesehen wird. Die nationalen Ethikkommissionen sind also, indem sie Sachverstand für die moralische Beurteilung von wichtigen Anwendungsfragen der Wissenschaft fruchtbar machen wollen, *think tanks* besonderer Art, deren Berichte und Empfehlungen großen heuristischen Wert haben können, jedoch immer nur einen Beitrag von vielen für die weitere politische Entscheidungsfindung bedeuten.

IV.4 Realexperiment und Gesellschaft

Das Kapitel greift die Thematik der Realexperimente aus Kap. III wieder auf. Es wendet sich Bereichen zu, in denen nicht die Entwicklung von Technologien und regulativen Standards im Vordergrund steht, sondern Sozialexperimente und Experimente, in denen es um die Vermeidung gesundheitlicher Gefährdungen geht. Keiner der dargestellten Fälle ließe sich in eine reine Laborumgebung verlegen, aber häufig spielt eine zweckmäßige Koordination von Vorteilen der Laborforschung mit Vorteilen des Realexperiments eine Rolle. Außerdem wird in vielen Sozialexperimenten angestrebt (und im medizinischen Bereich sogar vorgeschrieben), die Methodologie des Laborexperiments so weit wie möglich zu befolgen. Jedoch diskutieren wir auch den Fall, dass eine evolutionäre Dynamik erst ex post unter Beobachtungsbedingungen gebracht wird, die Voraussetzung für einen realexperimentellen Umgang mit potentiellen Gefährdungen sind. Realexperimente sind geprägt von der Aushandlung unterschiedlicher gesellschaftlicher Interessen; aber sie sind auch ein Verfahren, Interessenstandpunkte und Werteinstellungen einer Überprüfung auszusetzen. Auch dafür werden Fälle herangezogen.

Die moderne Gesellschaft ist mit Prozessen der Wissenserzeugung durchzogen, die nicht eindeutig dem Wissenschaftssystem zuzurechnen sind, wenn auch in der Regel wissenschaftliche Experten an ihnen beteiligt sind. Kennzeichnend für diese Wissensproduktion ist, dass ›unfertiges‹ Wissen angewandt und im Prozess der Anwendung weiterentwickelt wird. Wir haben sie unter der Bezeichnung Realexperimente im technischen Bereich im Kapitel III.3 bereits dargestellt. Kennzeichnend ist, dass die Prüfung von Wissen unter den kontrollierten Bedingungen des Labors aufgrund der Komplexität der zugrunde liegenden Sachverhalte nur unzureichend möglich ist und deshalb unter den nur unvollständig regulierten Praxisbedingungen vorgenommen werden muss. Wenn wir uns nun auf die Bereiche konzentrieren, in denen Menschen als Forschungsgegenstände beteiligt sind, kann eine scharfe Grenze zwischen Labor und Umgebung ohnehin nicht getroffen werden. Denn die ethischen Beschränkungen für Versuche an Menschen lassen nur wenig Spielraum für den Aufbau idealer Laborbedingungen. Hinzu tritt das Problem der Variabilität von Handlungen; Personen können sich auf neuartige Situationen einstellen und eigene Strategien entwickeln. Randbedingungen und Variablen lassen sich deshalb kaum stabil halten. Komplexität, ethische Vorbehalte und die Reaktivität sozialer Akteure sind also die Ausgangsbedingungen für Realexperimente in sozialen Feldern. Diese Realexperimente werden nicht als Grundlagenforschung durchgeführt, sondern als Lösungsversuche konkreter gesellschaftlicher Probleme. Solche Lösungen ergeben sich dann durch gezielte Untersuchung der Auswirkungen bestimmter Maßnahmen in realexperimentellen Modellprojekten.

Obwohl die Lerngewinne solcher Projekte hoch sind, stellen sie die Gesellschaft vor eine Reihe von Problemen, die als charakteristisch für die Wissensgesellschaft gelten dürfen. So muss unter demokratischen Bedingungen immer verhandelt werden, welche Individuen oder Gruppen unter welchen Umständen als Versuchspersonen eingesetzt werden. Auch kann das forschungstechnische Ansinnen, realexperimentelle Strategien mit Monitoring und Datenauswertung auszustatten, mit dem Insistieren auf Intransparenz von Privatsphären im Konflikt liegen. Weiterhin tragen Realexperimente ein spezifisches politisches Legitimationsdefizit: Wer zu einem Experiment greift, scheint nicht recht zu wissen, wo es lang gehen sollte. Das beweist wenig politische Führungsqualität. Realexperimente bauen Zumutungen an das Verhalten und die institutionellen Rahmungen auf, die zwar in technologischen Handlungsfeldern aus Gründen der Sicherheit und Verlässlichkeit akzeptiert werden, aber in sozialen höchst umstritten sind. Konrad Adenauers Wahlkampfslogan aus dem Jahr 1957 »Keine Experimente« findet sich deshalb auch in den gegenwärtigen Auseinandersetzungen um Pilotprojekte und Modellversuche wieder. Die psychologische Risikoforschung hat gezeigt, dass Personen Risiken, an deren Übernahme sie beteiligt sind, deutlich niedriger bewerten, als solche, die auf fremde Entscheidungen zurückgehen. Demgemäß stellt Partizipation eine wichtige Voraussetzung für die gesellschaftliche Bewertung von Realexperimenten dar.

Im folgenden wird eine Reihe von Realexperimenten vorgestellt, die verschiedene Modalitäten der Kombination von Wissenserzeugung und Innovationspraxis repräsentieren. (1) Wir beginnen mit einer Darstellung der Konzeption des Sozialexperiments, die besonders im amerikanischen Kontext entwickelt und praktiziert wurde. Sie arbeiten so nahe wie möglich an den methodischen und statistischen Idealen wissenschaftlichen Experimentierens und werden daher auch quasi-Experimente genannt. (2) Dann sprechen wir Prozesse an, bei denen man eine *ex post*-Zuschreibung des Experimentalstatus beobachten kann. Beispielsweise im Bereich der angewandten Chemie und chemischen Industrie wurden über einen langen Zeitraum neue Substanzen freigesetzt, deren gesundheitsschädigende Wirkungen wenig bekannt sind. Erst in jüngster Zeit entstand das politische Bewusstsein, dass die ständige Freisetzung neuer Substanzen einem kollektiven Großexperiment gleichkommt. (3) Der dritte Beispielsbereich umfasst medizinische Beobachtungen bei der Anwendung neuer Medikamente. Hier sollen so gut wie möglich durch Tierversuche und Doppelblindversuche die Risiken bereits ausgeschlossen sein, aber Überraschungen ergeben sich erst in der realen Testphase. (4) Wir wenden uns dann explorativen Versuchen zu, in denen es um Erkundungen über den Erfolg von verhaltenssteuernden Modellen geht und um die Anpassung von bereits erzielten Erfahrungen an lokale Gegebenheiten. Das auch dies sehr aufwendig sein kein, belegt ein Großversuch zur Einführung von Maßnahmen zur Behandlung von Heroinabhängigen in verschiedenen deutschen Städten.

IV.4.1 Das Sozialexperiment

Der Begriff des Sozialexperiments spielt nicht nur in der Wissenschaft, sondern auch in öffentlichen Diskussionen über politische Modernisierungs- und Steuerungsmaßnahmen eine Rolle. Als großformatige Gesellschaftsexperimente werden beispielsweise sowohl der gescheiterte Sozialismus als auch gegenwärtige politische Entscheidungen bezeichnet. Die CDU-Vorsitzende Angela Merkel sagte in einem Interview:

> »Die Menschen sind doch keine Versuchskaninchen. Mein früherer Chef bei der Akademie der Wissenschaften hat mir immer dann, wenn ich mich über den Sozialismus aufgeregt habe, gesagt: ›Wir sind alle Teilnehmer eines großen Experiments...‹ Mit dem Eintritt in die Freiheit hatte ich eigentlich nicht vor, mich an weiteren Großexperimenten zu beteiligen« (*Spiegel* 50/2003: 43).

Auch die historische Entwicklung der USA wird als »Großexperiment« mit Verfassung, politischen Institutionen und gesellschaftlichen Werten bezeichnet und die gegenwärtige Einwanderungspolitik mit den daraus resultierenden Integrationsproblemen als das »größte Sozialexperiment aller Zeiten« (Thistlethwaite 1955; *Die Zeit* 27/2001). In diesen und zahlreichen ähnlichen Fällen dient der Begriff des Experiments jedoch als Metapher für riskante Entscheidungen mit ungewissem Ausgang. Häufig wird dabei auch ein Widerspruch zu gesellschaftspolitischen Positionen aufgebaut, die andere Entscheidungen nahelegen. Die für Experimente wesentlichen Charakteristika wie Erkenntnisorientierung, gezieltes Design und sorgfältige Beobachtung, Überraschungsoffenheit sowie Auswertung der Ergebnisse spielen bei diesen gesellschaftlichen Auseinandersetzungen – sofern sie denn überhaupt genannt werden – nur eine untergeordnete Rolle.

Der Begriff des Sozialexperiments (*social experiment*) wird deshalb im folgenden auf den Bereich methodisch angeleiteter Reformvorhaben beschränkt. Diese Form der gesellschaftlichen Innovation verfügt bereits über eine gewisse Tradition. Den Ausgangspunkt stellen die im Pragmatismus verwurzelten Schulversuche von John Dewey zu Beginn des 20. Jahrhunderts dar (Dewey 1907). Mit dem *New Deal* als Versuch gesellschaftlicher und ökonomischer Steuerung durch Franklin D. Roosevelt in den 1930er Jahren wurde das Verfahren ausgeweitet und methodisch weiterentwickelt. Auf der Basis sozialwissenschaftlicher Expertise und politischer Programmatik wurde dabei der erste Schritt zur Ermittlung von Steuerungsfolgen unternommen. Zugleich wurde von der Wirtschaftstheorie ein aktives Gegensteuern in wirtschaftlichen Krisenphasen durch eine antizyklische staatliche Ausgabenpolitik gefordert (Keynes 1936). Diese Strategie wurde durch Karl Popper theoretisch unterfüttert. In seinem 1945 zuerst publizierten Buch *Die offene Gesellschaft und ihre Feinde* kritisierte er großformatige Gesellschaftsentwürfe wie den Nationalsozialismus und den Marxismus unter anderem deshalb, weil es für das Überleben dieser politischen Systeme notwendig sei, Fehlentwicklungen zu ignorieren (Popper 1950). Vor allem ist die Einsicht zentral, dass der soziale Bereich für erfolgskontrollierte Interventionen in Großexperimenten ungeeignet ist, da sich die Ausgangsbedingungen nicht konstant halten lassen und die Ziele permanenter Anpassung bedürfen. Anders formuliert: Selbst wenn die angestrebten Problemlösungen erreicht werden können, sind die Probleme vielleicht schon wieder Geschichte. Popper hat deshalb für entwickelte Demokratien den Weg der Stückwerk-Technik (*piecemeal social engineering*) vorgeschlagen, bei dem eng begrenzte Reformvorhaben systematisch auf ihre Wirkungen untersucht werden. Erfolge und Misserfolge, aber auch die reflexive Wirkung von Interventionen in Form der durch sie verursachten Veränderungen der Randbedingungen sollen nach diesem Ansatz in einem wissenschaftlich informierten, gesellschaftspolitischen Diskurs zur schrittweisen Rationalisierung der Politik führen. Popper selbst schätzte allerdings die Chancen für die Entwicklung einer rationalen Politik angesichts der Eigengesetzlichkeit politischen Handelns eher skeptisch ein.

Die Reformpolitik der amerikanischen Präsidenten Kennedy und Johnson in den 1960er Jahren unter den programmatischen Titeln »Die große Gesellschaft« (*Great society*) und »Krieg gegen die Armut« (*War on poverty*) sind eng mit der Verwissenschaftlichung der Politik verbunden. Das zentrale Reforminstrument war das Sozialexperiment. Sozialpolitisch ging es vor allem um die Integration der schwarzen Bevölkerung. In den Bereichen Strafvollzug, Ausbildung, Wohnumfeldverbesserung, Armut und Arbeitslosigkeit wurde versucht, die offenkundige Benachteiligung dieser Bevölkerungsgruppe zu bekämpfen. In diesem Zusammenhang wurden mit beträchtlichem finanziellem, organisatorischem und methodischem Aufwand Sozialexperimente durchgeführt. Als Paradigma gilt das ›New Jersey-Experiment‹ zur negativen Einkommenssteuer, an dem über 600 Familien und eine Kontrollgruppe von gleicher Größe teilnahmen. Das Experiment beruhte auf Theorien der späteren Ökonomienobelpreisträger Milton Friedman und James Tobin. Die Hypothese lautete, dass die Unterstützung durch Sozialhilfe die Betroffenen davon abhält, Arbeit aufzunehmen, da dadurch nur geringe Einkommensverbesserung erzielt werden konnten. Die Vergabe von Transferleistungen wurde in den Versuchsregionen auf ein System umgestellt, das bei geringem Einkommen eine staatliche Finanzierung durch »negative Besteuerung«, also Zahlungen vorsah. Eigenes Arbeitseinkommen wurde ab einem bestimmten Schwellenwert anteilig eingerechnet, wodurch die Arbeitsmotivation gesteigert werden sollte. Angenommen wurde, dass die Teilnahme am Arbeitsmarkt und dadurch bewirkte weitere Effekte zur gesellschaftlichen Integration führen würden. Das Sozialexperiment wurde über vier Jahre durchgeführt, seine Gesamtkosten betrugen fast acht Millionen Dollar.

Zur Methode von Sozialexperimenten

Die Versuchspopulation und die Kontrollgruppe wurden in diesem Experiment durch Zufallsauswahl zusammengestellt; die Teilnahme war freiwillig. Das Versuchsdesign sah eine intensive Datenerhebung mit qualitativen und quantitativen Methoden vor. Die Daten wurden von Wissenschaftlergruppen der Universitäten Wisconsin und Princeton in engem Kontakt mit den lokalen Behörden erhoben und anschließend ausgewertet. Die statistische Auswertung erbrachte eine Reihe von unerwarteten Ergebnissen. Beispielsweise verließen in der Untersuchungsgruppe mehr Männer ihre Familien als in der Kontrollgruppe, was auf die sichere Versorgung durch die negative Einkommenssteuer zurückgeführt wurde. Trotz mehrfacher Auswertung ergab sich allerdings kein klares Bild über den Erfolg der Maßnahmen. Während eine Gruppe die Ergebnisse für aussagekräftig hielt, monierten Kritiker, trotz des dargestellten methodischen Aufwandes habe kein Nachweis darüber geführt werden können, dass die negative Einkommenssteuer einen Anreiz zum aktiven Eintritt in den Arbeitsmarkt darstellt (Pechman und Timpane 1975). Das New Jersey-Einkommensexperiment setzte trotzdem durch die Formulierung von Hypothesen und die Erstellung eines umsetzbaren Forschungsdesigns, die Zufallsauswahl der Versuchs- und Kontrollgruppe, die Anwendung qualitativer und quantitativer Messmethoden, die statistische Auswertung und die Nutzung von Evaluationsverfahren in methodischer Hinsicht Standards für weitere Sozialexperimente. Nach diesem Vorbild sind mehr als 240 Versuche durchgeführt worden. Gegenwärtig laufen in den USA mehr als zwanzig vergleichbare Verfahren (Greenberg und Shroder 2004).

Diese Form des Sozialexperiments lehnt sich methodisch eng an die klinischen Studien der Erprobung von Medikamenten an. Die Zufallsauswahl von Probanden, der Wirkungsnachweis durch Kontrollgruppen und die statistische Datenauswertung stellen die Merkmale einer Forschung dar, durch die die Sozialwissenschaften den Status einer objektiven Wissenschaft erlangen wollten. Allerdings ist die Durchführung häufig durch die dabei anfallenden hohen Kosten und den großen Zeitaufwand erschwert. Deshalb wird häufig eine weniger voraussetzungsreiche Form des Sozialexperiments genutzt, das so genannte *Quasi-Experiment*. Um näher am Innovationsgeschehen zu sein, wird dabei von der methodischen Anforderungen der Randomisierung der Untersuchungsgruppen abgewichen. Die interne Validität solcher Quasi-Experimente ist dementsprechend geringer, da nicht sichergestellt werden kann, dass sich die beiden Gruppen nur durch das untersuchte Merkmal unterscheiden. Durch Vergleiche anhand bestimmter Kriterien wie Einkommen, Schulabschlüsse oder Familienstand wird deshalb versucht, Kontroll- und Versuchsgruppen möglichst ähnlich zusammenzustellen. Jedoch ist die Anlage und Durchführung dieser Sozialexperimente durch die Koordination mit ohnehin geplanten Reformvorhaben erleichtert. Das Quasi-Experiment ermöglicht es, eine Vielzahl von gesellschaftlichen Prozessen, die aus ganz anderen Gründen stattfinden, fur die Forschung auszuwerten. In diesem Sinne handelt es sich um »natürliche Experimente« im Bereich des Sozialen. (s. o. Kap. III.3). Ein einflussreicher Artikel gab die programmatische Formulierung »Reformen als Experimente« (Campbell 1969). Soziale Innovationen werden dem Erkenntnisprozess nutzbar gemacht, Erkenntnisgewinne der Verbesserung der Innovationen.

Gegen eine derartige Verkoppelung von Reform- und Forschungsinteressen wird immer wieder Kritik geäußert. Bereits im *New Deal* musste Roosevelt sich dem Vorwurf seiner politischen Gegner stellen, dass die sozialwissenschaftliche Wissensbasis für eine staatsinterventionistische Politik nicht ausreiche und dass die Durchführung von Sozialexperimenten ein Risiko mit ungewissem Ausgang für die Gesellschaft darstelle. Ähnliche Kritik wurde auch gegen die großen Reformprogramme der 1960er und 1970er Jahre vorgebracht. Im Mittelpunkt stand hier allerdings die ethische Problematik. Unter anderem wurde die Chancengleichheit von Betroffenen thematisiert, die sich aus der unterschiedlichen Behandlung von Versuchs- und Kontrollgruppen ergibt. Des weiteren wurde kritisiert, dass die Teilnahme an den Versuchen zwar freiwillig war, die Versuchsteilnehmer aber nur unvollständig über die Versuchsziele informiert wurden. Der Hintergrund war die Befürchtung, die Ergebnisse der Studien würden durch die strategische Anpassung der Versuchspersonen an deren Ziele beeinflusst. Bei einigen Versuchen wurde den Teilnehmern gar mit Sanktionen für den Fall gedroht, dass sie ihre Mitarbeit abbrachen. Derartige Maßnahmen sollten sicherstellen, dass für die Versuchsdauer konstante Bedingungen herrschen und die Versuchspopulationen nicht zu klein werden (Krisberg und Schuman 2000: 148). Als Reaktion auf diese Probleme wurden Ethikrichtlinien speziell für das Sozialexperiment erstellt, die an die seit den 1970er Jahren geltenden Normen für die Forschung an Menschen anschließen (Federal Judicial Center Advisory Committee 1981). Festgelegt wurde, dass (1) Experimente nur dann durchgeführt werden dürfen, wenn Missstände deutlich sind, (2) die Unsicherheit über die Wirkung neuer Maßnahmen signifikant ist, (3) Wissen auf eine andere Art als durch Sozialexperimente nicht erworben werden kann und (4) dass dieses Wissen entscheidungsrelevant ist. Trotz dieser eng gezogenen Grenzen bleibt die ethische Frage über die Angemessenheit von Sozialexperimenten virulent. Eine Antwort besteht darin, die Sozialexperimente kleiner zu dimensionieren. In den USA wird zunehmend darauf verzichtet, über die Aufklärung der Funktionsweise von Maßnahmen hinaus das Ziel zu verfolgen, die gesellschaftliche Bereitschaft zu deren genereller Übernahme zu erwirken (Greenberg und Shroder 2004).

IV.4.2 Ex post-*Experimente*

Die erwähnten Ethikrichtlinien begrenzen den Einsatz von Sozialexperimenten auf jene Bereiche, bei denen andere Formen des Erkenntnisgewinns versagen und es zugleich eine legitime Basis dafür gibt, neues Wissen realexperimentell zu erzeugen. Durch das Eingeständnis vorliegender Wissensdefizite und die geplante Eingriffsbereitschaft unterscheidet sich das Realexperiment von einem ungeplanten evolutionären Lernen, das irgendwie in jedem Kontext sozialen Wandels verankert ist.

Nun gibt es eine Reihe historischer und gegenwärtiger Beispiele, in denen der Experimentalstatus einer Innovationsstrategie erst *ex post* wahrgenommen und definiert wird. Die Innovation wird zunächst in der Überzeugung betrieben, das vorhandene Wissen über den Zusammenhang von Intervention und Handlungserfolg reiche hin und gefährliche Nebenfolgen seien kontrollierbar. Erst durch soziale Fehlentwicklungen, Unfälle, akkumulative Effekte im ökologischen Bereich und andere Überraschungen beginnt eine Problematisierung, die der Innovationsdynamik nachträglich die Charakteristika einer experimentellen Praxis zuschreibt. Erwartungsgewißheiten wandeln sich in Hypothesen, Wissensbestände erweisen sich als lückenhaft, Ignoranz wird reformuliert als ein spezifisches wissenschaftliches Nicht-Wissen, Sicherheiten werden als Risiken wahrgenommen. Diese *ex post*-Zuschreibung des experimentellen Charakters geschieht häufig im öffentlichen Diskurs. Da die Entwicklung selten gestoppt werden kann, ist die Erwartung an die öffentliche Hand, mit regulatorischen Maßnahmen den Prozess in ein gut beobachtbares und kontrollierbares Realexperiment zu überführen.

Die europäische Chemikalienpolitik bietet dafür ein Beispiel aus der jüngsten Zeit. Auf sie kommen wir nach einigen Bemerkungen zur langen Vorgeschichte der risikobelasteten Innovationspraxis in der chemischen Industrie zu sprechen.

Chemikalienpolitik

An der Entstehung der sog. *science-based industries* in der zweiten Hälfte des 19. Jahrhunderts hatte die chemische Industrie einen wichtigen Anteil durch die rasante Entwicklung neuer Stoffe und ihre Anwendungsmöglichkeiten in neuen Produktionsverfahren, neuen Konsumgütern, in der Landwirtschaft und der Kriegsführung. Die chemische Industrie bewirkte eine tiefgreifende Veränderung der Lebensbedingungen. Erste negative Erfahrungen in dieser Phase, in der die Erhöhung der Produktion im Vordergrund stand, zeigten sich in Belastungen der Umwelt in der Nähe der Industrieanlagen. Die ersten politischen Reaktionen auf diese Probleme bestanden im Erlass von Genehmigungsverfahren und Bauvorschriften. Die unmittelbaren gesundheitlichen Folgen, die der Kontakt mit den neuen Stoffen und die bis zu diesem Zeitpunkt unbekannten lokalen Stoffkonzentrationen für die Industriearbeiter hatten, wurden in Deutschland erstmals mit der Arbeitsschutznovelle zur Gewerbeordnung von 1891 Gegenstand staatlicher Regulierung. Die langfristigen gesundheitlichen Wirkungen bestimmter Stoffe waren zu diesem Zeitpunkt noch weitgehend unbekannt oder blieben unbeachtet. Zuweilen kam es zu krassen Verzögerungen staatlicher Regulierungen: Die knochenmarkschädigende Wirkung des seit Mitte des 19. Jahrhunderts industriell synthetisierten Benzols auf Industriearbeiter wurde bereits im Jahre 1897 entdeckt. Regulative Eingriffe erfolgten aber erst im Jahre 1987 (Lahl 2004: 4). Ähnlich verhält es sich mit Asbest und dem PCB, auch hier wurde auf festgestellte Schädigungen erst mit einer Zeitverzögerung von mehr als achtzig Jahren reagiert. Ein weiteres bekanntes Beispiel für gravierende Umweltauswirkungen, die bei der Einführung nicht modelliert wurden, stellt das DDT dar. Gleichzeitig mit der allmählichen Identifikation der kumulativen Schäden in den Nahrungsketten stieg die Produktion der chemischen Industrie dramatisch an, nach Schätzungen von einer Million Tonnen im Jahr 1930 auf 400 Millionen Tonnen im Jahr 2003 (Lahl 2004: 3).

Der Ausgangspunkt für die erste umfassende Regelung im Bereich der europäischen Chemiepolitik war das Seveso-Unglück im Jahr 1976, bei dem Dioxine freigesetzt wurden und mehr als 180 Menschen durch Chlorakne geschädigt wurden. Die Seveso-Richtlinie von 1982 regelt das Störfallverhalten von Anlagenbetreibern und Behörden. Die EU-Altstoffverordnung von 1993 kontrolliert die Zulassung neuer chemischer Stoffe. Stoffe, die in Mengen von mehr als 10 kg pro Jahr produziert werden, müssen behördlich angemeldet werden. Bei Mengen von mehr als 1 t ist darüber hinaus ein so genannter Grunddatensatz zu erstellen, der eine Beurteilung direkter Umwelt- und Gesundheitsgefahren ermöglicht, bei mehr als 100 t Jahresproduktion sind darüber hinaus Untersuchungen langfristiger Schädigungen durch diese Stoffe durchzuführen. Im Mittelpunkt stehen dabei die Karzinogenität, Auswirkungen auf das Erbgut und das Anreicherungsverhalten in der natürlichen Umwelt. Bisher sind über 3.700 Stoffe nach dieser Verordnung zugelassen worden.

Als Stichtag wurde der 18. September 1981 festgelegt. Alle Stoffe, die vor diesem Zeitpunkt auf dem Markt waren, werden als Altstoffe eingestuft und müssen bis auf wenige Ausnahmen bisher nicht registriert werden. Die EU-Kommission beziffert die Altstoffe auf mehr als 100.000 und schätzt, dass sie einen Anteil von 97 Prozent an der Gesamtmenge der in der EU produzierten und importierten Chemikalien haben. Der Rat von Sachverständigen für Umweltfragen (SRU) stellte fest, dass den Behörden über die langfristigen Wirkungen der Stoffe bisher wenig bekannt ist und bezeichnete diese Situation als defizitär (SRU 2004: 450). Die durch die EU-Kommission 2001 vorgestellte »Strategie für eine zukünftige Chemikalienpolitik«, REACH (Registrierung, Evaluation und Autorisierung von Chemikalien) genannt, stellt den Versuch dar, dieses Defizit zu beheben (EU-Kommission 2001). Altstoffe sollen danach ähnlich wie die neuen Chemikalien einem Registrierungsverfahren unterzogen werden, für deren Umsetzung ein Zeitraum von mehr als zehn Jahren geplant ist. Die Daten sollen bei einer noch zu gründenden europäischen Behörde für die Chemikaliensicherheit gesammelt werden.

Mit Blick auf evolutionäre Lernstrategien stellt REACH eine Umstellung dar, denn damit wird die unsystematische Generierung von Erfahrungen in der Praxis durch die Anwendung wissenschaftlicher Untersuchungsmethoden ergänzt, Theorie und Labor erhalten einen Stellenwert bei der Risikoabschätzung, den sie bisher für diese Stoffe nicht besaßen. Darüber hinaus werden nicht nur die Stoffe und ihre Wirkungen selbst untersucht, sondern auch die Verwendungsweisen erhoben. Für Alt- und Neustoffe bedeutet dies, dass von den Herstellern Einsatzzwecke und Sicherheitsvorkehrungen festgelegt werden. Die Anwender müssen davon abweichende Verwendungen an die Hersteller rückmelden. Das Ziel ist es, auf diese Weise mögliche Interaktionen von Stoffen abschätzen und ermitteln zu können. Außerdem sollen Fehler ausgeschlossen werden, die sich aus unzureichendem lokalem Wissen ergeben. Die EU-Kommission hat im Oktober 2003 einen Entwurf zur REACH-Verordnung vorgelegt, über einen längeren Zeitraum von den Parlamenten unter Anhörung von Verbänden beraten und modifiziert wurde (EU-Kommission 2003), um schließlich 2005 im Rat verbindlich verabschiedet zu werden.

Das gesellschaftliche Echo auf die Initiative zur Chemikalienpolitik war von unterschiedlichen Wahrnehmungen und durch Konflikte geprägt. Die deutsche chemische Industrie hat im Jahr 2001 in einer ersten Reaktion zusammen mit einigen Gewerkschaften weitgehende Zustimmung für den Vorschlag formuliert und darauf verwiesen, dass damit deutsche Versuche zur Lösung der Altstoffproblematik durch eine freiwillige Kooperation zwischen Industrie, Wissenschaft und Behörden weitergeführt würden und eine notwendige Vereinheitlichung erzeugt würde (Bundesregierung et al. 2003). Kritisiert wurde allerdings, dass das Verfahren zu starr sei und insbesondere Betriebsgeheimnisse der mittelständischen Industrie gefährdet seien. Weiterhin formulierte die deutsche Industrie, dass durch REACH zu hohe Kosten entstehen, die zum Anmeldeverzicht bestimmter Stoffe oder zu einem erheblichen Anstieg der Marktpreise führen würden. Tatsächlich liegen die Schätzungen weit auseinander, die EU-Kommission gibt die Gesamtkosten mit 3,7 Mrd. Euro an, der Verband der Chemischen Industrie Europas rechnet hingegen mit 7 Mrd. Euro, ein Betrag, der sich allerdings auf mindestens zehn Jahre verteilen würde.

Ähnlich problematisch ist die monetäre Bewertung des Nutzens des Systems. Schätzungen liegen zwischen 5 und 283 Mrd. Euro (Pearce und Koundouri 2003). Weite Teile der Politik und der Wissenschaft befürworten die Umsetzung des Entwurfs. Allerdings stehen die positiven Effekte selbst in der Diskussion. Aus der Sicht der klassischen Risikoforschung wird argumentiert, dass sich durch einfachere Maßnahmen vergleichsweise höhere Effekte herstellen ließen, wie ein Beitrag pointiert darstellt:

»Der Nutzen für die Gesundheit, der dadurch erzielbar wäre, dass man gesunden Menschen verböte, in öffentlichen Gebäuden einen Aufzug zu benutzen ... ist noch erstaunlicher – und erheblich preiswerter zu erzielen: 48 mal so hoch wie der mögliche Nutzen des gesamten REACH-Programms« (Krämer 2004: 12).

Von verschiedenen Umweltverbänden wird dagegen kritisiert, dass die geplante Regelung nicht weit genug reiche und längst überfällig sei. BUND und WWF formulierten: »Jeder von uns spielt eine ungeschriebenen Rolle in einem globalen Experiment... Das könnte sich ändern, wenn eine rigorose Chemikalienpolitik in Europa verabschiedet würde« (BUND et al. 2003: 6). Ähnlich äußerten sich die deutschen Gewerkschaften: »Faktisch bedeutet dies, dass Arbeitnehmer und Verbraucher gewissermaßen Versuchstiere eines gigantischen Experimentes sind. Wir fordern deshalb, dieses Experiment endlich zu beenden, um kein weiteres Leid zu verursachen und die immensen Folgekosten zu vermeiden« (IG Metall et al. 2003: 2). Die *Tageszeitung* schließlich fand als Überschrift zum Effekt der Initiative die Formulierung: »Das Ende der Freilandversuche« (*taz* 2001).

In diesen Zitaten wird Kritik an evolutionären Lernprozessen geübt. Die Metapher des Experiments verweist auf das nach Meinung der Autoren eingegangene Wagnis, Stoffe ohne umfangreiche Risikoabschätzungen zu vermarkten. Gefordert wird nicht die Durchführung von Realexperimenten, sondern der Schritt zurück in das Labor, also die Untersuchung durch die Industrie »im geschützten Raum des eigenen Unternehmens« (Lahl 2004: 6).
Zusammenfassend lässt sich festhalten, dass REACH als solches kein Realexperiment ist, sondern ein System der Untersuchung und Datensammlung. Durch die Einbeziehung der Anwender bei der Registrierung und die Rückmeldung von abweichenden Verwendungen wird allerdings die Grundlage für spätere Realexperimente gelegt, für die diese vorgängigen Untersuchungen die Voraussetzung darstellen.

IV.4.3 Testverfahren

In verschiedenen Bereichen lassen sich Bemühungen beobachten, die gesellschaftliche Praxis so einzurichten, dass eine systematische Produktion neuen Wissens möglich wird. Ähnlich wie bei Sozialexperimenten werden ohnehin ablaufende Prozesse zur Kontrolle von Risiken so eingerichtet, dass Wissen gewonnen werden kann. Die Legitimationsbedingungen sind jedoch andere, da es sich hier allein um die Beobachtung von Risiken handelt. Grundlage ist die Annahme, dass die positiven Auswirkungen weitgehend bekannt sind, die negativen teils ausgeschaltet, teils auf ein im Kosten-Nutzen Vergleich vertretbares Maß reduziert worden sind. Dennoch verbleibt wegen der Gesamtkomplexität des Anwendungsfeldes ein Bereich von Unsicherheit, der Anlass zur begleitenden Überprüfung gibt. Dieser Sachverhalt wird anhand der Beobachtung der Anwendungen von Medikamenten dargestellt.

Anwendungsbeobachtungen

Bevor neue Medikamente vermarktet werden dürfen, durchlaufen sie ein umfangreiches Prüfverfahren, dessen Ergebnisse die Grundlage für die behördliche Genehmigung darstellen. Die Entscheidungen des Bundesamtes für Arzneimittel und Medizinprodukte (BfArM) sind das Resultat von Abwägungen zwischen den in klinischen Studien nachgewiesenen Wirkungen und den ermittelten Nebenwirkungen. Zum Zeitpunkt der Zulassung existiert allerdings nur Wissen darüber, welcher Nutzen und welche Risiken mit diesen Präparaten für eine Testpopulation unter laborähnlichen Bedingungen gegeben sind. Von diesem Test werden beispielsweise jene Patienten ausgeschlossen, bei denen zwar positive Wirkungen der Testsubstanzen erwartet werden können, die aber aufgrund anderer Erkrankungen bereits andere Medikamente einnehmen müssen. Mit der Markteinführung wird der Patientenkreis folglich erweitert, womit jedoch erhebliche Risiken verbunden sind. Dazu Gottfried Kreutz, der Leiter der Abteilung Klinische Pharmakologie im BfArM: »Deshalb ist es normal, dass sich das wahre Nebenwirkungspotential eines Arzneimittels erst nach der Zulassung zeigt« (*Süddeutsche Zeitung* 2001). Dieser Sachverhalt wurde durch die Probleme mit dem 1997 zugelassenen Cholesterinsenker Cerivastatin (Handelsname Lipobay) Mitte 2001 Gegenstand der Medienaufmerksamkeit. Es wurde von mehr als 50 Toten weltweit berichtet. Ähnliches gilt für das 1999 zugelassene Schmerzmittel Rofecoxib (Handelsname Vioxx), durch das nach Schätzungen allein in den USA mehr als 10.000 Menschen geschädigt wurden (Topol 2004: 1708). Besonders bemerkenswert ist in diesem Zusammenhang, dass die typischen, von den klinischen Studien nicht erfassten Anwender von Vioxx ein bis zu achtfaches Risiko für die beobachteten Nebenwirkungen haben (Jüni et al. 2004: 2027). Die Zeitschrift *Lancet* zog daraus die Schlussfolgerung:

> »Ärzte müssen sich der vorläufigen Natur der Daten zur Sicherheit und Wirksamkeit neuer Medikamente stärker bewusst werden. Die ursprünglichen Daten zu Refecoxib basierten auf etwa 5.000 Patienten. Im Vergleich mit den ungefähr zwei Millionen Patienten, die bis letzte Woche mit dem Medikament behandelt wurden, ist das eine sehr kleine Zahl, die erklären kann, wieso wichtige Nebenwirkungen übersehen wurden und falsches Vertrauen in das Medikament gesetzt werden konnte. Für alle neu zugelassenen Medikamente gilt, dass Vertrauen in ihre Sicherheit nur provisorisch sein kann« (Lancet 2004: 1288).

Arzneimittelrisiken lassen sich offensichtlich durch die vor der Zulassung durchgeführten Untersuchungen nicht gänzlich ausschließen. Deshalb ist eine Nachmarktkontrolle notwendig. In Deutschland existiert seit dem Arzneimittelgesetz von 1976 ein dichtes Überwachungssystem aus präventiver Zulassungskontrolle und fortlaufender Beobachtung von Medikamenten im Markt, das durch das BfArM koordiniert wird. Das über die Arzneimittelkommission der deutschen Ärzteschaft organisierte Spontanmeldesystem reagiert beispielsweise auf unerwartete Entwicklungen. Es stellt damit quasi die Datengrundlage zur Falsifikation der Sicherheitshypothese zur Verfügung, die die Wirksamkeit und die Nebenwirkungsarmut von Medikamenten umfasst. Wenn sich also ein Verdacht auf schädliche Nebenwirkungen einstellt, wird als erster Schritt die Aufmerksamkeit der Mediziner über die so genannten Arzneimittel-Schnellinformationen erhöht. Verdichten sich die Verdachtsmomente, werden Warnungen ausgesprochen bzw. noch schärfere präventive Maßnahmen ergriffen. Hier greift dann der so genannte

Stufenplan, dessen Maßnahmen von Veränderungen des Beipackzettels über Verschreibungsempfehlungen bis hin zur Rücknahme der Zulassung reichen können.

Dieses Sicherheitssystem erhält seine Legitimität wesentlich durch den gesellschaftlichen Bedarf an neuen Medikamenten und das Vertrauen in die Effektivität von Zulassungsprüfungen und Meldesystem. Dass dabei ein zeitliches Spannungsverhältnis zwischen der Verfügbarkeit neuer Wirkstoffe und ihrer Prüfung vorliegt, ist Gegenstand der gesellschaftlichen Risikokommunikation. Insofern stellt die Medikamentenanwendung ein gesellschaftlich akzeptiertes Realexperiment dar, bei dem die Interessen von Patienten an Therapie und Sicherheit auf der einen Seite und die ökonomischen Verwertungsinteressen der Pharmaindustrie auf der anderen Seite aufeinander bezogen werden.

Über die genannten Prozesse der Wissensproduktion hinaus wird bei der Medikamentenvermarktung ein weiteres Instrument angewandt, das gesellschaftlich wenig bekannt ist, in den letzten Jahren durch die Zulassungsbehörden und innerhalb der Wissenschaft aber zunehmend diskutiert wird: die Anwendungsbeobachtung. Von der Pharmaindustrie werden in der Regel Studien zu neuen Medikamenten durchgeführt, in Deutschland seit 1994 etwa 3.000 (KVN 2003). Ärzte, die entsprechende Mittel verschreiben, dokumentieren gegen eine Aufwandsentschädigung relevante Patientendaten, Dosierung und weitere Medikamentennutzungen sowie Therapieverlauf mit Wirkungen und Nebenwirkungen. Die Daten werden von den Pharmaunternehmen ausgewertet und dienen teilweise als Grundlage für Anträge bei der Aufsichtsbehörde auf die nach fünf Jahren notwendige Zulassungsverlängerung. Für den Fall, dass unbekannte Nebenwirkungen auftreten, besteht eine Anzeigepflicht durch die Unternehmen. Ansonsten werden die Ergebnisse dieser Studien selten veröffentlicht.

Da bei Anwendungsbeobachtungen nicht das Erkenntnisinteresse im Vordergrund steht, können mit ihnen gravierende Interessenkonflikte einhergehen. Eine durch das niederländische Gesundheitsministerium durchgeführte Untersuchung zeigt, dass die Aufwendungen für diese Studien von den untersuchten Pharmafirmen folgerichtig dem Werbeetat zugerechnet werden und etwa 20 Prozent von diesem ausmachen (van Egmond-Vettenburg und ter Steege 2001: 21). 30 Prozent der befragten Ärzte gaben bei einer Umfrage an, dass sie bestimmte Medikamente wegen der durchgeführten Anwendungsbeobachtung verschrieben haben (Linden 1998: 163). Der Werbeaspekt hat teilweise dazu geführt, dass die Unternehmen kein echtes Interesse an den Daten besitzen und schlechte Dokumentationen durch teilnehmende Ärzte akzeptiert haben. Mediziner sprechen davon, dass die Anwendungsbeobachtungen ein »Schmuddel-Image« aufweisen (Korzilius 1997).

Andererseits ermöglicht dieses Sponsoringsystem Forschung, für die sonst nur geringe finanzielle Mittel zur Verfügung stehen: »Die Verkaufsabsichten sind der Grund, warum wertvolle Informationen zu geringen Kosten verfügbar sind« (Wadepuhl 1997: 9). Die Anwendungsbeobachtungen bieten Erkenntnismöglichkeiten, die durch andere Instrumente kaum zu erzielen sind. Dazu gehören Verordnungsverhalten und Verschreibungsgewohnheiten der Ärzte, die in ihrer Praxis teilweise erheblich von den Empfehlungen abweichen (Linden 1998). Hinzu kommen Fragen der Akzeptanz bei Patienten, der Praktikabilität bestimmter Darreichungsformen, der Erkenntnisse über unerwünschte Arzneimittelwirkungen und Wechselwirkungen mit anderen Präparaten sowie der Wirksamkeitsprüfungen an Patientengruppen, die bei den klinischen Prüfungen ausgeschlossen wurden (Herbold 2000).

Die Daten der Anwendungsbeobachtungen sind allerdings nur dann wissenschaftlich nutzbar, wenn entsprechende methodische Voraussetzungen erfüllt sind. Dazu hat das BfArM 1998 Empfehlungen erlassen, die die Durchführung und Auswertung festlegen. Darüber hinaus wird die Berufung eines Kontrollorgans für die Studien und die Möglichkeiten zur Veröffentlichung der Ergebnisse diskutiert (Merten 2002). Als eine Barriere gegen die Vermarktungsinteressen der Pharmaindustrie ist in Deutschland vorgeschrieben, dass die Krankenkassen über die Durchführung von Anwendungsbeobachtungen informiert werden müssen. Der Hintergrund ist, dass die im Rahmen der Studien verschriebenen Medikamente von den Krankenkassen bezahlt werden. Da die Kassenärzte dem Wirtschaftlichkeitsgebot unterworfen sind, drohen ihnen Regressforderungen für den Fall, dass sie in einem größeren Maßstab Präparate verordnen, die nicht unter die Leistungspflicht der gesetzlichen Krankenversicherungen fallen. Auch wenn die teilnehmenden Ärzte durch die Krankenkassen besonders intensiv kontrolliert werden, ist dies als Maßnahme der Qualitätssicherung allerdings offensichtlich zu schwach (KVNO 2003). Stärkere Auswirkungen könnten die Ethikrichtlinien der EU zu nachmarktlichen Studien haben, in denen Anwendungsbeobachtungen als wissenschaftliches Instrument bezeichnet werden, über deren Anwendung Ethikkommissionen entscheiden müssen. Mangelhafte, als reine Werbemaßnahme konzipierte Anwendungsbeobachtungen wären demzufolge unethisch (Windeler 2000: 2757).

Es lässt sich festhalten, dass Anwendungbeobachtungen als ein Instrument der prospektiven Ermittlung der Verwendung, Sicherheit und Wirksamkeit von Arzneimitteln eingesetzt werden können. Ihr wissenschaftlicher Wert hängt weitgehend davon ab, dass eine entsprechende Methode zugrunde gelegt wird, ein Aspekt, der durch die Nutzung als Vermarktungsinstrument in den Hintergrund gedrängt werden kann. Die Durchführung dieser Studien wird allerdings nicht nur von ihren Sponsoren, den Pharmaunternehmen, mit Erkenntnisinteressen begründet. Sie erhalten ihre Legitimation auch über die positive gesellschaftliche Bewertung der Forschung und der wissenschaftlichen Methode. Als Forschung im Arzneimittelbereich sind sie insofern konkurrenzlos, als sie die Verschreibungs- und Nutzungspraxis unter den Bedingungen sozialer Praxis beobachten und dabei Komplexität zulassen, die bei den laboranalog konzipierten klinischen Studien aus Kontrollgründen reduziert wird.

An dieser Form der Realexperimente wird erkennbar, dass mit dem Ankoppeln von Forschungshandeln an eine gesellschaftliche Praxis erhebliche Einschränkungen der Validität verbunden sein können. Gleichzeitig wird aber auch deutlich, dass die Legitimationsgrundlage für derartige Studien durch den Vorwurf, es würden unethische Versuche durchgeführt, eine reflexive Wirkung entfalten kann. Ob damit eine Verbesserung der methodischen Rahmenbedingungen einhergeht, hängt von den beteiligten Akteuren ab. Die verstärkte mediale Thematisierung der Medikamentensicherheit und der Anwendungsbeobachtungen kann neben den dabei tangierten ökonomischen und ethischen Aspekten allerdings dazu führen, dass der realexperimentelle Charakter der Anwendungsbeobachtungen verstärkt wird.

IV.4.4 Explorative Versuche

Realexperimente sind nicht Bestandteil der Grundlagenforschung, sondern dienen dem Wissenserwerb zu konkreten gesellschaftlichen Problemen. Wenn Experimente offen durchgeführt werden, wird ihre Legitimation zum Gegenstand öffentlicher Diskurse, in deren Mittelpunkt die Chancen und Risiken dieser Erkenntnisstrategie stehen. Die Basis dieser Bewertungen bilden Risikoabschätzungen von Experten, deren Aussagen den Charakter von Hypothesen besitzen. Angesichts der Unsicherheiten, die durch das Verfahren adressiert werden und Gegenstand der Beobachtungen sind, verbleiben aber explorative Bereiche. Verschiedene Sicherheitsmaßnahmen und die Bereitschaft zum Eingriff als Reaktion auf nicht-modellierte Effekte dienen dazu, die Folgen zu begrenzen. Im günstigen Fall können sie, wenn Überraschungen ausbleiben, die Leistungsfähigkeit von Maßnahmen unter Beweis stellen.

Abbau des Schilderwalds

Ein Beispiel für einen explorativen Versuch aus dem Verkehrsbereich, der Ende 2001 von der Verwaltung der Stadt Bielefeld aufgebaut wurde, diente der Reduzierung der Straßenverkehrsschilder – im weiteren kurz »Schilderwald« genannt. Der Hintergrund waren bundesweite Bemühungen, den Verkehr mit deutlich weniger Schildern zu regeln. Zwar müssen Schilder an vielen Stellen aufgrund entsprechender gesetzlicher Regelungen aufgestellt werden. In der Praxis zeigt sich aber, dass es für eine beträchtliche Anzahl von Schildern keine entsprechenden Vorschriften mehr gibt oder dass sie als Reaktion auf bestimmte lokale Probleme aufgestellt worden waren, aber wegen zwischenzeitlich geänderter Verkehrsführungen und anderer Verkehrsmaßnahmen eigentlich überflüssig geworden sind. Es wird geschätzt, dass dies auf etwa 20 Prozent der innerstädtischen Schilder zutrifft. Das Abnehmen von Schildern ist für Verwaltungen eine anspruchsvolle Aufgabe. Die mit Vertretern der Bezirksregierung, der Polizei und der Stadt Bielefeld besetzte Unfallkommission entscheidet darüber in ihren turnusmäßigen Sitzungen. Als Entscheidungsgrundlage dienen dabei die einschlägigen Vorschriften und die jeweiligen Bedingungen; in der Regel sind damit auch Ortsbegehungen verbunden. Die Entscheidungen dieser Kommission waren in der Vergangenheit immer wieder Gegenstand von Beschwerden aus der Bevölkerung. Teilweise wurden Entscheidungen auch revidiert, etwa wenn nachvollziehbare Gründe für einzelne Verkehrszeichen angeführt werden konnten. Es wurde erwartet, dass das beabsichtigte konsequente Lichten des Schilderwalds zu massiven Problemen führen würde. Auf genau diese richtete sich der Versuch: Es sollte ermittelt werden, wie genau die Entscheidungen der Kommission den örtlichen Gegebenheiten Rechnung trugen, und wie die Vorstellungen der Bürger in diese Aktion möglichst kostengünstig einbezogen werden konnten.

Dazu wurde mit Unterstützung der Lokalpresse ein Versuch in einem Bielefelder Stadtbezirk durchgeführt. Zuerst wurde die Bevölkerung aufgefordert, der Verwaltung überflüssige Schilder zu nennen. Dann wurde zusammen mit verschiedenen Verkehrsvereinen geprüft, welche Schilder abmontiert werden sollten. Von den insgesamt ca. 1.500 Schildern wurden fast 300 für vier Wochen mit Plastiksäcken verhüllt. Die Verwaltung nahm in dieser Zeit Rückmeldungen durch Anlieger und Verkehrsteilnehmer entgegen. Nach Ende des Versuchs, bei dem tatsächlich zahlreiche Anrufe eingingen, wurden die markierten Schilder bis auf ca. dreißig abgenommen.

Der Schilderwaldversuch hatte mehrere Funktionen: Die Verwaltung wollte die Öffentlichkeit auf die bundesweite Initiative aufmerksam machen und über den Versuchsbezirk hinaus darauf vorbereiten, dass Schilder abgenommen werden würden. Weiter ging es darum, die Bevölkerung für das Problem abnehmender Aufmerksamkeit bei zunehmender Schilderzahl und die damit verbundenen Kosten zu sensibilisieren. Schließlich bestand das Ziel darin, zu ermitteln, wie groß die Schnittmenge der von der Verwaltung festgelegten und der von den Bürgern empfohlenen Schilder war. Im Kern ging es darum, Wissen über die unterschiedlichen Bewertungskriterien zu erwerben, das nach dem Versuch für weitere Reduzierungen des Schilderwalds genutzt werden sollte. Bemerkenswert ist an diesem Versuch, dass während seiner Durchführung und auch später, als im gesamten Stadtgebiet Schilder abgebaut wurden, keine nennenswerten Konflikte mit der Bevölkerung und den verschiedenen Verkehrsteilnehmern mehr auftraten. Durchgeführt wurde der Versuch, der Vorläufer in anderen Städten hat, durch die Verwaltung. Eine wissenschaftliche Begleitung gab es nicht. Das Untersuchungsdesign enthält, trotz seiner Schlichtheit, gleichwohl wesentliche Aspekte des Experiments. Es lag eine überprüfbare Hypothese und ein gezielter Eingriff vor, Daten wurden durch Verkehrsbeobachtungen, Rückfragen bei der Polizei und in Form von Anregungen der Anwohner erhoben. Der Umstand, dass 10 Prozent der ursprünglich ausgesuchten Schilder nicht abgenommen wurden, zeigt, dass Überraschungen produziert und wahrgenommen wurden. Als Kontrollgruppe diente der Bezirk selbst. Es entstanden keine neuen Unfallschwerpunkte oder ähnliche Probleme. Das Vorgehen der Verwaltung war in den Augen der Öffentlichkeit legitim, weil damit ein weitgehend nachvollziehbares Problem gelöst wurde und gleichzeitig praxisrelevante Erfahrungen erzeugt wurden.

Begleitetes Fahren

Auch das nächste Beispiel, der Führerschein mit 17, stammt aus dem Verkehrsbereich. Hier liegt allerdings eine deutlich ausgeprägte Wahrnehmung der Risiken vor. Zum Hintergrund: In Deutschland ist das Führen eines PKW erst mit 18 Jahren erlaubt. Wie die Unfallstatistik zeigt, verursachen Führerscheinneulinge in den ersten beiden Jahren fünfmal so viele Unfälle wie andere Autofahrer. In einigen Ländern, in denen Jugendliche bereits früher als in Deutschland unter Aufsicht Fahrpraxis erwerben dürfen, ist das Unfallrisiko der Gruppe der 18-20jährigen deutlich geringer. Das Bundesamt für Straßenwesen hat im Auftrag des Bundesverkehrsministeriums im Jahr 2002 geprüft, ob diese Erfahrungen auf die deutschen Verhältnisse übertragbar sind. Das dazu gebildete Expertengremium kam zu einer positiven Einschätzung und hat mit der Konzeption eines Pilotprojekts begonnen. Mitte 2003 hat Bundesverkehrsminister Stolpe weitere Arbeiten an diesem Projekt gestoppt. In der Begründung hieß es, dass beispielsweise die Erfahrungen in Schweden wegen der dort vorliegenden geringeren Verkehrsdichte nicht übertragbar und die Ergebnisse ohnehin überbewertet worden seien. Die SPD-Bundestagsfraktion kam zu dem Ergebnis, dass die Durchführung eines Versuchs zum begleiteten Fahren zahlreiche rechtliche Anpassungen notwendig machen würde. Wesentliche Details, etwa die Frage der Eignung von Begleitern und die Kennzeichnung der geführten Fahrzeuge seien noch zu klären. Es bestehe ohnehin kein Zeitdruck, deshalb wurde empfohlen, mit der Durchführung von Modellversuchen zu warten. Ähnliche Probleme wurden auch von anderer Seite gesehen.

AvD und ADAC warnten ebenfalls vor einer überstürzten Umsetzung. Gleichzeitig wiesen sie darauf hin, dass die gewonnene Fahrpraxis nur Blechschäden verhindern könne. Das eigentliche Problem dieser Altersgruppe, das »Diskorasen als Mutprobe«, würde damit nicht verhindert (AvD 2004). Die Deutsche Polizeigewerkschaft verwies darauf, dass die notwendigen Kontrollen mit dem vorhandenen Personal nicht durchführbar seien und riet ebenfalls zu weiterer Prüfung. In Teilen der Öffentlichkeit wurde die Initiative ebenfalls kritisiert. Der *Spiegel* formulierte als Überschrift »Deutscher Irrwitz« und bezeichnete das Vorhaben als »Schnapsidee« (*Spiegel* 3/2002: 54). Eine im Auftrag der Gothaer Versicherungen im Frühjahr 2003 durchgeführte Emnid-Umfrage kam zu einem klaren Ergebnis: 67 Prozent der mehr als 1.000 Befragten sprachen sich gegen die Einführung des Führerscheins mit 17 aus, 75 Prozent bezweifelten, ob damit überhaupt Unfälle vermieden werden könnten.

Die Idee ist offensichtlich öffentlich und politisch unumstritten. Unter Verkehrswissenschaftlern scheint allerdings Einigkeit darüber zu herrschen, dass die vorgeschlagene Lösung das Unfallrisiko der betroffenen Altersgruppe deutlich senken kann und die notwendigen rechtlichen und organisatorischen Anpassungen relativ einfach umsetzbar sind (Projektgruppe Begleitetes Fahren 2003). Allerdings wurde darauf verwiesen, dass bei der konkreten Ausgestaltung Anpassungen der in anderen Ländern praktizierten Regelungen erforderlich seien und deshalb die Durchführung eines Modellversuchs empfohlen. Dieser Forderung hat sich der Bundesrat angeschlossen und im November 2003 den Beschluss gefasst, die Auswirkungen des Führerscheins mit 17 in einem mehrjährigen Modell wissenschaftlich untersuchen zu lassen. Das CDU-regierte Bundesland Niedersachsen übernahm die Pionierrolle und begann den Versuch April 2004 in 18 Kreisen und kreisfreien Städten.

Durch die Auseinandersetzungen in Politik und Öffentlichkeit ist der zügige Beginn des Modellversuchs wesentlich behindert worden, aber es wäre unangebracht, dies in einer grundsätzlichen Weise zu kritisieren. Realexperimente dieser Art sind öffentliche Angelegenheiten, an denen eine Vielzahl meist organisierter Akteure beteiligt ist. Zeitraubende Investitionen in die Aushandelung eines Projektes sind die Bedingung für die Akzeptanz. Diese wird nicht nur für die rechtliche Absicherung und das Anlaufen des Projektes benötigt, sondern auch, um Risiken abzufedern und Überraschungen zu verarbeiten. Der öffentliche Diskurs mit seinen pro und contra Argumenten zeigt recht gut, dass die Umwandlung der Meinungen in Hypothesen, die in einem Modellversuch überprüfbar sind und deren Verallgemeinerbarkeit sich durch vergleichbare Projekte beobachten lässt, ein produktiver Weg der Modernisierung sein kann. Der Fall zeigt jedoch auch, dass eine realexperimentelle Lösungsstrategie immer in der Gefahr ist, den politischen Kalkülen nach Durchsetzung oder Verhinderung von Mehrheiten zum Opfer zu fallen. Die Regierung des Landes Niedersachsen war sich bewusst, dass sie mit ihrer Pionierfunktion sowohl Chancen der Profilierung wie auch Risiken des Scheiterns aufgrund eines vorschnellen Handelns einging. Sie entschloss sich, den Modellversuch sorgfältig zu begleiten und nach der Methodik der Quasi-Experimente auszuwerten. Ob die Ergebnisse unter allen Umständen veröffentlicht worden wären, kann hier offen bleiben. Da der Versuch schnell überzeugende Ergebnisse hervorbrachte, konnten diese der Öffentlichkeit vorgestellt, in einem wissenschaftsnahen Symposium ausgebreitet und im Internet allgemein zugänglich gemacht werden. Nach Angaben aus dem zuständigen Ministerium in Niedersachsen sind nach ungefähr zweijähriger Erhebung die Unfälle um 40 Prozent und die verhängten Bußgelder um 60 Prozent gegenüber der Kontrollgruppe von 18-jährigen Führerscheininhabern zurückgegangen (diese und weitere Informationen unter http://www.begleitetes-fahren.de). In anderen Bundesländern sind die Ergebnisse ähnlich positiv.

MoZArt

Die Abkürzung »MoZArt« steht für das »Modellvorhaben zur Verbesserung der Zusammenarbeit von Arbeitsämtern und Trägern der Sozialhilfe«. Das Ziel dieses Mitte 2001 bis Mitte 2003 durchgeführten Versuchs war die Verbesserung der Arbeitsmarktchancen von Arbeitslosen- und Sozialhilfeempfängern. Dreißig Modellprojekte haben sich an ihm beteiligt, die Gesamtfördersumme lag bei etwa 30 Millionen Euro. Das Projekt wurde in Zusammenarbeit von Bundeswirtschaftsministerium, interessierten Kommunen und der Gesellschaft für soziale Unternehmensberatung Berlin konzipiert. Die Begleitforschung übernahm infas (Wirtschaftsministerium 2004). Im Kern ging es darum, die verschiedenen Maßnahmen der Sozialämter und der Arbeitsverwaltung zu bündeln und durch die Androhung von Sanktionen die Bereitschaft der Betroffenen zur Arbeitsaufnahme zu vergrößern. Unter dem Stichwort »Fordern und Fördern« wurden Vermittlungsstellen gegründet, die bei verbesserter personeller Ausstattung Fallmanagement betrieben. Den in der Mehrzahl Langzeitarbeitslosen wurden Kombilohnarbeitsstellen, Wiedereingliederungsmaßnahmen, Aus- und Fortbildungsmöglichkeiten sowie Lösungen bei sozialen und persönlichen Problemen angeboten. Die Teilnahme an diesen Maßnahmen war verpflichtend, für den Fall der Weigerung wurden die staatlichen Transferleistungen gekürzt. Die einzelnen Modellprojekte unterschieden sich in ihrer Anlage erheblich. Diese Variation sollte es ermöglichen, die Wirkungen verschiedener Ansätze zu erproben. Der Erfolg wurde statistisch ermittelt, zusätzlich führte infas Interviews durch. Ein Vergleich der Vermittlungsquoten mit denen in zuvor festgelegten Kontrollkommunen diente der Bewertung des Modellvorhabens. Dabei wurde festgestellt, dass in den Modellprojekten 46 Prozent der Sozialhilfeempfänger in den ersten Arbeitsmarkt integriert werden konnten, bei der Kontrollgruppe waren dies mit 34 Prozent deutlich weniger. Bei den gleichzeitigen Empfängern von Arbeitslosen- und Sozialhilfe lag die Vermittlungsquote um mehr als 30 Prozent höher als in der Kontrollgruppe (infas 2004).

Zum Hintergrund: Die Langzeitarbeitslosigkeit ist ein gesellschaftliches Problem, für das seit Jahren auf den unterschiedlichen politischen Ebenen nach neuen Lösungswegen gesucht wird. Der hessische Ministerpräsident Koch hatte im Jahr 2001 angeregt, amerikanische Erfahrungen zu übertragen, die Ähnlichkeiten mit dem oben skizzierten Versuch aufweisen. Die Bundesregierung hat durch die Einsetzung der Hartz-Kommission den Versuch unternommen, die Arbeitsmarktpolitik nach ökonomischen Gesichtspunkten zu modernisieren. Gemeinsam ist diesen Vorschlägen die Liberalisierung des Arbeitsmarktes. Außerdem verbinden sie finanzielle Entlastungen staatlicher Kassen mit Druck auf die Empfänger von Transferleistungen. Das politische Klima für Modellprojekte wie MoZArt war gut. Die von den Gewerkschaften im Rahmen der Diskussionen um Hartz IV geäußerte Kritik, die in den Maßnahmen eine Gefährdung des Sozialstaates sehen, wurde gegen das Modellprojekt MoZArt kaum geäußert, da die Zusammenlegung von Arbeitslosen- und Sozialhilfe nicht Gegenstand des Versuchs war. Auch in den Massenmedien lassen sich kaum kritische Artikel nachweisen.

MoZArt hat den Stellenwert eines klassischen Sozialexperiments zur Erprobung neuer Steuerungsinstrumente. Versuchsaufbau, die Festlegung von Kontrollgruppen und die im Rahmen der Begleitforschung genutzten Erhebungsmethoden entsprechen den Standards für Quasi-Experimente. Während der Versuchsphase entstand allerdings überraschend ein neues Problem: Der Versuch wurde überflüssig, da die Hartz-Kommission ihre Vorschläge entwickelt und die Bundesregierung diese direkt umgesetzt hatte. Die Aussage des damaligen Vorstandsvorsitzenden der Bundesanstalt für Arbeit im Juli 2002 bringt dies auf den Punkt: »Angesichts der dramatisch hohen Arbeitslosigkeit sollte keine Zeit mit Modellversuchen verplempert werden« (*Süddeutsche Zeitung* 4.07.2002). Am Beispiel MoZArt wird deutlich, dass Expertisen unterschiedliche politische Funktionen übernehmen können. Das Projekt, das zumindest von den Kommunen als eine Chance verstanden wurde, neue Konzepte auszuprobieren und ihren Erfolg zu ermitteln, hatte ursprünglich die Funktion der Rationalisierung politischer Entscheidungen. Die Vorschläge der Hartz-Kommission dagegen wurden politisch als Entscheidungsentlastung instrumentalisiert. An der politischen Verarbeitung des Modellvorhabens lässt sich feststellen, wie leicht ein

Realexperiment – selbst wenn es eine hohe öffentliche Akzeptanz hat – von politischen Interessen überrollt wird, weil die aus wissenschaftlicher Sicht unerlässliche Methodik des Vorgehens und Auswertens der politischen Profilierung im Wege steht. Hier liegt ein Dauerkonflikt vor, für den es keine Patentlösung, sondern nur situativ aushandelbare Vereinbarungen geben kann.

Die politische Bereitschaft, sich in solche Verhandlungssysteme hineinzubegeben ist sicherlich noch unterentwickelt. Da insbesondere Sozialexperimente ihre Legitimation aus der Befristung der Maßnahmen beziehen, haftet ihnen der Makel der politischen Unsicherheit und Unentschlossenheit an. Auch passt es selten in die programmatischen Orientierungen der Politik, bestimmte Wertmuster und Einstellungen zur Disposition zu stellen und ihre sachlichen Konsequenzen einer empirischen Beobachtung auszusetzen. Dies kann besonders prägnant am Beispiel der Drogenpolitik diskutiert werden.

Heroin als Arzneimittel

Seit April 2002 läuft in Deutschland ein Versuch, bei dem Heroin an Drogenabhängige ärztlich verabreicht wird. In anderen Ländern gibt es bereits eine ganze Reihe von Erfahrungen mit dieser Therapieform. In Australien, England und den Niederlanden wurden erfolgreiche Tests unternommen, am besten dokumentiert ist ein 1996 in der Schweiz beendetes dreijähriges Experiment (Killias et al. 2000). Durch diesen finanziell aufwändigen und methodisch anspruchsvollen Versuch mit mehr als 1.100 Probanden konnte nachgewiesen werden, dass sich durch die Versorgung mit reinem Heroin die soziale und gesundheitliche Situation der Behandelten deutlich verbessert. Wie der Endbericht herausstellt, wurde das Gesundheitssystem entlastet, da, von der Anfangsphase des Projekts abgesehen, keine Neuerkrankungen mit milieutypischen Infektionskrankheiten (AIDS, Hepatitis) auftraten. Die Beschaffungskriminalität und die damit zusammenhängenden Kosten der Strafverfolgung und des Strafvollzugs gingen ebenfalls zurück. Insgesamt wurde festgestellt: »Der volkswirtschaftliche Nutzen der heroinunterstützten Behandlung ist beträchtlich ... Aus diesen Schlussfolgerungen geht hervor, dass eine ...Weiterführung der heroinunterstützten Behandlung empfohlen werden kann...« (Uchtenhagen et al. 2000: 10). Auch die gesellschaftliche Einstellung zu dem Thema hat sich verändert: »Die ursprüngliche Kontroverse mit ideologischen Argumenten – gegen die Verschreibung von Betäubungsmitteln oder mit unrealistischen Erwartungen hinsichtlich der Narkotikaverschreibung scheinen mehr und mehr einer pragmatischen und ergebnisorientierten Diskussion Platz zu machen« (Uchtenhagen et al. 2000: 141)

Zur Situation in Deutschland: Bereits im Jahr 1989 hatte die Hansestadt Hamburg die Möglichkeiten der Heroinverschreibung sondiert, wegen rechtlicher Probleme aber auf weitere Schritte verzichtet. Die Stadt Frankfurt hat im Jahr 1993 einen detaillierten Durchführungsplan bei dem Vorläufer des Bundesinstituts für Arzneimittel und Medizinprodukte (BfArM), dem Bundesgesundheitsamt eingereicht, der abgelehnt wurde. Der Bundesrat hat mit SPD-Mehrheit in den Jahren 1993 und 1994 mehrfach versucht, entsprechende Rahmenbedingungen zu schaffen. Diese Initiative erhielt zu dem Zeitpunkt allerdings keine Mehrheit im Bundestag. Es gibt gegenwärtig schätzungsweise mindestens 120.000 Heroinabhängige in Deutschland; etwa 30 Prozent von ihnen werden mit Methadon behandelt. Auch diese Substitutionstherapie ist in Deutschland erst nach heftigen politischen Auseinandersetzungen umgesetzt worden. So wurde ein Düsseldorfer Arzt noch 1990 zu einer mehrjährigen Haftstrafe verurteilt, weil er Drogenabhängige mit Methadon versorgt hatte (*taz* 2003a). Diese Therapie wird aus verschiedenen Gründen nicht von allen Abhängigen angenommen. Zum einen unterscheidet sich Methadon in seiner Wirkung von Heroin, es wirkt erst einige Zeit nach der oralen Aufnahme, die typischen Sensationen intravenösen Heroinkonsums treten nicht auf. Zum anderen hat Methadon eine Reihe von Nebenwirkungen, während reines Heroin kaum Nebenwirkungen hat, wie verschiedene Studien gezeigt haben (*Springer* 2003). Außerdem macht auch Methodon hochgradig abhängig. Methadonabhängige bildeten daher auch eine Kontrollgruppe des Projektes. Beide Gruppen werden regelmäßig medizinisch betreut und erhalten eine psychosoziale Begleittherapie. Die wissenschaftliche Leitung lag bei dem Zentrum für Interdisziplinäre Suchtforschung, mit dem 9 weitere Forschungseinrichtungen aus den Bereichen Suchtforschung, Gesundheitsberatung, Kriminologie, Sozialarbeit, Psychiatrie und Versicherungswirtschaft kooperieren.

Das Ziel eines derartigen Versuchs ist zu zeigen, dass es gelingen kann, auch jene Abhängigen, die bisher auf andere Therapieformen nicht angesprochen haben, von den körperlichen Problemen zu entlasten, die mit den schlechten hygienischen Bedingungen des Drogenkonsums und der minderen Qualität des mit unterschiedlichen Beimischungen gestreckten illegalen Heroins einhergehen. Da für die Junkies die Notwendigkeit zur Geldbeschaffung für die Drogenversorgung entfällt, erhalten sie überdies die Möglichkeit, sich gesellschaftlich einzugliedern. Im Ausland hat dies dazu geführt, dass viele Abhängige normale Arbeitsverhältnisse eingehen konnten. So verloren sie den Kontakt zum Drogenmilieu und bauten stattdessen andere soziale Bindungen auf.

In Deutschland ist Heroin nach dem Bundesbetäubungsmittelgesetz keine »verkehrsfähige« Substanz, d.h. es darf nicht hergestellt und vertrieben werden. Ausgenommen davon sind nur vom BfArM zugelassene wissenschaftliche Studien im öffentlichen Interesse (BtMG § 3 (2)). Hier ist also das Realexperiment in seiner wissenschaftlichen Konnotation die Voraussetzung dafür, dass Heroin entsprechend produziert, vertrieben und konsumiert werden darf. Das Heroinprojekt ist deshalb als eine Phase-III-Arzneimittelstudie konzipiert und beim BFArM beantragt worden. Damit gehen eine Reihe von Voraussetzungen einher: Es muss ein entsprechend sorgfältig vorbereitetes Studiendesign vorliegen, methodische Standards sind einzuhalten, und es muss ein positives Votum der zuständigen Ethikkommission vorliegen.

Der Koalitionsvertrag zwischen SPD und Grünen von 1998 sah bereits die Durchführung eines derartigen Versuchs vor. Im Jahr 2000 hat das »Zentrum für interdisziplinäre Suchtforschung« in Hamburg den Zuschlag für die Durchführung vom Bundesgesundheitsministerium erhalten, und nach erfolgreicher Genehmigung wurde das Projekt im April 2002 begonnen. Die Studie ist in drei Phasen angelegt: Im ersten Jahr wurden die 560 Versuchsteilnehmer und die gleich große, mit Methadon versorgte Vergleichsgruppe intensiv betreut. Jede Gruppe wurde zu gleichen Teilen durch ein individuelles Fallmanagement bzw. durch eine spezielle Form der Gruppentherapie betreut, es wurde also ein Versuch im Versuch durchgeführt. Im zweiten Jahr wurde die Methadonkontrollgruppe in die reguläre Substitutionstherapie überführt, die Heroinempfänger wurden weiterhin versorgt, allerdings bei deutlich geringerem Betreuungsaufwand. Im dritten Jahr sollte, sofern die erste Phase einen Vorteil der Heroinversorgung ergeben hat, eine weitere Heroinversorgung der Versuchsteilnehmer erfolgen. Als Voraussetzungen für die Teilnahme gelten eine Mindestabhängigkeit von 5 Jahren und ein Mindestalter von 23 Jahren. Darüber hinaus muss nachgewiesen werden, dass andere Therapieversuche erfolglos abgebrochen wurden.

Bereits kurze Zeit nach dem Start des Projekts schien sein Ende gekommen zu sein, da sich nicht genügend Probanden meldeten. Die schleppende Bereitschaft unter den Abhängigen wurde durch verschiedene Faktoren erklärt. Zum einen mussten sie sich zu Beginn des Versuchs dreimal täglich bei der verabreichenden Einrichtung einfinden. Nach erfolgreicher Ermittlung der notwendigen Menge wurde dies zwar auf zwei tägliche Besuche reduziert, was von vielen Abhängigen aber trotzdem als eine zu starke Kontrolle wahrgenommen wurde. Zum anderen wurde die Aufnahme in den Versuch als ein persönliches Eingeständnis der eigenen Situation wahrgenommen: »Wenn du da mitmachst, bist du ganz unten« (*taz* 2003b). Diese Verzögerungen am Anfang der Studie haben zur Verlängerung des Projekts geführt.

Das Ende der ersten Studienphase wurde 2004 erreicht. Wissenschaftliche Ergebnisse lagen Mitte des Jahres 2005 vor und waren die Grundlage für die Ausweitung des Projektes. Die Ergebnisse belegten eine deutlich verbesserte Gesundheitssituation und einen starken Rückgang der Beschaffungskriminalität gerade auch im Vergleich mit der

Kontrollgruppe aus dem Metadonsubstitutionsprogramm. (Zu allen Einzelheiten siehe http://www.heroinstudie.de.) Kommen wir zurück auf die Legitimationsbedingungen von Realexperimenten. Der Abschlussbericht der Schweizer Heroinstudie hat auf den zu Beginn deutlich beobachtbaren ideologischen Charakter der Auseinandersetzungen über die Legitimität des Projekts hingewiesen. Eine ähnliche Situation lässt sich auch für Deutschland festhalten, die sich in Formulierungen wie »Der Staat als Dealer« oder »Stoff vom Staat« niederschlägt (*Die Woche* 2002; *Neue Westfälische Bielefeld* 2002). Charakteristisch für politische Hartnäckigkeit gegenüber einer empirisch offenen Fragestellung sind etwa die Worte des Oberbürgermeisters der Stadt Düsseldorf, die ursprünglich zum Kreis der teilnehmenden Kommunen gehörte, jedoch kurz vor Beginn des Projekts austrat:

»Es ist völlig falsch, wenn der Staat Heroin abgibt. Das wird dazu führen, dass die Schwelle, Heroin zu probieren, sinkt. Wenn der Staat es als Droge an Fremde abgibt, dann wird man jungen Leuten kaum mehr beibringen können, dass Drogen sehr gefährlich sind« (*WDR* 2000).

Ablehnung und Befürwortung lassen sich jedoch nicht vollständig auf Parteilinien abbilden. Zwar tat sich die CDU nicht nur in Düsseldorf mit der Freigabe von Heroin als Arzneimittel im Versuchsmaßstab schwerer, jedoch beteiligte sich auch Frankfurt am Main mit einer CDU-Ratsmehrheit, selbst Hamburg mit dem umstrittenen Innensenator Schill unterstützte das Projekt. Im Land Baden-Württemberg wurden allerdings Positionen aufgebaut, die eine repressive Drogenpolitik befürworteten, in deren Zentrum der kalte Ausstieg und die Abstinenz stehen. Die damalige Sozialministerin des Landes Baden-Württemberg, Tanja Gönner, verbreitete ihre Ablehnung des Heroinversuchs in den Medien und sah in ihm ein »staatliches Angebot zum Verharren in der Sucht und falsches Signal für die Abhängigen und die Öffentlichkeit«. Demgegenüber erklärte die damalige Innenministerin des Landes Niedersachen, Ursula von der Leyen: »Entweder man sagt, ich wende mich ab – dann ist es eine Frage des Sterbens ... [Oder] man muss erkennen, dass diese Menschen nicht mehr ohne einen gewissen Pegel an Droge leben können« (*Karlsruher Zeitung* 2004; *taz* 2003c).

Man könnte vielleicht bezweifeln, dass der groß angelegte Versuch erheblich mit der Gewinnung neuen Wissens zu tun hatte. Im Grunde gilt für den Versuch, dass das relevante Wissen – zum Beispiel durch das Schweizer Heroinprojekt – bereits vorhanden ist. Ein am Schweizer Modellversuch beteiligter Mediziner äußerte: »Eigentlich ist es ja ein alter Hut, doch die Idee löst noch immer Ängste aus, als ob das Abendland unterginge« (*Stuttgarter Zeitung* 2001). Dennoch ist die Anpassung des Wissens an die lokalen Kontexte der Städte, den Rechtsrahmen der

Verwaltungen, die Arbeitsweise der beteiligten Hilfeeinrichtungen und nicht zuletzt die Verhaltensmuster der Betroffenen mit Unsicherheiten belastet, die es durchaus angemessen erscheinen lassen, versuchsweise vorzugehen, sorgfältig zu beobachten, situationsgerechte Anpassungen vorzunehmen und Erfahrungen auszutauschen. Enttäuschungsresistente Lösungen in derart sensitiven Bereichen werden selten mit einem Schlag und flächendeckend gefunden.

Dennoch war bei dem deutschen Heroinexperiment ein anderer Aspekt als die Wissensbeschaffung von großer Bedeutung: Eine Wandel der Einstellungen und Werthaltungen gegenüber den Heroinsüchtigen. Da ein solcher Wandel nicht verordnet werden kann und seine Zeit braucht, ist die Wegbereitung durch Demonstrationsprojekte in verschiedenen Städten und durch aussagekräftige wissenschaftliche Daten eine politische Option, um die Abkehr von einem »suchttherapeutischen Tabu«, wie ein teilnehmender Arzt ausführte (taz 2003a), einzuleiten. Schrittweise werden mit dem Projekt die tradierten Wertorientierungen durch die wissenschaftlich überprüften Erfolge in Begründungspflicht genommen und verlieren an legitimierender Kraft. Dieser Wertewandel lässt sich für das laufende Heroinprojekt dokumentieren.

Auf Überlegungen, das Projekt zu beenden, reagierten Teile der Öffentlichkeit, Mediziner und Träger der Drogenhilfe mit dem Hinweis darauf, dass die Einstellung des Projekts selbst unethisch sei. Es wurde darauf verwiesen, dass etwa die Erfahrungen in den Niederlanden gezeigt hätten, dass die Probanden nach Versuchsende innerhalb von wenigen Wochen wieder mit ähnlichen gesundheitlichen und sozialen Problemen konfrontiert seien wie vor dem Versuch (Stadt Bonn 2005: 2). Dieser Schluss liegt deswegen nahe, weil die Probanden des Versuchs sich aus der Gruppe von Abhängigen rekrutierten, deren Therapieresistenz bereits dokumentiert ist. Nach Ablauf der ersten Phase votierten die beteiligten Ethikkommissionen für eine Weiterführung mit dem Argument, dass das Ende des Modellversuchs die Teilnehmer mit hohen Risiken belasten würde: »Die Studienteilnehmer haben aufgrund ihrer mangelnden Kontakte zum illegalen Markt auch keinerlei aktuelle, für die Straße allerdings lebensnotwendige Informationen über die Qualität des gerade kursierenden Heroins« (Stadt Bonn 2005: 2) Die Folge wären vermehrt auftretende Todesfälle, wie andere Studien gezeigt haben.

IV.4.5 Experimentiergesellschaft

Die Wissensgesellschaft ist nicht nur durch die ubiquitäre Nutzung von Wissen in allen Lebensbereichen geprägt, sondern auch dadurch, dass das genutzte Wissen unzulänglich und unzuverlässig ist. Realexperimente werden von uns als ein Mittel betrachtet, wie die Gesellschaft mit Problemen umgeht, für deren Lösungen nur unzureichendes Wissen vorhanden ist. Ende der 1960er Jahre formulierte Donald Campbell den Vorschlag, soziale Reformen als Sozialexperimente durchzuführen, um mit Hilfe der Forschung die Wirkungen von Maßnahmen zu ermitteln und entsprechende Schlüsse zu ziehen (Campbell 1969). Die sich daran anschließende Diskussion bezog sich vor allem auf die Frage, inwieweit die Wissenschaft die gesellschaftliche Praxis nach ihren Bedürfnissen beeinflussen darf. Campbells ursprüngliche Initiative zur Rationalisierung politischer Strategien geriet unter den Verdacht, einer technokratischen Steuerung den wissenschaftlichen Boden zu bereiten. Möglicherweise hatten Campbell und die Schule der Quasi-Experimente ein zu großes Gewicht auf die methodische Zuverlässigkeit der Verfahren und ein zu geringes Augenmerk auf die partizipativen Aspekte und die Aushandlung von akzeptablen Designs gelegt. Zum Auffinden angemessener Problemlösungen durch experimentelle Strategien kann Forschung, wie die Beispiele gezeigt haben, durch recht unterschiedliche Verfahren und Modellierungen beitragen. Allerdings werden damit auch neue Legitimationsprobleme geschaffen, etwa dann, wenn Wertentscheidungen sich an den Ergebnissen der Forschung messen müssen und sich damit einem unerwünschten Rationalitätsdruck aussetzen. Insofern sind Realexperimente eingebettet in eine gesellschaftliche Entwicklung, bei der Wissen für Entscheidungsfolgen eine zunehmende Rolle spielt. Die mit Realexperimenten einhergehende Rationalisierungszumutung ist dadurch besonders groß, dass sie nicht nur die Bereitschaft zur Anwendung von anerkanntem Wissen erwartet, sondern die Bereitschaft, sich an Innovationsprozessen mit einer forschenden Einstellung zu beteiligen. Am Ende gilt für Realexperimente selbst, was sie zum Gegenstand haben: Nur über das Ausprobieren realexperimenteller Designs kann die Gesellschaft diese Form kollektiven Lernens kultivieren und auf verschiedene Interessenkonstellationen und Handlungsziele hin formen. Nur über die Beteiligung kann die Bereitschaft wachsen, Innovationsdynamik als experimentellen Lernprozess zu gestalten.

V Eine neue Wissensordnung?

V.1 Experten und Expertise

Durch die Fragmentierung der Welt des Wissens ergeben sich wechselseitige Abhängigkeiten hinsichtlich des Wissens über die Welt. Sie sind die Basis für die Entstehung der sozialen Rolle des Experten und für die besondere Form des Wissens, die Expertise. Expertise ist für den Spezialfall generiertes Handlungswissen, das den Bedingungen epistemischer und sozialer Robustheit entsprechen muss.
Wie fügt sich Expertise in die Wissensordnung unserer Gesellschaft ein? Drei Elemente der bisherigen Wissensordnung scheinen nicht mehr uneingeschränkte Geltung zu besitzen: Die epistemische Qualität des Wissens; der Expertise stehen nur die methodischen Regeln der akademischen Wissenschaft zur Verfügung, die aber nicht ausreichen, wie etwa beim Bezug von Wissen auf Interessen und Werthaltungen. Die Legitimität der Träger von Expertenwissen kann nicht mehr allein durch die in der Verantwortung der Wissenschaft liegende Zertifizierung von Kompetenz und Qualitätssicherung durch Peer Review gewährleistet werden. Die unvermeidliche Überschreitung der institutionell stabilisierten Differenz zwischen innerwissenschaftlichem Wahrheitsdiskurs und außerwissenschaftlicher Anwendung anerkannten Wissens setzt die Anerkennung von Irrtum und Fehlschlag als Elemente von Erkenntnisfortschritt ohne schädliche Folgen für die Praxis außer Kraft
Epistemisch wird die Verlässlichkeit des Expertenwissens angesichts der komplexen Erwartungen an die Experten in Entscheidungskontexten problematisch. Institutionell wird die Autorität (bzw. Legitimität) der Expertise in ihren neuen Organisationsformen zwischen Wissensproduktion und Wissensvermittlung unsicher.

V.1.1 Zentralität und Spezialisierung des Wissens, Ausdifferenzierung von Expertise

Ein Oberflächenphänomen der Wissensgesellschaft ist das Wachstum wissenschaftlichen Wissens. Obgleich schwierig zu messen, wird allgemein von einer Verdoppelung alle 15 Jahre ausgegangen (Weingart 2003). Es ist unerheblich, dass diese geometrische Wachstumsrate nicht für alle Wissensgebiete übereinstimmt oder dass sie nur sehr grob an der Zahl der publizierten Artikel oder der wissenschaftlichen Zeitschriften gemessen wird. Sicher ist, dass die Menge des kommunizierten Wissens fortlaufend und dramatisch ansteigt. Wichtig ist die Betonung *kommunizierten* Wissens, und es geht nicht nur um das unter Wissenschaftlern kommunizierte Wissen. Viele Berufe beruhen inzwischen auf der Produktion und Kommunikation von Wissen, und sie geben sich, mehr oder weniger berechtigt, den Anschein der Wissenschaftlichkeit oder der Wissenschaftsähnlichkeit. Entwicklungen, die diesen Trend zur ›Verwissenschaftlichung‹ kennzeichnen, sind die fortschreitende Professionalisierung von Berufen, die Zunahme der Lehreinrichtungen mit akademischem Anstrich und die Ausweitung von Studiengängen für eine Vielzahl von ursprünglichen Lehrberufen sowie die Akkreditierung von Studienabschlüssen als akademische oder quasi-akademische Berufsbezeichnungen (Wilensky 1964). Sozial ist Wissen ganz eindeutig zur zentralen Ressource der Statuspolitik geworden. Alle diese Anzeichen einer um sich greifenden ›Akademisierung‹ bedeuten sachlich den Übergang von informellem zu formalisiertem Wissen, d. h. von Wissen, das durch Vorbilder und Erfahrung, zu Wissen, das verschriftlicht und durch organisierte Lehre vermittelt wird.

Die Zunahme an Wissen geht mit dessen Spezialisierung einher. Spezialisierung und Wissenswachstum bedingen einander. Alle Bemühungen, der Spezialisierung durch Zusammenführung spezialisierter Wissensbestände, also durch Interdisziplinarität Einhalt zu gebieten, sind zum Scheitern verurteilt; wo diese Verknüpfung tatsächlich gelingt, entstehen nur neue Spezialgebiete. Die Wahrscheinlichkeit derartiger Rekombinationen spezialisierter Wissensbestände steigt (s. Kap. III.5). Die auf formalisiertem Wissen beruhende Handlungskompetenz lässt sich ungleich schneller entwickeln als die auf Erfahrung beruhende, deshalb ist sie spezialisierungs*fähiger*. Die Handlungsfähigkeit der Gesellschaft insgesamt ist durch die interne Differenzierung dramatisch gesteigert.

Im Hinblick auf die Struktur der Gesellschaft hat dies allerdings eine spezifische Konsequenz. Durch die Fragmentierung der Welt des Wissens ergeben sich – zusätzlich zur funktionalen Differenzierung von Gesellschaften – wechselseitige Abhängigkeiten hinsichtlich des Wissens über die Welt. Sie sind die Basis für eine neue Form der Strukturierung der Gesellschaft sowie für die Entstehung der sozialen Rolle des *Experten* (Giddens 1984; Webster 1995; Stehr 2001: Kap. 2; Stehr 2003: 37 ff.). Die diversifizierte, unübersehbare Struktur von Experten- bzw. Beratungsbeziehungen ist ein Abbild der wissensbasierten wechselseitigen Abhängigkeiten. Sie ist aber zugleich auch ein Abbild der unübersichtlich gewordenen Strukturen der Wissensproduktion und Wissensverteilung. Es gibt viele Akteure in der Gesellschaft, die mit und durch Wissen handeln und ihre Interessen vertreten.

Die Verfügung über Wissen, die Fähigkeit, Wissen zu generieren, zu interpretieren und zu kommunizieren, sind sozial anerkannte und hoch bewertete Kompetenzen, mit denen strategische Vorteile der Einkommenssicherung und allgemeiner noch der Lebenschancen verbunden sind. Wissen, wissenschaftliches Wissen zumal, ist aufgrund seiner Überlegenheit gegenüber anderen Wissensformen die wichtigste Ressource bei der Lösung praktischer Probleme. Aufgrund dessen hat es auch eine zentrale Funktion bei der Legitimierung von Entscheidungen, insbesondere all solcher, die in das Leben anderer Menschen eingreifen (z.B. Medizin, Gesundheits-, Sozial-, Bildungspolitik usw.). Um die Kontrolle über Wissen, über seine Öffentlichkeit oder seine Geheimhaltung und über seine Verteilung ranken sich politische Interessen. Wissen wird zunehmend zum Gegenstand von Politik, und die Akteure legitimieren sich dabei als Experten.

V.1.2 *Experten und ihr Wissen: Expertise*

Die wirtschafts- und sozialpolitische Reformdiskussion der Bundesrepublik wird mit den Namen von Expertenkommissionen (Rürup und Hartz) verbunden. Die Sparpläne großer Universitäten werden von Unternehmensberatungsfirmen entworfen, und diese werden auch für die Verwaltungsreform der Bundesanstalt für Arbeit konsultiert. Dies sind die augenfälligsten Beispiele eines neuen Phänomens, dessen Konturen erst allmählich erkennbar werden. Wesentliche Impulse der politischen Diskussion bis hin zu bedeutenden Entscheidungen werden von Experten geprägt. Unter ihnen sind zwar auch anerkannte Mitglieder der akademischen Wissenschaft, viele gehören ihr aber gerade nicht an. Sie sind vielmehr Organisationen zuzurechnen wie kommerziellen Beratungsinstituten, sog. *think tanks*, politischen Stiftungen, oder sie treten als selbständige Experten auf. Sie alle sind Repräsentanten einer neuen Expertenkultur, die sich in der Politikberatung, in einer Vielzahl von Beratungskontexten im Bereich der Wirtschaft, und auch in der unübersehbaren Fülle von Beratungsangeboten für die private Lebensführung manifestiert (Fuchs und Pankoke 1994).

Der Bedeutungszuwachs der Experten und die fortschreitende Differenzierung des Wissens bei einer gleichzeitig immer stärkeren Wissensbasierung aller gesellschaftlichen Handlungsbereiche produzieren eine sich selbst stützende Dynamik: Der Bezug von Entscheidungsproblemen auf Wissen (und noch nicht vorhandenes Wissen) erzeugt den Eindruck wachsender Komplexität der Lebensverhältnisse, die ihrerseits den Bezug auf Wissen verlangt (Reich 1992; Krohn 2001; Bora 2002). Zugleich begründet diese Dynamik die Verallgemeinerung der Differenz zwischen *Experten und Laien*: Niemand kann Experte für alles sein und jeder ist Laie für vieles (Weingart 2003). Die Unterscheidung von »Experten« und »Laien« wird nicht statisch, sondern situativ variabel gehandhabt. Personen wechseln von Situation zu Situation zwischen

EINE NEUE WISSENSORDNUNG?

Experten- und Laienrolle. Der Expertenstatus ist im Hinblick auf das jeweilige Expertenwissen hoch spezialisiert. Die Laienrolle ist durch Abhängigkeit von der Expertise und deren professioneller Beratung gekennzeichnet. Die an sich unspezifische Unterscheidung zwischen Experten und Laien ist auf praktisch alle Formen von Wissen anwendbar. Sie ist auf zahlreichen gesellschaftlichen Feldern zu beobachten, neben der Politik und der Justiz auch in der Wirtschaft, in der Lobbytätigkeit von Verbänden und Nichtregierungsorganisationen, in Fachverwaltungen aller Art, in den Medien, bis hin zu den Ratgebern für beliebige Alltagsprobleme. Experten- und Laienansichten finden überdies in den Medien ein Forum, wo sie artikuliert und gegeneinander ausgehandelt werden.

Das spezifische Expertenwissen, das in Beratungs- und Entscheidungskontexten kommuniziert wird, ist durch die Ausbildung eines spezifischen Handlungstyps gekennzeichnet, der zwischen akademischer Wissensproduktion und dem jeweiligen Beratungsfeld, etwa politischem, rechtlichem oder wirtschaftlichem Entscheiden angesiedelt ist. Die Tätigkeit der Experten ist einerseits an die akademische Wissensproduktion rückgebunden, andererseits auf Entscheidungskontexte bezogen. Die Beratungsfunktion ist nicht auf die bloße Anwendung und Vermittlung von Wissen beschränkt, sondern bezieht spezifisch neue Formen der Wissensproduktion ein, die sich in Expertise niederschlagen. Der Ratschlag der Experten ist nicht in der geforderten Form aus dem Wissensbestand der Wissenschaft abrufbar, sondern er muss als »Expertise« häufig erst durch Recherche erzeugt werden, die situationsgenau und verlässlich zur Verfügung stehen soll. Expertise ist beratungsrelevantes Wissen und wissensbasierte Beratung zugleich.

Im Hinblick auf die neuen *epistemischen* Qualitäten der Expertise ist das Anforderungsprofil entscheidend, das an die Beratungsaufgaben gestellt wird. Im Fall der routinemäßigen Anwendung eines vorgegebenen Regelwerks kann die Gewährleistung durch die anerkannten Normen und Handbücher erfolgen. Dann handelt es sich um *instrumentelle* Expertise im Sinne einer Beschreibung und Bewertung der aufgewendeten Ressourcen und Verfahren für vorgegebene Ziele. Ihr Gelingen hängt von wissenschaftlich-technischem Konsens unter den Experten, aber auch von sozialem Konsens im Hinblick auf Ziele *und* Verfahren ab. Bei der *professionellen* Expertise ist im Unterschied dazu generell die eigenständige, auf die Einzelheiten des betreffenden Falls bezogene Anpassung eines auf universelle Zusammenhänge gerichteten wissenschaftlichen Erkenntnisstands verlangt. Die Beratung beschränkt sich hier nicht auf die Bereitstellung und Vermittlung von Wissen, sondern bezieht alternative Optionen bei den Ressourcen, Strategien und Zielplanungen sowie spezifisch neue Formen der Wissensproduktion ein. Der professionelle Experte erbringt eine selbständige Vermittlungsleistung zwischen übergreifenden Erkenntniszusammenhängen und einzelfallbezogenen Erwartungen. Dabei ist er Unsicherheiten an den Grenzen des Wissens ausgesetzt, die umso gravierender werden, je enger die Expertise an Entscheidungen gekoppelt ist und je folgenreicher die Entscheidungen sind. Lehrstücke über Expertisen, die an solchen Wissensgrenzen operieren und grundlegenden Kontroversen unterliegen, bieten die Auseinandersetzungen über die Lösung des Problems der Endlagerung atomarer Abfälle oder über den Umgang mit anthropogen verursachtem Klimawandel.

Die zunehmende Verflechtung von Wissen und Handeln führt zu der Frage, wie sich Expertise in die Wissensordnung unserer Gesellschaft einfügen lässt bzw. ob Expertise diese Wissensordnung modifiziert (vgl. Kap. I). Drei Elemente der bisherigen Wissensordnung scheinen nicht mehr uneingeschränkte Geltung zu besitzen. Für die *epistemische Qualität* der Expertise stehen nur die methodischen Regeln der akademischen Wissenschaft zur Verfügung, die aber teils nicht ausreichen (wie etwa beim Bezug von Wissen auf Interessen und Werthaltungen), teils ins Leere gehen (wie die Forderung nach Replizierbarkeit der Befunde) (vgl. Kap. V.1.3). Die *Legitimität* der Träger von Expertenwissen kann institutionell nicht mehr allein durch die in der Verantwortung der Wissenschaft liegende Zertifizierung von Kompetenz und Sicherung von Qualität (etwa durch *Peer Review*) gewährleistet werden. Die unvermeidliche Überschreitung der institutionell stabilisierten Differenz zwischen innerwissenschaftlichem Wahrheitsdiskurs und außerwissenschaftlicher Anwendung anerkannten Wissens setzt den *Irrtumsvorbehalt* der Wissenschaft außer Kraft, d.h. die Anerkennung von Irrtum und Fehlschlag als Elemente von Erkenntnisfortschritt ohne schädliche Folgen für die Praxis (vgl. Kap. IV.4). Die Trennung der Bereiche der Wissensproduktion und der Wissensanwendung gewährleistet die Zurechnung von Vertrauen in Wissen auf die Wissenschaft und die Zurechnung von Verantwortung für die Verwendung des Wissens (und deren Folgen) auf die Industrie oder die Politik. Diese klaren Zurechnungsmuster sind nicht mehr gegeben. Hier wird zwar kein bruchartiger Übergang von der industriegesellschaftlichen im Unterschied zur wissensgesellschaftlichen Wissensordnung behauptet. Die genannten Veränderungen der Grundlagen der bisherigen Wissensordnung lassen sich aber idealtypisch schärfer konturieren, um die auftretenden Differenzen sichtbarer werden zu lassen. Danach wird die vormals lineare Struktur zwischen akademisch verfasster Wissensproduktion und politischer oder wirtschaftlicher Anwendung des Wissens zugunsten einer solchen abgelöst, in der diese Beziehungen enger und rekursiv sind.

In historischer Perspektive sind die *institutionell* eigenständige Expertenrolle und die organisierte Expertendienstleistung, verbunden mit entsprechenden Arbeitsformen, eine Neuerung. Mit der Zunahme des

EINE NEUE WISSENSORDNUNG?

Stellenwerts von Expertenwissen in vielen Handlungsbereichen nimmt auch die institutionelle Vielfalt zu, in der es organisiert wird. Beratungsfirmen aller Art dringen in einen neuen »Beratungsmarkt« vor und bieten Expertise an (Thunert 1999; Braml 2004). Sie alle treten auf dem Markt des Wissens als Produzenten autoritativen Wissens auf, das sie auch ungefragt und ohne konkreten Beratungsauftrag zu verbreiten suchen.

Diese auf die Öffentlichkeit bezogene Wissenskommunikation wird durch die dramatisch gewachsene Bedeutung der Medien geschaffen und verstärkt. Aufgrund der Medialisierung der Politik und weiter Bereiche der Politikberatung, d.h. der »generellen Bedeutungssteigerung der medienvermittelten Kommunikation für etablierte politische Akteure« ergibt sich eine tiefgreifende Veränderung der Beratungs- und Entscheidungskontexte (Donges und Imhof 2001: 122). Diese Entwicklung, die durch die Ausdifferenzierung der Medien zu einem eigenständigen Funktionssystem bedingt ist, charakterisiert alle modernen Massendemokratien. Die politische Öffentlichkeit wird durch die Dauerbeobachtung der Medien repräsentiert. Folglich bemüht sich die Politik um die durch die Medien vermittelte Zustimmung der Öffentlichkeit.

In Bereichen, wo Expertise aufgrund von Interessen- und Normkonflikten politisch exponiert ist, erlangt sie unmittelbar legitimatorische Bedeutung. Expertise, die die Position der politischen Macht bestätigt, legitimiert sie, wenn sie Autorität für sich beanspruchen kann und der Öffentlichkeit durch die Medien kommuniziert wird. Widerspricht sie ihr, wirkt sie sich nachteilig für die Legitimität aus. *Publizität* bzw. *Geheimhaltung* von Expertise werden ebenso wie die *Auswahl der Experten* nach politischen Gesichtspunkten zu einer strategischen Ressource der Politik. Die Medialisierung trägt maßgeblich zu der zunehmenden *Politisierung von Expertise* bei, insofern sie die Identität der Experten, ihre Ratschläge und ggf. ihren Dissens öffentlich macht.

Die Beobachtung durch die Medien hat zur Folge, dass der Expertendissens, der Prozessen der Wissensproduktion inhärent ist, öffentlich geworden ist. Dadurch ist die Erwartung eindeutigen Wissens enttäuscht worden, mit der Folge des Autoritätsverlusts herkömmlicher wissenschaftlicher Expertise. Für Berater und zu Beratende ergeben sich daraus die Herausforderungen, zwischen Unabhängigkeit und Parteilichkeit, sachlicher Verlässlichkeit und politischem Interessenbezug, zwischen Autorität und legitimatorischem Wert der Expertise ein Gleichgewicht finden zu müssen.

Die Diversifizierung der Wissensproduzenten und -komunikatoren und deren verstärkte Orientierung an den Medien bewirkt einen Wandel der *Autoritätsstruktur* des Wissens. Während bislang die Autorität von Experten, die institutionell der als neutral erachteten akademischen Wissenschaft zugehören, stärker war als diejenige von politisch oder ökonomisch interessengebundenen Experten, prägt nun die plausible und kohärente Begründung von Problemdiagnosen und Lösungsvorschlägen stärker das Ansehen von Experten. Überdies wird wegen der Komplexität vieler Beratungsfelder die Vielfalt von entscheidungsrelevanten Perspektiven und deren Konfliktpotential zum Regelfall. Expertise gewinnt ihre Autorität häufig aus der Fähigkeit, in dieser Heterogenität der Perspektiven zu »überleben« und praxisrelevante Angebote zu machen. Hinsichtlich der oben gestellten Frage, wie sich Experten und ihr Wissen in die gegebene Wissensordnung einfügen, ergeben sich also zwei vorläufige Antworten:

(1) *Epistemisch* gesehen wird die *Verlässlichkeit* des Expertenwissens angesichts der komplexen Erwartungen an die Experten in Entscheidungskontexten problematisch.

(2) *Institutionell* wird die *Autorität* (bzw. *Legitimität*) dienstleistungsorientierter Expertise in ihren neuen Organisationsformen zwischen Wissensproduktion und Wissensvermittlung unsicher. Dies führt zu der Folgefrage nach den möglichen neuen Gründen, die für Vertrauen in die Verlässlichkeit von Expertenwissen und die Legitimität von Experten sprechen.

V.1.3 »Robustheit« des Expertenrats: Verlässlichkeit der Expertise und Legitimität der Experten

Ein zentrales Merkmal von Expertise ist, dass sie sowohl in epistemischer als auch in institutioneller und normativer Hinsicht neue Orientierungsmuster des Expertenhandelns beinhaltet. Expertise in Beratungs- und Entscheidungskontexten entwickelt Gütekriterien, die sich von den für die akademische Forschung akzeptierten Beurteilungsmaßstäben unterscheiden. Das für die akademische Wissensproduktion typische Streben nach *Universalität* wird z.B. durch die Forderung der *Spezifität*, des situationsgenau zugeschnittenen Expertenrats ersetzt. *Robustheit* ist die zweite zentrale Erfolgsvoraussetzung von Expertise, die die Forderungen nach *Präzision* und *Originalität* als Gütekriterium des Wissens ersetzt.

Robustheit bedeutet die Stabilität (oder Invarianz) der Resultate bei Variation kontextueller Anforderungen. Robustheit hat sich sowohl in epistemischer als auch in sozialer Hinsicht zu erweisen. Epistemische Robustheit drückt die Invarianz der Handlungsempfehlung bei Variation der Sachbedingungen aus, soziale Robustheit diese Invarianz bei Variation der institutionellen Problemlösungs-, Interessen- und Wertpräferenzen. Epistemische Robustheit bedeutet, dass die Empfehlung für den Auftraggeber auch bei nur ungenau bekannten oder schwankenden Sachumständen unverändert bleibt. Soziale Robustheit lässt die Empfehlung für eine Vielzahl von Interessen und Werthaltungen annehmbar erscheinen. Zum Beispiel soll ein Expertenrat zum Aufbau eines Trinkwassersystems in einer Region einerseits geeignet sein, die Versorgung bei einer Vielzahl von Unwägbarkeiten in den Sachbedingungen zu sichern. So muss die Trinkwasserqualität trotz möglicher Schadstoffeinträge, Schwankungen der Regenmenge oder denkbarer Unwetter gewährleistet bleiben. Andererseits sollen die dafür eingesetzten Techniken mit den Interessen und Werten der betroffenen Bevölkerung im Einklang stehen. Solche Gründe könnten etwa dazu führen, auf Selbstreinigungskräfte und natürliche Klärung zu setzen statt auf Verfahren der synthetischen Chemie. Epistemische Robustheit bezeichnet damit insgesamt den Spielraum und die Grenzen der Machbarkeit, soziale Robustheit den Spielraum und die Grenzen der gesellschaftlichen Vermittelbarkeit und politischen Durchsetzbarkeit.

Epistemische Robustheit ist der für Expertise zentrale Typus von *Verlässlichkeit*; er tritt an die Stelle der Forderung nach Präzision und Originalität in der akademisch geprägten Forschung. Für die Handlungsempfehlung kommt es auf die Einzelheiten oft gar nicht an, weshalb die epistemische Verpflichtung zur Genauigkeit der Abschätzungen bei Expertenurteilen nicht selten in den Hintergrund tritt. Die Sachbedingungen müssen nur so weit geklärt sein, dass sich eine unzweideutige Beratungsempfehlung nach Maßgabe der pragmatischen Anforderungen des Auftraggebers ergibt (Funtowicz und Ravetz 1993: 90f.; Lentsch 2004). Für den politischen Umgang mit globalen Klimaschwankungen kommt es zum Beispiel mehr auf das qualitative Urteil an, ob eine signifikante Temperaturzunahme anthropogenen Ursprungs vorliegt, als auf präzise Abschätzungen des betreffenden Zahlenwerts.

Bei der sozialen Robustheit handelt es sich um den für Expertise zentralen Typus von *Legitimität;* er tritt an die Stelle der Forderung, Experten sollten überlegenes, d.h. objektives und gleichsam alternativloses Wissen verkörpern. Für die Beratungspraxis der Experten spielt deshalb der Nachweis wissenschaftlicher Absicherung nicht die ausschlaggebende Rolle. Die Anerkennung der Legitimität verlangt vielmehr die sachliche oder rhetorische Bezugnahme auf die Interessen- und Wertpräferenzen von Akteuren in den jeweiligen Handlungsfeldern (vgl. Nowotny et al. 2001). Im Fall globaler Klimaveränderungen etwa ist ausschlaggebend, wie der anthropogen verursachte Temperaturanstieg bestimmten Produktions- und Konsumtionsweisen (insbesondere stark CO_2-ausstoßenden Industrien oder dem Autoverkehr) zugerechnet wird. Die damit verbundene Zuschreibung von Verantwortung für erwartbare Klimaveränderungen bringt die Erwartung von Anpassungsleistungen für organisatorisches und individuelles Verhalten mit sich, die die Interessen und Präferenzen der Beteiligten berühren.

Für die wissenschaftsgestützte Politikberatung sind Situationen kennzeichnend, in denen die epistemische Qualität eines Lösungsvorschlags (wie die Effizienz einer projektierten großtechnischen Anlage) mit sozialen Interessen oder ethischen Werten in Konflikt gerät. Oft bleibt auf wissenschaftlicher Grundlage ein Spielraum für mögliche Lösungen eines Problems, und dieser wird in einem Aushandlungsprozess durch Berücksichtigung sozialer und normativer Ansprüche gefüllt. Zum Beispiel gibt es für die Sicherung der Energieversorgung mehr oder weniger ausgereifte Systemoptionen wie Kohle-, Atom-, Wind- oder Solarkraftanlagen. Unterschiedliche Szenarien der Energieversorgung, die Präferenzen für eine der Systemoptionen Ausdruck verleihen, begegnen nicht nur den Herausforderungen für eine effiziente und zukunftsfähige Energieversorgung auf divergente Weise, sondern treffen auch auf gegensätzliche gesellschaftliche Interessen- und Wertpositionen. Entscheidungen darüber, welchem Szenario der Energieversorgung gefolgt werden soll, sind um so schwieriger zu treffen, als die von Systementwicklern und -betreibern vorgebrachten Argumente über Vorzüge und Nachteile der Systemoptionen die technischen, ökonomischen, politischen, ökologischen und ethischen Relevanzkriterien auf ungleichmäßige, d. h. insgesamt nicht eindeutige Weise erfüllen und zugleich gesellschaftlich kontrovers wahrgenommen werden. Wissenschaftliche Absicherung von Beratungsempfehlungen ist entsprechend zwar notwendig, aber nicht hinreichend für die epistemische und soziale Robustheit des Expertenurteils. Politisch exponierte Expertise steht so vor der Aufgabe, im Spannungsfeld vielfältiger Herausforderungen und Kriterien die maximal robuste Lösung zu finden.

Die Anforderung der Robustheit konstituiert einen spezifischen Wissenstyp: *Expertise*. Expertise ist für den Spezialfall generiertes Handlungswissen, das der Erfolgskontrolle unterworfen ist. Jedoch ist es zugleich hypothetisches Prognosewissen, dessen mögliche Fehlerhaftigkeit erst im Prozess seiner Umsetzung in Entscheidungen erkennbar wird. Expertise ist häufig an eigene *Recherche* gebunden. Durch Recherche wird der Stand des Wissens für eine gestellte Aufgabe fruchtbar zu machen gesucht. Dabei greift sie auf vorhandene Wissenselemente zurück (insofern ist sie von angewandter Forschung verschieden), und stellt diese Elemente aus ganz unterschiedlichen Disziplinen und Forschungsbereichen in neuartige Zusammenhänge. Expertise lässt sich typischerweise nicht durch routinemäßige Anwendung verlässlichen Wissens gewinnen, sondern beinhaltet die gezielte Aufbereitung von Wissen.

Die Recherche muss damit epistemische Herausforderungen von zweierlei Art bewältigen. Erstens gilt es, Wissenselemente für eine Problemstellung fruchtbar werden zu lassen, die von außerhalb der Wissenschaft vorgegeben ist und sich in dieser Weise im disziplinären Rahmen nicht stellt. Zweitens kommt es darauf an, die im Wissensbestand vorliegenden Elemente der Problemstellung auf eine spezifische, häufig neuartige Weise miteinander zu verknüpfen. Mit dieser Verknüpfung von disziplinär entwickelten Einzelansätzen zu einem praktisch verwendbaren Gesamtansatz sind typischerweise Unsicherheiten und Herausforderungen verbunden. Dies zeigt sich etwa bei den Beratungen des *Intergovernmental Panel on Climate Change* (IPCC), einem Konsortium von Klimaforschungsinstituten und Regierungsvertretern aus der ganzen Welt. Die Politik drängte auf die Integration der vorliegenden Teilmodelle für Atmosphäre, Ozeane, Vereisung etc. in ein Gesamtbild des Klimawandels und erzeugte damit das Problem, diese Teilmodelle an den jeweiligen Geltungsgrenzen auf kohärente Weise miteinander zu verbinden. Die Bewältigung dieser Aufgabe verlangte eine Reihe anspruchsvoller Anpassungen und provozierte entsprechend epistemische Innovationen (vgl. Kap. III.2). Auch wenn also Lösungen für Einzelaspekte einer Problemstellung vorliegen, treten wegen der Wechselwirkungen von Teilsystemen bei der Zusammenfügung häufig neue Effekte und zunächst unvorhergesehene Nebenwirkungen auf.

Zugleich unterliegt Expertise dieses Typs nicht-epistemischen Anforderungen politischer und evaluativer Art. Eine relevante Handlungsempfehlung kann nicht aus dem wissenschaftlichen Erkenntnisstand abgeleitet werden, sondern hat auch Interessen sowie politische und ethische Werturteile einzubeziehen, die in einer spezifischen Situation verbreitet sind. Solche Expertise hat daher ein mehrdimensionales Gefüge von Bedingungen zu berücksichtigen. Sie muss die Kluft zwischen wissenschaftlichen, ihrer Anlage nach universellen (also eine Vielzahl von Einzelfällen übergreifenden) Erkenntnissen und den besonderen Anforderungen der Beratungssituation überbrücken, die ökonomischen und politischen Interessen von Akteuren bzw. Bevölkerungsgruppen, politische und ethische Werte und Prinzipien, die geltenden rechtlichen Voraussetzungen und Rahmenbedingungen sowie kulturelle Präferenzen und Identitäten berücksichtigen.

Zu den Anforderungen des Abwägens und Aushandelns verschiedener Ansprüche und Gesichtspunkte tritt eine zweite Herausforderung hinzu, die eine Folge der Situationsgebundenheit des Beratungsersuchens ist. Wegen der Notwendigkeit, das vorhandene Wissen gezielt aufzubereiten, führt die Recherche ein Moment der Rekursivität in die Expertise ein: sie greift lokales und implizites Wissen auf und wirkt auf dieses zurück. Dabei interessiert, wie die Prozesse und methodischen Verfahren der Erstellung von Expertise in den unterschiedlichen Beratungs- und Entscheidungskontexten genau vor sich gehen. Expertise unterliegt vielfachen Unsicherheiten einschließlich Risiken der Fehleinschätzung, zumal sie nicht selten an Wissensgrenzen operiert (z. B. bei der Abschätzung künftiger Technologieentwicklungen oder der sozialen und normativen Strukturierung gesellschaftlicher Probleme). Hier sind es gerade die besonderen Anforderungen der Beratungssituation wie Zeit-, Problemlösungs- oder Legitimationsdruck, die innovative Herangehensweisen, neue Hypothesen und Wissensvermutungen hervorbringen.

Eine Option zur Herstellung von Robustheit (und zur Steigerung der Legitimität der Experten) ist *Partizipation*. Sie setzt auf die Einbeziehung weiterer, ansonsten vernachlässigter Repräsentanten von Wissen, Interessen und Werten. Durch breitere Beteiligung soll die Umsetzbarkeit einer Expertenempfehlung verbessert werden, indem zuvor nicht berücksichtigte Sichtweisen in die Expertise einbezogen werden, eine Entwicklung, die unter dem Stichwort der *Demokratisierung von Expertise* diskutiert wird (Saretzki 1997; Maasen und Weingart 2005).[1] In partizipativen Beratungskontexten wird eine Dienstleistung erbracht, die zunehmend als eine Alternative zu klassischen Beratungsformen betrachtet wird. Zugleich stellt sie aber auch einen neuen und immer wichtiger werdenden institutionellen Kontext von Expertise selbst dar. In diesem Zusammenhang ergeben sich neue Anforderungen sowohl an die Expertise als auch an den Experten. Bezogen auf diesen neuen Beratungstyp, der die Moderation gesellschaftlicher Dialoge und die politische Mediation umfasst, entsteht derzeit ein florierender Dienstleistungsmarkt, der kehrseitig auf einen entsprechenden Beratungsbedarf der Politik verweist. Zugleich lassen sich Bemühungen um eine Professionalisierung des entsprechenden Berufsfeldes verzeichnen.

Die Frage der Legitimität der Experten wird – aus epistemischer Sicht – von zwei entgegengesetzten *Vorstellungen von wissenschaftlicher Objektivität* geprägt. In traditioneller Perspektive wird Objektivität als *Sachadäquatheit* aufgefasst. Wesentlich ist danach, dass keine äußeren, sachfremden Einflussfaktoren die Ermittlung der Sachverhalte und ihre Beurteilung beeinträchtigen. Für diesen Ansatz steht Francis Bacon Pate. Objektivität wird erreicht, indem Vorurteile abgelegt und Einseitigkeiten aufgegeben werden (Bacon 1990: I.68, I.97). In diesem Ansatz ist der legitime Experte durch seine Unabhängigkeit gekennzeichnet. Solche Experten operieren losgelöst von sachfremden Bindungen. Dem entspricht das Modell des unabhängigen Experten bzw. Beraters, der – nur der Wahrheit verpflichtet – seine Expertise einbringt.

Dagegen tritt ein Modell, das Objektivität und Rationalität eher an wechselseitige *Kontrolle und Kritik* gebunden sieht. Hier wird unterstellt, dass die Berater nicht unabhängig sein können und ihre Expertise ebenfalls Interessen und Werte widerspiegelt. Wo es keine ›objektiven‹ Experten und mithin keinen einzig ›wahren‹ Expertenrat gibt, muss ein pluralistischer Ansatz zugrunde gelegt werden. Irrtümer und Einseitigkeiten werden danach durch Konkurrenz mit andersartigen Zugangs-

---

1 Vgl. auch Heft 3/2003 von *Science and Public Policy*.

weisen und durch eine entsprechend paritätische *Auswahl der Experten* aufgedeckt und in Schach gehalten (Popper 1969: 112). In diesem (Popperschen) Modell ist die Objektivität der Expertise von der Objektivität der Wissenschaftler oder der Experten verschieden. Es ist der Wettstreit von Gutachten und Gegengutachten, aus dem sachadäquate Beratung erwächst. In diesem Ansatz ist folglich die Glaubwürdigkeit der Expertise durch die Bedingung gekennzeichnet, dass im Zweifelsfall Bindungen und Interessen durch entgegengesetzte Bindungen und Interessen ausbalanciert werden können.

Bei dem Versuch, die Glaubwürdigkeit der Expertise über die Legitimität der Experten zu sichern, wird deren Auswahl alternativ an den Zielen Neutralität oder Pluralität orientiert. Damit wird zugleich dem Anspruch der Gemeinwohlbindung von Experten Rechnung zu tragen versucht. Die *Neutralitätsvorstellung* liegt etwa der Forderung zugrunde, Experten sollten »nicht befangen« sein, ebenso wie dem Verdacht, dass Gutachten (z.B. zur Unschädlichkeit bestimmter Produkte oder zum Konsumverhalten der Bevölkerung), die deutlich im Einklang mit den Interessen der jeweiligen Auftraggeber stehen, tendenziell unzuverlässig sind. So zeigt sich etwa für die klinische Prüfung von Medikamenten ein Zusammenhang zwischen der Finanzierung einer Studie und deren Resultat. Es gibt wohl keinen Fall einer von einem Pharmaunternehmen finanzierten klinischen Untersuchung, aus der das Medikament eines konkurrierenden Unternehmens als bessere Alternative hervorginge (vgl. Kap. II.3.3).

Die *Pluralitätsvorstellung* drückt sich etwa in der Zusammensetzung von Fachkommissionen nach dem Prinzip der Repräsentation unterschiedlicher Standpunkte aus, beispielsweise im Fall des Nationalen Ethikrats oder der verschiedenen Kommissionen zur Reform der sozialstaatlichen Sicherungssysteme. Zudem operieren Expertenräte oft in einem Umfeld weiterer Kommissionen (etwa der Nationale Ethikrat in institutioneller Konkurrenz zur Enquete-Kommission des Bundestags »Recht und Ethik in der modernen Medizin«), so dass auch *zwischen* solchen Expertengremien Pluralität besteht (zu unterschiedlichen Lösungen bei der Besetzung von Expertenkommissionen für die Beratung des Bundestags (s. Brown et al. 2005).

Wie diese Erwägungen zeigen, gibt es durchaus auch epistemische Argumente für eine erweiterte Partizipation an bzw. Demokratisierung der Expertise. Im folgenden Abschnitt wird die Frage der Partizipation auf die Wissenschaft generell erweitert.

V.2 Demokratisierung der Wissenschaft

Ein Merkmal des neuen Verhältnisses zwischen der Gesellschaft und der Wissenschaft ist die Forderung nach einer Demokratisierung der Wissenschaft. Genauer gesagt ist zu unterscheiden zwischen der Demokratisierung der Experten und der Demokratisierung der Wissenschaft. Die Demokratisierung der Expertise, d.h. der Zugang zu Expertenwissen und die Öffentlichkeit des Expertenrats, ist weitgehend akzeptiert. Die Demokratisierung der Wissenschaft erscheint dagegen problematisch.

Eine Klasse der Forderung nach Demokratisierung bezieht sich dabei auf die Teilnahme an Entscheidungen über die Forschungsagenda oder die Gestaltung von Technologien. Dies wird u.a. in der Beteiligung an wissenschaftspolitischen Förderentscheidungen oder in der Technikfolgenabschätzung bereits realisiert. Die Demokratisierung der Wissenschaft kann sich aber auch auf die Beurteilungspraxis der Wissenschaft erstrecken und beinhaltet dann den Einfluss von Interessen und Werthaltungen auf die Einschätzung von Hypothesen oder Theorien. So sollen die sozialen Auswirkungen auch bei der wahrheitsgemäßen Annahme zutreffender Hypothesen Beachtung finden. Bereits die Anerkennung bestimmter Sichtweisen wird nicht selten als Verletzung der Schutzansprüche gesellschaftlicher Gruppen begriffen.

Des weiteren soll die Verantwortung der Wissenschaft durch die Beteiligung sozialer Gruppen an der Wissensproduktion gewährleistet, die Untersuchungen mit für sie erwartbar nachteiligen Folgen verhindern können.

V.2.1 Der Diskurs zur Demokratisierung der Wissenschaft

Das Verhältnis von Wissenschaft und Politik ist seit einiger Zeit durch eine Verschiebung von der *Legitimation durch Wissen* zu einer *Legitimation durch Partizipation* gekennzeichnet (Saretzki 1997; Europäische Kommission 2000; Abels 2003). Eine Reihe von Grundsatzdokumenten aus verschiedenen Ländern, den USA, der EU und Großbritannien zeigt diesen Stimmungswandel, wie etwa das *White Paper on Democratic Governance* der Europäischen Union (2001), die Studie *Understanding Risk* (Stern and Fineberg 1996) des amerikanischen *National Research Council* und der Bericht *Science and Society* (House of Lords 2000) des *Select Committee on Science and Technology* des Britischen Oberhauses. Letzterer wird zudem von den ‚*Guidelines of the Chief Scientific Adviser* flankiert, die die beiden letzten Wissenschaftsberater Tony Blairs, Sir Robert May und Sir David King, formuliert haben (Weingart und Lentsch 2006). Diese Richtlinien sind eine Reaktion der britischen Regierung auf die verheerenden Erfahrungen, die sie während der BSE-

Krise machen musste. Die unklaren Ratschläge der Wissenschaftler, wie diese Krise zu bewältigen sei und die als manipulativ wahrgenommene Informationspolitik der Regierung hatten zu einem tiefgreifenden Misstrauen der britischen Öffentlichkeit in die Experten und die Regierung, d. h. zu einer Legitimationskrise, geführt. Damit war jedoch nur eine Erfahrung bestätigt worden, die bereits während der Debatten nach dem Kernkraftunglück in Tschernobyl gemacht worden war: Versuche seitens der Politiker und Experten, der Öffentlichkeit Informationen vorzuenthalten, bewirken das Gegenteil dessen, was sie beabsichtigen.

Die Äußerungen des Misstrauens gegenüber Experten kristallisieren sich um besondere Anlässe, in denen die Öffentlichkeit mehr als sonst von verlässlicher Information abhängig ist. In erster Linie geht es dabei um Fragen der Gesundheit und des Eigentumsschutzes. Aber auch darüber hinaus hat sich unabhängig von konkreten Anlässen ein Diskurs etabliert, der die ›Demokratisierung der Expertise‹, bzw. allgemeiner, die Demokratisierung der Wissenschaft zum Ziel hat. Herausragende Beispiele hierfür sind die verschiedenen Ausprägungen sozialer Experimente der Partizipation von ›Laien‹, die als ›runde Tische‹, Bürgerkonferenzen oder Konsensuskonferenzen inszeniert werden. Tatsächlich handelt es sich um Inszenierungen öffentlicher Erörterungen zu Gegenständen wissenschaftlich-technischer Natur. Die 2005 von der EU organisierte Bürgerkonferenz *Meeting of Minds* war der Diskussion der ethischen, wirtschaftlichen und gesellschaftlichen Aspekte der Hirnforschung gewidmet. Diese weite Fassung des Themas zeigt, dass die Wissenschaft insgesamt, auch ohne unmittelbaren Anlass, zum Gegenstand partizipativer Erwartungen und Verfahren wird. Analog zu der über die gleichen Mechanismen etablierten ›partizipativen Technikfolgenabschätzung‹ (pTA) kann hier von ›partizipativer Wissenschaftsfolgenabschätzung‹ (*science assessment*) gesprochen werden (Joss und Durant 1995; Abels und Bora 2004).

Ein weiteres Indiz für die Existenz eines auf die Wissenschaft gerichteten Demokratisierungs- bzw. Partizipationsdiskurses sind die Eventkultur und die mit ihr verbundene Rhetorik, mit denen Wissenschaft der Öffentlichkeit präsentiert bzw. ihr gegenüber inszeniert wird. War vor kurzem in den angelsächsischen Ländern noch vom *Public Understanding of Science* die Rede, so ist diese Figur durch die des *Public Engagement with Science* ersetzt worden, und dies explizit deshalb, weil sich auch in den Wissenschaftsverwaltungen die Einsicht durchgesetzt hat, dass die vorherige Rhetorik zu paternalistisch gegenüber der Laienöffentlichkeit sei (*Science* 298, 4.10.2002). In Deutschland werden die entsprechenden Kampagnen unter der egalitär erscheinenden Rhetorik des ›Dialogs‹ zwischen Wissenschaft und Öffentlichkeit beworben. Der Versuch seitens der Wissenschaftspolitik, Vertrauen für die Wissenschaft durch eine Art Ergebenheitsgeste zu gewinnen und

DEMOKRATISIERUNG DER WISSENSCHAFT

damit dem bislang gepflegten elitären Bewusstsein der Wissenschaft(ler) zu entsagen, ist unübersehbar (Weingart 2005b: Kap.12).

Die Forderung der Demokratisierung kann sich im engeren Sinn auf die Experten in Beratungskontexten beziehen, sie kann sich in einem weiteren Sinn (wie im Beispiel der oben genannten Bürgerkonferenz) auf Wissenschaft beziehen. Zunächst setzt sie allgemein die Unterscheidung von Experten bzw. Spezialisten und Laien voraus. Diese Unterscheidung, die vor noch nicht langer Zeit fraglos akzeptiert wurde, ist aus einer Reihe von Gründen fragwürdig geworden. Sie können der Entstehung der Wissensgesellschaft zugerechnet werden. Es ist nur scheinbar paradox, dass gerade in dem Augenblick, in dem Wissen ein Höchstmaß an Spezialisierung und Ausdifferenzierung erfahren hat, die Hierarchie von Experten und Laien eingeebnet wird. Dies geschieht, zumindest diskursiv, gerade deshalb, weil das Spezialwissen der Wissenschaftler und Experten, das zum wichtigsten sozialen Kapital geworden ist, als solches von allen Mitgliedern der Gesellschaft beansprucht wird. Die Popularisierungsbewegung des späten 19. Jahrhunderts kommunizierte neue wissenschaftliche Erkenntnisse noch an ein breites, interessiertes Publikum. In der Mitte des 20. Jahrhunderts war dieses Publikum verschwunden und hatte der medial repräsentierten Öffentlichkeit der Massendemokratie Platz gemacht. Die Wissenschaft, in erster Linie die Physiker, erachteten diese Öffentlichkeit nicht mehr als relevantes Publikum, und deren Wissenschaftsgläubigkeit gab ihnen vorübergehend Recht. Überdies hatte vor allem die theoretische Physik einen Abstraktionsgrad erreicht, der ein breiteres Verständnis der ›Laien‹ ausschloss und jeden Versuch, dieses zu schaffen, als vergeblich erscheinen lassen musste (Bensaude-Vincent 2001; Weingart 2005b: Kap.1). Dieses Verhältnis änderte sich jedoch ab den 1970er Jahren, als sich die ersten Bürgerinitiativen mit den Folgen von Technologien zu befassen begannen. Unter den verschiedenen Bedeutungen, die der Begriff des ›Laien‹ in diesem Zusammenhang erhält, rücken solche in den Vordergrund, die den Laien als jemanden betrachten, der von Entscheidungen mit wissenschaftlich-technischem Gehalt betroffen ist und der über ›lokales‹ Wissen verfügt, das diese Entscheidungen informieren und gegenüber denen der Experten verbessern kann (Wynne 1996). Der Demokratisierungsschub in den Industriegesellschaften der zweiten Hälfte des 20. Jahrhunderts hat also unter anderem die Folge, dass der technokratische Elitismus zugunsten eines Regimes abgelöst wird, in dem die Ansprüche einer breiten Öffentlichkeit auf Mitbestimmung in Fragen der Wissenschaft und Technik anerkannt werden.

Die Demokratisierung der Expertise ist auf unterschiedliche Weise realisierbar, und dementsprechend fallen auch die einschlägigen Forderungen aus. Am weitestgehenden hat sich die Forderung nach dem allgemeinen Zugang zu Expertenwissen durchgesetzt. Die Öffentlichkeit des Expertenrats für politische Entscheidungsträger, der ihre Entscheidungen informiert, ist ein inzwischen weithin anerkannter Grundsatz.[2] Eine wichtige Funktion kommt auch der Auswahl von Experten zu, wenn es um die Besetzung von Beratungskommissionen in der Exekutive oder der Legislative geht, das gleiche gilt im Prinzip für die Entsendung von Experten durch Interessengruppen (*stakeholder*). Das dabei auftretende Dilemma kann selbst als ein Charakteristikum der Wissensgesellschaft gesehen werden: Einerseits ist es Zeichen der Demokratisierung der Expertise und dient der Legitimierung von Entscheidungsprozessen, dass Experten verschiedener Gruppen in den Kommissionen vertreten sind. Andererseits leidet ihre Legitimation als Experten unter einer allzu großen Nähe zu erkennbaren Interessen.

Während die bisher genannten Entwicklungen in Richtung einer Demokratisierung der Expertise und der Experten eher unstrittig sind, löst die weiter gehende Vorstellung einer *Demokratisierung der Produktion des Wissens* Skepsis und Widerspruch aus.

V.2.2 Dimensionen der Demokratisierung der Wissenschaft I: Forschungsagenda und Technologien

Die Forderung nach einer Demokratisierung der Wissenschaft erscheint zunächst deshalb so radikal, weil sie in eklatantem Widerspruch zur Realität der Wissenschaft und zu ihrer Verfasstheit steht. Die Wissenschaft zeichnet sich gerade dadurch aus, dass sie nicht mit Mehrheitsabstimmungen darüber befinden kann, was richtig und was falsch ist. In der Wissenschaft zählen gerade nicht die unbegründeten Meinungen, sondern nur belegbare Überzeugungen. Was also ist genau mit Demokratisierung wirklich gemeint?

Ein Argumentationsstrang richtet sich auf die Gestaltung der Forschungsagenda durch demokratisch repräsentierte Interessen. Hierbei geht es darum, als einseitig empfundene Themensetzungen der Forschung zu korrigieren. Solche Anstrengungen spielen in der medizinischen Forschung eine besondere Rolle. Zum Beispiel drängen Betroffene oder einschlägige Teile der politisch engagierten Öffentlichkeit darauf, Ursachen und Therapiemöglichkeiten bestimmter Krankheiten stärkere Beachtung in der Forschung zu schenken. Die Vernachlässigung von Krankheiten der Dritten Welt, die für etwa 90 Prozent des weltweiten Leidens verantwortlich sind, aber nur mit etwa 10 Prozent

---

2 Im amerikanischen *Freedom of Information Act*, in den englischen *Guidelines of the Chief Science Advisor*, aber auch im nordrheinwestfälischen *Informationsfreiheitsgesetz* ist dieser Grundsatz (wenn auch mit zum Teil unterschiedlicher Stoßrichtung) umgesetzt.

des Forschungsaufwands untersucht werden, stellt ein oft genanntes Beispiel dar (Kitcher 2002: 570). Daneben treten Anstrengungen zu einer stärker patientenfreundlichen Gestaltung von Forschungsprozeduren. So haben z. b. AIDS-Aktivistengruppen in den USA Forschungseinrichtungen zu einer besseren Anpassung der Protokolle der klinischen Tests von Medikamenten an die Bedürfnisse von HIV-Patienten gedrängt. Daran wird deutlich, dass außerwissenschaftliche Gruppen sehr wohl ihr Wissen und ihre Interessen in den Forschungsprozess einbringen können (Epstein 1995). In einem allgemeineren Zusammenhang werden systematische, institutionalisierte Verfahren zur Einflussnahme breiter Bevölkerungsschichten auf die Auswahl der prioritär untersuchten Forschungsbereiche gefordert (Kitcher 2001: Kap. 10). Für Deutschland wird der vom Bundesministerium für Bildung, Forschung und Wissenschaft (BMBF) mit großem Aufwand inszenierte sogenannte ›Foresight-Prozess‹ unter der Bezeichnung ›Futur‹ als ein Beispiel für die Demokratisierung der Wissenschaft angeführt (Adam 2004).

In allen diesen Fällen geht es nicht um die Demokratisierung der Beurteilungsverfahren in der Wissenschaft, sondern um die Prioritätensetzung in der Forschung und den öffentlichen Einfluss auf die Wissenschaftspolitik. Das ist keineswegs gering zu schätzen, bedeutet es doch eine fundamentale Veränderung im institutionellen Arrangement der Wissenschaftspolitik. Diese war schließlich zuvor nahezu exklusiv eine Domäne der Wissenschaftler selbst. Gleichwohl ist diese Form von Demokratisierung auf die Gestaltung des Entdeckungszusammenhangs gerichtet.

Ein zweiter Argumentationsstrang zielt auf den Anwendungszusammenhang. Dabei geht es um die technische Umsetzung oder den gesellschaftlichen Einsatz wissenschaftlichen Wissens. In analoger Weise werden »Technologien der Bescheidenheit« (*Technologies of Humility*) gefordert, die den »Technologien der Hybris« (*Technologies of Hybris*) entgegengesetzt werden (Jasanoff 2003: 238, 240). Diese Forderungen sind auf dem Erfahrungshintergrund entstanden, dass risikobelastete Großtechnologien wie die Kernenergie von einer Wissenschaftler- und Ingenieurselite entwickelt und umgesetzt wurden, ohne dass die Bevölkerung dazu angehört, noch dass ihre Befürchtungen und Informationsbedürfnisse berücksichtigt worden wären. Die Unterstellung ist, dass die geringere Sensibilität einer »naturwissenschaftlich-technischen Epistemologie«, die den Technologien der Anmaßung zugrunde liegt, der ausschließlichen Orientierung der Naturwissenschaftler auf ihre Disziplinen zuzurechnen ist. Entsprechend soll eine »soziologisch sensitive Epistemologie« Abhilfe schaffen, in der Werte und Interessen der ›Laien‹ bzw. der Bevölkerung in der Forschung Berücksichtigung finden (Nowotny et al. 2001: 179). Die Technologien der Bescheidenheit beruhen dieser Vorstellung nach auf einer Verbindung der Erörterung und

EINE NEUE WISSENSORDNUNG?

Analyse wissenschaftlicher und technischer Entwicklungs- und Handlungs*möglichkeiten* und den ethischen und politischen Bedürfnissen und Grenzen.

Zwar übersehen diese Vorschläge einer vorgeblich sensibleren Epistemologie der Sozialwissenschaften, dass sozialtechnisch verfahrende Sozialwissenschaften genauso unreflexiv sein können wie ihre naturwissenschaftlichen Pendants. Richtig ist aber, dass die Sozialwissenschaften die Bedürfnisse der Bevölkerung, ihre Befürchtungen und ihre Interessen bei der Gestaltung von Technologien aufklären können. Die Entwicklung von ›Technologien der Bescheidenheit‹ wäre daher weniger ein Ergebnis einer anderen Epistemologie, als vielmehr einer angemessenen Zusammenarbeit zwischen Sozial-, Natur- und Technikwissenschaften. Der entscheidende Schritt ist die Herstellung ›sozialer Robustheit‹ von Technologien und Verfahren durch die Erweiterung der Reflexion auf die sozialen Akzeptanzbedingungen. Gerade das geschieht im Grunde schon: Risikoforschung, Technikfolgenabschätzung, die Orientierung technischer Entwicklungen an Kriterien wie ›Nachhaltigkeit‹ oder ›Sozialverträglichkeit‹ sind bereits Stufen auf dem Weg zu einer derartigen Ausweitung der Reflexion der Wissensentwicklung. Wohlgemerkt: diese Ausweitung der Reflexion impliziert jedoch neue Forschung auf eben diesen Bereichen, und diese bringt wiederum neue Ungewissheiten mit sich.

Das Problem der Vermittlung zwischen Wissen und politischem Entscheiden ist aus dieser Perspektive ein Konflikt zwischen zwei unterschiedlichen Legitimationsweisen. Dieses Problem wird weder durch die Ausweitung der Reflexion noch durch Partizipation grundsätzlich gelöst. Es erhält jedoch durch einen anderen Umstand eine andere Qualität. Die Diversifizierung der Akteure, die an der Entwicklung neuen Wissens und an der Gestaltung neuer Technologien beteiligt sind, über die institutionalisierte Wissenschaft hinaus, hat den Charakter dieses Prozesses verändert. Es ist kaum noch vorstellbar, dass Wissenschaftler kraft ihrer Autorität Wahrheiten verkünden, die unumstritten gelten und zur Richtschnur einer Vielzahl von Folgeentscheidungen werden. Vielmehr werden neue Forschungsvisionen mit großem propagandistischem Aufwand verkündet, um sodann in einem oft langwierigen Prozess der öffentlich ausgetragenen Argumentationen auf ihre Wünschbarkeit und Realisierbarkeit diskutiert zu werden. Rezente Beispiele sind die Biomedizin – Klonen, Stammzellforschung – oder die Nanoforschung. Diese öffentlichen Erörterungen werden nur zu einem geringeren Teil von Konsensuskonferenzen und ähnlichen Inszenierungen veranstaltet. Eine viel größere Bedeutung kommt den Medien zu (Gerhards et al. 1998; Kohring et al. 1999; Weingart et al. 2007). Sie gewährleisten durch ihre in aller Regel heterogene Berichterstattung und die Inszenierung entsprechender Diskurse, dass die Zukunftsentwürfe und Zukunftsversprechen der Forscher ›prozessiert‹, d. h. in einem komplexen Diskussionsprozess in vorläufige Entscheidungen umgesetzt werden. Diese Entscheidungen, und insbesondere ihre Folgen, sind dann ihrerseits wieder Gegenstand weiterer Forschungs- und Diskussionsprozesse. In diesem Sinn sind die utopischen Visionen neuer Forschungen und Technologien selbst nur ein Input in einen umfassenderen Prozess der Formulierung der politischen Agenda.

V.2.3 Dimensionen der Demokratisierung der Wissenschaft II: Beurteilungsverfahren in der Wissenschaft

Die Demokratisierung der Wissenschaft kann sich auch auf die Beurteilungspraxis der Wissenschaft erstrecken und beinhaltet dann den Einfluss von Interessen und Werthaltungen auf die Einschätzung von Hypothesen oder Theorien. Mit einem solchen Einfluss der Öffentlichkeit auf den Rechtfertigungskontext wäre der epistemische Kern der Wissenschaft viel stärker betroffen als bei der gesellschaftlichen Prägung von Entdeckungs- und Anwendungskontext (vgl. Kap. V.2.2). Dabei wird das Bedenken laut, die Wissenschaft werde durch die Verpflichtung auf Interessen und Werthaltungen ihrer Überparteilichkeit beraubt, mit der Folge, dass ihre Glaubwürdigkeit untergraben werde. Andererseits könnte eine Wissenschaft ohne Wertbindung zu einer Bedrohung der Menschheit werden. Dadurch entsteht anscheinend eine dilemmatische Situation: der Einschluss von sozialen Werten in die Verfahren der Hypothesenbeurteilung scheint für eine Wissenschaft mit menschlichem Antlitz geboten, für eine Wissenschaft mit überparteilicher Sachautorität hingegen unannehmbar. Die Betrachtung mehrerer Optionen für die Rolle sozialer Werte im Beurteilungsprozess soll jetzt klären, ob und gegebenenfalls in welcher Hinsicht ihr Einfluss dem Erkenntnisanspruch der Wissenschaft tatsächlich abträglich ist.[3]

Soziale Erkenntnistheorie

Zunächst muss die Beachtung der gesellschaftlichen Repräsentation bei der Beurteilung von Theorien keinen Gegensatz zum Erkenntnisstreben bilden. Die so genannte *soziale Erkenntnistheorie* (*social epistemology*) hebt hervor, dass es der Objektivität und Verlässlichkeit wissenschaftlichen Wissens dienlich sein kann, wenn Hypothesen in sozialen Verfahren beurteilt werden, in denen sich auch gesellschaftliche Positionen spiegeln und soziale Wertvorgaben zum Tragen gebracht werden. Diesem Ansatz liegt das genannte Poppersche Verständnis von

---

[3] Für das Folgende vgl. Carrier 2006: Kap. 6.3.

wissenschaftlicher Objektivität zugrunde, wonach sich Objektivität aus wechselseitiger Kontrolle und Kritik ergibt (vgl. Kap. V.1.3).

Aus einem solchen pluralistischen Verständnis von wissenschaftlicher Objektivität heraus wird etwa gefordert, dass Wissenschaftler ein breites gesellschaftliches Spektrum unter Einschluss von Minderheiten repräsentieren. Nur auf der Grundlage eines weiten Bogens wissenschaftlicher Positionen lassen sich danach anspruchsvolle Geltungsprüfungen durchführen. Dieser Bogen lässt sich unter anderem durch die Einbeziehung vieler gesellschaftlicher Gruppen in die Wissenschaft herstellen. Dieser Gedanke geht unter anderem in den amerikanischen *Federal Advisory Committee Act* ein, der die ausgewogene Zusammensetzung von Regierungskommissionen im Hinblick auf Betroffenheit, geographische Herkunft, Geschlecht und andere ›relevante‹ Kriterien gewährleisten soll. Insgesamt ist die Vorstellung, dass Forscher mit unterschiedlichem sozialem Hintergrund andersartige Hypothesen konzipieren und unterschiedliche Beurteilungsgesichtspunkte für relevant halten. Daraus erwächst eine Auseinandersetzung zwischen rivalisierenden Ansprüchen, die ihrerseits anspruchsvoll geprüftes Wissen hervorbringen kann. Die Berücksichtigung einer Mehrzahl sozialer Positionen ist daher nicht allein aus gesellschaftlichen oder politischen Gründen geboten, sondern auch aus epistemischen Gründen (Brown 2001: 187, 198 ff.; Longino 2002: 128 ff.).

Die Verantwortung der Wissenschaft

Wissenschaft in ihrer gegenwärtigen Verfasstheit besitzt ein erhebliches Schadenspotenzial, und dieser Umstand begründet ihre Verantwortlichkeit für die absehbaren Folgen ihrer Erkenntnisse. Traditionell wird die Verantwortung der Wissenschaft als individualethische Verpflichtung begriffen: Aufgrund ihres Sachverstands sind die Wissenschaftler gehalten, die weiteren Konsequenzen ihrer Arbeit für die Gesellschaft als Ganzes zu bedenken und gegebenenfalls auf bestimmte Forschungsvorhaben zu verzichten.

Auf andere Weise drückt sich die Verantwortung der Wissenschaftler durch die Aufnahme sozialer Werte in die Beurteilungspraxis aus. Dabei geht es etwa um die Einbeziehung der nicht-epistemischen Auswirkungen eines möglichen Irrtums in die Einschätzung wissenschaftlicher Annahmen. Wenn eine solche Annahme bestimmte Handlungsoptionen nahelegt, sind deren mögliche Auswirkungen außerhalb von Bibliotheken und Laboratorien in Betracht zu ziehen. Wenn ein Irrtum Gefahren mit sich bringt, werden Wissenschaftler, die sich ihrer Verantwortung bewusst sind, ein höheres Maß an Verlässlichkeit verlangen. Ist etwa die genannte Hypothese zu beurteilen, dass der Klimawandel anthropogenen Ursprungs ist, so bestünden die Folgen ihrer irrtümlichen Annahme in überflüssigen Investitionen in die Verminderung der Emission von Treibhausgasen, die Folgen ihrer fälschlichen Verwerfung hingegen in einer bedeutenden Verschlechterung der Lebensbedingungen künftiger Generationen. Angesichts der Asymmetrie der praktischen Irrtumsfolgen wird eine gesellschaftlich sensible Wissenschaft auch asymmetrische Ansprüche an die empirische Bestätigung stellen und im Falle epistemischer Unsicherheit nach Maßgabe der möglichen nicht-epistemischen Irrtumsfolgen entscheiden.

Hierbei sind die Auswirkungen sozialer Einflussfaktoren insofern weittragender als bei der sozialen Erkenntnistheorie, als bestimmte soziale Werte, nicht allein die Pluralität sozialer Positionen, in die Einschätzung von Hypothesen Eingang finden sollen. Zwar bleibt die epistemische Verpflichtung zum Respekt vor den Daten gewahrt, aber wenn epistemische Unsicherheiten verbleiben, dann gehen die zugehörigen nicht-epistemischen Risiken in die Beurteilung der Aussagekraft der Daten ein (Douglas 2000: 565 ff.; Douglas 2004: 238 ff.).

In den voranstehend skizzierten Formen demokratischer Einflussnahme wird man keine substanzielle Unterhöhlung der Sachautorität der Wissenschaft sehen können. Umstrittener sind dagegen zwei Verschärfungen des Anspruchs, gesellschaftliche Interessen und Werthaltungen in die Beurteilungsverfahren der Wissenschaft einzubeziehen.

Erstens sollen die sozialen Auswirkungen auch bei der wahrheitsgemäßen Annahme zutreffender Hypothesen Beachtung finden. Bereits die Anerkennung bestimmter Sichtweisen wird nicht selten als Verletzung der Schutzansprüche gesellschaftlicher Gruppen begriffen, die auch ohne weiter gehende Anwendungen soziale Schäden erzeugen kann (Kitcher 2004: 53). Ein Beispiel sind Formen der Biologisierung des Menschen, durch welche Eigenschaften und Fähigkeiten an die betreffende körperliche Natur gebunden und der gesellschaftlichen Einflussnahme entzogen werden. So wurde die Absenkung der Förderung benachteiligter Schüler im amerikanischen Schulwesen mit dem genetischen Determinismus begründet (Herrnstein und Murray 1994).

Zweitens soll die Verantwortung der Wissenschaft statt durch ethische Appelle an Einzelne durch geeignet gestaltete Institutionen umgesetzt werden. Nach diesen Vorschlägen einer institutionalisierten Demokratisierung der Wissenschaft sollen soziale Gruppen in einem regulierten Verfahren an der Wissensproduktion beteiligt werden und haben unter Umständen das Recht, Untersuchungen mit für sie erwartbar nachteiligen Folgen zu verhindern. In diesem Zusammenhang wird etwa die Festlegung der Wissenschaft auf bestimmte gesellschaftliche Ziele angestrebt. So soll die Wissenschaft explizit auf die Unterstützung eines egalitären politischen Programms verpflichtet werden. Das Ideal einer »sozial verantwortlichen Wissenschaft« wird proklamiert, demzufolge nur solche Forschungsvorhaben Förderung verdienen, die geeignet sind, soziale Benachteiligung zu verringern oder zu beseitigen (Kourany 2003: 6 ff.).

Die Demokratisierung der Wissenschaft ging zunächst von dem Ziel aus, soziale Werte durch Einbeziehung der Öffentlichkeit zu sichern und ein Gegengewicht zu den Einflüssen von Markt und Politik zu schaffen. In der Verschärfung dieses Ansatzes wird jedoch die Gefahr erkennbar, dass Wissenschaft im Zugriff einseitiger Interessen verbleibt. Diese werden lediglich inhaltlich verändert, aber nicht ausbalanciert. Durch eine solche enge Bindung an spezifische gesellschaftliche Positionen läuft die Wissenschaft Gefahr, ihre Glaubwürdigkeit zu verlieren. Dann ist das Bedenken wohl tatsächlich schwer von der Hand zu weisen, der hier vorgesehene maßgebliche Einfluss sozialer Werte untergrabe die epistemische Autorität der Wissenschaft und höbe damit letztlich den Nutzen der Wissenschaft auch in gesellschaftlichen Argumentationszusammenhängen auf (Koertge 2003: 222 f., 230). Bei dieser Ausgestaltung der Wertbindung der Wissenschaft kommt das anfangs genannte Dilemma und damit der Gegensatz zum Erkenntnisanspruch in der Tat zum Tragen. Zwar lässt sich also dieser Gegensatz in bemerkenswertem Umfang vermeiden, letztlich aber nicht auflösen.

Entsprechend ist die Ansicht weithin geteilt, dass die Verantwortung der Wissenschaft nicht durch Verfahren geregelt werden darf, die einen Verlust der Sachautorität der Wissenschaft zur Folge haben. Insbesondere tragen soziale Schutzansprüche vor wissenschaftlichen Erkenntnissen leicht dazu bei, die soziale Wünschbarkeit zum Maßstab der Beurteilung zu machen und eine Kundenmentalität gegenüber der Wissenschaft zu fördern, derzufolge wir alle ein Recht auf bequeme Wahrheiten haben. In einem demokratischen Zeitalter erstreckt sich die Verpflichtung der Wissenschaft, auch den Mächtigen die Wahrheit zu sagen, auf den demokratischen Souverän, also die breite Öffentlichkeit.

V.3 Die Entstehung einer Wissenspolitik

Die Relevanz des Wissens für die Ausübung politischer Macht, seine handlungserweiternden und -beschränkenden Auswirkungen haben den Ruf nach einer bewussten Wissenspolitik laut werden lassen. Zwei Veränderungen sind in diesem Zusammenhang bedeutsam: 1) die Verschiebung der Definitionsmacht von den (naturwissenschaftlichen) Disziplinen zu den wissenschaftspolitischen Akteuren, der Politik und der medialen Öffentlichkeit. 2) die Entstehung und Beteiligung von Bürgerbewegungen, die sich als Demokratisierungsschub verstehen lässt. Das heißt: es findet eine Verlagerung der Definitionsmacht für die Formulierung von Problemen der Wissensproduktion von der Wissenschaft auf die Öffentlichkeit statt. Die Wissenseliten haben zwar aufgrund ihres Spezialwissens nach wie vor die Definitionsmacht, sie geben die Themen vor und bieten Lösungen an. Aber die Öffentlichkeit hat eine Vetomacht.

Die Wissenspolitik neuer Prägung ist als der Versuch zu kennzeichnen, die Kontrolle des Wissens von der ex post-Bewertungen in die ex ante-Bewertung, d.h. die Entstehung neuer Technologien zu verlagern. Damit wird eine sich selbst beschleunigende Reflexionsdynamik der Wissenschaftsentwicklung in Gang gesetzt. Eine durch diese Zielsetzung geprägte Wissenspolitik ist durch Unsicherheit und damit durch einen steigenden Politisierungsgrad charakterisiert. Für die demokratische Gesellschaftsordnung bedeutet dies eine Verschärfung des Legitimitätsproblems zwischen den Trägern des Wissens, den Experten, und den politischen Entscheidern, ganz entgegen den Erwartungen, die in die neue Ordnung gesetzt werden.

V.3.1 Konstitutive Bedingungen der Wissenspolitik

Die Relevanz des Wissens für die Ausübung politischer Macht, seine handlungserweiternden und -beschränkenden Auswirkungen (Wissen erzeugt nützliche ebenso wie schädliche Technologien), haben den Ruf nach einer bewussten *Wissenspolitik* laut werden lassen. Der Begriff ist eine Übersetzung des englischen *governance* und verweist auf alle institutionellen Regelungen, die zu verbindlichen kollektiven Entscheidungen, hier: hinsichtlich der Regulierung der Produktion und Verteilung von Wissen führen (Stehr 2003: 93fn). Wissenspolitik in diesem Sinn kann sich sowohl auf reaktive als auch auf antizipierende Regulierungen beziehen. Es geht dabei um die Steuerung der gesellschaftlichen Rolle des Wissens, um die Schaffung von Regeln und um deren Sanktionierung hinsichtlich der Produktion und Verwendung von Wissen. »Wissenspolitik sind die strategischen Versuche, die gesellschaftliche

EINE NEUE WISSENSORDNUNG?

Kontrolle neuen wissenschaftlichen und technischen Wissens in das Zentrum der kulturellen, ökonomischen und politischen Matrix der Gesellschaft zu rücken« (Stehr 2006: 4).

Ähnlich wie im Fall des Begriffs der Wissensgesellschaft stellt sich die Frage, ob nicht alle Politik auch Wissenspolitik ist – und dies schon immer gewesen ist. Der Begriff beabsichtigt Überraschung. Dagegen ließe sich als selbstverständlich unterstellen, dass es in der Wissensgesellschaft eine Wissenspolitik gebe. Dennoch bleibt die Frage relevant, denn im Prinzip haben alle Gesellschaften Politiken, die die Produktion und Verbreitung von Wissen regulieren, ohne deshalb von Wissenspolitik gesprochen zu haben. Nico Stehr setzt die Entstehung einer Wissenspolitik zeitlich mit dem Beginn des ›Atomzeitalters‹ an, d. h. mit dem ersten Einsatz einer Atombombe sowie der darauf folgenden Entwicklung der Kernenergie und den durch sie ausgelösten öffentlichen Debatten (Stehr 2006: fn 10). Die Gründe für diese Wahl des Epochenwechsels bleiben unklar und lassen sich nur erschließen: Es ist vielleicht das erste Mal, dass eine Technologie von solcher Tragweite, verbunden mit derartigen Erwartungen und Befürchtungen gleichermaßen, implementiert wurde. Zudem ist es eine Technologie, die auf der Umsetzung theoretischen Grundlagenwissens beruht, also eine vergleichsweise direkte Linie von der Grundlagenforschung über die angewandte Forschung zur technischen Entwicklung repräsentiert. Stehr weist an anderer Stelle darauf hin, dass die Wissenspolitik unter anderem durch neue *Wissensformen* hervorgebracht wird und nennt als Beispiel die Biotechnologie, in der Grundlagenforschung und angewandte Forschung nahezu ununterscheidbar werden (Stehr 2003: 107). Der entscheidende Punkt ist dabei, dass Forschung, d. h. die Produktion neuen Wissens, unter Umständen direkt zu neuen Techniken, Verfahren und anderen Produkten führt, also zugleich auch zu einer dramatischen Ausweitung von Handlungsmöglichkeiten *und* Gefährdungen. Anwendungsinnovativität, also die Produktion von Wissen, das zugleich epistemisch und applikativ relevant ist (vgl. Kap. III.6.4), bringt diese enge Verknüpfung zum Ausdruck.

Einer erheblich beschleunigten Technikentwicklung stehen geschwächte oder nicht vorhandene Möglichkeiten gegenüber, die gesellschaftlichen und ökologischen Folgen dieser Techniken einzuschätzen. Die seit den 1970er Jahren etablierte Technikfolgenabschätzung, die sich zunächst auf ökologische und anschließend auch auf gesellschaftliche Folgen und Risiken erstreckte, hat von Anbeginn unter der Einschränkung gelitten, dass sie diese nicht antizipieren und ggf. verhindern, sondern immer nur im Nachhinein konstatieren und allenfalls einzudämmen vermochte. Dieser strategische Nachteil jeder Folgenabschätzung muss sich unter den neuen Bedingungen eher noch verschärfen. Aus dieser Dynamik ergibt sich deshalb der Versuch, die Kontrolle und Regulierung der Technikentwicklung immer weiter an den Punkt zu verlagern, wo das relevante Wissen allererst produziert wird, um der technikpessimistischen Prophetie entgegenzuwirken, dass realisiert wird, was möglich erscheint. Aus dieser Logik ergibt sich eine Veränderung der bisherigen ›Wissenspolitik‹, wenn man sie schon als eine solche bezeichnen will, zu einer zukünftigen, die erst noch entstehen muss. Die bisherige Wissenspolitik ist am besten durch das in den vergangenen drei bis vier Jahrzehnten etablierte Regime der Folgen- und Risikoabschätzungen charakterisiert, das im Verlauf dieser Zeit hinsichtlich der vor neuen Technologien zu schützenden Güter immer weiter ausgeweitet worden ist. So ist in der Umweltpolitik aus dem Schutz spezifischer Arten der Flora und Fauna oder der Bereiche Wasser, Boden und Luft das umfassende Gebot der Nachhaltigkeit entwickelt worden, das zum Bezugspunkt jeden gesellschaftlichen Handelns werden soll. In vergleichbarer Weise ist aus der Technikfolgenabschätzung im Hinblick auf spezifische Risiken für die Gesundheit das Gebot der Sozialverträglichkeit jeder Technikentwicklung geworden (Bechmann und Gloede 1986). Das heißt, Wissens- und Technikentwicklung werden damit unter unspezifische gesellschaftliche Wertbezüge gestellt, die sich jederzeit und von jedermann näher bestimmen und politisch mobilisieren lassen.

Wertbezüge der genannten Art werden auf diese Weise zu einem Bewertungsraster, das die Formulierung von Förderprogrammen für die Forschung anleiten und das Verbot bestimmter Forschungslinien begründen kann. Damit sind mindestens zwei Veränderungen indiziert. Die erste betrifft den Einfluss der wissenschaftlichen Disziplinen auf die Definition von Problemen, auf die hin neues Wissen produziert wird. Die nukleare Waffentechnik und die zivile Kernenergietechnologie waren noch Ergebnisse von Forschungen, die so gut wie ausschließlich in der Kernphysik und nach Maßgabe disziplineninterner Relevanzkriterien entwickelt worden waren. Das vorherrschende Muster forschungspolitischer Entscheidungen war monodisziplinär. Damit ging die beherrschende Stellung der Kernphysiker in den einschlägigen politischen Beratungsgremien und Industriekonzernen aller westlichen Industriegesellschaften einher, die korporatistischer Natur war (für die USA: Kevles 1981; für Deutschland: Radkau 1983). Dieses Muster veränderte sich seit den 1970er Jahren mit der Entstehung der Anti-Kernkraft- und der Umweltbewegungen. In jene Zeit fallen auch die ersten, praktische Anwendungen eröffnenden Fortschritte der Molekularbiologie (die Rekombinationsforschung), die aufgrund der wahrgenommenen Risiken zu einem selbstverordneten Moratorium der Wissenschaftler (Konferenz von Asilomar 1975) führten. Widerstand und Kritik seitens der Öffentlichkeit richteten sich gegen die molekularbiologische Forschung als solche, die aufgrund ihrer (realen oder vermeintlichen) Sicherheitsrisiken schärferen Kontrollen unterworfen werden sollte.

EINE NEUE WISSENSORDNUNG?

Diese Veränderung bedeutet eine Verschiebung der Definitionsmacht von den (naturwissenschaftlichen) Disziplinen zu den wissenschaftspolitischen Akteuren, der Politik, der medialen Öffentlichkeit.

Die zweite Veränderung betrifft die Rolle dieser Öffentlichkeit. Die Entstehung der diversen Bürgerbewegungen lässt sich als Demokratisierungsschub verstehen. Viele dieser Bewegungen konstituierten sich über die Wahrnehmung von Risiken und unerwünschten Folgen neuen Wissens: Anti-Kernkraft, Umweltschutz, genetische Manipulation von Pflanzen und Menschen. Diese konstitutiven Orientierungen werden auf die Begriffe der Nachhaltigkeit und der Sozialverträglichkeit ausgeweitet und damit unspezifischer und beliebig für alle möglichen Wissensbestände mobilisierbar. Anders gesagt: während die Orientierung an spezifischen Risiken auf spezifisches Nicht-Wissen zielt und damit den Disziplinen ihre Definitionsmacht noch weitgehend belässt, impliziert die Orientierung an Nachhaltigkeit und Sozialverträglichkeit eine Verschiebung zu unspezifischem Nichtwissen. Damit übernimmt die Öffentlichkeit – repräsentiert durch soziale Bewegungen, die Medien und politische Akteure – die Definitionsmacht bei der Formulierung von Erwartungen an die Wissensproduktion, bei der Anerkennung von Wissensbeständen und der Zuständigkeit von Disziplinen für bestimmte Problemlösungen.

Zusammengefasst lassen sich die beiden genannten Veränderungen in folgender Weise charakterisieren: Sozial gesehen findet eine Verlagerung der *Definitionsmacht* für die Formulierung von Problemen der Wissensproduktion von den wissenschaftlichen Disziplinen, und d. h. von den Wissenseliten, auf die Öffentlichkeit statt. Die Wissenseliten haben zwar aufgrund ihres Spezialwissens nach wie vor die Definitionsmacht, sie geben die Themen vor und bieten Lösungen an. Aber die Öffentlichkeit, die Akteure der Zivilgesellschaft, haben eine *Vetomacht*.

Die genannte inhaltliche Verschiebung der Problemdefinitionen von spezifischem zu unspezifischem Nichtwissen ist die Grundlage für die gesellschaftliche Verbreitung der Orte, an denen Wissen produziert wird. Die unter dem vorangegangenen Wissensregime geltende steile Hierarchie von Wissensformen, die der institutionalisierten Wissenschaft und ihrer Kernorganisation, der Universität, ein Quasimonopol sicherte, wird tendenziell abgeflacht. Neben sie treten nicht nur wissenschaftsähnliche Organisationen wie *think tanks*. Vielmehr nehmen Regierungs- und Nichtregierungsorganisationen, aber auch die Medien die Funktion der Wissensproduktion war. Die Voraussetzung dessen ist aber nicht nur die Übernahme wissenschaftsähnlicher Formen der Wissensproduktion durch die diversifizierten Akteure selbst, sondern deren Anerkennung durch ein breites Publikum, dessen Meinung zählt. Sie zählt deshalb, weil und solange die Machtverteilung demokratischen Mechanismen folgt.

V.3.2 Dimensionen der Wissensregulierung

Versuche, Wissen zu regulieren, sind wahrscheinlich so alt, wie Menschen ein Bewusstsein von Wissen haben, also sich reflexiv zu ihm verhalten können. Die biblische Genesis verweist ebenso auf die Ambivalenz der Erkenntnis wie die Sage des Prometheus. Die Frühzeit der modernen Wissenschaft ist wegen ihrer Konflikthaftigkeit zur Kirche und der absolutistischen politischen Herrschaft vor allem durch Kontrollen der Verbreitung von Wissen gekennzeichnet. Hierunter fallen u. a. der Index der katholischen Kirche von 1559 aber auch die Regulierungen der Meinungsfreiheit seit der Verkündung der Menschenrechte 1789.

Dass wissenschaftliches Wissen bis in die jüngere Geschichte mit der Ideologie totalitärer Regierungen kollidieren kann und aufgrund dessen mit Kommunikationsverboten oder noch weitergehenden Sanktionen belegt wird, zeigen die Beispiele des wechselhaften Schicksals der modernen Genetik in der Sowjetunion sowie der Rassenbiologie im nationalsozialistischen Deutschland (Graham 1981; Weingart et al. 1988). Die Auseinandersetzungen um die Lehre der Evolutionstheorie in Schulen einiger amerikanischer Staaten illustrieren darüber hinaus, dass selbst in demokratisch verfassten Ländern Konflikte zwischen religiösen Überzeugungen und wissenschaftlichem Wissen Anlass für Versuche sind, mit Hilfe geltenden Rechts und über demokratische Wahlen die Verbreitung dieses Wissens einzuschränken.[4]

Allerdings ist der bedeutsamste Gegenstand der Wissensregulierung in der Gegenwart nicht die Verbreitung von Wissen, sondern dessen Produktion. Dabei stehen insbesondere ethische Beschränkungen des experimentellen Eingriffs im Vordergrund. Seit den verbrecherischen Menschenversuchen in den Konzentrationslagern ist die Sensibilität für solche Grenzen geschärft, was zu einer Reihe von Reglementierungen medizinischer Experimente mit Patienten oder Versuchspersonen geführt hat. Erste Regelungen dieser Art sind bereits Ende des 19. Jahrhunderts formuliert worden.[5] Inzwischen gilt die mehrfach revidierte ›Deklaration von Helsinki‹ (zuerst 1964), die die Bedingungen riskanter medizinischer Experimente und die Rechte der Patienten detailliert festlegt. Die Bildung einer Vielzahl nationaler und untergeordneter Ethikräte

---

4 Der Fall Tammy Kitzmiller et al. v. Dover Area School District et al. wurde 2005 in einem Distriktgericht in Pennsylvania verhandelt, das die Lehre des Kreationismus in Schulen als verfassungswidrig erklärte.

5 So der ›Gemeinschaftliche Erlass des Ministers des Inneren und der geistlichen, Unterrichts- und Medicinalangelegenheiten‹ vom 12. Mai 1881 und der ›preußische Erlass über Menschenversuche‹ vom 29. Dezember 1900.

und -kommissionen ist ein klares Indiz für die Regelungsbedürftigkeit von Forschungen, die als ethisch sensibel erscheinen (vgl. Kap. IV.3).

Allgemein akzeptiert ist die Bedingung, dass biologische oder medizinische Experimente die Menschenrechte nicht verletzen dürfen. Obwohl diese Bedingung selbst nicht kontrovers ist, kann ihre Umsetzung unter Umständen zu Streitigkeiten führen. Die Meinungen sind geteilt, welche Experimente eine Verletzung der Menschenwürde beinhalten. Zum Beispiel werden Experimente mit menschlichen Stammzellen in dieser Hinsicht gegensätzlich eingestuft. Der Deutsche Bundestag hat (2002) die Forschung an Stammzellen ausführlich diskutiert und entschieden, dass Stammzellen zwar nicht hergestellt, aber importiert werden dürften. Diese Entscheidung lässt die Schwierigkeiten erkennen, in der sich die Gesetzgeber befanden, die einerseits den Embryo als menschliches Leben im juristischen und moralischen Sinne betrachten wollten, andererseits die Forschung im internationalen Vergleich nicht behindern wollten. Ähnlich hat die amerikanische Regierung die Förderung der Stammzellforschung mit öffentlichen Mitteln untersagt, die privat geförderte Forschung hingegen unbehelligt gelassen.

Die Diskussionen um die Stammzellforschung sind nur das letzte Beispiel einer Serie intensiver öffentlicher Kontroversen um Forschung mit ethischen Implikationen, die darauf verweist, dass Politik, Medien und Öffentlichkeit an ausgewählten Fragen der Wissenschaftspolitik – und damit der Wissenspolitik – teilnehmen und ihren Einfluss dahingehend geltend machen, dass bestimmte Forschungslinien verhindert oder abgewandelt werden. Medienanalysen zeigen, dass die öffentliche Aufmerksamkeit nicht für alle Forschungsgebiete gleich hoch ist, dass sie aber in speziellen Fällen (z. B. Klonen) über längere Zeit ein hohes Niveau hält (Weingart et al. 2007).

Neben der Bewertung der Erkenntnismittel machen (wie zuvor erwähnt) Risikoanalyse und Technikfolgenabschätzung derzeit den Kern der reflexiven Wissensregulierung aus. In diesem Bereich ist die Tendenz klar erkennbar, die Kontrolle des Wissens aus der Position der *ex post*-Bewertungen neuer Technologien in die der *ex ante*-Bewertung zu verlagern. Dies setzt die *Antizipation* neuer Wissensentwicklungen, ihrer Anwendungen und ihrer Folgen voraus. Während die bisherige Wissensregulierung sich auf die nachträgliche Anpassung gesellschaftlicher Normen und ggf. der neuen Technologien konzentrierte, wird die zukünftige Wissenspolitik, so die These Stehrs, antizipierende Kontrolle des Wissens sein. Es wird in diesem Politikfeld nicht darum gehen, wie neue Erkenntnisse am besten zu verwenden sind, sondern ob sie überhaupt verwendet werden sollen (Stehr 2003: 97). Aus diesen Überlegungen lässt sich das folgende Schema unterschiedlicher *Dimensionen der Wissenspolitik* gewinnen:

DIE ENTSTEHUNG EINER WISSENSPOLITIK

Eingriffstyp	Eingriffspunkt in der Wissensproduktion	Typ der Regulierung
Reaktiv, *ex post*	Verbreitung von Wissen	Zensur, Geheimhaltung
Reaktiv, *ex post*	Anwendung von Wissen	z. B. Klinische Kontrollen vor Markteinführung, Imissionsnormen
Reflexiv, *ex post*	Technikentwicklung	Technikfolgenabschätzung
Reflexiv, *ex ante*	Forschungsprozess	Moratorien, Anwendungsverbote

Folgt man Stehrs Einschätzung, dann bezieht sich eine zukünftige Wissenspolitik auf die unterste Zeile des Diagramms. Der als ›reflexiv, *ex ante*‹ bezeichnete Eingriffstyp der Politik setzt allerdings Wissen über noch nicht bekannte, mögliche Folgen neuen Wissens voraus, bevor es dieses Wissen selbst gibt. Zum einen, und grundsätzlich, wirft die implizierte Voraussage zukünftigen Wissens das (von Popper formulierte) Paradoxon auf, dass dann alles Wissen gewusst werden würde. Es besteht also eine grundsätzliche, unüberwindbare Barriere in der Verlagerung der Wissenskontrollen bzw. der Risiko- und Folgeabschätzungen in den Prozess der Wissensgenerierung selbst. Wahrscheinlich ist hingegen, dass zunehmend Szenarien und Simulationen zukünftiger Entwicklungen entworfen werden, um auf diese Weise das für eine Wissenspolitik erforderliche Wissen in Gestalt von Bezugsrahmen für steuernde Eingriffe, Prioritätensetzungen bei der Allokation von Ressourcen und mögliche Verhinderungen von Wissensproduktion zu gewinnen (vgl. Kap. III.2). Insgesamt steigt das für die Kontrolle des Wissens aufgewandte Maß an Reflexion, das wiederum die Generierung neuen Wissens verlangt. Um die Risiken einer neuen Technik abzuschätzen, bedarf es neuerlicher Forschung. Die Einbettung neuen Wissens in die Gesellschaft setzt also eine sich selbst beschleunigende Reflexionsdynamik in Gang. Eine dadurch geprägte Wissenspolitik ist durch ein wachsendes Maß an Unsicherheit und damit auch durch einen steigenden Politisierungsgrad charakterisiert. Die erwartbare zukünftige Wissenspolitik wird also eher eine Fortentwicklung der bisherigen sein, mit immer größerer Raffinesse

V.3.3 Ausblick auf das Verhältnis von Wissen und Demokratie in der Wissensgesellschaft

Ein spezifisches Charakteristikum der Wissensgesellschaft schält sich heraus: Die allgemeine Verfügung über systematisches Wissen und seine Instrumentalisierung für legitimatorische Zwecke, die sich in der allseits verbreiteten Berufung auf Experten niederschlägt, hat zu einer

EINE NEUE WISSENSORDNUNG?

Schwächung herkömmlicher Legitimationsformen durch Repräsentation geführt. Die ›Erscheinung‹ von Wissen, seien es die (medizinischen, technischen) Utopien, mit denen neue Forschungslinien (wie die Nanotechnologie) propagiert werden, seien es die Katastrophenszenarien, deren Bedrohungspotential die Bereitschaft der Öffentlichkeit zu großen Forschungsanstrengungen schaffen sollen (Klimawandel, Verlust der Biodiversität), lässt sich nicht kontrollieren. Die Informationsströme sind global; ihnen gegenüber gibt es keine Kontrollen und kann es auch kaum welche geben. Die Vielfalt der Wissensakteure, die eine ebenso große Vielfalt an wissensbasierten Diskursen zu neuen Handlungsoptionen produziert und um die Gestaltung der politischen Agenda konkurriert, ist längst zu einer ›vierten Gewalt‹ im politischen System geworden. Nur unterliegt sie keinen ausgleichenden, wechselseitigen Kontrollen (*checks and balances*), die ihr Verhältnis zu den anderen Gewalten regeln. Vor allem ist sie durch keinerlei Repräsentationsregeln durch die Öffentlichkeit legitimiert. Die Prinzipien der Selbstregulierung, die bislang für die Wissenschaft galten und die Qualität von Wahrheitsbehauptungen gewährleisteten, sind nicht zuletzt aufgrund der Öffnung (um nicht zu sagen der Demokratisierung) gegenüber der öffentlichen Erörterung in den Medien partiell außer Kraft gesetzt. Damit entfällt auch die Zurechnung der Gemeinwohlverpflichtung, die ›guter‹ Wissenschaft bislang ihre Sonderstellung außerhalb jeglicher Legitimation durch Repräsentation sicherte. Die Wissenschaft ist jetzt ein Akteur unter anderen auf dem Markt des Wissens, und sie verhält sich entsprechend, mit den unvermeidlichen Glaubwürdigkeitsverlusten, die Eigenwerbung mit sich bringt.

Wenn von Politikschwäche der Regierungen oder gar von einer Krise der repräsentativen Demokratie gesprochen werden kann, dann ist diese unter anderem auf den ständig wachsenden Einfluss der Wissensakteure zurückzuführen. Die gewählten Volksvertreter, deren Legitimität auf Repräsentativität, nicht aber auf sachlicher Kompetenz beruht, sind ihnen immer weniger gewachsen. Gerade deshalb verlagern sich die Auseinandersetzungen um Probleme, bei denen es um neues Wissen geht, auf Gruppen außerhalb der gewählten Parlamente. In der Wissensgesellschaft verschärft sich das Legitimitätsproblem zwischen den Trägern des Wissens, den Experten, und den politischen Entscheidern, ganz entgegen den Erwartungen, die in die neue Ordnung gesetzt werden.

Literatur

Abels, Gabriele (2003): *Experts, Citizens, and Eurocrats - Towards a Policy Shift in the Governance of Biopolitics in the EU*, European Online Papers (EIoP) 6/19, http://eiop.or.at/eiop/texte/2002-019a.htm (last visited August 2, 2005).

Abels, Gabriele und Alfons Bora (2004): *Demokratische Technikbewertung*, Bielefeld: transcript.

Adam, Matthias (2004a): »Wechselwirkungen von Forschung und Entwicklung: Mechanismen, Modelle und Wirkstoffe in anwendungsdominierter Pharmaforschung«, in: Roland Bluhm und Christian Nimtz (Hg.), *Ausgewählte Sektionsbeiträge des 5. Internationalen Kongresses der Gesellschaft für Analytische Philosophie*, Paderborn: Mentis, S. 62-76.

Adam, Matthias (2004b): »Neue Wege in der Forschungsförderung? Der ›Forschungsdialog Futur‹ als Versuch der partizipativen Politikberatung«, *Forschungsjournal Neue Soziale Bewegungen* 17 (2): 85-89.

Adam, Matthias (2005): »Integrating research and development. The emergence of rational drug design in the pharmaceutical industry«, *Studies in History and Philosophy of Biological and Biomedical Sciences* 36: 513-537.

Adam, Matthias, Martin Carrier, and Torsten Wilholt (2006): »How to serve the customer and still be truthful: Methodological characteristics of applied research«, *Science and Public Policy* 33 (6): 435-444.

Albrecht, Harro (2004): »Blockiertes Register«, *Die Zeit* 18/2004.

Als-Nielsen, Bodil, Wendong Chen, Christian Gluud, and Lise Lotte Kjaergard (2003): »Association of funding and conclusions in randomized drug trials«, *JAMA* 290: 921-928.

Arakawa, Akio (2000): »A personal perspective on the early years of general circulation modeling at UCLA«, in: David A. Randall (ed.), *General Circulation Model Development*, San Diego, CA: Academic Press, S. 1-66.

Arrow, Kenneth J. (1962): »Economic welfare and the allocation of resources for invention«, in: Richard N. Nelson (ed.), *The Rate and Direction of Inventive Activity*, Princeton, NJ: Princeton University Press, S. 609-626.

Arundel, Anthony (2001): »The relative effectiveness of patents and secrecy for appropriation«, *Research Policy* 20: 611-624.

AvD (2004): *AvD-Pressemitteilung: ›Führerschein mit 17‹ als Schnellschuss*, http://www.avd.de/presse/pd/2004_pm_kw17_1_01.htm.

Bachmann, Gerd und Volker Rieke (2004): *Nanotechnologie erobert Märkte – Deutsche Zukunftsoffensive für Nanotechnologie*, hg. durch das Ministerium für Bildung und Forschung (BMBF), Berlin, Bezug unter www.bmbf.de.

Bacon, Francis (1620 [1990]): *Neues Organon*, I-II (lateinisch-deutsch, hg. und mit einer Einleitung von Wolfgang Krohn), Hamburg: F. Meiner.

Bayles, Michael D. (1989): *Professional Ethics*. 2. Aufl., Belmont, CA: Wadsworth.

Bechmann, Gotthard und Fritz Gloede (1986): »Sozialverträglichkeit – Eine neue Strategie der Verwissenschaftlichung von Politik?«, in: Helmut Jungermann et al. (Hg.), *Die Analyse der Sozialverträglichkeit für Technologiepolitik*, München: High-Tech-Verlag, S. 36-51.

Beck, Ulrich (1982): »Folgeprobleme der Modernisierung und die Stellung der Soziologie in der Praxis«, in: Ulrich Beck (Hg.), *Soziologie und Praxis – Erfahrungen, Konflikte, Perspektiven*. Sonderband 1 der *Sozialen Welt*, Göttingen: S. 3-23.

Beck, Ulrich (1984): »Soziologie und Modernisierung«, *Soziale Welt* 35: 381-406.

Beck, Ulrich (1986): *Risikogesellschaft. Auf dem Weg in eine andere Moderne*, Frankfurt am Main: Suhrkamp.

Beck, Ulrich, Anthony Giddens, and Scott Lash (1994): *Reflexive Modernization. Politics, Tradition and Aesthetics in the Modern Social Order*, Cambridge and Oxford, UK: Polity Press. Deutsche Ausgabe (1996): *Reflexive Modernisierung. Eine Kontroverse*, Frankfurt am Main: Suhrkamp.

Bell, Daniel (1973): *The Coming of Post-Industrial Society. A Venture in Social Forecasting*, New York: Basic Books.

Bensaude-Vincent, Bernadette (2001): »A genealogy of the increasing gap between science and the public«, *Public Understanding of Science* 10: 99-113.

Beven, Keith J. (2001): »How far can we go in distributed hydrological modeling?«, *Hydrology and Earth System Sciences* 5: 1-12.

Beyme von, Klaus (1997): *Der Gesetzgeber. Der Bundestag als Entscheidungszentrum*, Opladen: Westdeutscher Verlag.

Bild der Wissenschaft (2002): »High-Tech-Mülltrennung macht Probleme«, *Bild der Wissenschaft* 2/2002: 108.

Birnbacher, Dieter (1999): »Für was ist der ›Ethik-Experte‹ Experte?«, in: Klaus Peter Rippe (Hg.), *Angewandte Ethik in der pluralistischen Gesellschaft*, Freiburg, Schweiz: S. 267-283.

Blumenthal, David (2003): »Academic-industrial relationships in the life sciences«, *New England Journal of Medicine* 349 (25): 2452-2459.

Blumenthal David, Nancyanne Causino, Eric G. Campbell, and Karen Seashore Louis (1996): »Relationships between academic institutions and industry in the life sciences: An industry survey«, *New England Journal of Medicine* 334 (6): 268-373.

Blumenthal, David, Eric G. Campbell, Melissa S. Anderson, Nancyanne Causino, and Karen Seashore Louis (1997): »Withholding research results in academic life science: Evidence from a national survey of faculty«, *Journal of the American Medical Association* 277: 1224-1228.

Bogner, Alexander und Wolfgang Menz (2002): »Wissenschaftliche Politikberatung? Der Dissens der Experten und die Autorität der Politik«, *Leviathan* 30: 384-399.

Bok, Derek (2003): *Universities in the Marketplace: The Commercialization of Higher Education*, Princeton, NJ, and Oxford, UK: Princeton University Press.

Bora, Alfons (2002): »Wer gehört dazu? – Überlegungen zur Theorie der Inklusion«, in: Kai-Uwe Hellmann und Rainer Schmalz-Bruns (Hg.), *Theorie der Politik. Niklas Luhmanns politische Soziologie*, Frankfurt am Main: Suhrkamp: S. 60-84.

Bourdieu, Pierre (1975): »The specificity of the scientific field and the social conditions of the progress of reason«, *Social Science Information* 14 (6): 19-47.

Braml, Josef (2004): *Think tanks versus »Denkfabriken«? US and German Policy Research Institutes' Coping with and Influencing their Environments. Strategien, Management und Organisation politikorientierter Forschungsinstitute* (deutsche Zusammenfassung): Baden-Baden: Nomos.

Brown, James R. (2001): *Who Rules in Science?*, Cambridge, MA: Harvard University Press.

Brown, James R. (2002): »Funding, objectivity and the socialization of medical research«, *Science and Engineering Ethics* 8: 295-308.

Brown, James R. (2007): »The community of science«, in: Martin Carrier, Don Howard, Janet A. Kourany, and Peter Weingart (eds.), *Science and the Social: Knowledge, Epistemic Demands, and Social Values*. Forthcoming.

Brown, Mark B., Justus Lentsch und Peter Weingart (2006): *Politikberatung und Parlament*, Opladen: Verlag Barbara Buderich.

BUND et al. (2003): *Hintergrundpapier von World Wildlife Fond (WWF), Bund Umwelt- und Naturschutz Deutschland (BUND) und Deutscher Naturschutzring (DNR) zur Reform der EU-Chemikalienpolitik*, Berlin (http://www.bund.net/lab/reddot2/pdf/0308_hintergrundpapier_konsult ationspapier.pdf).

Bund-Länder-Kommission für Bildungsplanung und Forschungsförderung Bonn (BLK) (2002/2003): *Bildungsfinanzbericht* (2002/3).

Bundesanzeiger (1993): *TA Siedlungsabfall. Dritte Allgemeine Verwaltungsvorschrift zum Abfallgesetz: Technische Anleitung zur Verwertung, Behandlung und sonstigen Entsorgung von Siedlungsabfällen*, Bundesanzeiger Nr. 99a vom 29.05.1993.

Bundesministerium für Bildung und Forschung (1993): *Bundesbericht Forschung 1993*, Bonn: Bundesministerium für Bildung und Forschung.

Bundesministerium für Bildung, Wissenschaft, Forschung und Technologie (BMBF) (1996): *Bundesbericht Forschung*, Bonn: Bundesministerium für Bildung und Forschung.

Bundesministerium für Bildung, Wissenschaft, Forschung und Technologie (BMBF) (1996/1998): *Delphi Befragung. Abschlußbericht zum »Bildungs-Delphi« Potentiale und Dimensionen den Wissensgesellschaft – Auswirkungen auf Bildungsprozesse und Bildungsstrukturen*, München, Bonn: Bundesministerium für Bildung, Wissenschaft, Forschung und Technologie.

LITERATUR

Bundesministerium für Bildung und Forschung (Hg.) (2000): *Plasmatechnik. Prozessvielfalt + Nachhaltigkeit*, Bonn, Berlin: Bundesministerium für Bildung und Forschung.
Bundesministerium für Bildung und Forschung (Hg.) (2004): *Bundesbericht Forschung 2004*. Bonn, Berlin: Bundesministerium für Bildung und Forschung.
Bundesministerium für Bildung und Forschung (2005): *Forschung und Innovation in Deutschland 2005. Fortschreibung der Daten und Fakten des Bundesberichts Forschung 2004*, Bonn, Berlin: Bundesministerium für Bildung und Forschung.
Bundesregierung/VCI/IG BCE (2003): *Gemeinsame Bewertung der Bundesregierung, des Verbandes der Chemischen Industrie e.V. (VCI) und der Industriegewerkschaft Bergbau, Chemie, Energie (IG BCE) des Konsultationsentwurfs der Europäischen Kommission für die Registrierung, Evaluation, Zulassung und Beschränkung von Chemikalien (REACH)*, http://www.igbce.de/Upload/chemiekomp_140803_deutsch_44895.pdf.
Bush, Vannevar (1945): *Science: The Endless Frontier. A Report to the President*, Washington, DC: United States Government Printing Office, http://www.nsf.gov/od/lpa/nsf50/vbush1945.htm.
Buss, Klaus-Peter und Volker Wittke (2001): »Wissen als Ware – Überlegungen zum Wandel der Modi gesellschaftlicher Wissensproduktion am Beispiel der Biotechnologie«, in: Gerd Bender (Hg.), *Neue Formen der Wissensproduktion*, Frankfurt am Main: Campus, S. 123-146.
Campbell, Donald T. (1969): »Reforms as experiments«, *American Psychologist* 24: 409-429.
Campbell, Eric G., Lauren Birenbaum, David Blumenthal, Brian R. Clarridge, Manjusha Gokhale, Stephen Hilgartner, and Neil A. Holtzman (2002): »Data withholding in academic genetics: Evidence from a National Survey«, *Journal of the Amercian Medical Association* 287 (4): 473-480.
Caplan, Arthur L. (1992): »Moral experts and moral expertise: Does either exist?«, in: Arthur Caplan (ed.), *If I Were a Rich Man, Could I Buy a Pancreas?*, Bloomington, IN: Indiana University Press, S. 18-39.
Carrier, Martin (2000): »Empirische Hypothesenprüfung ohne Felsengrund, oder: Über die Fähigkeit, sich am eigenen Schopf aus dem Sumpf zu ziehen«, in: Friedrich Stadler (Hg.), *Elemente moderner Wissenschaftstheorie. Zur Interaktion von Philosophie, Geschichte und Theorie der Wissenschaften*, Wien: Springer: S. 43-56.
Carrier, Martin (2004a): »Interessen als Erkenntnisgrenzen? Die Wissenschaft unter Verwertungsdruck«, in: Wolfgang Hogrebe und Joachim Bromand (Hg.), *Grenzen und Grenzüberschreitungen. XIX. Deutscher Kongress für Philosophie. Vorträge und Kolloquien*, Berlin: Akademie-Verlag, S. 168-180.
Carrier, Martin (2004b): »Knowledge and control: On the bearing of epistemic values in applied science«, in: Peter Machamer and Gereon Wolters (eds.), *Science, Values and Objectivity*, Pittsburgh, PA: University of Pittsburgh Press, and Konstanz: Universitätsverlag, S. 275-293.

Carrier, Martin (2004c): »Knowledge gain and practical use: Models in pure and applied research«, in: Donald Gillies (ed.), *Laws and Models in Science*, London: King's College Publications, S. 1-17.

Carrier, Martin (2006): *Wissenschaftstheorie: Zur Einführung*, Hamburg: Junius.

Carrier, Martin (im Druck): »Wissenschaft im Dienst am Kunden: Zum Verhältnis von Verwertungsdruck und Erkenntniserfolg«, in: Brigitte Falkenburg (Hg.), *Philosophie im interdisziplinären Dialog*, Paderborn: mentis.

Carrier, Martin (2007): »Science in the grip of the economy: On the epistemic impact of the commercialization of research«, in: Martin Carrier, Don Howard, Janet A. Kourany, and Peter Weingart (eds.), *Science and the Social: Knowledge, Epistemic Demands, and Social Values*.

Cartwright, Nancy (1983): *How the Laws of Physics Lie*, Oxford, UK: Clarendon Press.

Cartwright, Nancy (1994): »Fundamentalism versus the patchwork of laws«, in: David Papineau (ed.), *The Philosophy of Science*, Oxford, UK: Oxford University Press, S. 314-326.

Cartwright, Nancy (1997): »Models: The blueprints for laws«, *PSA 1996* II. Philosophy of Science Supplement to Volume 64: 292-303.

Cartwright, Nancy (1998): »How theories relate: Takeovers or partnerships?«, in: Brigitte Falkenburg and W. Muschik (eds.), *Philosophia Naturalis* 35, Paderborn: mentis, pp. 23-34.

Casper, Steven, and Catherine Matraves (2003): »Institutional frameworks and innovation in the German and UK pharmaceutical industry«, *Research Policy* 32: 1865-1879.

Castells, Manuel (1996): *Europäische Städte, die Informationsgesellschaft und die globale Ökonomie*, http://www.heise.de/tp/r4/artikel/6/6020/1.html).

Chesbrough, Henry W. (2003): *Open Innovation: The New Imperative for Creating and Profiting from Technology*, Boston, MA: Harvard Business School Press.

CIOMS (2002): *International Ethical Guidelines for Biomedical Research Involving Human Subjects*, Geneva: Council for International Organizations of Medical Sciences; http://www.cioms.ch (zuletzt besucht 25.11.2004).

Claussen, Martin (2004): *Physik des Klimasystems*, Vorlesung, Potsdam WS 2004/2005, *Part A: Does Landsurface Matter in Weather and Climate? Introduction*, http://www.pik-potsdam.de/~claussen/lectures/bahc/chapter-a1.pdf (besucht 10/2004).

Cockburn, Iain M., Rebecca Henderson, and Scott Stern (1999): *The Diffusion of Science Driven Drug Discovery: Organizational Change In Pharmaceutical Research*, National Bureau of Economic Research Working Paper 7359, http://www.nber.org/papers/w7359.

Coehoorn, Reinder (2004): »Twenty years of magnetism research at the Philips Research Laboratories (1983-2003)«, in: Bart H. Huisman and

Frits Dijksman (eds.), *From Physics to Devices – A Survey of Materials Research at Philips Research Laboratories Eindhoven*, Eindhoven, The Netherlands: Royal Philips Electronics, S. 109-144.

Collier, Joe, and Ike Iheanacho (2002): »The pharmaceutical industry as an informant«, *Lancet* 360: 1405-1409.

Collingwood, Robin G. (1940): *An Essay on Metaphysics*, Oxford, UK: Clarendon Press.

Commission of the European Communities (2000): *Communication from the Commission on the Precautionary Principle*, http://europa.eu.int/comm/dgs/health_consumer/library/pub/pub07_en.pdf.

Conway, John H. (1983): *Über Zahlen und Spiele*, Braunschweig: Vieweg.

Crosland, Maurice P. (Hg.) (1976): *The Emergence of Science in Western Europe*, New York: Science History Publications.

Cube, Serge von (1975): »Widersprüche bei der Forschung über Abfallbeseitigung in Mülldeponien«, *Müll und Abfall* 7: 43-47.

Daele van den, Wolfgang (1996): »Objektives Wissen als politische Ressource: Experten und Gegenexperten im Diskurs«, in: Wolfgang van den Daele und Friedhelm Neidhardt (Hg.), *Kommunikation und Entscheidung. Politische Funktionen öffentlicher Meinungsbildung und diskursiver Verfahren*, Berlin: edition sigma: S. 297-326.

Daele van den, Wolfgang und Friedhelm Neidhardt (1996): »Regierung durch Diskussion. Über Versuche, mit Argumenten Politik zu machen« in: Wolfgang van den Daele und Friedhelm Neidhardt (Hg.): *Kommunikation und Entscheidung. Politische Funktionen öffentlicher Meinungsbildung und diskursiver Verfahren*, Berlin: edition sigma: S. 9-50.

Dasgupta, Partha, and Paul A. David (1994): »Toward a new economics of science«, *Research Policy* 23: 487-521.

Davidoff, Frank, Catherine D. DeAngelis, Jeffrey M. Drazen, John Hoey, Lisselotte Højgaard, Richard Horton, Sheldon Kotzin, M. Gary Nicholls, Magne Nylenna, A. John P.M. Overbeke, Harold C. Sox, Martin B. Van Der Weyden, and Michael S. Wilkes (2001): »Sponsorship, authorship, and accountability«, *Lancet* 358: 854-856.

Davidson, Richard (1986): »Sources of funding and outcome of clinical trials«, *Journal of General Internal Medicine* 12 (3): 155-158.

DeAngelis, Catherine D., Jeffrey M. Drazen, Frank A. Frizelle, Charlotte Haug, John Hoey, Richard Horton, Sheldon Kotzin, Christine Laine, Ana Marusic, A. John P. M. Overbeke, Torben V. Schroeder, Harold C. Sox, and Martin B. Van Der Weyden (2004): »Clinical trial registration«, *Journal of the American Medical Association* 292: 1359-1362.

Der Spiegel (03/2002): »Deutscher Irrwitz. Pläne fürs Autofahren schon mit 17 stoßen bei Jugendlichen zwar auf Begeisterung, doch in der Praxis wären die Sonderregelungen kaum zu kontrollieren«, *Der Spiegel* 03/2002: 54

Der Spiegel (50/2003): »Wir sind keine Versuchskaninchen«, die Vorsitzende der CDU, Angela Merkel, über deutsche Reformängste, Parteitags-

erfolge und den hartnäckigen Steuerpoker mit der rot-grünen Bundesregierung, *Der Spiegel* 50/2003: 41-44.
Descartes, René ([1637], 1960): *Discours de la méthode/Von der Methode*, hg. und übers. v. L. Gäbe, Hamburg: Meiner.
Descartes, René ([1644], 1955): *Die Prinzipien der Philosophie*, Hamburg: Meiner.
Descartes, René (AT) (1986): *Oeuvres*, I-XIII, eds. Charles Adam und Paul Tannery, Paris 1908-1957, Paris: Librairie philosophique J. Vrin.
Dewey, John (1907): *The School and Society*, Chicago, IL: The University of Chicago Press.
Die Woche (2002): »Der Staat als Dealer. Heroin im Arzneimittelversuch«, *Die Woche* vom 8.1.2002.
Die Zeit (2001): »Dossier: Wenn Rassenunruhe ausbricht. Kalifornien erlebt das größte Sozialexperiment aller Zeiten«, *Die Zeit* 27/2001.
Djulbegovic, Benjamin, Mensura Lacevic, Alan Cantor, Karen K. Fields, Charles L. Bennett, Jared R. Adams, Nicole M. Kuderer, and Gary H. Lyman (2000): »The uncertainty priniciple and industry-sponsored research«, *Lancet* 356: 635-638.
Donges, Patrick und Kurt Imhof (2001): »Öffentlichkeit im Wandel«, in: Otfried Jarren und Heinz Bonfadelli (Hg.), *Einführung in die Publizistikwissenschaft*, Bern, Stuttgart, Wien: Paul Haupt, S. 101-133.
Douglas, Heather (2000): »Inductive Risk and Values«, *Philosophy of Science* 67: 559-579.
Douglas, Heather (2004): »Border skirmishes between science and policy: Autonomy, responsibility, and values«, in: Peter Machamer and Gereon Wolters (eds.), *Science, Values, and Objectivity*, Pittsburgh, PA: University of Pittsburgh Press und Konstanz, BRD: Universitätsverlag, S. 220-244.
Dyer, Owen (2004): »Journal rejects article after objections from marketing department«, *British Medical Journal* 328: 244.
Eder, Stephan W. (2004): »Wir nennen das ›information rugby‹«, *VDI nachrichten*, 28. Mai 2004, Nr. 17.
Eliot, Marshall (2000): »Clinton and Blair back rapid release of data«, *Science* 287 (March 17/2000): 1903.
Endres, Kirsten B. (2002): *Funktion und Form der Stellungnahmen nationaler Ethikkommissionen*, Elektronische Veröffentlichung des deutschen Nationalen Ethikrats.
Epstein, Steven (1995): »The construction of lay expertise: AIDS activism and the forging of credibility in the reform of clinical trials«, *Science, Technology & Human Values* 20 (4): 408-437.
Etzkowitz, Henry, and Andrew Webster (1998): »Entrepreneurial science: The second academic revolution«, in: Henry Etzkowitz, Andrew Webster, and Peter Healey (eds.), *Capitalizing Knowledge, New Intersections of Industry and Academia*, State University of New York Press: Stony Brook, S. 21-46.
EU-Kommission (2001): *Weissbuch. Strategie für eine zukünftige Chemika-*

lienpolitik, Brüssel (http://www.europa.eu.int/comm/environment/chemi cals/pdf/0188_de.pdf).

EU-Kommission (2003): *Vorschlag für eine Verordnung des Europäischen Parlaments und des Rates zur Registrierung, Bewertung, Zulassung und Beschränkung chemischer Stoffe (REACH), zur Schaffung einer Europäischen Agentur für chemische Stoffe sowie zur Änderung der Richtlinie 1999/45/EG und der Verordnung (EG) [über persistente organische Schadstoffe]*, Brüssel.

European Commission (2003): *Third European Report on Science & Technology Indicators*, Luxembourg: Office for Official Publications of the European Communities.

Federal Judicial Center Advisory Committee on Experimentation in the Law (1981): *Report of the Federal Judicial Center Advisory Committee on Experimentation in the Law*, Washington, DC: U.S. G.P.O.

Flury, Marianne (2001): »Weiter träumen«, *Kunstoffe-Synthetics* 9/2001: 4.

Food and Drug Administration (2004): *Label Alinia (Nitazoxanide): Version 21 July 04*, http://www.fda.gov (zuletzt besucht am 17. September 2004):

Fox Keller, Evelyn (2000): *The Century of the Gene*, Cambridge, MA: Harvard University Press.

Fox Keller, Evelyn (2003): »Models, simulation, and ›computer experiments‹«, in: Hans Radder (ed.), *The Philosophy of Scientific Experimentation*, Pittsburgh, PA: University of Pittsburgh Press, S. 198-215.

Freding, Thomas B., Richard Damiecki und Christine Paraknewitz-Kalla (1999): Stellung der MBRA Horm (Kreis Düren) im Abfallwirtschaftskonzept, in: Heiko Doedens und Horst Düllmann (Hg.): *Konzeption und Betrieb von mechanisch-biologischen Abfallbehandlungsanlagen. Zulassungskriterien und Entscheidungshilfen*, Berlin: Erich Schmidt Verlag, S. 151-162.

Freud, Sigmund ([1917] 1940): »Vorlesungen zur Einführung in die Psychoanalyse«, in: Anna Freud et al. (Hg.), *Sigmund Freud. Gesammelte Werke XI*, London: Fischer.

Friedberg, Mark, Bernard Saffran, Tammy J. Stinson, Wendy Nelson und Charles L. Bennett (1999): »Evaluation of conflict of interest in economic analyses of new drugs used in oncology«, *Journal of the American Medical Association* 282 (15): 1453-1457.

Friedman, Michael ([1974] 1988): »Explanation and scientific understanding«, reprinted in: Joseph C. Pitt (ed.) *Theories of Explanation*, New York: Oxford University Press, S. 188-198.

Friedrich, Hannes (1970): *Staatliche Verwaltung und Wissenschaft, Die wissenschaftliche Beratung der Politik aus der Sicht der Ministerialbürokratie*, Frankfurt am Main: Europäische Verlagsanstalt.

FS Arzneimittelindustrie (2004*): Homepage der Freiwilligen Selbstkontrolle für die Arzneimittelindustrie e.V.*, http://www.fs-arzneimittelindustrie.de (zuletzt besucht 25.11.2004).

Fuchs, Michael (2002): *Nationaler Ethikrat: Was sind die Aufgaben einer nationalen Ethikkommission? Unstrittiges und Kontroverses*, Vortrag gehalten vor dem Nationalen Ethikrat, Berlin, 25.4.2002.

Fuchs, Peter und Eckart Pankoke (1994): *Beratungsgesellschaft. Auf dem Weg zur Beratungsgesellschaft? Zur Theorie einer diffusen Praxis*, Schwerte: Katholische Akademie.

Funtowicz, Silvio O., and Jerome R. Ravetz (1993): »The emergence of post-normal science«, in: René von Schomberg (ed.), *Science, Politics and Morality: Scientific Uncertainty and Decision Making*, Dordrecht, The Netherlands: Kluwer Academic Publishers, S. 85-123.

Funtowicz, Silvio O., and Jerome R. Ravetz (1994): »Uncertainty, complexity and post-normal science«, *Experimental Toxicology and Chemistry* 13: 1881-1885.

Galison, Peter (1996): »Computer simulations and the trading zone«, in: Peter Galison und David J. Stump (ed.), *The Disunity of Science: Boundaries, Contexts, and Power*, Stanford, CA: Stanford University Press, S. 118-157.

Gambardella, Alfonso (1995): *Science and Innovation. The US Pharmaceutical Industry During the 1980s*, Cambridge, UK: Cambridge University Press.

Gerhards, Jürgen, Friedhelm Neidhardt und Dieter Rucht (1998): *Zwischen Palaver und Diskurs: Strukturen öffentlicher Meinungsbildung am Beispiel der deutschen Diskussion zur Abtreibung*, Opladen: Westdeutscher Verlag.

Geyer, Christian (Hg.) (2004): *Hirnforschung und Willensfreiheit. Zur Deutung der neuesten Experimente*, Frankfurt am Main: Suhrkamp.

Gibbons, Michael, Camille Limoges, Helga Nowotny, Peter Scott, Simon Schwartzman, and Martin Trow (1994): *The New Production of Knowledge. The Dynamics of Science and Research in Contemporary Sciences*, London: Sage Publications.

Giddens, Anthony (1984): *The Constitution of Society. Outline of the Theory of Structuration*, Cambridge, UK: Polity Press.

Gmeiner, Robert und Ulrich H. J. Körtner (2002): »Die Bioethikkommission beim Bundeskanzleramt – Aufgaben, Arbeitsweise, Bedeutung«, *Recht der Medizin* 06/2002: 164-173.

Graham, Loren R. (1981): *Between Science and Values*, New York: Columbia University Press.

Greenberg, David, and Mark Shroder (2004): *The Digest of Social Experiments*, 3rd. ed., Washington, DC: The Urban Institute Press.

Gross, Matthias, and Wolfgang Krohn (2005): »Society as experiment: Sociological foundations for a self-experimental society«, *History of the Human Sciences* 18 (2): 63-86.

Gross, Matthias, Holger Hoffmann-Riem und Wolfgang Krohn (2003): »Realexperimente: Robustheit und Dynamik ökologischer Gestaltungen in der Wissensgesellschaft«, *Soziale Welt* 54 (3): 241-258.

Guntau, Martin und Hubert Laitko (Hg.) (1987): *Der Ursprung der mo-*

LITERATUR

dernen Wissenschaften: Studien zur Entstehung wissenschaftlicher Disziplinen, Berlin: Akademie Verlag.
Hack, Lothar (1998): *Technologietransfer und Wissenstransformation. Zur Globalisierung der Forschungsorganisation bei Siemens*, Münster: Westfälisches Dampfboot.
Hamilton, S. B. (1958): »Building materials and techniques«, in: Charles Singer, E. J. Holmyard, A. R. Hall, and Trevor I. Williams (eds.), *A History of Technology* (5 vols., 1954-1958) IV, Oxford, UK: Clarendon Press, S. 4774-475, 480.
Hann von, Julius (1908): *Allgemeine Klimalehre*, Stuttgart: Engelhorn.
Hegselmann, Rainer (2001): »Verstehen sozialer Strukturbildungen. Zur Reichweite und Brauchbarkeit radikal vereinfachender Modelle«, in: Michael Wink (Hg.), *Vererbung und Milieu (Heidelberger Jahrbücher 45)*, Heidelberg: Springer, S. 355-379.
Hellstern, Gerd-Michael und Helmut Wollmann (Hg.) (1983): *Experimentelle Politik – Reformstrohfeuer oder Lernstrategie: Bestandsaufnahme und Evaluierung*, Opladen: Westdeutscher Verlag.
Henderson-Sellers, Ann, and Kendal McGuffie (1987): *A Climate Modelling Primer*, Chichester, UK: Wiley.
Herbold, Marlies (1996): »Nützliche Erkenntnisse über Arzneimittel im Alltag«, *Deutsches Ärzteblatt* 93: A-3010-3012.
Herbold, Ralf, Eckard Kämper, Wolfgang Krohn, Markus Timmermeister und Volker Vorwerk (2002): *Entsorgungsnetze. Kommunale Lösungen im Spannungsfeld von Technik, Regulation und Öffentlichkeit*, Baden-Baden: Nomos.
Herrnstein, Richard J., and Charles Murray (1994): *The Bell Curve. Intelligence and Class Structure in American Life*, New York: The Free Press.
Hirsch, Laurence J. (2002): »Conflicts of interest in drug development: The practices of Merck & Co., Inc.«, *Science and Engineering Ethics* 8: 429-442.
Hohlfeld, Rainer (1979): »Strategien gegen Krebs – Die Planung der Krebsforschung«, in: Wolfgang van den Daele, Wolfgang Krohn und Peter Weingart (Hg.), *Geplante Forschung. Vergleichende Studien über den Einfluß politischer Programme auf die Wissenschaftsentwicklung*, Frankfurt am Main: Suhrkamp, S. 181-238.
Humphreys, Paul (1991): »Computer simulations«, in: Arthur Fine, Micky Forbes, and Linda Wessels (eds.), *PSA 1990*, East Lansing, MI: Philosophy of Science Association 2: 497-506.
IG Metall/ver.di/IG Bau (2003): »Stellungnahme von IG Metall, verdi und IG Bau zu Europäischen Chemiepolitik, Arbeit & Ökologie-Briefe 10 (http://www.igmetall.de/download/arbeit_gesundheit/chemiepolitik_igmetall_verdi_igbau.pdf) in Mülldeponien«, *Müll und Abfall* 7 (7): 43-47.
infas (2004): *MoZArT. Neue Strukturen für Jobs. Abschlussbericht der wissenschaftlichen Begleitforschung*, Berlin (http://www.bmwa.bund.de/Redaktion/Inhalte/Pdf/br-doku-541,property=pdf.pdf).

IQWiG (2004): Homepage des Instituts für Qualität und Wirtschaftlichkeit im Gesundheitswesen, http://www.iqwig.de (zuletzt besucht am 23.11.2004).

Jamison, Andrew (2001): *The Making of Green Knowledge: Environmental Politics and Cultural Transformation*, New York: Cambridge University Press.

Jasanoff, Sheila (1990): *The Fifth Branch*, Cambridge, MA: Harvard University Press.

Jasanoff, Sheila (2003): »Technologies of humility«, *Minerva* 41: 223-244.

Jasanoff, Sheila (2004): *States of Knowledge: The Co-production of Science and Social Order*, New York: Routledge.

Joss, Simon, and John Durant (Hg.) (1995): *Public Participation in Science: The Role of Consensus Conferences in Europe*, London: Science Museum.

Jüni, Peter, Linda Nartey, Stephan Reichenbach, Rebekka Sterchi, Paul A. Dieppe, and Matthias Egger (2004): »Risk of cardiovascular events and rofecoxib: Cumulative meta-analysis«, *Lancet* 364: 2021-9.

Kaiser, Thomas, Heinz Ewers, Andreas Waltering, David Beckwermert, Christiane Jennen und Peter T. Sawicki (2004): »Sind die Aussagen medizinischer Werbeprospekte korrekt?«, *arznei-telegramm* 35, 2/2004: 21-23.

Karlsruher Zeitung (2004): »Falsches Signal an Heroin-Abhängige?«, *Karlsruher Zeitung* vom 19.8.2004.

Keller, Reiner (1998): *Müll. Die gesellschaftliche Konstruktion des Wertvollen*, Opladen: Westdeutscher Verlag.

Kenney, Martin (1986): *Biotechnology: The University-Industrial Complex*, New Haven, CT, and London: Yale University Press.

Kerner, Max (1996): »Vorwort«, in: Max Kerner (Hg.), *Aufstand der Laien. Expertentum und Demokratie in der technisierten Welt*, Aachen: Thouet Verlag, S. 9-13.

Kerr, Richard A. (1994): »Climate-change – Climate modeling's fudge factor comes under fire«, *Science* 265: 1528.

Kevles, Daniel J. (1981): *The Physicists. The History of a Scientific Community in America*, Cambridge, MA: Harvard University Press.

Keynes, John M. (1936): *The General Theory of Employment, Interest and Money*, London: Macmillan.

Killias, Martin, Marcelo F. Aebi, and Denis Ribeaud (2000): »Learning through controlled experiments: Community service and heroin prescription in Switzerland«, *Crime & Delinquency* 46: 233-251.

Kitcher, Philip (2001): *Science, Truth, Democracy*, Oxford, UK: Oxford University Press.

Kitcher, Philip (2002): »Reply to Helen Longino«, *Philosophy of Science* 69: 569-572.

Kitcher, Philip (2004): »On the autonomy of the sciences«, *Philosophy Today* 48 (Supplement 2004): 51-57.

Koertge, Noretta (2003): »Feminist values and the value of science«, in: Cassandra L. Pinnick, Noretta Koertge, and Robert F. Almeder (eds.), *Scrutinizing Feminist Epistemology. An Examination of Gender in Science*, New Brunswick, NJ: Rutgers University Press, S. 222-233.

Kohring, Matthias, Alexander Görke und Georg Ruhrmann (1999): »Das Bild der Gentechnik in den internationalen Medien: Eine Inhaltsanalyse meinungsführender Zeitschriften«, in: Jürgen Hampel und Ortwin Renn (Hg.), *Gentechnik in der Öffentlichkeit: Wahrnehmung und Bewertung einer umstrittenen Technologie*, Frankfurt am Main und New York: Campus, S. 292-316.

Korte, Karl-Rudolf (2003): »Information und Entscheidung. Die Rolle von Machtmaklern im Entscheidungsprozess von Spitzenakteuren«, *Aus Politik und Zeitgeschichte* B 43: 32-38.

Korzilius, Heike (1997): »Anwendungsbeobachtungen: Weg vom ›Schmuddel-Image‹«, *Deutsches Ärzteblatt* 94: A-2965.

Kourany, Janet A. (2003): »A philosophy of science for the twenty-first century«, *Philosophy of Science* 70: 1-14.

Krämer, Walter (2004): »Mit Kanonen auf Spatzen. Der Kommissionsvorschlag zur EU-Chemikalienverordnung«, *Chemie-Report* 6/2004: 12-13.

Krisberg, Barry, and Karl F. Schumann (2000): »Introduction«, *Crime & Delinquency* 46: 147-155.

Krohn, Wolfgang (1997): »Rekursive Lernprozesse: Experimentelle Praktiken in der Gesellschaft«, *Technik und Gesellschaft* 9: 65-89.

Krohn, Wolfgang (2001): »Knowledge societies«, in: Neil J. Smelser and Paul B. Baltes (eds.), *International Encyclopedia of the Social and Behavioral Sciences*, Amsterdam, New York: Elsevier, S. 8139-8143.

Krohn, Wolfgang und Georg Krücken (1993): »Risiko als Konstruktion und Wirklichkeit«, in: Wolfgang Krohn und Georg Krücken (Hg.), *Riskante Technologien: Reflexion und Regulation*, Frankfurt am Main: Suhrkamp, S. 9-44.

Krohn, Wolfgang, and Wolfgang van den Daele (1997): »Science as an agent of change: Finalization and experimental implementation«, *Social Science Information* 36: 191-222.

Kropp, Sabine (2002): »Exekutive Steuerung und informale Parlamentsbeteiligung in der Wohnungspolitik«, *Zeitschrift für Parlamentsfragen* 33: 436-452.

Kuhlmann, Andreas (2002): »Kommissionsethik – Zur neuen Institutionalisierung der Moral«, *Merkur – Deutsche Zeitschrift für europäisches Denken*, 56. Jg., H. 1, 633: 26-37.

Kuhn, Thomas (1976): »Mathematische versus experimentelle Tradition in der Entwicklung der physikalischen Wissenschaften«, in: Thomas Kuhn (Hg.) *Die Entstehung des Neuen. Studien zur Struktur der Wissenschaftsgeschichte*, hg. v. Lorenz Krüger, Frankfurt am Main: Suhrkamp, 1977, S. 84-124.

Külp, Bernhard (1992): »Zur These der Alibifunktion politikwissenschaft-

licher Beratung«, in: Heinrich Mäding, Friedrich L. Sell und Werner Zohlnhofer (Hg.), *Die Wirtschaftswissenschaften im Dienste der Politikberatung*, Berlin: Duncker und Humblot, S. 52-66.
Küppers, Günter (1977): »Fusionsforschung – Zur Zielorientierung im Bereich der Grundlagenforschung«, in: Wolfgang van den Daele, Wolfgang Krohn und Peter Weingart (Hg.): *Geplante Forschung*, Frankfurt am Main: Suhrkamp, S. 287-327.
KVN (Kassenärztliche Vereinigung Niedersachsen) (2003): »Anwendungsbeobachtungen gemäß § 67 (6) Arzneimittelgesetz«, *KVN-Rezept-Info-Nr. 7*.
KVNO (Kassenärztliche Vereinigung Nordrhein) (2003): »Anwendungsbeobachtungen – lediglich Marketinginstrument?«, *Arzneimittel-Informationen 02/2003* (http://www.kvno.de/mitglieder/arznmitl/arznarch/03_02/anwenbeo.html).
Lahl, Uwe (2004): »REACH. Die politische Entscheidungsfindung in Deutschland«, *Nachrichten aus der Chemie* 52: 1-12.
Lancet (2004): »Editorial: Vioxx – An unequal partnership between safety and efficacy«, *The Lancet* 364: 1287-1288.
Lemaine, Gerard, Roy Macleod, Michael Mulkay, and Peter Weingart (1976): *Perspectives on the Emergence of Scientific Disciplines*, The Hague, The Netherlands: Mouton Aldine.
Lenoir, Timothy (1993): »The discipline of nature and the nature of disciplines«, in: Ellen Messer-Davidow, David R. Shumway, and David J. Sylvan (eds.), *Knowledges: Historical and Critical Studies in Disciplinarity*, Charlottesville, VA: University of Virginia Press, S. 70-102.
Lentsch, Justus (2004): *Science for Decision-Making: Epistemic Strategies in Regulatory Science*. Vortrag, Spring School on ›Sites of Knowledge Production‹, Universität Basel.
Lewis, John M. (1998): »Clarifying the dynamics of the general circulation: Phillips's 1956 experiment«, *Bulletin of the American Meteorological Society* 79 (1): 39-60.
Lexchin, Joel, Lisa A. Bero, Benjamin Djulbegovic, and Otavio Clark (2003): »Pharmaceutical industry sponsorship and research outcome and quality: Systematic review«, *British Medical Journal* 326: 1167-1170.
Linden, Michael (1998): Die Beobachtung der Arzneimittelanwendung, in: Hans G. Hönig et al. (Hg.): *Anwendungsbeobachtung. Qualitätsstandards, praktische Durchführbarkeit, Beitrag zur Arzneimittelsicherheit und Nachzulassung*, Berlin: Habrich, S. 147-168.
Linsmeier, Klaus-Dieter (2001): »Lichtschalter für Glasfasernetze«, *Spektrum der Wissenschaft* 2/2002: 76-78.
Longino, Helen E. (2002): *The Fate of Knowledge*, Princeton, NJ: Princeton University Press.
Lorenz, Edward N. (1967) *The Nature of the Theory of the General Circulation of the Atmosphere*, Geneva, Switzerland: World Meteorological Organization WMO, TP No. 218, S. 115-161.

Luhmann, Niklas (1990): *Die Wissenschaft der Gesellschaft,* Frankfurt am Main: Suhrkamp.

Lundgren, Peter, Bernd Horn und Wolfgang Krohn (1986): *Staatliche Forschung in Deutschland 1870-1980,* Frankfurt am Main: Campus Verlag.

Lutterotti von, Nicola (2003): »Das Schweigen der Forscher. Veröffentlicht wird oft nur das, was gefällt«, *Frankfurter Allgemeine Zeitung* 293 (17. Dezember 2003): N2.

Maasen, Sabine, and Peter Weingart (eds.) (2005): *Democratization of Expertise? Exploring Novel Forms of Scientific Advice in Political Decision-Making,* Sociology of the Sciences Yearbook, vol. 24, Dordrecht, The Netherlands: Springer.

Malerba, Franco (1992): »Learning by firms and incremental technical change«, *The Economic Journal* 102: 845-849.

Markl, Hubert (1989): »Zur disziplinären Struktur der Wissenschaftsförderung durch die Deutsche Forschungsgemeinschaft«, *Konstanzer Blätter für Hochschulfragen* 26 (1-2), 66-76.

Marks, Harry M. (1997): *The Progress of Experiment: Science and Therapeutic Reform for Program Evaluation in the United States, 1900-1990,* New York: Cambridge University Press.

Maxwell, James C. ([1861/62] 1986): *Über physikalische Kraftlinien,* ed. L. Boltzmann, Darmstadt: Wissenschaftliche Buchgesellschaft.

Mayntz, Renate (Hg.) (1980): »Die Entwicklung des analytischen Paradigmas der Implementationsforschung«, in: Renate Mayntz (Hg.), *Die Implementation politischer Programme. Ansätze zur Theoriebildung,* Königstein,Taunus: Athenäum Hanstein: S. 1-17

Melander, Hans, Jane Ahlqvist-Rastad, Gertie Meijer, and Björn Beermann (2003): »Evidence b(i)ased medicine – Selective reporting from studies sponsored by pharmaceutical industry: Review of studies in new drug applications«, *British Medical Journal* 326: 1171-1175.

Merten, Martina (2002): »Anwendungsbeobachtungen. Jede neue Nebenwirkung ist Erkenntnis«, *Deutsches Ärzteblatt* 99: 3072

Merton, Robert K. (ed.) ([1942] 1973): »The normative structure of science«, in: Robert K. Merton (ed.), *The Sociology of Science,* Chicago, IL: University of Chicago Press: S. 267-278.

Merton, Robert K. (1968): »Science and democratic social structure«, in: Merton, Robert K. (ed.), *Social Theory and Social Structure,* enlarged edition, New York: Free Press, S. 604-615.

Meyer, Udo (1997): *Kalte Vorbehandlung als Alternative vor der Ablagerung. Ausnahme oder Normziel?,* Hamburg: ATUS.

Miller, Clark A. (2004): »Climate science and the making of a global political order«, in: Sheila Jasanoff (ed.), *States of Knowledge: The Co-production of Science and Social Order,* New York: Routledge, S. 46-66.

Mises von, Richard (1922): »Über die gegenwärtige Krise der Mechanik«, *Die Naturwissenschaften* 10: 25-29.

Montaner, Julio S.G., Michael V. O'Shaugnessy, and Martin T. Schechter

(2001): »Industry-sponsored clinical research: A double-edged sword«, *Lancet* 358: 1893-1895.
Morrison, Margaret (1998): »Modelling nature: Between physics and the physical world«, *Philosophia Naturalis* 35: 65-85.
Morrison, Margaret (1999): »Models as autonomous agents«, in: Mary S. Morgan and Margaret Morrison (eds.), *Models as Mediators. Perspectives on Natural and Social Sciences*, Cambridge, UK: Cambridge University Press, S. 38-65.
Morgan, Mary S., and Margaret Morrison (eds.) (1999): *Models as Mediators. Perspectives on Natural and Social Sciences*, Cambridge, UK: Cambridge University Press.
Morrison, Margaret, and Mary S. Morgan (1999): »Models as mediating instruments«, in: Mary S. Morgan and Margaret Morrison (eds.), *Models as Mediators. Perspectives on Natural and Social Sciences*, Cambridge, UK: Cambridge University Press, S. 10-37.
Mowery, David C., Richard R. Nelson, Bhaven N. Sampat, and Arvids A. Ziedonis (1999): »The effects of the Bayh-Dole Act on U.S. university research and technology transfer«, in: Lewis M. Branscomb, Fumio Kodama, and Richard Florida (eds.), *Industrializing Knowledge: University-Industry Linkages in Japan and the United States*, Cambridge, MA, and London: MIT Press, S. 269-306.
Munthe, Christian, and Stellan Welin (1996): »The morality of scientific openness«, *Science and Engineering Ethics* 2 (4): 411-428.
Murswieck, Axel (1994): »Wissenschaftliche Beratung im Regierungsprozeß«, in: Axel Murswieck (Hg.): *Regieren und Politikberatung*, Opladen: Leske + Budruch, S. 103-119.
National Science Board (2004): *Science and Engineering Indicators 2004*, Arlington, VA: National Science Foundation.
Nationaler Ethikrat (2002): *Zum Import menschlicher embryonaler Stammzellen – Stellungnahme*, Berlin: Nationaler Ethikrat 2002.
NCAR (2001): *NCAR as an Integrator. A Vision for the Atmospheric Sciences and the Geosciences*, National Center for Atmospheric Research, October 2001 http://www.ncar.ucar.edu/.
Nelkin, Dorothy (1984): *Science as Intellectual Property: Who Controls Research?* New York: Macmillan.
Nelsen, Lita (1998): »The rise of intellectual property protection in the American university«, *Science* 279 (5356): 1460-1461.
Neue Westfälische Bielefeld (2002): »Drei Mal täglich Stoff vom Staat. Modellversuch für Heroinabhängige startet in Bonn«, *Neue Westfälische Bielefeld* vom 28.02.2002
Nocke, Joachim (1995): »Organisierte Moral – Das Beispiel der sogenannten Ethikkommissionen«, in: Peter Nahamowitz und Stefan Breuer (Hg.), *Politik – Verfassung – Gesellschaft: Traditionslinien und Entwicklungsperspektiven, FS Otwin Massing zum 60. Geburtstag*, Baden-Baden: Nomos, S. 347-373.

Nora, Simon und Alain Minc (1979): *Die Informatisierung der Gesellschaft*, hg. v. Uwe Kalbhen, Frankfurt am Main, New York: Campus Verlag.

Nordmann, Alfred (2004): »Molecular disjunctions: Staking claims at the nanoscale«, in: Davis Baird, Alfred Nordmann and Joachim Schummer (eds.), *Discovering the Nanoscale*, Amsterdam: IOS Press, S. 51-62.

Norton, Stephen D., and Frederick Suppe (2001): »Why atmospheric modeling is good science«, in: Clark A. Miller and Paul N. Edwards (eds.), *Changing the Atmosphere*, Cambridge, MA: MIT Press, S. 67-105.

Nowotny, Helga, Peter Scott, and Michael Gibbons (2001): *Re-Thinking Science. Knowledge and the Public in an Age of Uncertainty*, Cambridge, UK: Polity Press.

OECD (2003a): *Science, Technology and Industry Scoreboard 2003*, Paris: OECD Publications.

OECD (2003b): *Turning Science into Business: Patenting and Licensing at Public Research Organisations*, Paris: OECD Publications.

OECD 2005: *Science, Technology and Industry Scoreboard 2005, Kap.A.3*, Paris: OECD.

Oreskes, Naomi, Kristin Shrader-Frechette, and Kenneth Belitz (1994): »Verification, validation, and confirmation of numerical models in the earth sciences«, *Science* 263: 641-646.

Papier, Hans-Jürgen (2003): »Überholte Verfassung?«, *Frankfurter Allgemeine Zeitung* (27.11.2003), 276 (8).

Paulus, Jochen (2004): »Die Tricks der Pillendreher. Wie Pharmafirmen mogeln, damit Studien die gewünschten Resultate zeigen«, *Die Zeit* 18/2004.

Pearce, David, and Phoebe Koundouri (2003): *The Social Costs of Chemicals. The Costs and Benefits of Future Chemicals Policy in the European Union*, WWF UK, London, (http://www.wwf.org.uk/filelibrary/pdf/social costofchemicals.pdf).

Pechman, Joseph A., and P. Michael Timpane (eds.) (1975): *Work Incentives and Income Guarantees: The New Jersey Negative Income Tax Experiment*, Washington, DC: Brookings Institution.

Petersen, Arthur C., Peter H.M. Janssen, Jeroen P. van der Sluijs, James S. Risbey, and Jerry R. Ravetz (2003): *RIVM/MNP Guidance for Uncertainty Assessment and Communication: Mini-Checklist & Quickscan Questionnaire*, Bilthofen, The Netherlands: Netherlands Environmental Assessment Agency.

Philips Research Public Relations Dept. (2004): »Open innovation: A new paradigm of R&D«, *Philips Research Password* 19, April 2004: 4-7.

Phillips, Norman A. (1956): »The general circulation of the atmosphere: A numerical experiment«, *Quarterly Journal of the Royal Meteorological Society* 82 (352): 123-164.

Phillips, Norman A. (2000): »Foreword«, in: David A. Randall (ed.), *General Circulation Model Development*, San Diego CA: Academic Press, S. xxvii-xxix.

Pieper, Annemarie (1998):»Das ausgelagerte Gewissen – Der Boom der Ethikkommissionen«, *Krankenhaus und Recht 1998*: 30-35.
Plasma Science Committee (1995): *Plasma Science. From Fundamental Research to Technological Applications*, Washington, DC: National Academy Press.
Popper, Karl R. (1950): *The Open Society and Its Enemies*, Princeton, NJ: Princeton University Press,
Popper, Karl R. (1969): Die Logik der Sozialwissenschaften. In: Heinz Maus und Friedrich Fürstenberg (Hg.), *Der Positivismusstreit in der deutschen-Soziologie*, Neuwied, Berlin: Luchterhand, S. 103-123.
Press, Eyal, and Jennifer Washburn (2000):»The kept university«, *The Atlantic Monthly* 285 (3): 39-54.
Projektgruppe Begleitetes Fahren (2003): *Begleitetes Fahren ab 17. Vorschlag zu einem fahrpraxisbezogenen Maßnahmenansatz zur Verringerung des Unfallrisikos junger Fahranfängerinnen und Fahranfänger in Deutschland*, Bergisch Gladbach (http://www.begleitetes-fahren.de/ Schlussbericht_Endfassung_19.8.pdf).
Hohlfeld, Rainer (1979).»Strategien gegen Krebs – Die Planung der Krebsforschung«, in: Wolfgang van den Daele, Wolfgang Krohn und Peter Weingart (Hg.), *Geplante Forschung. Vergleichende Studien über den Einfluß politischer Programme auf die Wissenschaftsentwicklung*, Frankfurt am Main: Suhrkamp, S. 181-238.
Radkau, Joachim (1983): *Aufstieg und Krise der deutschen Atomwirtschaft 1945-1975. Verdrängte Alternativen in der Kerntechnik und der Ursprung der nuklearen Kontroverse*, Reinbek: Rowohlt.
Ramsay, Sarah (2001):»No closure in sight for the 10/90 health-research gap«, *Lancet* 358: 1348.
Ramsey, Jeffry L. (1997):»Between the fundamental and the phenomonogical: The challenge of the semi-empirical methods«, *Philosophy of Science* 64: 627-653.
Rat von Sachverständigen für Umweltfragen (1998):»Umweltgutachten 1998: Umweltschutz: Erreichtes sichern – Neue Wege gehen«, in: Deutscher Bundestag (Hg.), *Bundestagsdrucksache 13/10195*, Bonn: Bundesanzeiger Verlagsgesellschaft, Tz., S. 1-248.
Rat von Sachverständigen für Umweltfragen (2000):»Umweltgutachten 2000: Schritte ins nächste Jahrtausend«, Stuttgart: Metzler-Poeschel.
Reed, Mark A., and James M. Tour (2000):»Computing with molecules«, *Scientific American* 6/2000: 86-93.
Reich, Robert B. (1992): *The Work of Nations. Preparing Ourselves for the 21st Century Capitalism*, New York: Vintage Books.
Resnik, David B. (2000):»Financial interests and research bias«, *Perspectives on Science* 8: 255-285.
Ressortforschungseinrichtungen (2004): *Ressortforschungseinrichtungen als Dienstleister für Politik und Gesellschaft – Ein Positionspapier*, http://www.ressortforschung.de/res-media/positionspapier_stand_4_ januar_2006.pdf.

Roco, Mihail C. (2001): zitiert nach *Scientific American* (deutsche Ausgabe), *Spezial 2: Nanotechnology* 2001: 8.

Rohrlich, Fritz (1991): »Computer simulations«, in: Arthur Fine, Micky Forbes, and Linda Wessels (eds.), *PSA 1990*, East Lansing, MI: Philosophy of Science Association 2: 507-518.

Romark Laboratories (2004): Homepage von Romark Laboratories. http://www.romark labs.com (zuletzt besucht 25.11.2004).

Rosenberg, Nathan (1990): »Why do firms do basic research (with their own money)?«, *Research Policy* 19: 165-174.

Rossignol, Jean-François, and Raymond Cavier (1975): »2-benzamino-5-nitrothiazoles«, *Chemical Abstracts* 83: 28216n.

Sachverständigenrat für Umweltfragen (2004): *Umweltgutachten 2004. Umweltpolitische Handlungsfähigkeit sichern*, Baden-Baden: Nomos.

Santangelo, Grazia D. (2000): »Corporate strategic technological partnerships in the European information and communications technology industry«, *Research Policy* 29: 1015-1031.

Saretzki, Ulrich (1997): »Demokratisierung von Expertise? Zur politischen Dynamik der Wissensgesellschaft«, in: Ansgar von Klein und Rainer Schmalz-Bruns (Hg.), *Politische Beteiligung und Bürgerengagement in Deutschland. Möglichkeiten und Grenzen*, Baden-Baden: Nomos, S. 277-313.

Sauer, Albrecht (2004): »Im Wandel der Gezeiten«, *Spektrum der Wissenschaft* 05/2004: 56-59.

Schenkel, Werner (1980): »Überlegungen zum Langzeitverhalten von Deponien«, *Müll und Abfall* 12: 340-343.

Science (2002): *From PUS to PEST*, Vol 298, 4 October.

Schweber, Silvan S. (1993): »Physics, community and the crisis in physical theory«, *Physics Today* 11: 34-40.

Seiden, Philip E., and Lawrence S. Schulman (1990): »Percolation model of galactic structure«, *Advances in Physics* 39: 1-54.

Shackley, Simon, Peter Young, Stuart Parkinson, and Brian Wynne (1998): »Uncertainty, complexity and the concepts of good science in climate change modelling: Are GCMs the best tools?«, *Climatic Change* 38: 159-205.

Shrader-Frechette, Kristin (1994): *Ethics of Scientific Research*, Boston, London: Rowman & Littlefield.

Shrader-Frechette, Kristin (1997): »Hydrogeology and framing questions having policy consequences«, *Supplement to Philosophy of Science* 64: S149-S179.

Siefken, Sven T. (2003): »Expertengremien der Bundesregierung – Fakten, Fiktionen, Forschungsbedarf«, *Zeitschrift für Parlamentsfragen* 34 (3), 483-504.

Slaughter, Sheila (1993): »Beyond basic science: Research university presidents' narratives of science policy«, *Science, Technology & Human Values* 18, 3: 278-302.

Slaughter, Sheila, and Larry L. Leslie (1997): *Academic Capitalism: Politics,*

Policies, and the Entrepreneurial University, Baltimore: Johns Hopkins University Press.

Smilor, Raymond W., Glenn B. Dietrich, and David V. Gibson (1993): »The entrepreneurial university: The role of higher education in the United States in technology commercialization and economic development«, *International Social Science Journal* 135: 1-12.

Sohn, Gunnar (2001): *Sortierwunder des Grünen Punktes funktioniert nicht. DSD-Müll geht jetzt bis nach Trier. Die Erben Potemkins*, http://www.sohn.de/A556D3/nena/NENA_NEU.nsf/NewsAll/56FE

Sommermann, Karl-Peter (2003): »Ethisierung des öffentlichen Diskurses und Verstaatlichung der Ethik«, *Archiv für Rechts- und Sozialphilosophie* 89 (2003) (1): 75-86.

Soyez, Konrad (Hg.) (2001): *Mechanisch-biologische Abfallbehandlung: Technologie, Ablagerungsverhalten und Bewertung. Gesamtdarstellung der wissenschaftlichen Ergebnisse des Verbundvorhabens ›Mechanisch-biologische Behandlung von zu deponierenden Abfällen‹*, Berlin: Erich Schmidt Verlag.

Speiser, Ambros P. (1990): »Physikalische Forschung in der Industrie«, *Physik in unserer Zeit* 21 (1): 27-29.

Sprat, Thomas (1959): *The History of the Royal Society of London for the Improving of Natural Knowledge (1667)*, reprinted in Lawrence V. Ryan, *A Science Reader*, New York: Rinehart.

Springer, Alfred (2003): *Expertise zur ärztlichen Heroinverschreibung*, Wien: Manuskript am Ludwig-Boltzmann-Institut für Suchtforschung (http://www.api.or.at/lbi/pdf/040622_expertise_heroinverschreibung.pdf).

Stadt Bonn (2005): »Modellprojekt Heroinstudie: Stadt will die Fortsetzung bis Juni 2006 sicherstellen«, in: *Stadt Bonn, Presseservice vom 25.2.2005* (http://www.presse-service.de/static/59/598635.html).

Statistisches Bundesamt (1996): *Statistisches Jahrbuch für die Bundesrepublik Deutschland*, Stuttgart: Metzler-Poeschel.

Statistisches Bundesamt (2003): *Statistisches Jahrbuch für die Bundesrepublik Deutschland*, Wiesbaden: Statistisches Bundesamt.

Stehr, Nico (1975): *Wissenschaftssoziologie: Studien und Materialien*, Opladen: Westdeutscher Verlag.

Stehr, Nico (1994): *Arbeit, Eigentum und Wissen: Zur Theorie von Wissensgesellschaften*, Frankfurt am Main: Suhrkamp.

Stehr, Nico (2001): *Wissen und Wirtschaften. Die gesellschaftlichen Grundlagen der modernen Ökonomie*, Frankfurt am Main: Suhrkamp.

Stehr, Nico (2003): *Wissenspolitik. Die Überwachung des Wissens*, Frankfurt am Main: Suhrkamp.

Stehr, Nico (2006): *The Governance of Knowledge*, unpublished manuscript.

Stein, Herbert (1996): »How to introduce an economist«, in: Caroline P. Clotfelter (ed.), *On the Third Hand. Humor in the Dismal Science*, Ann Arbor, MI: University of Michigan Press, S. 4-11.

Stern, P. C, and H. V. Fineberg (eds.) (1996): *Understanding Risk: Informing Decisions in a Democratic Society*, Commitee on Risk Charactrization, National Research Council, Washington: The National Academies Press.

Stichweh, Rudolf (1984): *Zur Entstehung des modernen Systems wissenschaftlicher Disziplinen: Physik in Deutschland 1740-1890*, Frankfurt am Main: Suhrkamp.

Stichweh, Rudolf (1994): *Wissenschaft, Universität, Professionen: Soziologische Analysen*, Frankfurt am Main: Suhrkamp.

Stifterverband für die deutsche Wissenschaft (2000): *Zukunft der Forschung. Memorandum zur Rolle der Stifterverbandes in der Forschungsförderung*, http://www.stifterverband.de/pdf/zukunft_durch_forschung_memorandum.pdf.

Stöckler, Manfred (2000): »On modeling and simulations as instruments for the study of complex systems«, in: Martin Carrier, Gerald J. Massey, and Laura Ruetsche (eds.), *Science at Century's End*, Pittsburgh, PA: University of Pittsburgh Press, S. 355-373.

Stöltzner, Michael (2004): »Application dominance and the model web of plasma physics«, in: Roland Bluhm and Christian Nimtz (eds.), *Selected Papers Contributed to the Sections of GAP.5*, Fifth International Congress of the Society for Analytical Philosophy, Bielefeld, 22.-26 September 2003. (CD-ROM) Paderborn: mentis, 2004, S. 128-139.

Stokes, Donald E. (1997): *Pasteur's Quadrant. Basic Science and Technological Innovation*, Washington, DC: Brookings Institution Press.

Stuttgarter Zeitung (2001): »Der ›Kick‹ auf Rezept zeigt Erfolge«, *Stuttgarter Zeitung* vom 13.11.2001 (http://www.stuttgarter-zeitung.de/stz/page/detail.php/54645?_suchtag=aktiv).

Süddeutsche Zeitung (2001): »Risiko von Nebenwirkungen zeigt sich erst nach der Zulassung«, *Die Süddeutsche Zeitung* vom 10.08.2001.

Süddeutsche Zeitung (2002): »Keine Zeit mit Modellversuchen verplempern«, SZ-Interview mit Florian Gerster über die Reform des Arbeitsmarkts, *Die Süddeutsche Zeitung* vom 4.7.2002.

Taupitz, Jochen (2003): »Ethikkommissionen in der Politik: Bleibt die Ethik auf der Strecke?«, *Juristenzeitung* 58 (17): 815-821.

taz (2001): »Das Ende der Freilandversuche. Erstmals führt die EU das Vorsorgeprinzip bei Chemikalien ein«, *Die Tageszeitung* vom 6.2.2001 (http://www.taz.de/pt/2001/02/06/a0082.nf/text.ges,1).

taz (2003a): »Durchhaltevermögen. Heroinambulanz zieht nach einem Jahr positive Zwischenbilanz«, *Die Tageszeitung* vom 28.8.2003 (http://www.taz.de/pt/2003/08/28/a0017.nf/textdruck).

taz (2003b): »Haltestelle Heroin. Ein Dreivierteljahr nach dem Start der Arzneimittelstudie zur kontrollierten Heroinabgabe zieht Leiterin Karin Bonorden-Kleij eine positive Bilanz«, in: *Die Tageszeitung* vom 7.6.2003 (http://www.taz.de/pt/2003/06/07/a0303.nf/textdruck).

taz (2003c): »Heroin auf Rezept. Neue CDU-Sozialministerin sieht für Schwerstabhängige keinen anderen Weg: Alles andere wäre Abwendung«, in: *Die Tageszeitung* vom 04.04.2003 (http://www.taz.de/pt/2003/04/04/a0263.nf/textdruck).

Thistlethwaite, Frank (1955): *The Great Experiment: An Introduction to the History of the American People*, Cambridge, MA: Cambridge University Press.

Thunert, Martin (2003): »*Think Tanks* in Deutschland. Berater der Politik?«, *Aus Politik und Zeitgeschichte* B51/2003: 30-38.

Toellner, Richard (2002): »Im Hain des Akademos auf die Natur wißbegierig sein: Vier Ärzte der Freien Reichsstadt Schweinfurt gründen die *Academia Naturae Curiosum*«, in: Benno Parthier und Dietrich von Engelhardt (Hg.), *350 Jahre Leopoldina – Anspruch und Wirklichkeit*, Halle (Saale): Deutsche Akademie der Naturforscher Leopoldina, S. 14-43.

Topol, Eric J. (2004): »Failing the public health – Rofecoxib, Merck, and the FDA«, *New England Journal of Medicine* 351: 1707-1709.

Trenberth, Kevin E. (1992): *Climate System Modeling*, Cambridge, UK: Cambridge University Press.

Turner, Stephen (2000): »What are disciplines? And how is interdisciplinarity different?«, in: Peter Weingart and Nico Stehr (eds.), *Practising Interdisciplinarity*, Toronto, Canada: University of Toronto Press, S. 46-65.

Uchtenhagen, Ambros, Anja Dobler-Mikola, Thomas Steffen, Felix Gutzwiller, Richard Blättler und Silvia Pfeifer (2000): *Betäubungsmittelverschreibung an Heroinabhängige. Wichtigste Resultate der Schweizerischen Kohortenstudie*, Basel: Karger Verlag.

Umweltbundesamt (1999): »Bericht zur ›ökologischen Vertretbarkeit‹ der mechanisch-biologischen Vorbehandlung von Restabfällen einschließlich deren Ablagerung«, Berlin: Umweltbundesamt.

Umweltgutachten 1978. Bundestags-Drucksache 8/1938, Stuttgart: Kohlhammer.

Umweltministerkonferenz (1998): *Protokoll der Umweltministerkonferenz in Stuttgart 19.-20.11.1998*, http://www.umweltministerkonferenz.de/protokolle/51umk.pdf.

van der Sluijs, Jeroen P. (2002): »A way out of the credibility crisis around model-use in integrated environmental assessment«, *Futures* 34: 133-146.

Van Egmond-Vettenburg, J. S. and Hans ter Steege (2001): *Marketing Plans for Medicinal Products Available on Prescription Only: The Current Situation*, Health Care Inspectorate, The Hague, The Netherlands. Available: http://healthyskepticism.org/publications/editions/2002/IN04.htm.

Wadepuhl, Martin (1997): »Can postmarketing surveillance studies (*Anwendungsbeobachtungen*) give meaningful answers to important questions? A critical discussion of five examples«, in: *Nonrandomized Comparative Clinical Studies, Proceedings of the International Conference on Nonrandomized Comparative Clinical Studies* in Heidelberg, April 10-11, 1997, http://www.symposion.com/nrccs/wadepuhl.htm.

WDR III (2002): *Drogen*, Manuskript zur Sendung auf WDR III vom 6.2.2000, http://www.wdr.de/tv/westpol/archiv/2000/02/06_3.html.

Weart, Spencer (2001): »Arakawa's computation trick«, *American Institute of Physics* 2001, http://www.aip.org/history/climate/arakawa.htm.

Weber-Hassemer, Kristiane (2002): »Politische Entscheidung und Politikberatung in der ›konsensualen Demokratie‹ am Beispiel des Nationalen Ethikrates«, Beitrag zur Tagung auf Schloss Elmau (19.-21. Juli 2002).

Webster, Frank (1995): *Theories of Information Society*, London: Routledge.

Weinberg, Steven (1992): *Dreams of a Final Theory*, New York: Vintage.

Weingart, Peter (1983): »Verwissenschaftlichung der Gesellschaft, Politisierung der Wissenschaft«, *Zeitschrift für Soziologie* 12 (3): 225-241.

Weingart, Peter (2001): *Die Stunde der Wahrheit? Zum Verhältnis der Wissenschaft zu Politik, Wirtschaft und den Medien in der Wissensgesellschaft*, Weilerswist: Velbrück.

Weingart, Peter (2003): »Growth, differentiation, expansion and change of identity – The future of science«, in: Bernward Joerges and Helga Nowotny (eds.), *Social Studies of Science and Technology: Looking Back Ahead*, Sociology of the Sciences Yearbook, Vol 23, Dordrecht, The Netherlands: Kluwer Academic Publishers, S. 183-200.

Weingart, Peter (2005a): *Die Wissenschaft der Öffentlichkeit. Essays zum Verhältnis von Wissenschaft, Medien und Öffentlichkeit*, Weilerswist: Velbrück.

Weingart, Peter (2005b): »Experte ist jeder, alle sind Laien«, *Gegenworte* 11, 2003: 58-61.

Weingart, Peter and Justus Lentsch (eds.) (2006): *Standards and ›Best Practices‹ of Scientific Policy Advice. A Round Table Discussion with Sir David King, Chief Scientific Adviser to the British Government*, Reihe Akademie-Debatten, hg. von der Berlin-Brandenburgischen Akademie der Wissenschaften und der Britischen Botschaft, Berlin.

Weingart, Peter, Anita Engels und Petra Pansegrau (2002): *Von der Hypothese zur Katastrophe: Der anthropogene Klimawandel im Diskurs zwischen Wissenschaft, Politik und Massenmedien*, Opladen: Leske + Budrich.

Weingart, Peter, Christian Salzmann, and Stefan Wörmann (2007): »The social embedding of biomedicine. An analysis of German media discourses 1995-2004«, to appear in *Public Understanding of Science* 2006.

Weingart, Peter, Jürgen Kroll und Kurt Bayertz (1988): *Rasse, Blut und Gene. Geschichte der Eugenik in Deutschland*, Frankfurt am Main: Suhrkamp.

Wermiel, Sara E. (2000): *The Fireproof Building: Technology and Public Safety in the Nineteenth-Century American Cities*, Baltimore, MD: Johns Hopkins University Press.

White, A. Clinton Jr. (2003): »Nitazoxanide: An important advance in antiparasitic therapy«, *American Journal of Tropical Medicine and Hygiene* 68: 382-383.

Whitley, Richard D. (1984): *The Intellectual and Social Organization of the Sciences*, Oxford, UK: Clarendon Press.

Wilholt, Torsten (2003): »Design rules: The nature of local models in industry research on giant magnetoresistance«, Lecture given at the *Conference on Models, Simulation, and the Application of Mathematics*, Center for Interdisciplinary Research, Bielefeld University, June 4-7, 2003.

Windeler, Jürgen (2000): »Anwendungsbeobachtungen: Verharren in der ›Schmuddelecke‹«, *Deutsches Ärzteblatt* 97: A2756-A2757.

Windhoff-Héritier, Adrienne (1987): *Policy-Analyse. Eine Einführung*, Frankfurt am Main: Campus.

Winsberg, Eric (2003): »Simulated experiments: Methodology for a virtual world«, *Philosophy of Science* 70: 105-125.

Wirtschaftsministerium (2004): *MoZArt. Neue Strukturen für Jobs*, Internetseite des Bundesministerium für Wirtschaft und Arbeit, http://www.bma-mozart.de/index_dom.html.

Wissenschaftsrat (Hg.) (1992): *Zur Förderung von Wissenschaft und Forschung durch wissenschaftliche Fachgesellschaften*, Köln.

Wittrock, Björn (1985): »Postscript«, in: Michael Gibbons and Björn Wittrock (eds.), *Science as a Commodity. Threats to the Open Community of Scholars*, Harlow, Essex: Longman, S. 156-168.

Wolfram, Stephen (2002): *A New Kind of Science*, Champaign, IL: Wolfram Media.

Woodward, James, and David Goodstein (1996): »Conduct, misconduct and the structure of science«, *American Scientist* 84: 479-490.

Wynne, Brian (1996): »May the sheep safely graze? A reflexive view of the expert-lay knowledge divide«, in: Scott Lash, Bron Szerszynski, and Brian Wynne (eds.), *Risk, Environment, and Modernity: Towards a New Ecology*, London: Sage, S. 44-83.

Namenregister

Abels, Gabriele 233, 305, 306, 323
Adam, Matthias 68, 226, 235, 309, 323
Adams, Jared R. 329
Aebi, Marcelo F. 333
Ahlqvist-Rastad, Jane 336
Albrecht, Harro 243, 323
Als-Nielsen, Bodil 238, 323
Anderson, Melissa S. 324
Arakawa, Akio 122–124, 130, 133, 323
Arrow, Kenneth J. 58, 323
Arundel, Antony 58, 323
AvD – Automobilclub von Deutschland 323

Bachmann, Gerd 208, 323
Bacon, Francis 15–19, 21, 24, 31, 303, 323
Bayertz, Kurt 344
Bayles, Michael D. 236, 324
Bechmann, Gotthard 317, 324
Beck, Ulrich 12, 38, 153, 324
Beckwermert, David 333
Beermann, Björn 336
Belitz, Kenneth 338
Bell, Daniel 11, 35, 60, 324
Bennett, Charles L. 329, 330
Bensaude-Vincent, Bernadette 307, 324
Bero, Lisa A. 335
Beven, Keith 104, 324
Beyme von, Klaus 86, 324
Bild der Wissenschaft 161, 324
Birenbaum, Lauren 326
Birnbacher, Dieter 255, 257, 324
Blättler, Richard 343
Blumenthal, David 65, 67, 68, 324, 326
Bogner, Alexander 91, 324
Bok, Derek 62, 65, 325

Bora, Alfons 233, 295, 306, 323, 325
Bourdieu, Pierre 46, 325
Braml, Josef 298, 325
Brown, James R. 240, 241, 312, 325
Brown, Mark B. 304, 325
BUND – Bund Umwelt- und Naturschutz Deutschland 275, 325
Bundesanzeiger 325
Bundesministerium für Bildung und Forschung (BMBF) 11, 56, 57, 60, 64, 65, 74, 158, 159, 207, 208, 309, 325, 326
Bundesministerium für Bildung, Wissenschaft, Forschung und Technologie 176, 325
Bundesregierung/VCI/IG BCE 275, 326
Bund-Länder-Kommission für Bildungsplanung und Forschungsförderung Bonn (BLK) 37, 325
Bush, Vannevar 31, 39, 225, 227, 326
Buss, Klaus-Peter 61, 326

Campbell, Donald T. 271, 291, 326
Campbell, Eric G. 67, 324, 326
Cantor, Alan 329
Caplan, Arthur L. 257, 326
Carrier, Martin 10, 101, 107, 108, 136, 168, 171, 181, 222–224, 226, 242, 311, 323, 326, 327
Cartwright, Nancy 167–169, 171, 327
Casper, Steven 62, 327
Castells, Manuel 36, 327
Causino, Nancyanne 324
Cavier, Raymond 240, 340
Chen, Wendong 323

Chesbrough, Henry W. 69, 70, 327
CIOMS – Council for International Organizations of Medical Sciences 234, 327
Clark, Otavio 135, 335, 336
Clarridge, Brian R. 326
Claussen, Martin 118, 327
Cockburn, Iain M. 61, 327
Coehoorn, Reinder 64, 327
Collier, Joe 238, 239, 328
Collingwood, Robin G. 105, 106, 328
Commission of the European Communities 108, 328
Conway, John H. 116, 328
Crosland, Maurice P. 42, 328
Cube von, Serge 153, 328

van den Daele, Wolfgang 84, 91, 92, 99, 107, 328, 334
Damiecki, Richard 330
Dasgupta, Partha 59, 66, 69, 100, 328
David, Paul A. 59, 66, 69, 100, 305, 324, 326, 328, 331, 333, 337–339, 341, 345
Davidoff, Frank 243, 328
Davidson, Richard 66, 238, 328
DeAngelis, Catherine D. 243, 328
Der Spiegel 130, 268, 283, 328
Descartes, René 15, 28, 329
Dewey, John 268, 329
Die Woche 277, 289, 329
Die Zeit 268, 329
Dieppe, Paul A. 333
Djulbegovic, Benjamin 238, 329, 335
Dobler-Mikola, Anja 343
Donges, Patrick 298, 329
Douglas, Heather 108, 313, 329
Drazen, Jeffrey M. 328
Durant, John 306, 333
Dyer, Owen 243, 329

Eder, Stephan W. 70, 329

Egger, Matthias 333
Van Egmond-Vettenburg, J. S. 278, 343
Eliot, Marshall 231, 329
Endres, Kirsten B. 10, 248, 261, 329
Engels, Anita 344
Epstein, Steven 309, 329
Etzkowitz, Henry 55, 329
EU-Kommission 274, 275, 329, 330
European Commission 65, 330
Ewers, Heinz 333

Federal Judicial Center Advisory Committee on Experimentation in the Law 272, 330
Fields, Karen K. 329
Fineberg, H.V. 305, 341
Flury, Marianne 163, 330
Food and Drug Administration 240, 242, 330
Fox Keller, Evelyn 106, 107, 126, 330
Freding, Thomas B. 159, 330
Freud, Sigmund 29, 330
Friedberg, Mark 238, 330
Friedman, Michael 166, 269, 330
Friedrich, Hannes 74, 77, 78, 330
Frizelle, Frank A. 328
FS (Freiwillige Selbstkontrolle) Arzneimittelindustrie 244, 330
Fuchs, Michael 255, 295, 331
Funtowicz Silvio O. 13, 52, 96, 300, 331

Galison, Peter 126, 331
Gambardella, Alfonso 61, 331
Gerhards, Jürgen 310, 331
Geyer 50, 331
Gibbons, Michael 13, 33, 40, 52, 182, 185, 224, 331, 338
Gibson, David V. 341
Giddens, Anthony 294, 324, 331
Glenn, B. Dietrich 341
Gloede, Fritz 317, 324

Gluud, Christian 323
Gmeiner, Robert 250, 331
Gokhale, Manjusha 326
Goodstein, David 242, 345
Görke, Alexander 334
Graham, Loren R. 319, 331
Greenberg, David 270, 272, 331
Gross, Matthias 331
Guntau, Martin 42, 331
Gutzwiller, Felix 343

Hack, Lothar 60, 332
Hamilton, S. B. 145, 332
Hann von, Julius 118, 332
Haug, Charlotte 328
Health Care Inspectorate, The Hague 343
Hegselmann, Rainer 104, 332
Hellstern, Gerd-Michael 158, 332
Henderson, Rebecca 128, 327, 332
Henderson-Sellers, Ann 128, 327, 332
Herbold, Marlies 332
Herbold, Ralf 332
Herrnstein, Ralf J. 313, 332
Hilgartner, Stephen 326
Hirsch, Laurence J. 238, 332
Hoey, John 328
Hoffmann-Riem, Holger 331
Hohlfeld, Rainer 27, 32, 332, 339
Højgaard, Lisselotte 328
Holtzman, Neil A. 326
Horn, Bernd 336
Horton, Richard 328
House of Lords, Select Committee on Science and Technology 305, 332
Humphreys, Paul 126, 332

IG Metall/ver.di/IG Bau 275, 332
Iheanacho, Ike 238, 239, 328
Imhof, Kurt 298, 329
infas 284, 285, 332
IQWiG – Homepage des Instituts für Qualität und Wirtschaftlichkeit im Gesundheitswesen 242, 333

Jamison, Andrew 230, 333
Janssen, Peter H. M. 338
Jasanoff, Sheila 87, 127, 233, 309, 333
Jennen, Christiane 333
Joss, Simon 306, 333
Jüni, Peter 277, 333

Kaiser, Thomas 239, 333
Kämper, Eckard 332
Karlsruher Zeitung 289, 333
Keller, Reiner 106, 107, 126, 157, 330, 333
Kenney, Martin 67, 333
Kerner, Max 91, 333
Kerr, Richard A. 134, 333
Kevles, Daniel J. 317, 333
Keynes, John Maynard 269, 333
Killias, Martin 286, 333
Kitcher, Philip 29, 309, 313, 333
Koertge, Noretta 314, 334
Kohring, Matthias 310, 334
Korte, Karl-Rudolf 88, 334
Körtner, Ulrich H. J. 250, 256, 331
Korzilius, Heike 278, 334
Kotzin, Sheldon 328
Koundouri, Phoebe 275, 338
Kourany, Janet A. 314, 334
Krämer, Walter 275, 334
Krisberg, Barry 271, 334
Krohn, Wolfgang 10, 50, 99, 107, 295, 331, 332, 334, 336
Kroll, Jürgen 344
Kropp, Sabine 84, 334
Krücken, Georg 50, 334
Kuderer, Nicole M. 329
Kuhlmann, Andreas 249, 334
Kuhn, Thomas 23, 334
Külp, Bernhard 89, 334
Küppers, Günter 10, 175, 335
KVN – Kassenärztliche Vereinigung Niedersachsen 278, 335

KVNO – Kassenärztliche Vereinigung Nordrhein 279, 335

Lacevic, Mensura 329
Lahl, Uwe 273, 276, 335
Laine, Christine 328
Laitko, Hubert 42, 331
Lancet 277, 335
Lash, Scott 324
Lemaine, Gerard 42, 335
Lenoir, Timothy 45, 46, 335
Lentsch, Justus 300, 305, 325, 335, 344
Leslie, Larry L. 62, 340
Lewis, John M. 120, 121, 335
Lexchin, Joel 66, 238, 335
Limoges, Camille 331
Linden, Michael 278, 279, 335
Linsmeier, Klaus-Dieter 98, 335
Longino, Helen E. 312, 335
Lorenz, Edward N 120, 335
Louis, Karen Seashore 220, 324
Luhmann, Niklas 45, 336
Lundgren 74, 336
Lutterotti von, Nicola 244, 336
Lyman, Gary H. 329

Maasen, Sabine 303, 336
Macleod, Roy 335
Malerba, Franco 136, 336
Markl, Hubert 197, 336
Marks, Harry M. 336
Marusic, Ana 328
Matraves, Catherine 62, 327
Maxwell, James C. 222, 336
Mayntz, Renate 336
McGuffie, Kendal 128, 332
Meijer, Gertie 336
Melander, Hans 239, 336
Menz, Wolfgang 91, 324
Merten, Martina 279, 336
Merton, Robert K. 67, 236, 336
Meyer, Udo 158, 336
Mihail, C. Roco 206, 340
Miller, Clark A. 135, 336
Minc, Alain 12, 338

Mises, Richard von 336
Montaner, Julio S. 238, 244, 336
Morgan, Mary S. 170, 337
Morrison, Margaret 169–171, 174, 180, 337
Mowery, David C. 63, 337
Mulkay, Michael 335
Munthe, Christian 67, 337
Murray, Charles 313, 332
Murswieck, Axel 85, 87, 337

Nartey, Linda 333
National Science Board 56, 63, 65, 121, 132, 208, 248, 305, 337
Nationaler Ethikrat 262, 337
NCAR – National Center for Atmospheric Research 121, 132, 133, 135, 337
Neidhardt, Friedhelm 84, 328, 331
Nelkin, Dorothy 69, 337
Nelsen, Lita 63, 337
Nelson, Richard R. 337
Nelson, Wendy 330
Neue Westfälische Bielefeld 289, 337
Nicholls, M. Gary 328
Nocke, Joachim 249, 337
Nora, Simon 12, 338
Nordmann, Alfred 101, 338
Norton, Stephen D. 134, 338
Nowotny, Helga 40, 233, 300, 309, 331, 338
Nylenna, Magne 328

O'Shaugnessy, Michael V. 336
OECD – Organisation for Economic Cooperation and Development 36, 37, 56, 57, 64, 338
Oreskes, Naomi 134, 338
Overbeke, A. John P.M. 328

Pankoke, Eckart 295, 331
Pansegrau, Petra 344

NAMENREGISTER

Papier, Hans-Jürgen 157, 160, 256, 338
Paraknewitz-Kalla, Christine 330
Parkinson, Stuart 340
Paulus, Jochen 244, 338
Pearce, David 275, 338
Pechman, Joseph A. 270, 338
Petersen, Arthur C. 135, 338
Pfeifer, Silvia 343
Philips Research Public Relations Department 64, 70, 338
Phillips, Norman 120, 121, 122, 123, 124, 125, 128, 130, 338
Pieper, Annemarie 262, 339
Plasma Science Committee 32, 175, 176, 339
Popper, Karl R. 269, 304, 321, 339
Press, Eyal 65, 339
Projektgruppe Begleitetes Fahren 283, 339

Radkau, Joachim 317, 339
Ramsay, Sarah 240, 339
Ramsey, Jeffry L. 168, 169, 339
Rat von Sachverständigen für Umweltfragen 86, 159, 274, 339
Ravetz, Jerome R. 13, 52, 96, 300, 331, 338
Reed, Mark A. 101, 339
Reich, Robert B. 295, 339
Reichenbach, Stephen 333
Resnik, David B. 242, 339
Ressortforschungseinrichtungen 77, 78, 98, 339
Ribeaud, Denis 333
Rieke, Volker 208, 323
Risbey, James S. 338
Rohrlich, Fritz 126, 340
Romark Laboratories 240, 340
Rosenberg, Nathan 58, 224, 340
Rossignol, Jean-François 240, 340
Rucht, Dieter 331
Ruhrmann, Georg 334

Sachverständigenrat für Umweltfragen 340
Saffran, Bernard 330
Salzmann, Christian 344
Sampat, Bhaven N. 337
Santangelo, Grazia D. 60, 340
Saretzki, Ulrich 303, 305, 340
Sauer, Albrecht 103, 340
Sawicki, Peter T. 333
Schechter, Martin T. 336
Schenkel, Werner 154, 340
Science 306, 340
Schroeder, Torben V. 328
Schulman, Lawrence S. 104, 340
Schumann, Karl F. 334
Schwartzman, Simon 331
Schweber, Silvan S. 95, 96, 168, 340
Scott, Peter 324, 327, 331, 338
Seiden, Philip E. 104, 340
Shackley, Simon 128, 340
Shrader-Frechette, Kristin 99, 108, 236, 338, 340
Shroder, Mark 270, 272, 331
Siefken, Sven T. 85, 340
Slaughter, Sheila 55, 62, 340
van der Sluijs, Jeroen P. 135, 338, 343
Smilor, Raymond W. 63, 341
Sohn, Gunnar 162, 341
Sommermann, Karl-Peter 249, 257, 341
Sox, Harold C. 328
Soyez, Konrad 158, 159, 341
Speiser, Ambros P. 60, 341
Sprat, Thomas 341
Springer, Alfred 287, 341
Stadt Bonn 290, 341
Statistisches Bundesamt 150, 341
Steffen, Thomas 343
Stehr, Nico 11, 36, 42, 294, 315, 316, 320, 341
Stein, Herbert 77, 90, 341
Sterchi, Rebekka 333
Stern, P. C. 305, 341
Stern, Scott 327

NAMENREGISTER

Stichweh, Rudolf 42, 43, 44, 47, 342
Stifterverband für die deutsche Wissenschaft 342
Stinson, Tammy J. 330
Stöckler, Manfred 118, 342
Stokes, Donald E. 25, 31, 173–176, 224, 342
Stöltzner, Michael 10, 177, 342
Stuttgarter Zeitung 289, 342
Süddeutsche Zeitung 277, 285, 342
Suppe, Frederick 134, 338

TA (technische Anleitung) Siedlungsabfall 342
Taupitz, Jochen 251, 342
taz – Die Tageszeitung 275, 287, 288, 289, 290, 342
ter Steege, Hans 278, 343
Thistlethwaite, Frank 268, 343
Thunert, Martin 298, 343
Timmermeister, Markus 332
Timpane, Michael P. 270, 338
Toellner, Richard 20, 343
Topol, Eric J. 277, 343
Tour, James M. 101, 339
Trenberth, Kevin E. 128, 343
Trow, Martin 331
Turner, Stephen 43, 44, 343

Uchtenhagen, Ambros 286, 343
Umweltbundesamt 74, 78, 80, 86, 88, 154, 155, 159, 343
Umweltgutachten 150, 343
Umweltministerkonferenz 159, 343

Vorwerk, Volker 332

Wadepuhl, Martin 279, 343
Waltering, Andreas 333

Washburn, Jennifer 65, 339
WDR III 289, 343
Weart, Spencer 123, 344
Weber-Hassemer, Kristiane 21, 256, 344
Webster, Frank 55, 294, 329, 344
Van Der Weyden, Martin B. 328
Weinberg, Steven 25, 344
Weingart, Peter 10, 38, 60, 62, 128, 232, 293, 295, 303, 305, 307, 310, 319, 320, 325, 335, 336, 344
Welin, Stellan 67, 337
Wermiel, Sara E. 144, 145, 146, 344
White, A. Clinton, Jr. 240, 305, 344
Whitley, Richard D. 45, 344
Wilholt, Torsten 172, 178, 226, 323, 344
Wilkes, Michael S. 328
Windeler, Jürgen 279, 345
Windhoff-Héritier, Adrienne 87, 345
Winsberg, Eric 104, 123, 169, 170, 171, 177, 180, 345
Wirtschaftsministerium Bundesministerium für Wirtschaft und Arbeit 284, 345
Wissenschaftsrat 184, 185, 186, 345
Wittke, Volker 61, 326
Wittrock, Björn 55, 345
Wolfram, Stephen 116, 345
Wollmann, Helmut 158, 332
Woodward, James 242, 345
Wörmann, Stefan 344
Wynne, Brian 307, 340, 345

Young, Peter 340

Ziedonis, Arvids A. 337

Sachregister

Akademisierung
- der Industrieforschung 62
- der staatlichen Forschung 76

Anwendungs-
- beobachtungen 244, 276, 278–280
- dominanz 132, 136, 138
- innovationen 224
- innovativität 220, 224, 225, 227, 316
- kontexte 11, 26
- orientierung
  der Disziplin 195
  der Forschung 39, 75
  der Grundlagenforschung 63
  der Interaktion 176
  der Untersuchungen 225
  der Wissenschaft 94
- probleme wissenschaftlichen Wissens 90

Baconsche Wissenschaften 23
- ~r Kontrakt 16, 18
Beurteilungskriterien 101

Computersimulationen 104, 116, 117, 136, 164, 176, 221
- Atmosphäre 114, 118–125, 128–132, 134, 179, 200, 302
- generative Mechanismen 111, 113, 114, 118, 126
- Klimasystem 118, 119, 132
- komplexe Dynamiken 112, 115
- reflexive Mechanismen 38

Demonstration 49
- Anlage 161, 162
- Phase 162
- Projekt 290
Disziplinen 15, 49, 73, 194, 196, 201, 208, 215, 217, 247, 252, 301, 309, 315

- als Ausbildungsorganisation
- Fakultäten 48
- als Innovationsprozess der Computerindustrie 136
- als Organisation 40
- als Steuerungsinstanzen der Wissensproduktion 54
- Außenbeziehungen von 48
- Basisdisziplinen 206
- Begriff 42, 44, 53, 54, 183
- Ende der 182, 218, 219
- Entwicklung der 51, 54, 125
  Veränderung der 54
- epistemische 180
- Förderorganisationen 50, 183
- Grenzen der 44, 182, 183
- Grundlagen~ 103
- klassische 23, 35, 40, 43, 44, 195
- Kombination von 48
- Kommunikation 47
- -landschaft 43, 53, 54, 182, 183
- naturwissenschaftliche 190, 195, 212
- Organsiationsform der 48
- Profil der 212, 214
- -struktur 21, 46, 51, 52, 54, 184, 185
- Subdisziplinen 45
- Veränderungen
  der -landschaft 43, 53, 182, 183
  der Strukturen 52, 184, 185, 197
- Wandel der 41, 54
- wissenschaftliche 41–43, 182, 202, 218, 219, 252, 317, 318
Duales System Deutschland (DSD) 1601–62

Erkenntnis
- Kontrolle 92–94
- Strategien 108, 180, 280

352

experimentelle 148
provisorische 11, 33, 93, 100, 101, 107, 111, 118, 164, 165, 227
systematische 145, 154
Ethikkommissionen 233, 234, 247–255, 257–261, 263, 264, 279, 290
– Inter- und Transdiziplinarität in der Beratung 248
– Rolle in der Wissensgesellschaft 256
– Sonderstellung 262
Ethische Normen in der Wissenschaft 234
Experimentalstrategien
– explorative 107, 118
– explorative Versuche 280
Experimentiergesellschaft 290
Experten 83, 90–92, 298
– Legitimität 299, 303, 304
– soziale Rolle 293, 294
– und Laien 47, 253, 295, 296, 307
Expertendissens 83, 90–92, 298
Expertise 41, 54, 77, 89–92, 139, 190, 247, 252, 254, 258, 269, 295–297, 302
– Ausdifferenzierung von 293
– Demokratisierung 303–308
– ethische 257, 259, 260
– Politisierung der 298
– Robustheit der 293, 299–301, 303, 310
epistemische 293
soziale 293
– Verlässlichkeit der 299
Explorative Versuche 280
– begleitetes Fahren 282, 283, 338
– explorative Versuche 280
– Heroin 286–289
– MoZArT 284, 285

Fachgesellschaften 48, 50, 53, 188–190, 197, 202, 219
– disziplinäre 49

– Fachgemeinschaften als ~ 201
– Gründung neuer 187, 191, 196
– institutioneller Konservatismus 197
– interdisziplinäre 182, 185, 194, 195
– Kommunikationsstrukturen in interdisziplinären Forschungsfeldern 203
– multidisziplinäre 185
– Veränderungen der 183, 186
– wissenschaftliche 184, 185, 195
Forschung
– akademische 55, 62, 64, 66, 72, 73, 75, 76, 81, 82, 299
– angewandte 31, 32, 39, 55, 57, 59, 75, 97–101, 105, 108, 164, 165, 173, 177, 180, 222–224, 226, 227, 316
Modellnetzwerke 177
provisorische Erkenntnisstrategien 100, 101, 164, 227
Erkenntnis und Kontrolle 220
– anwendungsorientierte 39, 96, 183
– im gesellschaftlichen Kontext 229
– ökonomische Interessen 234
– Ökonomisierung der universitären 230
– Ressortforschung 72, 81–83, 86
– staatliche 56, 62, 72–74, 76–83, 95, 241
Forschungsergebnisse
– Glaubwürdigkeit der 162, 234, 243–246, 304, 311, 314
– Nutzungsinteressen 237
– Unparteilichkeit der 234–237, 239, 240, 242, 245, 259
– Verlässlichkeit der 24, 52, 53, 96, 100, 108–110, 127, 130, 222, 233, 234, 245, 267, 293, 298–300, 311, 312

Großforschungseinrichtungen 72, 73, 75, 81, 82

SACHREGISTER

Grundlagenforschung 17, 30–32, 39, 57–61, 63, 75, 81, 82, 95, 97, 98, 100, 101, 107, 164, 165, 168, 171, 175, 180, 206–208, 220, 224–227, 231, 266, 280, 316
– in der Industrie 55, 59, 62–66, 69, 72, 73, 76, 94, 209, 239
angewandte 56
grundlegende 56

Informationsgesellschaft 12, 36, 37
Innovationen
– der Forschung 203
– Dynamik 229, 230
– epistemische 14, 302
– Felder in der Wissensgesellschaft 141
– gesellschaftliche 38
– Innovations- und Wirtschaftspolitik 51
– institutionelle 14
– konzeptionelle 222
– Netzwerke 137, 138
Organisationsform 138
– Offene Innovation 69, 70
– pharmazeutische 241
– Potentiale 207, 208
– Praxis 139, 267, 273
– Produktinnovationen 58
– Prozesse 136–139, 147, 208
in der Computerindustrie 136
– soziale 271
– Strategie 272
– Technologie als Quellen der 35
– technologische 25, 94, 97, 149, 165, 224
– therapeutische 68
– Wissenschaft und Technologie als Quellen der 35
Integration
– pragmatische 131, 132, 134, 136
– technische 136
– von Modellen 127

Interdisziplinarität 53, 182, 183, 190, 195, 202, 219, 247, 294
– in der ethischen Beratung 252
Interessen
– ökonomische 147, 160, 234
KaskadenModelle 16, 31, 97, 98, 165, 220, 224–226
Kausalbeziehungen
– kontextualisierte 105, 106, 109, 223
Komplexität anwendungsrelevanter Sachverhalte 93

Laborexperimente 111, 143
Lernprozesse
– evolutionäre 144
– realexperimentelle 163

Modelle 9, 19, 31, 38, 55, 81, 87, 91, 97, 99, 113–115, 117–121, 123–126, 129–131, 133, 134, 136, 139, 172, 176, 178, 220, 222, 226, 244, 250, 283, 303, 304
– Agentensysteme 116
– einer Theorie 102, 166, 167, 170
– hierarchische Modellierung 128
– in der angewandten Forschung 179
– Integration 127
– interessenpluralistisches 242, 243, 245, 246
– KaskadenModelle 16, 31, 97, 98, 165, 220, 224–226
– Klimamodellierung 122, 132, 221
– lokale 93, 102, 164–166, 169, 171, 179, 180
– Netzwerke 135, 177, 221
lokaler ~ 179
– partielle Repräsentation 171
– phänomenologische 93, 102, 103, 164, 166, 168

354

- pluralistische ~ der Kontrolle 244
- Repräsentationsmodell 174
- sozioökonomische 132
- Theorienstrukturen im Anwendungsbereich 164

Modus 2 24, 30, 32, 185

Nano-
- -Forschung 94, 101, 183, 208, 310
- -Technologie 13, 204–209, 233, 322
  Definition 205
- -Wissenschaften 182, 202–210, 212–217, 219
  Fallanalyse 203
  Forschungsförderung 207
  Kommunikationsstrukturen 209
Netzwerke 135, 177, 221
- Innovations~ 137
- lokaler Modelle 179
- Modellnetzwerke in der angewandten Forschung 177
- transdisziplinäre 182, 196
Nichtregierungsorganisationen (NGOs) 37, 83, 85, 230, 232
Nichtwissen
- Rolle in der Wissensgesellschaft 37
Normenkonflikte 55, 56, 65, 66, 234

Offene Innovation 69, 70
Ökonomisierung der universitären Forschung 55, 62, 65, 230, 236

Partielle Repräsentation 171
- und lokale Modelleierung 171
pluralistische Kontrolle wirtschaftlicher Interessen 244
Politikberatung 26, 78, 82–85, 92, 251, 252, 255, 295, 298, 300

REACH – Registrierung, Evaluation und Autorisierung von Chemikalien 274–276
Realexperiment 107, 111, 139, 141, 143, 147, 148, 155, 156, 158, 159, 163, 164, 221, 231, 233, 272, 276, 278, 290, 291
- Duales System Deutschland (DSD) 160–162
- Partizipation 267
- und Gesellschaft 266
- explorative Versuche 280
  begleitetes Fahren 282, 283, 338
explorative Versuche 280
Heroin 286–289
MoZArT 284, 285
Rekursives Lernen 149, 162
Ressortforschung 72, 81–83, 86
Risikogesellschaft 12, 30, 37

Simulationen
Simulationen (s. a. Computersimulation) 38, 111, 114, 116, 118–122, 124, 131–321
- Modelle 125–130, 132, 134, 135
- instrumentalistische 93, 104
- Realsimulationen 112, 113, 117
Soziale Erkenntnistheorie (*social epistemology*) 311, 313
Sozialexperiment 266, 268, 269, 272, 276
- *ex-post*-Experiment 163, 267, 272, 315, 320, 321
- *ex-ante*-Experiment 163, 315, 320, 321
- Methode 270
- Quasi-Experiment 271, 284, 285, 291

Technikfolgenabschätzung 26, 86, 231, 233, 305, 306, 310, 316, 317, 320, 321
Theorienstrukturen 103, 164, 165, 171, 172, 180

– Strukturierung von Daten
durch 178, 221
Think tanks 40, 78, 83, 85, 265, 295, 318
Transdisziplinarität 42, 50, 196, 247
– in der ethischen Beratung 252, 253
– Anwendungskontexte 52

Unternehmensforschung 55–58, 62

Verwertungsdruck
– Wissenschaft unter 93, 97, 180, 221

Wissen
– Neuartigkeit 16
– Anwendungsprobleme wissenschaftlichen Wissens 90
– Nichtwissen
Rolle in Wissenschaft und Wissensgesellschaft 37, 139, 163, 318
– Nützlichkeit 16
– Orientierungswissen 247, 264
– Unsicherheit des ~s 39
Wissens-
– gesellschaft 9, 10–13, 18, 30, 35–38, 40, 49, 139, 182, 183, 229, 247, 248, 256, 259, 263, 264, 267, 290, 293, 307, 308, 316, 322
Innovationsfelder in der 141
primäre Rolle von Wissen und Nichtwissen 37
Verhältnis von Wissen und Demokratie in der 321
– ordnung 10, 16, 18, 19, 21, 30, 36, 41, 46, 52, 54, 58, 182, 203, 219, 293, 297, 299
Begriff 13
Entwicklung und gegenwärtige Probleme 11, 31
historische Vorläufer 11

in der Wissensgesellschaft 11, 13
neue Rolle des Wissens 35
Transformation 13
Veränderung in der 9, 13, 35, 39, 40, 55
– politik (governance) 315–317, 320, 321
konstitutive Bedingungen 315
– produktion 13, 35, 36, 38, 39, 41, 42, 46, 55, 72, 79, 85, 91, 93, 113, 117, 126, 136, 147, 182, 185, 209, 233, 248, 266, 278, 293, 294, 296, 298, 299, 305, 313, 315, 318, 321
disziplinäre 43, 50, 184
Disziplinen als Steuerungsinstanzen 54
Forschung an Deponien 150–156, 160
Hochschulen primärer Ort der 37
im Labor 142
-experimente 111, 143
klassische Disziplinen in der Steuerung von 40
Kommunikationsbeziehungen 204
Müll und Abfall 149, 151–153, 155–157, 297
Universität als zentrale Institution der 35, 40
Veränderung 52
– regulierung 319–321
– systeme 40
– vermittlung 20, 86, 293, 299
Wissenschaft
– als Gegenstand von Konflikten 229
– angewandte 11, 15, 17, 25, 33, 94, 107, 108, 164, 180
– anwendungsdominiert 136
– Demokratisierung 305, 306, 308, 309, 311, 313, 314
– Partizipation 37, 139, 253, 267, 303–306, 310

- ethische Normen 234
- Fremdsteuerung 11, 33
- Funktionen für die Politik 87
- Interessenpluralismus 240
- Kontrollen der ~ 229
- Legitimität der 20, 21, 79, 84, 143, 245, 256, 257, 263, 278, 289, 293, 297, 298–300, 303, 304, 322
- Ökonomisierung der 55, 62, 65, 230, 236
- Politikberatung 26, 78, 82–85, 92, 251, 252, 295, 298, 300
- Risiken des wissenschaftlichen Fortschritts 28
- Selbststeuerung der 11, 33
- Überforderung der 11, 24, 26, 93, 97–107
- unter Verwertungsdruck 93, 97, 180, 221
- Verhältnis zwischen ~ und Gesellschaft 11
- wirtschaftliche Interessen 234, 236, 237, 239, 240, 243
- pluralistische 244
Wissenschaftliche Revolution 14, 16, 22, 25, 26, 30
Wissenschaftsethik 235

Peter Weingart
Die Stunde der Wahrheit?
Zum Verhältnis der Wissenschaft zu Politik, Wirtschaft und Medien
in der Wissensgesellschaft
397 Seiten · ISBN 978-3-934730-98-4

Gegenwärtig erleben wir die Auflösung der Wissenschaft als Institution in ihrer seit dem Ende des 18. Jahrhunderts überkommenen Gestalt. Wissensgesellschaften sind nicht nur durch die vermehrte Produktion und Anwendung wissenschaftlichen Wissens in der Gesellschaft charakterisiert, sondern gleichzeitig durch eine veränderte Art und Weise der Wissensproduktion. Neben der Verwissenschaftlichung der Gesellschaft vollzieht sich eine Vergesellschaftung der Wissenschaft.

Peter Weingart
Die Wissenschaft der Öffentlichkeit
Essays zum Verhältnis von Wissenschaft, Medien und Öffentlichkeit
206 Seiten · ISBN 978-3-934730-03-8
Die Wissenschaft ist immer öffentlich gewesen, aber ihre Öffentlichkeit hat sich im Verlauf der letzten dreieinhalb Jahrhunderte grundlegend gewandelt. Die entscheidende Veränderung ist mit dem Übergang von der bürgerlichen Öffentlichkeit des 19. und frühen 20. Jahrhunderts zur medialen Öffentlichkeit der Massendemokratien der zweiten Hälfte des 20. Jahrhunderts verbunden. Das Interesse richtet sich nun auf die Rückwirkungen der Kopplung des Wissenschaftssystems mit dem der Medien, das heißt: auf die Transformation der Wissenschaft, die als ihre Medialisierung bezeichnet wurde.

Das Wissensministerium
Ein halbes Jahrhundert Forschungs- und Bildungspolitik in Deutschland
Herausgegeben von Peter Weingart und Niels C. Taubert
512 Seiten · ISBN 978-3-938808-18-4

Dieser Band ist aus Anlass des 50. Geburtstages des Bundesministeriums für Bildung und Forschung konzipiert worden. Im Dialog mit Zeitzeugen aus dem Ministerium oder den Wissenschafts- und Bildungsorganisationen blicken Wissenschaftler in loyal-kritischer Einstellung auf die Arbeit dieser Organisation zurück. Wo es möglich und angemessen ist, richtet sich der Blick auch in die Zukunft.

Buchausgaben bei Velbrück Wissenschaft
(www.velbrueck-wissenschaft.de)
Digitale Ausgaben (PDF) im Verlag Humanities Online
(www.humanities-online.de)

Elisabeth List
Vom Darstellen zum Herstellen
Eine Kulturgeschichte der Naturwissenschaften
254 Seiten · ISBN 978-3-938808-24-5

Die neuzeitlichen Naturwissenschaften haben mit ihren Einsichten die moderne Welt verändert und dem menschlichen Wissen neue Dimensionen eröffnet. In einigen Punkten allerdings haben sie sich selbst Erkenntnisschranken auferlegt. Eine dieser Schranken ist die Trennung von Natur- und Geistes- bzw. Kulturwissenschaften. Diese Trennung ist ein kulturelles Konstrukt: das Ergebnis von Prozessen der Institutionalisierung, der Ausblendung der konkreten Voraussetzungen der naturwissenschaftlichen Produktionsverhältnisse, die in den einzelnen Kapiteln dieses Buchs dargestellt werden.

Die Naturwissenschaften insgesamt erweisen sich mithin als ein vordringliches Thema der Kulturwissenschaften. Das zu belegen, ist das Kernanliegen von Elisabeth Lists Versuch einer Kulturgeschichte der Naturwissenschaften. Er zielt darauf, einen Dialog zwischen den Naturwissenschaften und den Kulturwissenschaften zu eröffnen. Denn der Gesamtzusammenhang der menschlichen Lebensform in seinen sozialen, ökonomischen und politischen wie in seinen psychischen, epistemologischen, kulturellen und technisch-praktischen Dimensionen kann nur durch eine Verbindung dieser beiden Erkenntnisperspektiven begriffen werden.

Wissen in Bewegung
Vielfalt und Hegemonie in der Wissensgesellschaft
Herausgegeben von Sabine Ammon, Corinna Heineke und
Kirsten Selbmann unter Mitarbeit von Arne Hintz
243 Seiten · ISBN 978-3-938808-30-6

Mit dem Konzept der »Wissensgesellschaft« wird die gewachsene soziale, politische und ökonomische Bedeutung von Wissen zu fassen versucht. Die Vielfalt unterschiedlicher Wissensarten sowie die Dominanzverhältnisse und Wechselwirkungen zwischen ihnen werden jedoch meist ungenügend reflektiert. Dieses Defizit möchte der Band *Wissen in Bewegung* mindern.

Die beteiligten Autorinnen und Autoren entwickeln den Wissensbegriff weiter, um die Vielfalt der Wissensformen spiegeln zu können; sie analysieren die Beziehungen zwischen ihnen und stellen dabei die Einflüsse gesellschaftlicher Machtverhältnisse heraus. Sie untersuchen das Verhältnis zwischen indigenem Wissen und westlicher Wissenschaft, entwickeln Wissenskonzeptionen jenseits homogener Einheitskonzepte, verfolgen die Genese von Gegenwissen und beleuchten kritisch die Rolle wissenschaftlicher Akteure in biopolitischen Kontroversen. Sie verbinden philosophische, politologische und soziologische Ansätze sowie theoretische Überlegungen mit praktischen Erfahrungen.